GC Gunther Carstensen Verlag

Factfinder-Serie

Peter Gorges

Das Keyboard Lexikon

Die Fachbegriffe aus den Bereichen MIDI, Computer, Keyboards und Recording

Factfinder-Serie

Herausgeber der Factfinder-Serie:
Gunther Carstensen

Verlag, Herausgeber und Autor machen darauf aufmerksam, daß die im vorliegenden Buch genannten Markennamen und Produktbezeichnungen in der Regel patent- und warenrechtlichem Schutz unterliegen. Die Veröffentlichung aller Informationen und Abbildungen geschieht mit größter Sorgfalt. Dennoch können Fehler nicht ausgeschlossen werden. Verlag, Herausgeber und Autor übernehmen aus diesem Grund für fehlerhafte Angaben und deren Folgen weder eine juristische Verantwortung noch irgendeine Haftung, sind jedoch für Verbesserungsvorschläge und Korrekturen dankbar.

Copyright © 1994
by GC Gunther Carstensen Verlag, München
Innenbilder: Archiv des Autors
Herstellung: GC Gunther Carstensen Verlag
Druck: Anthofer's Satz + Druck Organisation
Cover-Gestaltung: Vera Waldmann
Lektorat: Claudius Brüse
ISBN 3-910098-04-5

Alle Rechte vorbehalten. Kein Teil dieses Buches darf in irgendeiner Form (Druck, Fotokopie oder einem anderen Verfahren) ohne schriftliche Genehmigung des GC Gunther Carstensen Verlags reproduziert oder unter Verwendung elektronischer Systeme verarbeitet, vervielfältigt oder verbreitet werden.

Inhaltsverzeichnis

Vorwort
  von Reinhard Schmitz   7

Einleitung   8
  Tips und Tricks   10

Fachbegriffe, Definitionen und Erklärungen
  0 - 9   11
  A - Z   13

Anhang   305
  Die MIDI-Spezifikation   305
  Literaturverzeichnis   309
  Nachwort   310
  Stichwortverzeichnis   311

Vorwort

Vor wenigen Jahren haben Synthesizer, Computer und Digitaltechnik ihren Siegeszug auf dem Weg in den Alltag von Musikern, Arrangeuren und Komponisten begonnen, und ein Ende dieses Trends ist nicht in Sicht. Mit der neuen Technologie haben sich scheinbar grenzenlose Möglichkeiten der Erzeugung, Steuerung und Aufzeichnung von Klängen eröffnet. Kreatives Potential läßt sich heute ohne viel Aufwand direkt im eigenen Studio oder zu Hause umsetzen. Doch wo so viel Licht ist, fällt auch Schatten. Handwerkliche Fertigkeiten allein reichen nicht mehr aus, will man als Musiker vorne mitmischen. Ein gewisses Grundverständnis um Synthesizer, Sampler, Computer und Studiotechnik ist unumgänglich, höhere Expertise nur von Vorteil.
Doch da erliegt mancher Neueinsteiger im Studio, beim Musikhändler oder im Gespräch mit Kollegen dem „Turmbau-zu-Babel"-Effekt: Eine Flut kryptisch anmutender Fachwörter erschwert den Zugang und erhöht die Schwellenangst vor der intensiven Auseinandersetzung mit dem Equipment.
Eine kompetente und umfassende Orientierungshilfe durch den Fachwörter-Dschungel war längst überfällig. Mit dem Keyboard Lexikon halten Sie endlich ein Werk in den Händen, das (fast) jede Frage beantwortet und sich zudem so leicht lesen läßt, daß man es nicht nur als Nachschlagewerk benutzen möchte. Und - man lernt immer etwas dazu, auch wenn man sich eigentlich schon gut auszukennen glaubt. Sie werden den Effekt kennenlernen: Man stößt auf Begriffe, die man im Alltag ganz selbstverständlich gebraucht, und findet erst hier die „amtliche" Definition.
Wer könnte sich besser zum Autor eines solchen Buches eignen, als jemand, der in allen Bereichen zu Hause ist und über einen umfassenden Erfahrungsschatz verfügt? Peter Gorges hat sich bereits mit mehreren Standardwerken einen Namen als kompetenter Buchautor gemacht, und als Redakteur eines führenden Fachmagazins konnte er die technologischen Entwicklungen der letzten Jahre mitverfolgen und kritisch unter die Lupe nehmen. Diesen Erfahrungsschatz verpackt er wie immer in einen verständlichen Sprachstil, der auch ein solches Lexikon noch zur unterhaltsamen Lektüre werden läßt.

Köln, Februar 1994   *Reinhard Schmitz*

Einleitung

Hand aufs Herz: Wissen Sie ganz genau,
- wofür die Abkürzung ANSI steht,
- welchen Vorteil die Manchester-Bi-Phase-Modulation bei der SMPTE-Synchronisation bietet,
- wo man das Trautonium hören kann,
- was der Verdeckungseffekt mit Datenkompression zu tun hat?

Wenn Sie schon eine oder zwei dieser Fragen beantworten können, dürfen Sie sich glücklich schätzen. Doch selbst dann noch werden Sie in diesem Lexikon eine Reihe von Antworten finden, die Ihnen bisher unbekannt waren. Das Fachgebiet, das dem Keyboard Lexikon zugrundeliegt, ist so komplex, daß niemand alle Begriffe kennen kann. Dabei wird es eigentlich oft genug von Ihnen verlangt: Tagtäglich werden Sie, wenn Sie es - ob professionell oder ausschließlich zum Spaß - mit dem Komplex Keyboards, MIDI, Computer und Studio zu tun haben, mit unzähligen, meist (eingedeutschten) englischen Fachwörtern konfrontiert.
Sei es, daß Sie die Bedienungsanleitung für ein neues Gerät studieren müssen, Fachartikel oder Bücher lesen oder einfach Ihr Ohr an den Puls der Zeit halten - dann und wann stoßen Sie auf Ihnen unverständliches Fachchinesisch oder entdecken eine Wissenslücke. Genau in solchen Fällen soll Ihnen dieses Lexikon eine Hilfestellung bieten.
Der Wortschatz des Keyboard Lexikons entstammt direkt den Quellen, von denen Fachbegriffe benutzt und in Umlauf gebracht werden: Stapel von Bedienungsanleitungen, Fachmagazinen und Büchern wurden durch den OCR-Scanner (schlagen Sie´s mal nach) geschoben. Aus einer ursprünglichen Menge 4500 verschiedener Wörter haben in diesem Lexikon immer noch weit über 2000 das Auswahlverfahren bestanden.
Welche? Nun, schon das Themengebiet ist nicht eindeutig umrissen: Zum Thema „Keyboards" gehören nicht nur Synthesizer, Sampler oder MIDI, sondern ganz selbstverständlich ebenso komplexe Bereiche wie Computer, digitale Audiotechnik oder (Home-)Recording. Die Preisfrage war: Da ein Lexikon, das alle diese Themengebiete bis ins kleinste Detail umfaßt, erstens ein ganzes Bücherregal füllen und

zweitens unübersichtlich und unhandlich wäre, mußten wir notgedrungen ausmustern. Damit trotzdem niemand vergeblich nachschlagen muß, enthält dieses Lexikon im Vergleich zum bisher Dagewesenen immer noch ein Vielfaches an Stichwörtern. Ein guter Kompromiß, wie wir meinen.

Doch die Schreibweise gab bereits neue Rätsel auf: Heißt es „Analog-Delay" oder „Analogdelay", wird „Load While Play" mit Bindestrichen und großgeschrieben oder nicht, welchen Artikel bekommen englische Begriffe wie „Envelope" oder „Loop"? Da mußte der Duden oftmals ebenso passen wie die befragten Experten - weil es keine eindeutige Richtlinie gibt. Wir haben für dieses Lexikon eine akzeptable Linie gefunden, die zudem mit den meisten Publikationen auf diesem Gebiet konform geht. Doch sollte dieses Lexikon Ihnen nicht primär zeigen, wie ein Begriff geschrieben wird. Das eigentliche Ziel ist es, daß Sie eine Erklärung für den gesuchten Begriff finden. Aus diesem Grunde wurde besonders viel Wert auf erschöpfende, verständliche und praxisnahe Beschreibungen gelegt.

So wurde im Zweifelsfall der praktische bzw. musikalische Aspekt über wissenschaftliche Strenge gestellt, wenn diese unnötige Verkomplizierung mit sich gebracht hätte. Also: Anschauliches statt Aufzählungen, Zusammenhänge statt Zahlenkolonnen. Ich bin überzeugt, daß dies Ihren Erwartungen eher gerecht wird.

Ich hoffe, daß das Keyboard Lexikon Ihnen als Nachschlagewerk schnell, einfach und effektiv zu Lösungen verhilft. Auf der anderen Seite kann ich Ihnen nur empfehlen, ab und zu mal ein wenig darin zu stöbern. Es wird Ihnen sicher so gehen, wie es mir bei den Recherchen erging: Sie entdecken immer wieder Begriffe aus dem allgemeinen Sprachgebrauch, die Sie nur vage verstanden hatten, und Sie entdecken eine Menge Neues.

Wenn das Keyboard Lexikon diesen Zweck erfüllt, dann habe ich das nicht zuletzt zwei Experten zu verdanken, deren Perfektionismus bei der Ausarbeitung des Buches unverzichtbar war: Gunther Carstensen, der die Federführung in bezug auf die Schreibweise innehatte, und Claudius Brüse, der Spuren meiner Fehlbarkeit in sachlichen Fragen kompetent retuschiert hat.

Bremen, Januar 1994 *Peter Gorges*

Einleitung 10

Tips und Hinweise:

- Benutzen Sie die Querverweise ausgiebig und schlagen Sie auch verwandte Begriffe nach. Im Zusammenhang mit „Computer" sind Begriffe wie „CPU", „Betriebssystem", „RAM" oder „Schnittstelle" ebenfalls interessant. Dadurch erfahren Sie mehr über den Suchbegriff und erfassen auch Zusammenhänge. Die Querverweise im Keyboard Lexikon sind aus diesem Grunde äußerst zahlreich ausgelegt.
- Im Technik-Jargon kommt es oft vor, daß es mehrere, oft auch unsinnige Namen für ein und denselben Begriff gibt. Aftertouch, Channel-Pressure, Pressure-Druckempfindlichkeit, MIDI-Aftertouch - sie alle meinen dasselbe. Natürlich haben wir uns bemüht, sämtliche Begriffe im Keyboard Lexikon aufzuführen und mit Querverweisen zu versehen. Die Beschreibung finden Sie dann beim gängigsten Ausdruck. Beispiel: „Computervirus" wird unter „Virus", „Zentraleinheit" unter „CPU" und „MIDI-Sequenzer" unter „Sequenzer" beschrieben.
- Sollten Sie trotzdem einen Begriff nicht auf Anhieb finden, versuchen Sie, ihn über verwandte Begriffe ausfindig zu machen. Oft hilft Ihnen ein Querverweis weiter.
- Gibt es für einen Begriff eine englische und eine - ebenfalls gängige - deutsche Bezeichnung dann sind wir wie folgt vorgegangen:
- Wenn der deutsche Begriff korrekt und gebräuchlich ist, finden Sie die Beschreibung im Zweifelsfall unter diesem Begriff, das englische Wort ist dann mit einem Querverweis versehen. Beispiel: „Compressor" finden Sie unter „Kompressor", „Floppy Disk" unter „Diskette".
- Gibt es keine oder eine nur selten gebrauchte deutsche Bezeichnung, finden Sie den Begriff im Lexikon unter der gängigen Schreibweise, wie sie in der Fachliteratur benutzt wird: Also „Pitchbending" statt „Tonhöhenbeugung" oder „Bulk Dump" anstelle von „Blockabwurf".

1 V/Oktave-Prinzip Standard der →Spannungssteuerung bei →analogen Synthesizern. Eine Erhöhung der →Steuerspannung um 1V hat hier eine Frequenzverdopplung zur Folge. Das entspricht einer Erhöhung um eine Oktave. Das 1V/Oktave-Prinzip wurde etwa in früheren Korg-→Synthesizern eingesetzt.

1-Bit-Wandler Neue Generation von →Digital/Analog-Wandlern, die mit extremem →Oversampling bei →Taktraten von bis zu 40 →MHz arbeiten. 1-Bit-Wandler arbeiten nur mit Werten von 0 oder 1. Die →Sampling-Werte werden durch die Länge der →Impulse codiert. 1-Bit-Wandler, auch →Bitstream-Converter genannt, sind kostengünstiger als vergleichbare 18-Bit-Wandler und werden daher in neueren →digitalen Audiogeräten eingesetzt. Siehe auch →Magerbit-Wandler.

1040 ST Computermodell aus der →Atari-ST-Familie. Der 1040 ST war von seinem Einführungsjahr 1985 bis zum Erscheinen der →Mega STs das Flaggschiff der ST-Serie. Er avancierte mit 1 →MB →RAM, eingebautem →Diskettenlaufwerk und integrierter →Tastatur im europäischen Raum schnell zum beliebtesten →Musikcomputer seiner Zeit. Siehe auch →Atari ST.

19"-Format Sprich: 19 Zoll. Standardbreite - entsprechend 483 mm - für Geräte, die in ein genormtes →Rack passen. Dadurch lassen sich Geräte unterschiedlicher Hersteller auf engem Raum und übersichtlich unterbringen und leicht transportieren. Die Höhe von 19"-Geräten wird in Höheneinheiten (→HE) angegeben. Eine Höheneinheit beträgt 44 mm. Fast jedes Gerät, das für →Studio- bzw. Bühnenanwendung gedacht ist, gibt es im 19"-Format: →Synthesizer, →Sampler, →Effektgeräte, →Mischpulte, →Recorder und sogar →Computer. Die Angabe in Zoll rührt von der starken Verbreitung der Norm im angelsächsischen Sprachraum her.

68000er →CPU-Familie des Herstellers Motorola, die unter anderem in den →Computern der →Atari-ST-Serie und den →Apple →Macintosh-Computern eingesetzt wird. Der

Der Atari 1040STF, einer der populärsten Computer im Musikbereich

80X86er

Prototyp MC68000 wurde 1979 eingeführt. Man spricht bei diesem →Chip von einem 16/32-Bit-→Prozessor, da er intern zwar mit 32 →Bit rechnet, nach außen hin jedoch nur über einen 16-Bit-Datenbus verfügt. Die Modelle ab MC68020 bieten dagegen echte 32-Bit-Architektur, ab MC68040 ist eine →FPU zur Geschwindigkeitssteigerung integriert.

80X86er →CPU-Serie von Intel, die in →Personal Computern der →AT-Serie und nachfolgenden Modellen von →IBM und Kompatiblen eingesetzt wird. Die Entwicklung der Intel-Prozessoren ist in etwa vergleichbar mit der der →68000er Serie von Motorola. Das bis 1993 aktuelle Modell, der 80486 oder „486er", war ein echter 32-Bit-Prozessor mit einer Rechenleistung - je nach Taktfrequenz und Modellvariante - von bis zu 15 →mips. Der Nachfolger des 486er wurde aus Marketing-Gründen nicht mehr 80586, sondern „Pentium" genannt und ab Mitte 1993 erstmals in →PCs eingebaut.

A

A.I. Abk. für Artificial Intelligence: →Künstliche Intelligenz, siehe dort.

A-DAM →Digitales 12-Spur-Bandsystem von Akai, das mit →Video8-Cassetten arbeitet. Auf einer zusätzlichen Analogspur kann ein →Timecode aufgezeichnet werden. →Recorder und Bedieneinheit sowie Meter-Unit lassen sich voneinander trennen. Die technischen Daten: 16-Bit-Auflösung, →Sampling-Rates 44,1 →kHz und 48 kHz, 17 Minuten Aufnahmezeit pro Cassette. Bis zu drei Einheiten können verkoppelt werden, es lassen sich sogar Timing-Differenzen zwischen den einzelnen Spuren ausgleichen. Das A-DAM-System wird als Wegbereiter und Vorlage für die meisten semiprofessionellen, digitalen Achtspur-Recorder angesehen.

A/D Abk. für Analog/→Digital. →Analog/Digital-Wandler.

A/D-Wandler Gebräuchliche Abk. für →Analog/→Digital-Wandler.

AAA Abk. für die Angabe des Aufnahmeverfahrens einer →CD: →analoge Aufzeichnung/analoge →Abmischung/analoges →Master. →AAD, →ADD, →DDD.

AAD Abk. für die Angabe der Produktionsschritte einer →CD: →analoge Aufzeichnung/analoge →Abmischung/→digitales →Master. →AAA, →ADD, →DDD.

AB-Stereophonie Mikrofon-Aufnahmeverfahren zur Realisation von →Laufzeitstereophonie. Durch den Abstand der beiden →Mikrofone (20 - 150 cm) entstehen →Laufzeitunterschiede und Pegeldifferenzen, die eine Stereoabbildung des Signals bewirken. Eine Variante der AB-Stereophonie ist die Verwendung einer Scheibe, die beide →Mikrofone trennt. Insbesondere Aufnahmen von Orchestern werden mit AB-Stereophonie durchgeführt.

Abmischung (engl. Mixdown) Auch Mischung oder Endmischung genannt. Bei der Abmischung werden mehrere →Audiosignale zu einer stereophonen Endversion zusammengefaßt. Dabei werden, je nach Ausgangsmaterial, Bandspuren und/oder mittels →Sequenzer →parallel zugespielte →Klangerzeuger (→virtuelle Spuren) im →Mischpult über die einzelnen Kanäle mit →Klangregelung und Effekten bearbeitet und zu einer Stereosumme zusammengemischt. Hierbei kommt es besonders auf die bestmögliche Abstimmung von →Lautstärke und Klangregelung

Das digitale 12-Spur-Aufnahmesystem A-DAM von Akai

an. Das Ergebnis der Abmischung liegt dann üblicherweise in Form eines →Masterbandes vor, das als Vorlage für die →Tonträgerherstellung dient.

Abschirmung Geflecht - meist aus Kupfer und Aluminium - das die Tonadern eines Audiokabels umhüllt. Da die Abschirmung elektrisch gesehen einen Faraday'schen Käfig darstellt, können keine Störungen durch elektrische Felder eindringen. Elektromagnetische →Einstreuungen allerdings hält die Abschirmung nicht ab, dazu werden →symmetrische Kabel benötigt.

Abschwächer Elektrischer Baustein zur →Dämpfung einer Steuer- oder Audiospannung, z. B. ein →VCA, →DCA, →TVA.

Absorber Material oder Teil zur →Schalldämmung eines Raumes. Typische Absorber sind Teppichböden, Vorhänge oder spezielle Schalldämmatten aus Schaumstoff. Je nach Materialbeschaffenheit und Oberfläche des Absorbers werden unterschiedliche Frequenzbereiche bedämpft. Deshalb kombiniert man Höhen-, Tiefen- und Mittenabsorber zur Realisation einer breitbandigen Schalldämmung.

Abspielliste →Play-List.

Absturz Stillstand eines →Computersystems infolge eines Systemfehlers, einer nicht verarbeiteten Anweisung eines →Programms oder eines →Bedienfehlers. Kein System und kein →Programm sind absolut absturzsicher. Deshalb sollte man wichtige Daten stets während der Arbeit auf →Massenspeichern zwischenspeichern. Im Falle eines Absturzes gehen sämtliche Daten im →Arbeitsspeicher verloren, sofern sie nicht - selten genug - durch einen →Warmstart zu retten sind. Das System muß nach einem Absturz durch einen →Reset oder Aus- und Wiedereinschalten neu gestartet werden.

Abtastauflösung →Amplitudenauflösung.

Abtasten Zerlegen eines →analogen (zeitkontinuierlichen) Signals in eine Folge zeitlich diskreter Werte, siehe →Analog/→Digital-Wandler.

Abtasten und Halten →Sample & Hold.

Abtastfrequenz →Sampling-Rate.

Abtastrate →Sampling-Rate.

Abtasttheorem Auch →Nyquist- oder →Shannon-Theorem genannt. Das Abtasttheorem besagt, daß sich ein →analoges Signal in eine Folge von zeitdiskreten →Impulsen wandeln läßt, wenn es mit einer konstanten →Rate abgetastet wird. Zwei Voraussetzungen sind dabei allerdings zu beachten:
- Die →Sampling-Rate (fs) muß mindestens doppelt so hoch sein wie die höchste im abzutastenden Signal enthaltene →Frequenz (fm).
- Das Originalsignal darf wiederum keine Frequenz enthalten, die über der halben Sampling-Rate liegt.

Für solch einen Fall läßt es sich mathematisch beweisen, daß bei der Umsetzung keinerlei Informationsverlust entsteht, was bedeutet, daß eine Rückwandlung wieder theoretisch das Originalsignal zum Ergebnis hätte. Diese Forderung wird allerdings in der Praxis nicht immer erreicht. Nichtlinearitäten von →Wandlern, →Rauschen und →Aliasing sind, wenn auch in geringem Maße, in jedem Audiosystem zu finden.

Abwärtskompatibel Die Eigenschaft eines Geräts oder einer →Software, Daten mit einer Vorgänger- oder einer leistungsschwächeren Version austauschen bzw. durch diese ersetzt werden zu können. Beispiel: Kann eine →Programmversion V2.0 →Dateien erzeugen, die auch von Version V1.0 lesbar sind, dann ist Version V2.0 abwärtskompatibel. Gegenteil: →aufwärtskompatibel.

AC (engl.) Abk. für Alternating Current: Wechselstrom.

AC-Hum (engl.) →Netzbrumm.

Accent (engl.) Funktion in →Drumcomputern und →Begleitautomaten zur Betonung eines Instrumentes oder einer bestimmten Zählzeit. Dazu wird auf den akzentuierten Zeitpunkten ein Instrument (HiHat, Snare) lauter abgespielt.

Access (engl.) Zugriff (auf Daten eines

→Speichermediums oder Speicherbereichs).
Accessory (engl.) 1. Hilfsprogramm, das im ersten →Menü einer graphischen →Benutzeroberfläche (Apfel-Menü beim →Macintosh, →Atari-Menü beim →TOS) aufgerufen werden kann. Ein Accessory wird beim Systemstart in den →Arbeitsspeicher geladen und kann aus einem laufenden →Programm heraus gestartet werden. Gängige Aufgaben für Accessories sind Voreinstellungen des Systems (Kontrollfeld), Auswahl des →Druckers, Rechner oder Notizblock. 2. In Prospekten wird oft vom Hersteller eine große Auswahl an Accessories angeboten. Bei →Keyboards sind dies z. B. Ständer, Kabel, Tragetaschen, →Fußschalter und Sound-→Cards.
Accompaniment (engl.) Begleitung, →Begleitautomatik (siehe dort).
ACK (engl.) Abk. für →Acknowledge: Bestätigung, Quittung. Die ACK-Meldung ist beispielsweise Bestandteil des →ASCII-Befehlssatzes und wird von einem Empfänger abgegeben, wenn er ein Datenpaket erfolgreich empfangen hat. Die ACK-Meldung wird auch im →MIDI-Sample-Dump-Format bei der Übertragung von →Samples benutzt.
Acknowledge (engl.) Bestätigung, Rückmeldung. Mit einer Acknowledge-Meldung bestätigt eines von zwei kommunizierenden Geräten den Erhalt einer Nachricht oder das Zustandekommen einer Verbindung. Ein →Acknowledge-→Byte wird z. B. bei der →MIDI-Sample-Dump-Übertragung von einem →Sampler gesendet, der gerade einen Datenblock erfolgreich empfangen hat. Damit wird dem →Sender bestätigt, daß die Übertragung reibungslos verlaufen ist und der nächste Block gesendet werden kann. Gegenteil: →NAK.
ACSI Abk. für →Atari →Computer System →Interface: korrektere Bezeichnung für den →DMA-→Port an →Computern der →Atari-ST-Serie und dazu kompatiblen →Peripheriegeräten. Die ACSI-→Schnittstelle wird in erster Linie für den Anschluß von →Massenspeichern, vorzugsweise →Festplatten, genutzt.

Active-Sensing MIDI-→Byte aus der Gruppe der →System-Realtime-Messages, das den Empfängern (→Slaves) in einem →MIDI-System signalisiert, daß der →Sender (→Master) aktiv ist. Es wird vom →Master spätestens alle 300 →ms gesendet. Bleibt es aus, so schalten alle →Slaves ihre noch klingenden Noten ab. Das Active-Sensing-→Byte verhindert damit →Notenhänger, die aufgrund plötzlich auftretender Verbindungsfehler entstehen können.
Adapter (engl.) Verbindungskabel bzw. Stekker zur Anpassung unterschiedlicher Anschlüsse.
Adaptive Groove Design (engl.) Spezielle Bezeichnung für eine im „Notator SL"-Sequenzer der Firma Emagic realisierte →Quantisierungsfunktion. Beim Adaptive Groove Design paßt sich die Quantisierung dem Notenmaterial automatisch an, d.h. es lassen sich beispielsweise Achtel, Sechzehntel und Sechzehnteltriolen, die in einer einzigen Spur vorkommen, korrekt quantisieren. Eine ähnliche Quantisierung bietet Steinbergs Cubase-Sequenzer als →Analytic Quantize an.
Adaptive-Delta-Modulation →Digitalisierungsverfahren für →Audiosignale, das im Gegensatz zur verbreiteten →PCM mit einer extrem hohen →Sampling-Rate arbeitet und nicht die aktuellen →Sample-Werte speichert. Stattdessen wird bei jedem Sample-Schritt lediglich festgehalten, ob sich der Sample-Wert im Vergleich zum vorhergehenden nach oben oder nach unten verändert hat. Diese Information läßt sich bereits mit nur einem →Bit →Abtastauflösung darstellen, wenn die Sampling-Rate genügend hoch ist. Hinzu kommt der Vorteil, daß aufgrund der hohen Sampling-Rate kein steiles →Tief-paßfilter im Eingang benötigt wird. →Delta-Sigma-Modulation.
ADAT Achtspur-Digitalrecorder-Format des amerikanischen Herstellers Alesis. ADAT arbeitet mit handelsüblichen →S-VHS-Video-

ADC

Der ADAT von Alesis ist ein Achtspur-Digitalrecorder

cassetten und bringt auf einer Cassette bis zu 40 Minuten Audiomaterial unter. Die technischen Daten: →Delta-Sigma-→A/D-Wandler pro →Kanal, 18-Bit-→D/A-Wandler, 64faches →Oversampling, →Sampling-Rate 48 →kHz, optische Digitalschnittstelle im Alesis-Format. Maximal 16 ADAT-Einheiten lassen sich zu 16-, 24- bis hin zu 128-Spur-Systemen koppeln. Mit dem ADAT-System wurde zum ersten Mal die magische Preisgrenze von DM 10.000 für eine digitale Mehrspurmaschine unterschritten.

ADC (engl.) Abk. für Analog-to-Digital-Converter, →Analog/Digital-Wandler.

ADD Abk. für die Angabe der Produktionsschritte einer →CD: →analoge Aufzeichnung/ →digitale →Abmischung/digitales →Master. →AAA, →AAD, →DDD.

Additive Synthese →Klangsyntheseverfahren, das durch Aufeinanderschichtung einzelner, einfacher Klangbestandteile einen komplexen Gesamtklang synthetisiert. Fast immer ist mit dem Begriff der Additiven Synthese die Mischung von →Sinustönen gemeint, die auch als →Fouriersynthese bekannt ist (siehe dort). Allerdings entsprechen grundsätzlich all die →Syntheseverfahren der Additiven Synthese, die Teilklänge zu einem Ganzen zusammenfügen, unter anderem also auch die →LA-Synthese und die →Vector-Synthese.

ADM (engl.) →Adaptive-Delta-Modulation.

Adreßbus Parallele Leitungen der →CPU. Über den Adreßbus bestimmt die CPU die →Adressen des jeweiligen Speicherbereiches für das Schreiben oder Lesen der über den →Datenbus laufenden Daten. Diesen Vorgang kann man sich ähnlich der Postbeförderung vorstellen: Der Adreßbus befördert die „Datenpost" der →CPU anhand der zugehörigen Adresse.

Adresse Kenn-Nummer für eine Speicherstelle im →Hauptspeicher. Wird über den →Adreßbus angesprochen. Auch im →MIDI-Bereich spricht man von Adressen, wenn etwa ein bestimmter Empfänger über eine Kanaladresse (→MIDI-Kanal) oder ein →MIDI-→Controller über seine →Controller-Adresse angesprochen wird.

ADS Vereinfachte →ADSR-Hüllkurve (siehe dort), bei der die Einstellung für →Decay und →Release zuammengefaßt ist (→Minimoog).

ADSR Abk. für →Attack - →Decay - →Sustain - →Release. Die ADSR-→Hüllkurve war be-

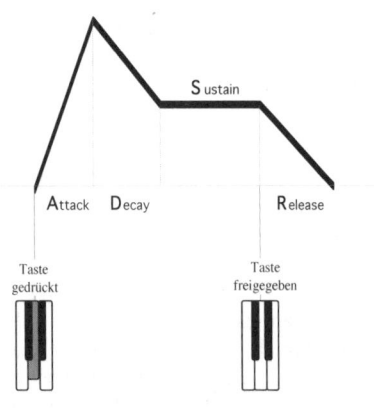

ADSR-Hüllkurve

sonders in →analogen Synthesizern verbreitet, da sie sehr einfach zu programmieren ist. Aufgrund der geringen Anzahl an Hüllkurvenphasen war dieses Hüllkurvenmodell allerdings recht unflexibel und wurde in →digitalen →Synthesizern durch variablere Hüllkurven mit frei programmierbaren Zeit- und Pegel-Werten ersetzt.

Advanced Frequency Modulation Abgekürzt →AFM.

AES (engl.) 1. Abk. für Audio Engineering Society: internationaler Verband der Toningenieure. Die AES richtet regelmäßig Kongresse mit angeschlossenen Ausstellungen aus und gibt eine technisch orientierte Mitgliederzeitschrift heraus. 2. Abk. für Application Environment Services. Teil der →GEM-Oberfläche, der die Kommunikation zwischen →Software und Benutzer regelt.

AES/EBU-Interface (engl.) →Digitale →Schnittstelle zur Übertragung von →Audiodaten zwischen →CD-Playern, →digitalen →Bandmaschinen, →Harddisk-Recording-Systemen, →Samplern, digitalen →Mischpulten und anderen digitalen Audiosystemen. Das AES/→EBU →Interface ist für zweikanalige Übertragung ausgelegt und arbeitet →seriell. Die →Sender- und Empfängerschaltungen sind mit denen der →RS-422-Schnittstelle identisch. Die Daten werden in Blöcken (→Frames) zu jeweils 32 →Bits übertragen, wovon 20 Bits für die Audiodaten reserviert sind. Der Rest dient der Übertragung diverser →Parameter, vom Benutzer definierbarer Daten sowie spezifischer Kennungen. Das als professionelle, digitale Audioschnittstelle ausgelegte AES/EBU-Interface verfügt über →symmetrische →XLR-Verbindungen mit einem Leitungspegel von 5 V. Daneben gibt es für den Consumer-Bereich eine dem AES/EBU-Interface ähnliche Variante namens →S/PDIF-Interface (siehe dort). In der Praxis koppelt man digitale Audiogeräte über das →AES/EBU-Interface, um Audiodaten verlustfrei zu überspielen oder zu sichern. So lassen sich

etwa →Samples von CD oder →DAT auf digitalem Wege in den Sampler transferieren, anstatt das Signal mühsam neu zu sampeln.

AFM (engl.) Abk. für Advanced Frequency Modulation. Erweiterte Form der →FM-Synthese, die Yamaha 1990 im →Synthesizer SY77 erstmals vorstellte. Im Vergleich zur ursprünglichen FM-Synthese der →DX7-Modelle bietet die AFM unter anderem zusätzliche Algorithmen inklusive eines frei programmierbaren →Algorithmus, erweiterte →Modulationsmöglichkeiten der einzelnen →Operatoren und die Einbindung von →AWM-Samples als →Modulator.

Aftertouch →MIDI-Befehl aus der Gruppe der →Channel-Voice-Messages. Aftertouch bedeutet zu deutsch etwa: Nachdruck, Fingerdruck auf die →Tastatur nach dem Anschlag. Sensoren unter der Tastatur messen den Fingerdruck auf die Tasten und geben einen Wert an die →Klangerzeugung weiter. Mit dem Aftertouch lassen sich →Klangparameter wie →Lautstärke, →Klangfarbe oder →Modulationen steuern. So wird das Einblenden von Klangbeeinflussungen mit nur einer Hand ermöglicht. Genauer genommen unterscheidet man zwei Arten: →Channel-Pressure (siehe dort) mißt nur einen Wert für die gesamte Tastatur, →Key-Pressure mißt den Wert pro Taste.

AI-Synthese Bezeichnung der Firma Korg für die in deren Modellen implementierte →ROM-Sample-Synthese.

AIFF (engl.) Abk. für Audio Interchange File Format: ein Standardformat für →Sounddaten im →Apple →Macintosh, das mehrkanalige →Samples mit verschiedenen →Sampling-Rates und →Auflösungen unterstützt.

Akkordeon-to-MIDI Einbausatz mit elektronischen Tastenkontakten für ein Akkordeon, der das Instrument mit der MIDI-Sendefunktion ausstattet. So lassen sich vom Akkordeon aus beliebige →MIDI-Klangerzeuger, →Sequenzer oder →Begleitautomaten ansprechen.

Aktivbox →Lautsprecherbox mit eingebautem Endverstärker. Aktivboxen eignen sich sehr gut als →Studio- und Bühnenmonitore, da sie direkt ohne zwischengeschaltete →Endstufe ans →Mischpult angeschlossen werden können und dadurch auch bei längeren Leitungen keine größeren Leistungsverluste auftreten können.

Aktiver Dump Ein →Bulk-Dump, also eine Übertragung von →MIDI-Datenblöcken, die am →Sender selbst ausgelöst und nicht durch einen →Dump-Request von außen abgerufen wird.

Aktivieren Auswählen einer Funktion, eines Graphik- oder Schriftsymbols oder eines →Menüpunkts auf dem →Bildschirm (→Monitor). Aktivierte Funktionen werden in der Regel invertiert, mit einem Häkchen versehen oder anderweitig hervorgehoben dargestellt.

Akustik 1. Wissenschaft des →Schalls, die sich mit den Erscheinungsformen des Schalls, seiner Entstehung, Übertragung und Beeinflussung beschäftigt. 2. Klangeigenschaften eines Raums, die durch das →Nachhall-, Resonanz- und Absorptionsverhalten bestimmt werden.

Akustikkoppler Einfaches Gerät zur Datenübertragung per Telefon. Der Akustikkoppler besitzt zwei Mulden zum Auflegen eines Telefonhörers. Über einen eingebauten →Digital/Analog-Wandler werden die Daten in akustische Signale verwandelt und über das →Mikrofon des Telefonhörers weitergeleitet. Der empfangende Akustikkoppler wiederum wandelt die →Audiosignale in →digitale Daten zurück. Die Übertragung ist relativ unzuverlässig und zudem recht langsam, weshalb Akustikkoppler in letzter Zeit fast vollständig von →Modems abgelöst wurden.

Alertbox (engl. Alert = Warnung, Alarm) Alertboxen sind Bestandteil menügesteuerter Computersoftware und erscheinen auf dem →Monitor, um den Benutzer zu warnen (z. B. vor Datenverlust) oder ihn auf etwas aufmerksam zu machen (z. B. →Diskette voll oder schreibgeschützt).

Algorithmische Improvisation Improvisation, die von einer speziellen →Software auf der Basis von Algorithmen - neuerdings auch unter →Interaktion mit den →Echtzeit-Eingaben des Musikers - automatisch →generiert wird.

Algorithmische Komposition Eine Komposition, die von einer speziellen →Software unter Berücksichtigung von Vorgaben und Algorithmen berechnet wird.

Algorithmus 1. (engl. Algorithm) Eine in Schritte unterteilte Rechenvorschrift in Gestalt einer Formel, eines →Programms oder eines Textes. Durch den Algorithmus wird ein Problem - etwa die Erzeugung einer Komposition durch den →Computer - in strukturierte Schritte unterteilt. Nach einer endlichen Anzahl von Schritten bricht der Algorithmus ab, wobei er entweder die Lösung gefunden hat oder das Problem als unlösbar zurückweist. Jede Computersoftware ist die Beschreibung eines oder mehrerer Algorithmen. 2. Anordnung der →Operatoren im →FM/→AFM-Synthesizer. Die Struktur des Algorithmus bestimmt hier die Anzahl der →Carrier, ihre Verknüpfung mit den →Modulatoren und somit die mögliche Komplexität des →Klangs. Auch die Effektwege innerhalb →digitaler →Effektgeräte etwa werden oft als Algorithmus bezeichnet. 3. Konstellation der →Operatoren in einem →FM-Synthesizer

Aliasing (engl.) Von alias (anstatt): Scheinfrequenzen, die in einem →digitalen Audiosystem dadurch entstehen, daß das zu verarbeitende Signal →Frequenzen oberhalb der halben →Sampling-Rate enthält. Diese können aber, wie im →Abtasttheorem definiert, in einem digitalen System nicht mehr eindeutig dargestellt werden. Sie werden daher an der halben Sampling-Rate zurück ins Audiospektrum gespiegelt. Dadurch entstehen neue, im Originalsignal ursprünglich nicht vorhandene Frequenzen, die bei der →D/A-Wandlung im Ausgangssignal erscheinen. Zur Vermeidung von Aliasing muß das zu digitalisierende Signal vor der →A/D-Wandlung daher so gefiltert werden, daß keine Frequenzen oberhalb der halben Sampling-Rate mehr zurückbleiben. Ganz eliminieren läßt sich dieser Nebeneffekt allerdings nicht, so daß er etwa in →Samplern und anderen Audiogeräten unter Umständen deutlich hörbar wird - besonders dann, wenn ein Signal nach unten transponiert wird.

All-Notes-Off (engl.) →MIDI-Befehl (→Controller 123), schaltet sämtliche klingenden Noten ab. All-Notes-Off dient als →Panikfunktion bei →Notenhängern, wird aber auch von →Sequenzern bei einem →Stop-Befehl gesendet. Manche →MIDI-Keyboards senden - nicht ganz normgerecht - den All-Notes-Off-Befehl, sobald die letzte Taste (etwa eines Akkordes) losgelassen wird, was im →Sequenzerbetrieb zu unerwünschten Nebeneffekten führen kann.

Allgemeine Systemnachrichten Eingedeutscht für →System-Common-Messages.

Alpha-Dial (engl.) Drehrad zur Dateneingabe, das keinen Links- bzw. Rechtsanschlag besitzt und dadurch einen unendlichen Wertebereich abdecken kann. Ein angewählter →Parameter wird durch das Alpha-Dial stets von der aktuellen Stellung ausgehend verändert. Alpha-Dials finden sich an vielen →Synthesizern, →Samplern und →Masterkeyboards. Die Bezeichnung wurde von der Firma Roland eingeführt und von anderen Herstellern weitgehend übernommen. Die technische Bezeichnung ist →Increment-Geber.

Alphanumerisch Eigenschaft beispielsweise eines →Zeichensatzes, eines Zeichens oder einer →Tastatur. Alphanumerisch bedeutet: Aus Buchstaben (a, b, c, d, e ...), Ziffern (1, 2, 3, 4 ...) oder Sonderzeichen (å, ç etc.) bestehend.

Altered (engl.) Bemerkung in der →MIDI-Implementationstabelle. Die Altered-Spalte gibt an, wie ein →MIDI-Mode, der via →MIDI-Controller-Befehl aktiviert werden soll, verändert wird, wenn der eigentlich gewünschte →Mode nicht implementiert ist. Verfügt ein →Klangerzeuger beispielsweise nicht über den →MIDI-Mode „Mono On, Omni Off" und aktiviert stattdessen bei Empfang des entsprechenden →MIDI-Befehls den Mode „Poly On, Omni Off", sollte diese gewandelte (altered) Zuweisung an der entsprechenden Stelle der MIDI-Implementationstabelle verzeichnet sein. In der Praxis trifft man die Mode-Umschaltung via MIDI-Befehl allerdings recht selten an.

Alternate-Loop (engl.) Bezeichnung eines →Loop-Modus beim →Sampler, oft auch →Back-and-Forth-Loop genannt. Der Bereich zwischen den →Loop-Punkten wird dabei abwechselnd in beiden Richtungen abgespielt. Die Alternate-Loop wird oft zur scheinbaren Verlängerung der →Loop benutzt.

Alternate-Taste (engl.) Sondertaste auf der Computertastatur, die - zusammen mit einer oder mehreren anderen Tasten - alternative Zeichen oder Funktionen aufruft. Beispielsweise könnte das Drücken der Alternate-Taste zusammen mit der Taste [a] das Zeichen „å" ergeben.

ALU Abk. für Arithmetic and Logic Unit: ein Teil eines →Prozessors, der logische und arithmetische Operationen sowie logische Verknüpfungen ausführt.

AM Abk. für →Amplitudenmodulation.

American Standard Code for Information Interchange Abgekürzt →ASCII.

Amiga →Commodore Amiga.

Amount (engl.) Betrag. Amount-→Parameter regeln die Stärke oder Tiefe der Beeinflussung eines →Klangparameters durch eine →Modulationsquelle. Beispiel: Der „VCF EG Amount"-→Parameter bestimmt den Grad der Beeinflussung des →Filters durch die →Hüllkurve.

Amplifier (engl.) Abgekürzt Amp, →Verstärker.

Amplitude Maß für die Auslenkung schwingender Moleküle aus ihrer Ruhelage. Je nach Medium der →Schwingung kann die Amplitude verschiedene Größen annehmen. Bei mechanischen Schwingungen (z. B. Pendel) läßt sie sich in Millimetern angeben, bei elektrischen Schwingungen entspricht die Amplitude der Spannung und wird in →Volt angegeben, in →digitaler Form drückt sich die Amplitude im →Sample-Wert aus.
In der Praxis spricht man bei →Audiosignalen selten von der Amplitude, sondern vielmehr vom Pegel. Wahrgenommen schließlich wird die Amplitude eines Audiosignals als →Lautstärke.

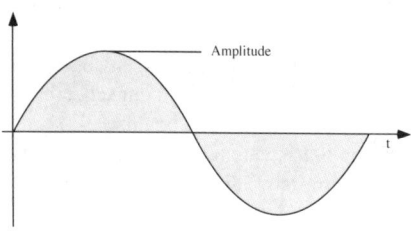

Amplitude

Amplitude-Envelope (engl.) →Amplitudenhüllkurve, →Hüllkurve.
Amplitudenauflösung Wertebereich für die →Auflösung der Signal-→Amplitude, wird in der Regel in →Bit angegeben. Der →CD-Standard löst mit 16 →Bits auf und umfaßt damit 65.536 mögliche Werte.
Amplitudenhüllkurve Zeitlicher Verlauf der →Amplitude (→Lautstärke) eines →Klangs. Näheres unter →Hüllkurve.
Amplitudenmodulation Abgekürzt →AM: →Klangsyntheseverfahren in →digitalen →Synthesizern. Das Ausgangssignal eines →Modulators moduliert die →Amplitude eines →Trägers. Liegt die →Frequenz des →Modulators im hörbaren Bereich, so entstehen komplexe Klänge, wobei das Ausgangsspektrum neben den Summen- und Differenz-Frequenzen von →Träger und Modulator auch das Originalspektrum des Trägers enthält. Liegt die Modulationsfrequenz unterhalb des →Hörbereiches (also zwischen 0 und 20 →Hz), ergeben sich je nach Modulator-Wellenform →Tremolo- oder →Repeat-Effekte. Die Amplitudenmodulation wird beispielsweise in den Kawai-→Synthesizern K1 und K4 als Syntheseform eingesetzt.
Amplitudenvibrato Technische Bezeichnung für den →Tremolo-Effekt.
Analog Fachbegriff für stufenlos, gleichförmig, kontinuierlich, im Gegensatz zu →digital. →Analoge Synthesizer etwa arbeiten mit stufenlosen Spannungen, →digitale →Synthesizer mit diskreten Werten.
Analog-Delay →Delay-Gerät (Echogerät) in →analoger Technik. Das Eingangssignal wird zur →Verzögerung in →Eimerkettenspeichern auf analogem Wege zum Ausgang weitergereicht. Dabei entstehen von Wiederholung zu Wiederholung Klangverluste. Analog-Delays werden heute nicht mehr gebaut, wegen ihres charakteristischen Klangverhaltens jedoch oft noch eingesetzt.
Analog/Digital-Wandler Auch →A/D-Wandler oder ADC (Analog Digital Converter): Eingangsstufe eines →digitalen Aufzeichnungsgerätes (beispielsweise →Sampler, →DAT-Recorder, digitale Mehrspurmaschinen), die →analoge Spannungen durch →Abtastung in entsprechende Zahlenwerte umwandelt (→digitalisiert). →Analog/Digital-Wandler arbeiten in der Regel nach dem →PCM-Verfahren. Die Eingangsspannung wird durch ein →analoges →Tiefpaßfilter geschickt, das →Frequenzen oberhalb der halben →Sampling-Rate ausfiltert (→Nyquist-Theorem). Anschließend gelangt das Signal in das →Halteglied (→Sample & Hold). Dieses öffnet bei jedem Taktschritt den Eingang und hält die dort anliegende Spannung bis zum nächsten Schritt. So hat der nachfolgende →Umsetzer Zeit, die Spannung in einen entsprechenden, binären Wert umzuwandeln. Viele →Analog/Digital-Wand-

Anklicken

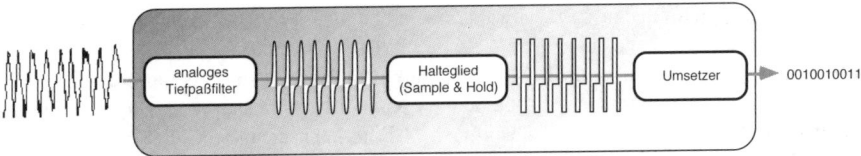

Schematischer Aufbau eines Analog/Digital-Wandlers

ler arbeiten heute mit →Oversampling und →Dithering zur Verbesserung des →Aliasing- und →Rauschverhaltens.

Analoge Ebene Bezeichnung für die →Klangformung in älteren →Samplermodellen. →Filter, →Hüllkurven und →LFOs wurden in den ersten Samplermodellen (z. B. →Emulator) noch in →analoger Bauweise realisiert, daher die Bezeichnung. Auch manche →Synthesizer weisen aufgrund einer hybriden Struktur eine →digitale →Tonerzeugung mit nachgeschalteter Verarbeitung auf →analoger Ebene auf (z. B. Waldorf MicroWave).

Analoge Synthese →Klangerzeugung →analoger Synthesizer. Als analoge Synthese wird die mit →analogen Bausteinen realisierte →Subtraktive Synthese bezeichnet.

Analoger Sequenzer →Analogsequenzer: →Sequenzer, der →analoge →Steuerspannungen erzeugt.

Analoger Synthesizer →Synthesizer (siehe dort) in →analoger Technik. Analoge Synthesizer arbeiten im allgemeinen mit →Subtraktiver Synthese, die Grundbausteine sind →VCO, →VCF und →VCA. Die Steuerung der →Klangparameter in →analogen Synthesizern erfolgt ausschließlich über - ebenfalls analoge - →Steuerspannungen. Allerdings gelten auch →digital gesteuerte Synthesizer mit der klassischen Bauweise →DCO, →DCF und →DCA noch als analoge Synthesizer, da zwar die Steuerung der Baugruppen →digital erfolgt, die →Klangerzeugung aber voll analog aufgebaut ist.

Analogsequenzer Analog aufgebauter →Sequenzer, der nach einer einstellbaren →Clock-Rate eine Folge vordefinierter →Steuerspannungen schrittweise ausgibt. Mit diesen läßt sich die →Tonhöhe eines →analogen Synthesizers steuern und dadurch beispielsweise eine Melodie erzeugen. Analoge →Sequenzer waren Anfang der 70er Jahre aktuell und sind heute von den ungleich leistungsfähigeren →MIDI-Sequenzern gänzlich abgelöst worden.

Analytic Quantize (engl.) Spezielle Bezeichnung für ein von der Firma Steinberg (Cubase) verwendetes →Quantisierungsverfahren, daß sich der Rhythmik der zu quantisierenden Passagen weitgehend anpaßt, um so eine möglichst sinnvolle Quantisierung zu erzielen. Analytic Quantize kann dabei zwischen verschiedenen Spielarten, gemischter binärer und ternärer Spielart etc. weitgehend unterscheiden und die entsprechend geeignete Quantisierung für die betreffende Stelle anwenden. Eine ähnliche Funktion bietet Emagics Creator/Notator (früher von der Firma C-Lab vertrieben) unter der Bezeichnung →Adaptive Groove Design.

Analyzer (engl.) →Spektrum-Analyzer.

Anfassen →Maus-Bedienungstechnik: Durch Zeigen auf ein Bildschirmelement und Drücken der Maustaste wird dieses angefaßt und kann durch Bewegen der →Maus verschoben werden.

Animation Die Erstellung von Bewegungsabläufen für Graphiken, Bilder usw. Mit Hilfe von Animation lassen sich beispielsweise →Multimedia-Präsentationen im →Computer produzieren.

Anklicken Mausbedienungstechnik: Anfahren eines Objektes mit dem →Mauspfeil und kurzes Drücken der Maustaste. Durch An-

Anpassung

klicken lassen sich Objekte z. B. anwählen (selektieren) oder ein- und ausschalten.

Anpassung Das Verhältnis zwischen dem Ausgangswiderstand eines Gerätes und dem Eingangswiderstand des nachgeschalteten Gerätes. Dabei kann es sich um einen →Verstärker, ein →Mikrofon, →Mischpult oder auch einen →Synthesizer handeln. Um einen linearen →Frequenzgang zu erreichen, arbeitet man bei geringen Leistungen - wie sie in allen Studiobereichen außer zwischen →Endstufe und →Lautsprecher auftreten - mit Überanpassung. Der Ausgangswiderstand beträgt dabei ein Vielfaches des Eingangswiderstands, so daß auch ein Ausgang ohne Einbußen →parallel an mehrere Eingänge angeschlossen werden kann.

Anschlagdynamik (engl. = →Velocity) Die Fähigkeit einer →Klaviatur, die Geschwindigkeit des Anschlags in Klangbeeinflussung umzusetzen. Bei mechanischen →Keyboards durch das unterschiedlich schnelle Auftreffen der Hämmer auf die Saiten oder Klangzungen realisiert, wird die →Anschlagdynamik bei elektronischen →Keyboards (→Synthesizer, →Digital-Piano, →Masterkeyboard) üblicherweise anhand der Geschwindigkeit ermittelt, mit der eine Taste niedergedrückt wird. Der ermittelte Wert beeinflußt dann →Klangparameter wie z. B. →Lautstärke, →Filterfrequenz oder →Hüllkurve.

ANSI (engl.) Abk. für American National Standard Institute: ein amerikanisches Institut, das Standards festlegt, die von der amerikanischen Industrie auf freiwilliger Basis akzeptiert werden können.

Ansprechschwelle →Threshold.

Anti-Aliasing-Filter (engl.) →Tiefpaßfilter im Eingang eines →Analog/Digital-Wandlers, das die →Frequenzen oberhalb der halben →Sampling-Rate abschneidet und somit →Aliasing verhindert.

Anwenderprogramm →Programm, →Computersoftware für einen bestimmten Anwendungsbereich, beispielsweise →Textverarbeitung, →Tabellenkalkulation oder auch →MIDI-Sequenzer.

Anwendung →Anwenderprogramm.

Appendix Anhängsel, das den Typ einer →Datei kennzeichnet (etwa „.TXT" oder „.*"). Im Computerjargon ist der Ausdruck →Extension gebräuchlicher.

Apple Computer Gegründet 1976 von Steven Jobs, Steve Wozniak und Ron Wayne in einer Garage in Cupertino, ist Apple heute einer der größten Computerhersteller. Anfang 1978 wurde der Apple II vorgestellt, der in den USA zu einem verbreiteten →Musikcomputer wurde. Apples Meilenstein jedoch ist der →Macintosh (1984), der die →GEM-Oberfläche mit →Mausbedienung einführte, auf der heute nahezu alle →Personal Computer basieren. Der Apple →Macintosh ist hierzulande eher im Bereich DTP verbreitet, in den USA jedoch der →Musikcomputer schlechthin. Viele der Musikprogramme für den →Atari ST wurden vom Macintosh portiert. Apple Computer schloß 1991 einen Vertrag mit →IBM, der eine enge Zusammenarbeit in Hinsicht auf zukünftige Entwicklungen beinhaltet (z. B. Power →PC). Es ist zu erwarten, daß diese Entwicklungen auch den Bereich →Multimedia und damit auch die Computermusik wesentlich beeinflussen werden.

Applikation →Anwenderprogramm.

Arbeitsspeicher →Speicher eines Computers, der die gerade bearbeiteten Daten enthält, und auf dessen Daten die →CPU mittels ihres →Daten- und →Adreßbus direkt zugreifen kann. Die in modernen →Personal Computern befindlichen →Arbeitsspeicher besitzen üblicherweise eine Größenordnung ab 1 →MB bis hin zu mehreren hundert →MB. Einige →Betriebssysteme (→Macintosh →OS, MS Windows) können auch →Festplatten als virtuellen →Arbeitsspeicher einsetzen. Insofern ist der Arbeitsspeicher nicht unbedingt der →RAM, auch wenn dieses Synonym oft verwendet wird.

ARP Einer der großen amerikanischen

Synthesizerhersteller, benannt nach den Initialen des Gründers Alan R. Pearlman, der zuvor an den Gemini- und Apollo-Raumfahrtprojekten mitgearbeitet hatte. ARP brachte so legendäre Geräte wie den ARP 2600, ARP Odyssey oder den ARP Quadra hervor. Anfang der 80er Jahre geriet ARP in finanzielle Schwierigkeiten und wurde schließlich liquidiert. Die letzte Entwicklung, der ebenfalls inzwischen mit einem legendären Ruf behaftete Chroma, wurde schließlich von der Firma →Rhodes vertrieben.

Arpeggiator Eine Funktion oder ein Gerät, das eingegebene bzw. gegriffene Akkorde in Tonfolgen, basierend auf den eigentlichen Akkordtönen, auflöst und dadurch gleichmäßige, „perlende" Läufe in einstellbarer Geschwindigkeit erzeugt. Arpeggiatoren waren eine beliebte Zusatzfunktion in →analogen Synthesizern. Seit der Verbreitung von →MIDI findet man Arpeggiatoren in erster Linie in Form von →MIDI-Peripheriegeräten oder als Funktionen in →Sequenzern. Ihr Ausgabeformat sind dann →MIDI-Daten.

Arranger (engl.) Andere Bezeichnung für →Begleitautomat.

Artificial Intelligence (engl.) →Künstliche Intelligenz.

Artikulations-Synthesizer Synthesizer zur Erzeugung von Sprache mit dem Computer, →Sprachsynthese.

ASCII Abk. für American Standard Code for Information Interchange, zu deutsch: amerikanischer Standard-Code für den Austausch von Information. ASCII ist ein inzwischen international verwendetes System, in dem jedem Zeichen, das zur →alphanumerischen Darstellung mit Hilfe eines →Rechners notwendig ist (inklusive der notwendigen →Steuerzeichen) eine spezifische →Codierung zugeordnet ist. Der ASCII-Code arbeitet mit 8-Bit-Codierung und kann somit 256 Zeichen unterscheiden. Mit Hilfe des ASCII-Codes lassen sich Texte und andere →Dateien zwischen verschiedenen →Applikationen und Computersystemen austauschen oder mittels →Drucker ausgeben.

ASCII-Zeichensatz

Assembler Maschinennahe Programmiersprache, die Anweisungen nicht in einer eher allgemeinen →Hochsprache definiert, sondern in einem lediglich für einen spezifischen →CPU-Typ (z. B. →68000) verständlichen Code angibt. Assembler-Routinen werden von der CPU meist schneller ausgeführt, als wenn sie in einer höheren Programmiersprache (→Basic, →Pascal, →C) geschrieben sind. Die meisten Routinen innerhalb eines →Sequenzers oder eines anderen →Programms, die das →Timing beeinflussen und daher sehr zeitkritisch sind, werden deshalb normalerweise in Assembler geschrieben. Dies sind insbesondere die Ein- und Ausgabe von →MIDI-Events oder die →Echtzeit-→Quantisierung.

Assign (engl.) Zuordnen, zuweisen. Im →Synthesizer beispielsweise dient die Assign-Funktion der Zuordnung einer →Modulationsquelle zu einem →Klangparameter oder der Zuordnung von →MIDI-Kanälen zu einem →Multimode-Setup.

AT (engl.) Abk. für Advanced Technology: fortgeschrittene Technologie. AT wurde als

Atari

Markenzeichen des Herstellers →IBM für seine zweite Generation der →Personal Computer bekannt, die zumindest mit einem →Prozessor vom Typ 80286 ausgerüstet waren. Die Bezeichnung bürgerte sich auch für AT-kompatible Nachbauten ein. AT-Computer basieren auf Intel-Prozessoren der →80X86-Serie.

Atari Amerikanischer Computerhersteller, der sich von Computerspielen zu „ernsthaften" Computern mauserte und heute mit seinen →Atari-ST-Modellen und deren Nachfolgern zu den erfolgreichen Firmen dieser Branche gehört. Der Firmengründer Jack Tramiel hatte sich bereits bei Commodore durch seinen damals leistungsfähigen →Homecomputer →C 64 einen Namen gemacht. Neben den ST-Computern, dem weniger verbreiteten TT und dem →Falcon baut Atari auch →IBM-kompatible →PCs sowie Spielecomputer.

Atari Falcon Computer der neuen Generation von →Atari, dessen Stärken auf dem Gebiet der →digitalen Bild- und Tonverarbeitung - Stichwort: →Multimedia - liegen. Als erster preiswerter →Rechner beinhaltet der Falcon weitreichende Möglichkeiten der digitalen Klangbearbeitung. Dies macht ein eingebautes Audio-Subsystem möglich, das komplett mit einem →DSP sowie 16-Bit-→A/D- und →D/A-Wandlern ausgestattet ist. Herzstück des Systems ist ein mit 16 →MHz getakteter Motorola 68030-→Prozessor, der durch nach-

Atari Falcon 030, Nachfolger der im Musikbereich verbreiteten ST-Serie

Der leistungsfähige Atari Mega ST

rüstbare →Fließkommaprozessoren unterstützt wird. Für die Graphikausgabe sorgt ein 16-Bit-Blitter, als Audioprozessor fungiert ein Standard-→DSP 56001. Neben dem →PC-kompatiblen 1,44-→MB-→Laufwerk gibt es eine interne →Festplatte. Die Graphikausgabe unterstützt bis zu 65.536 Farben. Für musikalische Anwendungen besonders interessant dürfte das erwähnte digitale Audiosystem sein, das immerhin bis zu acht Spuren aufzeichnen und wiedergeben kann. Mit entsprechender →Software und genügend großem →Massenspeicher stellt der Falcon bereits ein komplettes →Harddisk-Recording-System dar.

Atari ST Familie leistungsfähiger und dabei kostengünstiger Computer, die allesamt auf dem →68000-→Prozessor von Motorola basieren. Aufgrund der serienmäßig eingebauten →MIDI-Schnittstelle und der graphischen, dem →Apple →Macintosh entlehnten →Benutzeroberfläche etablierte sich der →Atari ST in der zweiten Hälfte der 80er in Europa als populärster →Musikcomputer. Die ursprünglichen Modelle der Atari-ST-Serie wurden durch die mittlerweile ebenfalls nicht mehr gebauten Modelle →1040 STE und →Mega STE abgelöst, die neben einer höheren Taktfrequenz, verbesserter Graphikfähigkeit und erweiterten →Schnittstellen auch ein neues →TOS mit einer weiterentwickelten Benutzeroberfläche boten. Das aktuelle Modell ist der →Atari Falcon.

Attack (engl.) →Einschwingvorgang, Toneinsatz.

Attack-Sample (engl.) Ein auf die →Attack-Phase reduziertes →Sample. Dabei bleibt der charakteristische →Einschwingvorgang (Anschlag, Anstrich usw.) erhalten, der weitere Klangverlauf wird durch eine einfache →Loop, ein anderes →Sample oder gar →Syntheseverfahren erzeugt. So läßt sich der Speicherbedarf eines Samples bei vertretbarem Qualitätsverlust auf einen Bruchteil verringern. Attack-Samples finden sich in erster Linie in den Sample-→ROMs von →Sample-Playern und Synthesizern, wo es darauf ankommt, eine möglichst vielfältige Klangpalette anzubieten.

Attack-Time (engl.) →Einschwing- oder Einsatzzeit. Die Attack-Time läßt sich in →Synthesizern frei programmieren. Dadurch sind Klangverläufe vom harten Toneinsatz (→perkussiv) bis zum langsam einschwingenden →Klang (sphärische Klänge, →Pads) möglich.

Attack-Velocity (engl.) Die Anschlaggeschwindigkeit beim Herunterdrücken einer Klaviaturtaste, meist nur →Velocity genannt. Die Attack-Velocity bestimmt üblicherweise (beispielsweise beim Klavier) die →Lautstärke eines →Klangs (→Velocity). In elektronischen →Klangerzeugern kann sie allerdings auch zur Steuerung anderer →Parameter, wie beispielsweise der →Klangfarbe oder Einschwingzeit, herangezogen werden. Als Pendant zur Attack-Velocity existiert auch eine - allerdings weit seltener anzutreffende - →Release-Velocity.

Attenuator (engl.) Bezeichnung für →Abschwächer.

Attribut Im →Softwarebereich eine spezifische Eigenschaft, die man einem Objekt zuweisen kann. Viele →Editorprogramme beispielsweise erlauben die Markierung von Synthesizersounds mit Attributen wie „Piano", „warm", →„perkussiv", nach denen sich dann gezielt suchen läßt.

Audio Präfix für den gesamten Bereich der Tontechnik, allgemein: alles, was mit der Erzeugung und Verarbeitung von →Schall zu tun hat, ob auf →akustischem oder elektronischem (→analog, →digital) Wege.

Audio-Bus (engl.) →Digitale, oft schaltbare Leitungen für →Audiosignale, beispielsweise innerhalb eines →digitalen →Mischpults.

Audio-Interchange-File-Format (engl.) Abgekürzt →AIFF.

Audio-Output Signalausgang eines elektronischen Instruments, →Effektgerätes oder eines anderen Audiogerätes.

Audio-Schnittstelle →Digitale Audio-Schnittstelle.

Audio-Server (engl.) →Hardware-Plattform für die Verwaltung →digitaler →Audiodaten in großen Mengen per Datenbankprogramm. Im Moment sind Audio-Server noch im Entwicklungsstadium. Mögliche Anwendungen umfassen beispielsweise die Speicherung von Werbeblöcken oder Musiktiteln im Rundfunkbereich.

Audio-Trigger (engl.) Funktion im →Sampler, die bei Überschreiten eines einstellbaren →Schwellwertes (→Threshold), der vom Eingangssignal erreicht werden muß, die →Sample-Aufzeichnung automatisch startet (siehe auch →Trigger). Das Sampeln per Audio-Trigger geht wie folgt vor sich: Nach Einstellen des Schwellwertes wird der Sampler in Warteposition gesetzt. Überschreitet der Pegel des Eingangssignals den Schwellwert, beginnt der →Sampling-Vorgang. Da der Audio-Trigger mit einer kurzen →Verzögerung von wenigen Millisekunden einsetzt, bieten die meisten Sampler eine →Pre-Trigger-Funktion.

Audio-Wandler Oberbegriff für →Analog/Digital-Wandler, →Digital/Analog-Wandler.

Audio-Workstation (engl.) Kombiniertes System aus →digitalen Studiokomponenten. Dazu gehören je nach Ausstattung ein →Harddisk-Recorder, ein oder mehrere digitale →Mischpulte, →Sequenzer, →Sampler, →Synthesizer, digitale Effekte und mehr. Dadurch wird die Erstellung und Bearbeitung einer

Produktion auf ausschließlich digitaler Ebene ohne Konvertierung innerhalb einer Arbeitsumgebung möglich. Der Vorteil liegt darin, daß alle Komponenten aufeinander abgestimmt sind, wodurch unterschiedliche Bedienung oder Kompatibilitätsprobleme vermieden werden. Die technischen Daten solcher Systeme liegen durchweg im Bereich der Oberklasse. →Speicherkapazitäten von mehreren hundert →MB, →Sampling-Raten bis zu 100 →kHz oder eine →Auflösung von 24 Bits sind keine Seltenheit. Der dadurch bedingte hohe Preis beschränkt den Interessentenkreis auf ausschließlich professionelle →Studios und Musiker. Die bekanntesten Audio-Workstations sind das NED →„Synclavier", der →Fairlight „CMI" und der Waveframe „Audio-Frame".

Audioanschlüsse Ein- und Ausgänge für die Audioverbindungen zwischen →Klangerzeugern, →Mischpult oder →Peripheriegeräten. Die meisten →Klangerzeuger besitzen inzwischen einen Stereoausgang. Dazu kommen oft eine Anzahl →Einzelausgänge, um bestimmte →Sounds getrennt im Mischpult bearbeiten zu können. Der Standard für die Audioanschlüsse von →MIDI-Klangerzeugern ist die 6,3-mm-→Klinkenbuchse. Für →Mikrofone und professionelle Mischpulte bzw. →Peripheriegeräte werden die stabileren und teureren →XLR-Verbindungen benutzt. Beide Buchsentypen können auch →symmetrisch aufgebaut sein. Im →HiFi-Bereich liegt der Standard bei →Cinch-Verbindungen (auch RCA-Buchsen genannt), die sich allerdings nicht für den rauheren Bühnen- und Studioalltag eignen.

Audiodaten →Audiosignale in digitalisierter Form, die ein →digitales Audiosystem verarbeiten (bearbeiten, speichern) kann. →CD-Player, →DAT-Recorder, →Sampler oder →Harddisk-Recorder arbeiten beispielsweise intern mit →Audiodaten anstelle →analog vorliegender elektrischer Audiosignale.

AudioFrame (engl.) Modulare, →digitale →Audio-Workstation des Herstellers Waveframe Corp, die inzwischen von Digital F/X übernommen wurde. Der 1989 erstmals vorgestellte AudioFrame basiert auf einem →MS-DOS-→Rechner unter →Windows (MS) und einem Token-Ring-→Netzwerk als Steuerrechner. Der 24-Bit-Audio-Bus, das Herz des Systems, der in einem eigenen →19"-Gehäuse (10 HE) untergebracht ist, kann 64 Kanäle verwalten. Beliebige →Module lassen sich in bis zu 40 →Slots einstecken. Verfügbare Module sind unter anderem ein →Sampler, ein digitales →Mischpult und ein →Harddisk-Recording-System. AudioFrame arbeitet mit 24 →Bits und einer konstanten →Sampling-Rate von 44,1 →kHz.

Audiooszillator →Oszillator.

Audioprozessor Speziell auf die Verarbeitung →digitaler →Audiosignale optimierter →Prozessor, →DSP.

Audiosignal →Schallsignal, das mittels →Mikrofon oder anderer Geräte in elektrische Spannungen gewandelt oder direkt auf elektrischem/elektronischem Weg erzeugt wurde.

Auflösung 1. Allgemein: Rasterung eines Wertebereiches in →diskrete Werte. 2. Genauigkeit der Rasterung beim →Quantisieren von Audiosignalen (→Sampling). Die →Auflösung wird hier in →Bit angegeben. Bei einer Auflösung von 8 Bits werden lediglich 256 diskrete Werte verarbeitet, bei 16 Bits kann der →Wandler den gesamten Dynamikbereich jedoch in 65.536 Stufen rastern. Je höher die Auflösung, desto geringer der →Rundungsfehler und damit das →Quantisierungsrauschen, das unvermeidlich auftritt. Höhere Auflösungen gestatten einen größeren Dynamikumfang und ermöglichen einen besseren →Geräuschspannungsabstand. Eine sehr gute Klangqualität wird bereits bei einer 14-Bit-Auflösung erzielt. 3. Rasterung der Zeitachse im →Sequenzer (Beispiel: 96tel-Auflösung). Je höher diese Auflösung ausfällt, desto unverfälschter kann der →Sequenzer →Echtzeiteinspielungen wiedergeben, da er die

→Note-On-Zeitpunkte weniger stark runden muß. Die Auflösung wird in →ppq (→Pulses per Quarter Note) oder als Bruchteil eines Taktes angegeben. Gängige →Sequenzer besitzen eine Auflösung zwischen 24 und 384 ppq (1/96- bis 1/1536-Note). Schon bei einer Auflösung von 1/768tel kann man Timingverfälschungen nur in minimaler Stärke und erst bei sehr langsamem →Tempo ausmachen.

4. Rasterung eines Bildes in Bildpunkte (→Pixel), angegeben in →dpi. Dieser Wert ist entscheidend für die Qualität eines →Computer-→Monitors bzw. eines →Druckers.

Aufnahmekopf Magnetkopf einer →Bandmaschine, der das vorbeilaufende Bandmaterial entsprechend dem aufzuzeichnenden →Audiosignal magnetisiert. Der Aufnahmekopf ist in Form einer Ringkernspule konstruiert, die analog zur angelegten Spannung ein Magnetfeld aufbaut, das auf das mit magnetisierbaren Partikeln versehene Bandmaterial übertragen wird. So kann ein →Wiedergabekopf die entsprechende Magnetisierung wieder in Audiosignale umwandeln. Mehrspurmaschinen benutzen einen Aufnahmekopf mit einem separaten Spalt pro Spur, der zur Vermeidung von →Phasenunterschieden exakt im gleichen Winkel justiert sein muß wie der →Wiedergabekopf. Bei kleineren Bandgeräten, die keine →Hinterbandkontrolle bieten, werden Aufnahme- und →Wiedergabekopf zusammengefaßt.

Aufnahmeraum Neben dem →Regieraum elementarer Bestandteil eines →Tonstudios. Insbesondere für akustische Aufnahmen ist die Beschaffenheit und Größe des Aufnahmeraums von entscheidender Bedeutung, da sie für die akustischen Verhältnisse - den →Klang - des Raums verantwortlich sind. Auch größere Konzertsäle werden aufgrund ihrer →Akustik oftmals als Aufnahmeraum benutzt. Ebenfalls häufig werden spezielle Aufnahmeräume für das Schlagzeug (z. B. Kachelraum), Piano oder Gitarren benutzt, die eine optimale Akustik für das entsprechende Instrument bieten. Eine Alternative dazu ist die variable Gestaltung der Aufnahmeraum-Akustik durch verschiebbare Wände, unterschiedliche Bodenbeläge oder schwenkbare Wandverkleidungen.

Der große Aufnahmeraum in den Münchner ARCO Studios

Autodrop

Aufwärtskompatibel Eigenschaft eines Gerätes oder einer →Software, Daten mit einer Nachfolger- oder einer leistungsstärkeren Version aus der Palette austauschen bzw. durch diese ersetzt werden zu können. Beispiel: Kann eine →Programmversion V2.0 →Dateien lesen, die von Version V1.0 erzeugt wurden, so ist Version 1.0 aufwärtskompatibel. Gegenteil: →abwärtskompatibel.
Aural Exciter →Exciter.
Ausgang →Output.
Ausgangsleistung Maximale elektrische Leistung, die eine →Verstärkerstufe am Ausgang abgibt. Meist ist damit die Ausgangsleistung einer →Endstufe gemeint. Grundsätzlich jedoch besitzt jeder Audioausgang eine Ausgangsleistung. Diese ist abhängig von der →Impedanz des angeschlossenen Gerätes, bei →Endstufen von der →Impedanz der angeschlossenen →Lautsprecher. Dort wird sie in der Regel in zwei Werten angegeben: die →Sinus- oder →Dauertonleistung, die die →Endstufe über einen bestimmten Zeitraum abgeben kann, und die →Musikleistung, die nur bei kurzen Pegelspitzen abgegeben wird.
Ausgangswandler →Digital/Analog-Wandler.
Ausleserate In →digitalen Audiosystemen die Anzahl ausgelesener →Samples pro Sekunde, diese wird in →Hertz angegeben. Durch Verändern der Ausleserate gegenüber der →Abtastrate lassen sich Samples transponieren. Wird ein Sample beispielsweise mit 44,1 →kHz aufgezeichnet und mit einer Ausleserate von 22,05 kHz ausgelesen, so erklingt es eine →Oktave tiefer. Der korrekte englische Begriff heißt Sample Playback Rate.
Ausspielweg →Auxiliary Send.
Aussteuerung Einstellung des Signalpegels, der an den →Aufnahmekopf eines Bandgerätes oder - bei der →digitalen Aufzeichnung - an den →Analog/Digital-Wandler abgegeben wird. Eine zu hohe Aussteuerung führt zu Signalverzerrungen, eine zu niedrige Aussteuerung verschlechtert den →Rauschabstand.

Aussteuerungsinstrumente Anzeigeinstrumente zur Überwachung und Messung der elektrischen Pegel in Studiogeräten, insbesondere zur →Aussteuerung von →Mischpulten und →Bandmaschinen. Die gebräuchlichsten Aussteuerungsinstrumente sind →Peak-Meter, →VU-Meter, →Analyzer und →Korrelationsgradmesser.
Aussteuerungsreserve Bereich zwischen optimaler Aussteuerung und →Verzerrung bei der Aufzeichnung von →Audiosignalen. Je größer die Aussteuerungsreserve, desto einfacher ist es, das Signal hoch auszusteuern. Im Gegensatz zu →Magnetband bieten →digitale Aufnahmemedien keinerlei Aussteuerungsreserve, da das Signal im Moment, da der Wertebereich des →Analog/Digital-Wandlers überschritten wird, sofort hörbar verzerrt. Siehe auch →Margin.
Auswahlleiste Im Computerjargon: seltene, eingedeutschte Bezeichnung für →Menüleiste.
Auto-Accompaniment (engl.) →Begleitautomatik.
Auto-Chord (engl.) →Begleitautomatik.
Auto-Sampling (engl.) Andere Bezeichnung für →Audio-Trigger. Der Sampler beginnt nach Überschreiten einer →Threshold-Schwelle automatisch mit der Sample-Aufzeichnung.
Auto-Tune (engl.) Funktion →analoger Synthesizer, die die →Oszillatoren automatisch durchstimmt. Dieser Vorgang nimmt einige Sekunden in Anspruch. Bei →digitalen →Synthesizern ist eine Auto-Tune-Funktion nicht nötig, da digitale →Oszillatoren sich nicht verstimmen können.
Autoboot (engl.) Das automatische Hochfahren (→Booten) eines Computersystems mit Hilfe einer Autoboot-Diskette oder einer Autoboot-fähigen →Partition auf der →Festplatte, von der dann die erforderlichen Daten (→Betriebssystem, Voreinstellungen) beim Einschalten des Systems geladen werden.
Autocorrection (engl.) Veraltete Bezeichnung für →Quantisierung.
Autodrop Funktion, die bei Erreichen einer

vorprogrammierten →Locator-Position von Wiedergabe auf Aufnahme schaltet (→Drop-In). Bei Erreichen einer weiteren →Locator-Position steigt die Funktion wieder aus der Aufnahme aus. So wird das Ausbessern von Band- oder →Sequenzerpassagen wesentlich erleichtert.

Autokorrektur Veraltete Bezeichnung für →Quantisierung.

Autolocator (engl.) Funktion in →Bandmaschinen und →Sequenzern, mit deren Hilfe Band- oder Songpositionen automatisch angefahren werden können. Im Autolocator lassen sich verschiedene →Locator-Positionen abspeichern und später per Knopfdruck wieder aufrufen. So ist es möglich, markante Stellen im Song (Strophe, Refrain) direkt anfahren oder Passagen automatisch von der Maschine wiederholen zu lassen. Üblicherweise arbeitet der Autolocator mit einer zweiten Positionsanzeige, in die sich die gewünschte Bandposition entweder anhand der aktuellen Position übernehmen oder manuell eingeben läßt.

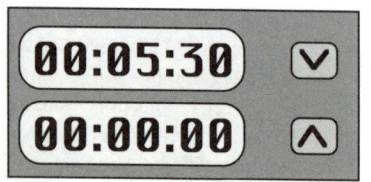

Autolocator mit aktueller Bandposition, Zielposition und Übernahme-Tastern.

Autoloop (engl.) Eine Funktion von →Samplern oder Sample-Editierungsprogrammen, die das →Sample automatisch nach geeigneten Stellen für →Loop-Start- oder End-Punkte durchsucht. Die Autoloop-Funktion soll die Programmierung knackfreier →Loops erleichtern und beschleunigen. Um eine knackfreie Loop zu erzielen, müssen Loop-Start- und -Endpunkt unter anderem dieselbe →Amplitude aufweisen. Aus diesem Grunde durchsuchen die meisten Autoloop-Funktionen das Sample nach →Nulldurchgängen oder, zum Auffinden einer guten →Alternate-Loop, nach geeigneten →Peak-Werten. Die Trefferquote ist je nach Aufwand und Verfahren sehr unterschiedlich. Die Autoloop-Funktion ersetzt nicht das Ohr des Benutzers.

Autopark-Funktion Diese Funktion fährt die →Schreib-/Leseköpfe einer →Festplatte beim Ausschalten automatisch an den Rand und parkt sie dort in einer dafür vorgesehenen Spur. So wird vermieden, daß durch Erschütterungen beim Transport der Kopf die Platte beschädigt und Daten zerstört werden.

Autorensystem Eine spezielle →Anwendung, die das Konzipieren, Verwalten und Benutzen von Informationen in der Form von Bildschirmseiten erlaubt, →Hypercard. Autorensysteme werden insbesondere zur Erstellung von →Multimedia-Anwendungen immer wichtiger.

Aux (engl.) 1. Abk. für →Auxiliary. 2. Präfix für Hilfs-, Zusatz-.

Auxiliary Send (engl.) Abzweig, Hilfsweg. Signalweg im →Mischpult, der das Kanalsignal auf eine zusätzliche Summenschiene auskoppelt. Auxiliary Sends werden in erster Linie zur Ansteuerung von →Effektgeräten oder als →Monitorwege für Kopfhörermischungen benutzt. Kleinere →Homerecording-Mischpulte bieten in der Regel zwei, große Studiopulte bis zu zehn oder mehr Auxiliary Sends.

Averager (engl.) Bezeichnung für →Mittelwert-Filter (siehe dort): ein einfaches →digitales →Filter, das als →Tief- oder Hochpaßfilter eingesetzt werden kann.

AWM-Synthese (engl.) Abk. für Advanced Waveform Modulation: firmenspezifische Bezeichnung des Herstellers Yamaha für →ROM-Sample-Synthese. Die AWM-Synthese wird unter anderem in den →Synthesizern der SY-Serie und in →Digital-Pianos eingesetzt.

B

Back-and-Forth-Loop (engl. vor- und zurück) Andere Bezeichnung für →Alternate-Loop (siehe dort).

Backspace (engl.) Taste auf der Computertastatur, die den →Cursor um ein Zeichen zurückspringen läßt und ein davor befindliches Zeichen löscht.

Backup (engl.) →Sicherheitskopie. Die Backup-Funktion in →Programmen oder Geräten mit einem →Massenspeicher (→Diskettenlaufwerk, →Festplatte) fertigt eine Kopie des Datenträgers auf einem zweiten Datenträger an. Spezielle Backup-Programme ermöglichen auch die Sicherung und Pflege größerer Datenbestände, beispielsweise ein →Festplatten-Backup auf →Disketten oder Tape-→Streamer. Anhand dieser Backups läßt sich der Inhalt später wieder rekonstruieren, falls der ursprüngliche Datenträger die Bestände nicht mehr lesen kann, zerstört ist oder generell keine Daten mehr preisgeben möchte.

Backward-Loop (engl.) Rückwärts-Loop im Sampler. Der →Loop-Bereich wird hierbei nicht von vorn nach hinten, sondern von hinten nach vorn wiedergegeben.

Bändchenmikrofon Elektrodynamisches →Mikrofon, dessen Membran ein Bändchen darstellt und meist aus Aluminium besteht. Bändchenmikrofone zeichnen sich durch einen recht linearen →Frequenzgang und ein gutes →Impulsverhalten aus, reagieren allerdings empfindlich auf äußere Einflüsse wie Wind oder Erschütterungen. →Dynamisches Mikrofon.

Balance (engl.) Lautstärkeverhältnis der beiden Stereokanäle (→Panorama) oder zweier →Sounds in einem →Klangerzeuger.

Balanced (engl.) →Symmetrisch.

Band →Magnetband.

Band-Reject Filter (engl.) Bandsperrfilter oder →Sperrpaß-→Filter.

Bandbreite →Frequenzumfang eines →Audiosignals, auch als Qualitätsmerkmal eines Audiosystems verwendet. Die Bandbreite des menschlichen Gehörs umfaßt im Idealfall etwa 20 →Hz bis 20.000 Hz, abhängig von persönlicher Konstitution und Alter. Diese Anforderung wird entsprechend an hochwertige Audiosysteme gestellt. Beispielsweise entspricht die Bandbreite des →CD-Formats exakt dem →Hörbereich.

Bandgeschwindigkeit Konstante Geschwindigkeit, mit der das Band eines Magnetbandgerätes am →Tonkopf vorbeigeführt wird. Die gängigsten Bandgeschwindigkeiten sind 76 cm/s und 38 cm/s für Studiomaschinen, 19 cm/s und 9,5 cm/s für →Homerecording- und Heimgeräte (Vier- und Achtspur-Recorder) sowie 4,75 cm/s für Cassettenrecorder. Je höher die Bandgeschwindigkeit, desto besser ist die Wiedergabe hoher →Frequenzen und der Gleichlauf (→Gleichlaufschwankungen). Über die →Varispeed-Funktion läßt sich die Bandgeschwindigkeit an vielen Maschinen verändern.

Bandland Führung eines →Magnetbandes über Abwickelteller, Umlauf- und Andruckrollen, Lösch- und →Tonköpfe.

Bandmanual Eingedeutschte Bezeichnung für →Ribbon-Controller.

Bandmaschine Auch →Tonbandmaschine: Gerät zur Aufzeichnung und Wiedergabe von →Audiosignalen auf →Magnetband. In den meisten →Studios gibt es zumindest zwei →Bandmaschinen: die →Mehrspurmaschine zur Aufnahme der einzelnen Instrumental- und Gesangsspuren, und die →Mastermaschine zur Aufnahme des fertigen →Stereo-Mix. Als →Bandmaschine werden in der Regel die Spulenbandgeräte bezeichnet, für Cassettengeräte wird der Begriff →Recorder benutzt. Die technischen Daten der →Bandmaschinen unterscheiden sich im wesentlichen in folgenden Punkten:
- Spurbreite, wird in Zoll angegeben. Je breiter das Band, desto besser kann es genutzt werden.

Bandmaschinen-Prinzip

Achtspur-Bandmaschine R8 von Fostex

- →Bandgeschwindigkeit: Eine höhere Bandgeschwindigkeit führt bei Analogaufzeichnungen zu einer besseren Klangqualität, allerdings wird entsprechend mehr Bandmaterial verbraucht.
- Spurenzahl: Stereo-→Mastermaschinen arbeiten mit zwei oder, meist im semiprofessionellen Bereich, vier Spuren (zwei pro Richtung), Mehrspurmaschinen gibt es mit vier bis 48 Spuren.
- Art der Aufzeichnung: Neben den klassischen →analogen Maschinen gibt es auch →digitale →Bandmaschinen und →Recorder, sowohl als Master- wie auch als Mehrspurmaschinen.
- →Rauschunterdrückung: Viele →Bandmaschinen werden serienmäßig mit einem Rauschunterdrückungssystem ausgestattet, das sich bei professionellen Maschinen teilweise durch Austausch der →Module variieren läßt. Gängig sind →Dolby S und, inzwischen seltener, →dbx im semiprofessionellen,

sowie verschiedene →Dolby-Systeme (z. B. A, SR) im professionellen Bereich. →Digitale →Bandmaschine.

Bandmaschinen-Prinzip →Sequenzer-Konzept, bei dem die →Benutzeroberfläche und die Spurenverwaltung des →Sequenzers einer →Mehrspurmaschine nachempfunden sind. Auf dem →Monitor werden die Spuren neben- oder untereinander dargestellt und lassen sich wie bei der →Bandmaschine zur Aufnahme anwählen, stummschalten und schneiden. Im Gegensatz dazu arbeitet beispielsweise das →Pattern-Song-Prinzip mit Passagen (→Patterns), die beliebig zu einem Song zusammengefügt werden.

Bandpaßfilter →Filter, das die →Frequenzen im Bereich der →Cutoff-Frequenz durchläßt und die Bereiche darüber bzw. darunter beschneidet. →Filtercharakteristik.

Bandschleife Heute aufgrund der Digitaltechnik nur noch in Spezialfällen eingesetztes Mittel zur Erzeugung von Wiederho-

16-Spur-Bandmaschine MSR-16 von Tascam

lungen oder →Echos. In den 60er und 70er Jahren waren sogenannte Bandechogeräte populär, die mit →Endlos-Bandschleife arbeiteten und einen Echo-Effekt mit einem speziellen →Sound erzeugten. Zur Erzielung längerer Bandschleifen wurden normale →Bandmaschinen eingesetzt. Diese waren mit einem langen, zu einer Endlosschleife zusammengeklebten →Magnetband bestückt, das nicht über die üblichen Spulen, sondern nach außen über einen Mikrofonständer als Umlenkmechanismus geführt wurde. So waren ein ausreichender Bandzug und eine funktionsfähige →Bandführung gewährleistet.
Bandsperrfilter →Sperrpaßfilter.
Bandwidth (engl.) →Bandbreite.
Bank-Manager (engl.) in diesem Zusammenhang: →Software für einen MIDI-fähigen Computer, mit deren Hilfe Soundbänke eines →Synthesizers verwaltet werden können. Dabei lassen sich →Sounds normalerweise sortieren, zwischen verschiedenen Bänken austauschen und löschen. Bank-Manager waren insbesondere für den kleinen →Commodore →C 64 populär, heute sind sie durch →Librarians weitgehend ersetzt worden.
Bankloader (engl.) →MIDI-Software zur Verwaltung von Soundbänken eines bestimmten →Synthesizers. Ein solcher Bankloader erlaubt das Empfangen, Abspeichern, Laden, Senden und eventuell auch das Editieren von Soundbänken. Auch →Universal-Dump-Utilities werden oft als Bankloader bezeichnet.
Bar (engl.) Takt, Taktstrich.
BASIC (engl.) Abk. für Beginners All-Purpose Symbolic Information Code. Höhere Programmiersprache für →Home- und →Personal Computer, die oft auch für einfache, nicht zeitkritische →MIDI-→Anwendungen benutzt wird. Diverse BASIC-Entwick-

lungspakete für den →Atari ST (Omikron, GFA) bieten eine spezielle →MIDI-Library an, in der die →MIDI-Befehle als fertige BASIC-Routinen vorprogrammiert sind und direkt in BASIC-→Programme eingebunden werden können. In professionellen Anwendungen wird BASIC - wenn überhaupt - nur teilweise eingesetzt, da es im Vergleich zu anderen →Hochsprachen wie →Pascal oder →C wesentlich langsamer und unflexibler ist.

Basic-Channel (engl.) Der Haupt-MIDI-Kanal eines Gerätes. Der Basic-→Channel läßt sich in den meisten Fällen getrennt für Empfang (→Receive) und Senden (→Transmit) einstellen.

Basic Note (engl.) →Grundton.

Basic Tracks (engl.) Bezeichnung für die →Tonband- oder →Sequenzerspuren, auf denen die Arrangement-Grundlagen aufgenommen sind. Dazu gehören in der Regel Schlagzeug, Baß und Grundharmonien.

Basisbreite 1. Breite der stereophonen Wiedergabe. Normalerweise entspricht die Basisbreite der →Lautsprecheranordnung. Allerdings ist es auf elektronischem Wege möglich, eine Veränderung der Basisbreite herbeizuführen. So kann beispielsweise durch - erwünschtes oder unerwünschtes - →Übersprechen der beiden Stereokanäle stereophones Material quasimono wiedergegeben werden. Umgekehrt kann die Basisbreite durch spezielle Verfahren künstlich verbreitert werden, wodurch Klänge an Positionen außerhalb der Lautsprecherbasis erscheinen können. Moderne →Psychoakustik-→Prozessoren können sogar dreidimensionale Klangpositionierungen synthetisieren. 2. Abstand der →Stereo-→Lautsprecher. Die Basisbreite sollte für eine optimale Raumwirkung das Anderthalbfache des Hörerabstandes zum →Lautsprecher betragen.

Bass Cut (engl.) Tiefensperre am →Mischpult, realisiert durch ein →Hochpaßfilter.

Baß-Synthesizer 1. Auf die Funktion als Baßinstrument optimierter →Synthesizer. Der wohl legendärste Baß-Synthesizer ist das

Baßpedal zur Ansteuerung von MIDI-Klangerzeugern

→Moog „Taurus"-Pedal, dessen Tieftonqualitäten von keinem anderen Synthesizer erreicht wurden. Als Baß-Synthesizer werden auch Instrumente bezeichnet, die von einem E-Baß angesteuert werden können (→Pitch-to-Voltage-Converter, →Pitch-to-MIDI-Converter). 2. →Effektgerät, das einem →Audiosignal zusätzliche Tieftonanteile oder Subharmonische hinzufügt oder die Baßanteile eines Audiosignals speziell behandelt (z. B. Aphex Dominator). Vergleichbar mit der Manipulation von höherfrequentem Material durch einen →Exciter oder →Enhancer.

Baßpedal Fußpedal in Gestalt einer →Klaviatur, Bestandteil elektronischer →Orgeln. Baßpedale gibt es auch als eigenständige Geräte zur Ansteuerung von →MIDI-Klangerzeugern. Je nach Ausführung sind Baßpedale als →Vollpedale, ähnlich dem einer Kirchenorgel, oder als einoktaviges →Stummelpedal ausgelegt.

Baud (engl.) Einheit für Übertragungsraten in →digitalen →Schnittstellen und →Netzwerken: 1 Baud = 1 Bit/sec. Während die →serielle →MIDI-Schnittstelle mit 31.250 Baud arbeitet, erreichen größere, →parallel ausgelegte →LANs Übertragungsraten von mehreren Millionen Baud.

Baud-Rate Übertragungsgeschwindigkeit →digitaler →Schnittstellen, →Übertragungsrate (siehe dort).

BC (engl.) Abk. für →Breath-Controller.

Beam (engl.) Strahl, →Laserstrahl.

Beats per Minute (engl.) (Viertel-) Schläge pro Minute. Maßeinheit für das musikalische →Tempo, gängige Tempoangabe z. B. in taktgesteuerten Geräten wie →Sequenzern oder →Drumcomputern. Bei „Viertel = 60 →bpm" dauert eine Viertelnote genau eine Sekunde. Abkürzung: →bpm.

Bedieneroberfläche →Benutzeroberfläche.

Begleitautomat Funktion oder Gerät, das anhand der →Echtzeiteingabe von Grundtönen oder Akkorden komplette Begleitmuster, bestehend aus Schlagzeug, Baß und Rhythmusbegleitung, erzeugt. →Begleitautomaten gehören zur Ausstattung elektronischer →Orgeln und →Portable Keyboards.

Begrenzer Gebräuchlicher ist die englische Bezeichnung →Limiter. Begrenzer werden zur Pegelbegrenzung von →Audiosignalen eingesetzt. Oberhalb eines einstellbaren →Schwellwerts schneidet der Begrenzer unerwünschte Lautstärkespitzen ab. Diese Geräte kommen vornehmlich im →Studio- und Beschallungsbereich zum Einsatz und vermeiden in erster Linie →Übersteuerungen des →Magnetbandes bzw. Beschädigung der →Lautsprecher.

Belastbarkeit Vergleichsgröße für die Leistung, die ein →Schallwandler (→Lautsprecher, →Kopfhörer) verarbeiten kann, ohne daß ein vorgegebenes Maß an →Verzerrungen überschritten wird. Dabei wird zwischen →Nenn- bzw. Dauerbelastbarkeit und Impulsbelastbarkeit unterschieden. Beide Werte sollten größer oder gleich der entsprechenden →Nenn- bzw. Impulsleistung des angeschlossenen Endverstärkers sein, damit die →Lautsprecher nicht durch zu hohe Belastung beschädigt werden. Dabei muß beachtet werden, daß schon die →Endstufe so dimensioniert sein sollte, daß es in keinem Fall zum →Clipping kommt. Ansonsten könnte die dadurch auftretende Signalveränderung auch den →Lautsprecher, vor allem den →Hochtöner, zerstören.

Belichten Ausgabe einer→PostScript-→Datei auf einem →Satzbelichter. Auf diese Weise lassen sich druckfertige Vorlagen von Texten, Notenpartituren und anderen Publikationen in professioneller Qualität erstellen.

Bender-Range (engl.) →Parameter zur Bestimmung des →Pitchbending-Bereichs in Halbtonschritten. Der Wertebereich liegt meist bei ±12 Halbtönen. Die meisten →Klangerzeuger erlauben die Programmierung des Bender-Range für jedes einzelne Soundprogramm. So stellt man für Piano oder Schlagzeug normalerweise den Wert 0 ein, für Solosounds zwei bis fünf Halbtöne, für

Benutzerfreundlichkeit

Effektsounds das Maximum. Einige Klangerzeuger bieten sogar eine getrennte →Range-Einstellung für Auf- und Abwärtsbending. Eine spezielle →Registered-Parameter-Number dient der Einstellung der Bender-Range via →MIDI.

Benutzerfreundlichkeit Eigenschaft eines →Programms oder eines Gerätes, möglichst leicht erlernbar zu sein und unkompliziert, effektiv und schnell vom Benutzer bedient werden zu können. Dazu gehören unter anderem eine logisch aufgebaute, ergonomische Bedienung, ein ausführliches und leichtverständliches Handbuch und - bei →Software - komfortable Hilfsfunktionen (→Online-Help).

Benutzeroberfläche Fachbegriff für diejenigen →Hardware- und →Software-Elemente eines Gerätes oder einer Software, die für die Kommunikation zwischen Benutzer und Gerät zuständig sind. Dazu gehören beispielsweise Eingabeelemente wie Schieberegler oder Taster, Anzeigeelemente wie Monitor oder →Display und natürlich die Steuerungssoftware. →GEM, →Desktop.

Beta-Version Version eines →Programms oder Gerätes, das sich im Endstadium der Entwicklung befindet, der Öffentlichkeit jedoch noch nicht zugänglich ist. Beta-Versionen werden Beta-Testern zur Verfügung gestellt, die das Produkt unter alltäglichen Bedingungen auf eventuelle Fehler oder Versäumnisse prüfen. Beta-Versionen werden in der Regel durch ein „b" hinter der Versionsnummer gekennzeichnet, beispielsweise Version 0.9b.

Betacam Professioneller, von Sony entwickelter Standard für →Videosysteme.

Betriebssystem Übergeordnetes →Programm eines Computersystems, das alle Abläufe verwaltet. Dazu gehören beispielsweise die Verwaltung der Benutzerschnittstelle, der →Speichermedien, die →Monitordarstellung, Verwaltung der aktiven Applikationen usw. Bekannte →Betriebssysteme sind unter anderem →MS-DOS für →IBM- und kompatible →PCs, →Mac-→OS für →Apple →Macintosh, →TOS für →Atari ST und →UNIX für →Workstation-Rechner.

Beugung Eingedeutscht für →Pitchbending. „Beugung" oder „Tonhöhenbeugung" findet sich oft in übersetzten Bedienungsanleitungen.

Beziérkurve Graphik-Funktion zur Kurvengestaltung in Computern. Eine Beziérkurve stellt den Kurvenverlauf in Form von Anker- und Scheitelpunkten dar. Mit dieser Funktion lassen sich jegliche Kurvenverläufe erzeugen und beliebig skalieren. Aus diesem Grunde werden Beziérkurven für die qualitativ hochwertige Darstellung von Graphiken, Schriften und auch Notendarstellungen in →PostScript-→Programmen benutzt. →PostScript-Fonts in Computern (z. B. der Sonata-→Font für Notensymbole) sind Sätze von Beziérkurvenbeschreibungen der einzelnen Zeichen. Der →Drucker berechnet den endgültigen Kurvenverlauf erst beim Drucken in der maximal möglichen Qualität.

Links die Beziér-Beschreibung einer Sechzehntelnote im Petrucci-Font, rechts das Ergebnis

Bias Vormagnetisierungsstrom. →Magnetband wird bei der Aufnahme mit einem konstanten Strom magnetisiert, dem das Nutzsignal (→Modulation) überlagert wird. Die optimale Stärke des Bias ist von Bandsorte zu Bandsorte unterschiedlich. Die korrekte Einstellung des Bias gehört zum →Einmessen einer →Bandmaschine.

Bildfrequenz Anzahl der Bilder, die ein Computermonitor oder Fernseher pro Sekunde durch Abfahren mit dem Elektronenstrahl aufbaut. Je höher diese Bildfrequenz, desto flimmerärmer und damit augenschonender ist das Monitorbild. Gute →Monitore erreichen eine Bildfrequenz von 70 bis 90 →Hz.

Bildschirm In diesem Zusammenhang ist der Computerbildschirm gemeint, der korrekter mit →Monitor bezeichnet wird.

Bildschirmauflösung Die Anzahl der Bildpunkte, die ein →Monitor auf einer bestimmten, genormten Breite anzeigen kann. Sie wird in →dpi gemessen. Gute Monitore weisen eine Bildschirmauflösung von mindestens 70 dpi auf.

Bildschirmnotation Die manuelle Erstellung von Notenschrift oder Notensatz am Computerbildschirm mit Hilfe einer →Notendrucksoftware bzw. die vollautomatische Erstellung durch die →Software. Je nach Auslegung der Software können Noten über →MIDI eingespielt, per →Maus eingefügt und bearbeitet oder aus einem →Sequenzer oder einem anderen Notendruckprogramm importiert und transkribiert werden. Näheres unter →Notendrucksoftware.

Bildschirmschoner Hilfsprogramm (→Desk-Accessory), das den →Bildschirm automatisch dunkelschaltet oder eine →Animation (z. B. Aquarium, Weltall) erzeugt, wenn eine bestimmte Zeit ohne Benutzeraktivität vergangen ist. Sobald die →Maus bewegt oder eine Taste gedrückt wird, schaltet sich der Bildschirm automatisch wieder ein. So wird vermieden, daß ein Standbild sich in die Monitoroberfläche einbrennen kann.

Binär Zweiwertig, aus zwei Werten (richtig/falsch, 0/1), →Binärsystem.

Binärsystem Zahlensystem auf der Basis 2, mit dem sämtliche →digitalen Geräte intern arbeiten. Eine binäre Ziffer (→Bit) kann die Werte 0 oder 1 annehmen, was elektrisch den Zuständen „Spannung ein" oder „Spannung aus" entspricht. Da fast immer mehr als zwei Zustände darzustellen sind, werden mehrere binäre Ziffern (→Bits) zu einem binären Wort zusammengefaßt. Der Wertebereich eines solchen binären Wortes hängt von der Anzahl der →Bits ab und beträgt 2^{n-1} bei n Bits. Jedes Bit repräsentiert, von rechts nach links gesehen, die Zweierpotenz seiner Ordnungszahl. Das rechte Bit steht für 2^0, das zweite von rechts für 2^1 usw. Besteht ein solches Datenwort aus acht Bits, nennt man es →Byte. Beispiel: Das binäre Datenwort 0001 0101 wird dezimal wie folgt ausgedrückt: $0*2^7 + 0*2^6 + 0*2^5 + 1*2^4 + 0*2^3 + 1*2^2 + 0*2^1 + 1*2^0 = 21$.

Negative Zahlen werden im Binärsystem durch das →Zweierkomplement dargestellt.

Binary Code (engl.) →Binärsystem.

Binary Digit (engl.) →Binäre Zahl, abgekürzt →Bit (siehe dort).

Binaural Bezeichnung über das spezifische Hören mit beiden Ohren und die daraus resultierende räumliche und klangliche →Auflösung des Gehörs.

Binaurales Aufnahmeverfahren Spezifisches Aufnahmeverfahren zur Erzielung einer binauralen Abbildung des aufzunehmenden Materials, so daß die Wiedergabe möglichst genau die räumlichen Verhältnisse darstellt. Binaurale Aufnahmen werden normalerweise mittels →Kunstkopf-Stereophonie erstellt, neuerdings aber auch elektronisch bzw. →digital über spezielle →Prozessoren nachgebildet. Das binaurale Aufnahmeverfahren hat in der Regel den Nachteil, daß eine akkurate Wiedergabe nur über →Kopfhörer möglich ist, weil die beiden Signale für das rechte und linke Ohr möglichst nicht →übersprechen sollen. Derzeit wird an Systemen gefeilt, die binaurales Hören auch über →Lautsprecher gestatten.

Birotron Tasteninstrument mit →Endlosschleifen, das vor dem Erscheinen von →Samplern zum Spielen akustischer Instrumente, insbesondere von Streichern und Chören, eingesetzt wurde. Das Birotron ist ein sehr enger Verwandter des →Mellotrons. Seine Entwicklung wurde in den 70er Jahren durch Rick Wakeman (Yes) gefördert, der auch der einzige kommerzielle Anwender war.

Bit (engl.) Abk. für →BInary digiT: die kleinste →digitale Informationseinheit. Ein Bit kann nur zwei, interpetationsabhängige Zustände unterscheiden: 0/1, Ein/Aus, Ja/Nein. Durch Zusammenfügen mehrerer Bits zu sogenannten Wörtern, z. B. →Bytes, lassen sich komplexe Informationen →binär darstellen.

Bitmap (engl.) Abbildung des Bildschirminhalts oder eines Teils davon (z. B. ein Buchstabe) als Punktmatrix (→Bit = hier: Bildpunkt, →Map = Tabelle) im →Speicher.

Bitstream-Converter (engl.) →1-Bit-Wandler.

Blank (engl.) Leerzeichen.

Blaswandler →Breath-Controller.

Blitter (engl.) Graphik-→Chip im →Atari ST, der in bestimmten →Applikationen den Bildschirmaufbau beschleunigt. Der Blitter wurde erstmals in die Modelle der →Mega-ST-Familie serienmäßig eingebaut.

Blockschaltbild Schematische Darstellung der elektrischen →Schaltung eines Gerätes, ohne dabei genauere Details darzustellen. Durch Verwendung vereinbarter Symbole läßt sich die Funktionsweise des Gerätes auf einen Blick erkennen.

Board (engl.) →Platine.

Bobby (engl.) Kleine Metallscheibe, die bei Studio-→Tonbandmaschinen die Spule ersetzt. Das →Magnetband wird um den Bobby aufgewickelt und lediglich durch die Spannung gehalten. Deshalb muß eine entsprechende →Bandmaschine sehr gute Wickeleigenschaften besitzen.

Booten (engl.) Hochfahren eines Computersystems. Dabei werden unter anderem Teile des →Betriebssystems von →Festplatte oder →Diskette in den Arbeitsspeicher geladen, die angeschlossenen →Laufwerke und →Peripheriegeräte registriert und bei entsprechenden

Um den Bobby wird das Magnetband aufgewickelt

→Rechnern der Schreibtisch (→Desktop) aufgebaut.

Bootsektor Bereich auf einem Datenträger, z. B. →Diskette oder →Festplatte, auf dem die Informationen abgelegt sind, die der →Computer oder →Sampler zum Systemstart (→Booten) benötigt. Ist der Bootsektor defekt oder fehlt er, so läßt sich das System mit der betreffenden →Diskette oder →Festplatte nicht starten.

bpm (engl.) Abk. für →Beats per Minute (siehe dort).

bps (engl.) Abk. für Bits per Second, also →Bits pro Sekunde. Maßeinheit für die Übertragungsgeschwindigkeit einer →digitalen →Schnittstelle. →Baud.

Break (engl.) 1. Schlagzeug-Überleitung, etwa von einer Strophe in den Refrain. 2. Funktion oder Taste zur Auslösung eines Schlagzeug-Breaks (z. B. Wirbel) an →Drumcomputern und →Begleitautomaten.

Break-Point (engl.) Definierbarer Punkt auf der →Klaviatur, der den unteren vom oberen Bereich trennt. Für beide Bereiche können dann verschiedene Charakteristiken z. B. einer Scaling-Funktion (→Rate-Scaling, →Level-Scaling) programmiert werden. Dieser Begriff wird vor allem bei →FM-Synthesizern der Firma Yamaha verwendet.

Breath-Controller (engl.) 1. →Blaswandler. Elektronisches Mundstück für →Synthesizer. Die vom Mundstück gemessene Blasstärke wird von einem →Analog/Digital-Wandler in einen Wert umgesetzt und kann zur Klangbeeinflussung benutzt werden. Auf diese Weise lassen sich (nicht nur) Blasinstrumentenklänge wesentlich ausdrucksvoller spielen. Die Modelle der Yamaha-DX-Familie besitzen serienmäßig einen Breath-Controller-Anschluß. Der Breath-Controller besitzt bei der →MIDI-Übertragung die →Controller-Adresse 2. 2. Vordefinierter →MIDI-→Continuous-Controller, der üblicherweise die von einem Blaswandler erzeugten Daten überträgt.

Brumm Niederfrequentes Störsignal, →Netzbrumm.

Brummschleife Stromschleife, die Störsignale im Audiosystem verursacht. Die Brummschleife entsteht durch die doppelte →Erdung von Geräten über Audio- und →Netzanschlüsse. Brummschleifen lassen sich z. B. durch einseitige Trennung der →Masseleitung von Audiokabeln vermeiden, wenn das angeschlossene Gerät ebenfalls über den Schutzleiter geerdet ist. Der Schutzleiter hingegen sollte niemals aufgetrennt werden, da dann das Gehäuse eines defekten Gerätes unter Umständen unter lebensgefährlicher Netzspannung stehen kann.

Buchla Don Buchla war, wie Bob →Moog, eine der treibenden Kräfte bei der Entwicklung eines →Synthesizers, der schon relativ früh →analoge und →digitale Technologien verband. Anders als Moog war Buchla der Ansicht, daß ein →Synthesizer nicht von einer →Tastatur, sondern von speziellen →Controllern gesteuert werden sollte, die entsprechend mehr Möglichkeiten zur Klangmanipulation bieten sollten. In letzter Zeit widmete sich Buchla dementsprechend vor allem der Entwicklung solcher Controller, wovon der Buchla Lightning, ein optisch arbeitender Bewegungssensor, und der Buchla Thunder, ein spezieller Controller mit druck- und anschlagempfindlichen, frei programmierbaren Sensoren, die derzeit letzten Entwicklungen sind.

Buffer (engl.) Puffer. Zwischenspeicher, in dem sich →Sounds, Texte oder andere Daten während der Bearbeitung vorübergehend befinden, bevor sie z. B. auf einen Datenträger oder ein batteriegepuffertes →RAM gesichert werden.

Bulk Dump (engl.) Zusammengesetzt aus Bulk (Block) und →Dump (Abwurf). →MIDI-Übertragung eines Datenblocks. Die gleichnamige Funktion wird beispielsweise in →Synthesizern dazu benutzt, den gesamten Inhalt einer Soundbank an einen →Computer oder anderes →MIDI-→Speichermedium zu übertragen. Die Daten werden als →System-Exclusive-Daten gesendet.

Bus Mehrere →parallele Leitungen zur Übertragung elektrischer Signale zwischen →Prozessor und →Peripheriegeräten. Der Bus dient zur Verbindung von Baugruppen über →Steckplätze, →Adreßbus, Datenbus, Steuerbus. Ein Bus kann allerdings auch nach außen zu externen Geräten geführt sein, wie beispielsweise der →SCSI-Bus.

Busy (engl.) Beschäftigt, in Betrieb. Die Meldung „busy" beispielsweise wird von einem →Computer oder einem Gerät ausgegeben, während eine Berechnung oder ein →Schreib-/Lese-Vorgang läuft.

Busy Bee (engl.) →Cursorsymbol in Form einer Biene, das von →Atari-Computern angezeigt wird, während der →Computer mit der Abarbeitung einer Aufgabe beschäftigt ist.

Button (engl.) Taster, Knopf.

Bypass (engl.) auch „Defeat", Umgehung. Der Bypass-Schalter an →Effektgeräten schaltet das Eingangssignal direkt auf den Ausgang, wobei der Effektprozessor umgangen wird.

Byte (engl.) →Binäres Datenwort bestehend aus acht →Bits. Ein Byte kann maximal 256 verschiedene Werte darstellen, z. B. 256 →alphanumerische Zeichen (→ASCII), Zahlenwerte für Samples oder →MIDI-Daten. Im →MIDI-Datenformat wird ein →Bit für die Unterscheidung von Status- und →Datenbyte benutzt, daher bleiben nur noch sieben Bits = 128 Werte übrig, etwa für die →Notennummer oder →Anschlagdynamik. Durch Verkettung von Bytes lassen sich Datenworte mit einer Breite von 16, 24 oder 32 Bits erzeugen, wobei inzwischen auch noch größere Datenworte in Computersystemen Verwendung finden. Bereits ein 16-Bit-Wort aus nur zwei Bytes kann 65.536 Werte darstellen.

C

C Populäre Computer-→Hochsprache. C wurde von den Bell Laboratories (AT&T) entworfen und für die Programmierung von →UNIX eingesetzt. Der größte Teil der auf dem Markt befindlichen Musikprogramme wurde zumindest teilweise in C programmiert.

c:m (engl.) →Carrier (c) to →Modulator (m) : Frequenzverhältnis von →Träger zu Modulator bei der →Frequenzmodulation. Dieses Verhältnis bestimmt die →Obertonzusammensetzung des Ausgangssignals. Näheres unter →FM-Synthese.

C 64 →Homecomputer der Firma Commodore, der als erster populärer →Musikcomputer in die MIDI-Geschichte einging. Angesichts des für heutige Maßstäbe fast lächerlich wirkenden →Arbeitsspeichers von 64 →kB und des extrem langsamen 5 1/4"-Diskettenlaufwerks muß man die Leistung der Programmierer bewundern, die professionell einsetzbare 16-Spur-Sequenzer, ein Notationsprogramm (Scoretrack von C-Lab) und sogar einen Sample-Editor (für Akai S-612) auf diesem →Rechner realisierten. Bis zum Erscheinen des →Atari ST arbeiteten professionelle →Studios mit diesem Heimcomputer, was man sich heute angesichts der aktuellen Rechner mit mindestens 2 →MB →Arbeitsspeicher (dem 30fachen des →C 64 - →RAM), →Festplatte und graphischer →Benutzeroberfläche nur noch schwer vorstellen kann.

C-Mix Semiprofessionelles →Mix-Automationssystem der Firma JMS auf der Basis eines →Atari ST. Die C-Mix-→Software steuert hierbei über eine spezielle Zusatzhardware mit einem →VCA pro →Mischpultkanal die →Lautstärke, wobei deren Verlaufswerte wiederum über den zugehörigen →Fader an die Software übertragen werden. Durch eine →Timecode-Verkoppelung mit der →Mehrspurmaschine können so die →Faderbewegungen vom →Rechner synchron zum Material auf der →Bandmaschine aufgezeichnet und an den →VCA übermittelt werden.

Cache (sprich: käsch) →Beschleunigerkarte, die einen kleinen Vorrat an Befehlen zwischenspeichert, die die →CPU als nächstes verarbeiten soll. Da diese Verbindung von Cache und CPU dank spezieller →RAM-Bausteine sehr schnell ist, fährt eine mit einem Cache ausgerüstete CPU stets mit optimaler Leistung. Eine softwaregesteuerte Variante des Cache-Speichers (→RAM-Cache) behält

Commodore C 64, der erste populäre Musikcomputer

einmal von →Festplatte geladene Blöcke im Gedächtnis, so daß das →Laufwerk seltener nachladen muß. Auch hierdurch ergibt sich eine Geschwindigkeitssteigerung.
Cancel (engl.) Abbruch (eines Vorgangs).
Capstan Motorachse für den Bandantrieb innerhalb einer →Bandmaschine, die direkt die →Bandgeschwindigkeit regelt. Die Sollumdrehung wird von der →Tachoscheibe gemessen und - heute üblicherweise von einem →Mikroprozessor kontrolliert - laufend ausgeglichen. Die Capstanumdrehung wird je nach Bauweise auf verschiedene Arten auf die Bandwickel übertragen, damit die Bandgeschwindigkeit unabhängig von der Wickelgröße stets konstant bleibt.
Capture Quantize (engl.) Sequenzerfunktion im Creator/Notator-Sequenzer der Firma Emagic, die die Noten nicht exakt auf das vorgegebene Raster setzt, sondern sie nur nach einem einstellbaren Prozentsatz in dessen Richtung zieht. Dadurch bleibt die Abweichung zu einem Teil erhalten. Der Charakter einer guten Einspielung, gerade wenn es sich um ein Solo, eine Klavierpassage oder eine live über →Pads eingespielte Schlagzeugspur handelt, bleibt dabei trotz Timing-Korrektur oft besser erhalten als bei vollständiger →Quantisierung. Eine vergleichbare Quantisierungsart findet man in →Sequenzern der Firma Steinberg als →Iterative Quantize.
Card (engl.) Karte. Speicherkarte zur Archivierung von →Klang- und beliebigen anderen Daten. Eine Card hat in etwa Scheckkartenformat und kann je nach Auslegung 128, 256 kBit bis hin zu mehreren MB aufnehmen. Cards gibt es in →RAM- und →ROM-Ausführungen. →RAM-Cards werden normalerweise von einer Knopfbatterie gespeist, neuerdings gibt es auch spezielle wiederbeschreibbare →E-PROMs (→Flash-ROM). Cards werden unter anderem in Synthesizern (→Sounds), →Drumcomputern (Rhythmen), Sample-Playern (→ROM-Samples) oder →Effektgeräten (Effektprogramme) als Archivierungsmedium eingesetzt. Aufgrund des extrem schnellen Zugriffs lassen sich Cards hervorragend als Ergänzung des internen →Speichers benutzen. Cards haben inzwischen die etwas klobigen →Cartridges abgelöst.
Cardioid →Nierencharakteristik (in der Mikrofontechnik).
Carrier 1. (engl.) →Träger. Eine →Schwingung, die von einem →Modulator in →Frequenz

Cards zur Erweiterung der Soundbibliothek

oder →Amplitude beeinflußt wird. Carrier kennt man ursprünglich von der Hochfrequenztechnik (z. B. zur Radio-Übertragung). Sie wurden aber schon bald in der Musikelektronik als →Syntheseverfahren verwendet. Das prominenteste Beispiel dürfte der →DX7 von Yamaha sein. 2. →Sinus-→Operator in einem →FM-Synthesizer, der an unterster Stelle im →Algorithmus plaziert ist und dessen Ausgangssignal die eigentlich hörbare Schwingung darstellt. Gegenteil: →Modulator. **Carrier to modulator** →c:m.
Cartridge (engl.) 1. In ein Gehäuse eingegossener Speicherbaustein mit relativ geringer →Speicherkapazität (16 - 64 →kB), der in einen Einschubschacht gesteckt wird und den internen →Speicher von →Synthesizern, →Drumcomputern und anderen Geräten erweitert. Cartridges gibt es in →RAM- und →ROM-Ausführung. Sie werden in letzter Zeit zunehmend durch die günstigeren und hinsichtlich der Kapazität leistungsfähigeren →Cards ersetzt. 2. Einschub mit einem →Speichermedium (→Wechselplatte, →MOD-Medium).
Cassetten-Interface →Schnittstelle zur Archivierung →digitaler Daten auf handelsüblichen Compact-Cassetten. Zum Speichern werden die →binären Daten zunächst in ein →analoges Zweiton-Signal umgewandelt, das dann auf Cassette aufgezeichnet werden kann. Beim Laden geht der Vorgang umgekehrt vonstatten. Die Archivierung einer normalen Soundbank mit etwa 16 →kB dauert etwa eine Minute.
Cassetten-→Interfaces wurden bis Mitte der Achtziger Jahre in →Synthesizer, →Drumcomputer, →Effektgeräte oder kleinere →Homecomputer integriert und boten eine kostengünstige, wenn auch nicht sehr sichere Möglichkeit der Soundarchivierung. Heute sind sie fast vollständig von den teuren, aber schnellen und sicheren →Cards und →Cartridges und besonders von →Diskettenlaufwerken abgelöst worden.

CAV (engl.) Abk. für Constant Angular Velocity: konstante Geschwindigkeit einer →Speicherplatte (→Diskette, →Harddisk), die dafür sorgt, daß auf jeder Spur gleich viele Daten aufgezeichnet werden.
CCIR (franz.) Abk. für Comité Consultatif International des Radio Communications: Organisation der Fernmeldeunion in Genf, die unter anderem Standards und Normen der Meßtechnik festlegt.
CD (engl.) Gebräuchliche Abk. für →Compact-Disc. Einseitig bespielte →Speicherplatte mit einem Durchmesser von 12 cm, die von einem →Laser berührungslos abgetastet wird. Populärste Anwendung ist die Musik-CD. CDs werden aber auch als universelle Datenträger (→CD-ROMs) und als →Speichermedien für →Videos und →Multimedia-Daten eingesetzt. Audio-CDs werden standardisiert mit einer →Abtastrate von 44,1 →kHz und 16-Bit-→Auflösung abgespielt. Eine CD kann normalerweise vom Anwender nicht selbst bespielt werden. Allerdings gibt es spezielle →CD-Recorder, die ein besonderes Medium einmalig im →WORM-Verfahren beschreiben können.
CD-I (engl.) Abk. für Compact-Disc-Interactive. Spezielle Form einer optischen Speicher-→CD, die →Klang, Bild und Text enthält und sich somit für →Multimedia-→Anwendungen eignet. Der Benutzer kann über ein Steuergerät blättern, aus einem Katalog beispielsweise einen Film oder Text aussuchen und interaktiv in das Geschehen eingreifen. CD-I ist eher dem Bereich der Unterhaltungselektronik zuzurechnen und soll nach Absicht der Hersteller in naher Zukunft Bestandteil eines →Multimedia-Centers in jedem Haushalt werden.
CD-Player (engl.) Abspielgerät für Compact-Discs. Spezielle →CD-Player werden neben der verbreiteten Anwendung im →HiFi-Bereich auch als →Massenspeicher für Computerdaten verwendet (→CD-ROM).
CD-Qualität Umgangssprachliche Bezeich-

Die Oberfläche einer CD

nung für die Eigenschaft eines Gerätes (→Sampler, →Harddisk-Recorder) oder einer Aufnahme, die technischen Anforderungen des →CD-Standards (in erster Linie 44,1 →kHz →Sampling-Rate, 16-→Bit-→Auflösung) erfüllen zu können.

CD-R (engl.) Abk. für Compact-Disc-Recordable. Eine →CD, die von einem →CD-Recorder einmalig in →WORM-Technologie beschrieben werden kann, aber nicht löschbar ist. CD-Rs gibt es sowohl als Audio-CDs als auch als →CD-ROMs. Kann der TOC (Table of Contents), also das →Directory der CD, erweitert werden, ist die CD-R →multisessionfähig.

CD-Recorder (engl.) Gerät, mit dem spezielle →CD-Rohlinge einmal in →WORM-Technologie bespielt werden können. Danach lassen sich diese Medien von jedem beliebigen →CD-Player abspielen. Es gibt verschiedene Modelle von CD-Recordern, die sich vor allem dahingehend unterscheiden, ob sie →multisessionfähig sind oder nicht. Einige Geräte können neben Audio-CDs auch CD-ROMs und andere CD-Formate beschreiben.

CD-ROM Abk. für Compact-Disc-Read-Only-Memory: optische →Speicherplatte, deren Daten ausschließlich gelesen werden können. CD-ROMs können bis zu 600 →MB an Daten aufnehmen und eignen sich somit hervorragend zur Unterbringung großer Mengen an Datenmaterial, beispielsweise Samples, aber auch Computerprogramme, Lexika oder medizinische Datenbanken. CD-ROM-Player lassen sich als Zusatzgeräte an Computer, aber auch an →Sampler anschließen und bieten einen direkten und schnellen Zugriff auf große Mengen vorgefertigten Datenmaterials. Sollen die Daten verändert abgespeichert werden, ist eine wiederbeschreibbare →optische Speicherplatte oder eine →Festplatte notwendig.

Cent (engl.) Der hundertste Teil eines Halbtons. Eine →Oktave umfaßt demnach 1200 Cent. Die Cent-Einteilung findet man in →Stimmgeräten und als Einheit für die Feinstimmfunktion vieler elektronischer →Klangerzeuger.

Central-Processing-Unit Abgekürzt →CPU.

Centronics Parallele 8-Bit-→Schnittstelle, die in erster Linie zum Anschluß eines →Druckers an den →Computer genutzt wird.

Chain (engl.) Kette. Beispiel: Eine Kette mehrerer hintereinander geschalteter Audio- oder →MIDI-Geräte (→Daisy-Chain).
Channel (engl.) →Kanal (z. B. →Mischpult-, →MIDI-, Sende-, Empfangskanal).
Channel-Filter (engl.) Funktion in einem →MIDI-Gerät bzw. →MIDI-Software, die den Empfang oder die Ausgabe bestimmter →MIDI-Kanäle unterdrückt. Anwendungsbeispiel: Soll ein →Klangerzeuger lediglich die Kanäle 3 und 5 wiedergeben, so können die restlichen Kanäle vollständig unterdrückt werden. Sie belasten damit die dynamische →Stimmenzuordnung nicht weiter, außerdem wird die unbeabsichtigte Wiedergabe anderer Kanäle vermieden. Wird bereits das Senden der nicht benötigten Kanäle unterbunden, verringert sich dadurch auch die Belastung der MIDI-Leitung. Insbesondere bei →MIDI-Interfaces mit mehreren →parallelen →Outputs kann so der Datendurchsatz verbessert werden. In →MIDI-Monitoren sorgen Channel-Filter dafür, daß nur ein oder mehrere gewünschte Kanäle angezeigt werden, um die Übersicht zu verbessern.
Channel-Messages (engl.) Alle →MIDI-Befehle, die generell anhand eines →MIDI-Kanals einem Empfänger zugeordnet werden, nicht aber →System-Exclusive-Daten, selbst wenn diese auch anhand eines Kanals adressiert werden. Es gibt zwei Arten von Channel-Messages: →Channel-Voice-Messages, die das Gros der →MIDI-Daten ausmachen, und →Channel-Mode-Messages. Die andere, große Gruppe von MIDI-Daten sind die →System-Messages.
Channel-Mode-Messages (engl.) →MIDI-Befehle zur ferngesteuerten Umschaltung des →MIDI-Mode eines Gerätes. Sie gehören zu den →Control-Change-Nachrichten und werden über die reservierten →Controllernummern 124 - 127 übertragen.
Channel-Pressure (engl.) →Aftertouch, der alle Noten des →MIDI-Kanals gemeinsam beeinflußt. Etwas irreführend ist die oft benutzte Bezeichnung „monophoner Aftertouch", die lediglich besagen soll, daß der Aftertouch selbst „einstimmig" ausfällt. Channel-Pressure ist die einfachere Variante des Aftertouch, da hier nur ein Sensor benutzt und auch nur ein einzelner Wert ermittelt wird, der dann für alle gespielten Noten gilt. In den meisten Fällen kommt man damit völlig aus, außerdem empfangen praktisch sämtliche →Klangerzeuger diesen Aftertouch. Er wird in der Praxis zur Nuancierung und ausdrucksvolleren Spielweise - insbesondere für Solo-, Streicher- und Bläsersounds - eingesetzt.
Channel-Voice-Messages (engl.) Sammelbegriff für die →MIDI-Befehle der Kategorie →Channel-Messages, die mit einer →Kanaladresse übertragen werden und direkt die →Stimmen eines →Klangerzeugers kontrollieren. Das trifft für folgende Befehle zu: →Note On, →Note Off, →Channel-Pressure, →Key-Pressure, →Control-Change, →Program-Change.
Checksum (engl.) →Prüfsumme. Diese wird aus einem Datenblock errechnet und zum Aufspüren von Übertragungsfehlern benutzt.
Checksum Error (engl.) Fehlermeldung, die von einem Empfänger nach Übertragung eines →systemexklusiven Datenblocks ausgegeben wird, wenn anhand der →Prüfsumme ein Übertragungsfehler ermittelt wurde.
Chinch →Cinch.
Chip (engl.) Wörtlich eigentlich: Schnipsel. Bauteil aus dem Halbleiter Silizium, auf dessen Oberfläche hochintegrierte elektronische →Schaltungen eingebrannt sind. Ein einziger Chip nimmt Hunderttausende von Schaltelementen (→Transistoren) auf. Man unterscheidet zwischen Standard- und Custom-Chips. Standard-Chips sind beispielsweise Hochleistungsprozessoren (→CPUs), deren Entwicklung für ein einziges Gerät zu teuer wäre, aber auch logische Gatter. So verwenden die meisten Computerhersteller Chips von Motorola (680xx) oder Intel (x86).

Custom-Chips enthalten spezielle Funktionen oder das →Betriebssystem eines Gerätes und werden eigens für dieses entwickelt. Viele →digitale →Synthesizer setzen für die →Klangsynthese Custom-Chips ein.

Chord (engl.) Akkord.

Chorus (engl.) 1. Spezieller →Verzögerungseffekt. Das Eingangssignal wird verzögert und dem Originalsignal hinzugemischt. Durch →Modulation der Verzögerungszeit entstehen →Schwebungen, die durch die →Parameter →Depth (Tiefe) und →Rate oder →Speed (Geschwindigkeit) beeinflußbar sind. Mit Hilfe zweier oder mehrerer gegeneinander phasenverschobener Verzögerungseinheiten lassen sich →Stereo-Chorus- oder →Ensemble-Effekte realisieren. Der Chorus-Effekt wird zur Anreicherung nicht schwebender Signale und/oder zusätzlich zur Stereo-Verbreiterung von →Mono-Signalen benutzt. Beliebte Anwendungsgebiete: Gitarre, →E-Piano, →Orgel. 2. Engl. für „Chor" oder auch „Refrain".

Chromatic Tuner (engl.) Chromatisches →Stimmgerät.

Cinch Fälschlich oft als „Chinch" bezeichnet, manchmal auch RCA-Steckverbindung genannt. Steckverbindungsnorm, die vornehmlich im →HiFi-Bereich eingesetzt wird. Cinch-Verbindungen sind preiswert und benötigen wenig Platz, eignen sich aufgrund ihrer →unsymmetrischen Auslegung und geringen mechanischen Stabilität allerdings weniger für die professionelle Anwendung.

CIRC (engl.) Abk. für Cross-Interleaved Reed-Solomon Code: Fehlerkorrekturverfahren, das bei →CD und →DAT eingesetzt wird und mit →Kreuzverschachtelung arbeitet.

CISC (engl.) Abk. für Complete Instruction Set Computer: →CPU mit möglichst zahlreichen und spezialisierten Befehlen. Diese Architektur ist der derzeit noch verbreitetste und findet sich in fast allen CPUs heutiger →Personal Computer. Der Vorteil liegt darin begründet, daß ein Programmierer sehr viele Befehle benutzen kann, ohne dafür eigene Routinen schreiben zu müssen. Dafür ist die CISC-Architektur aber auch langsamer als eine echte →RISC-CPU, die auf wenige Befehle optimiert ist. Die Grenze zwischen CISC und RISC verwischt zunehmend.

Clavinet Elektromagnetisches →Keyboard der Firma Hohner, dessen →Klangerzeugung auf angeschlagenen Saiten nach Art des Clavichords basiert. Das Clavinet wird heute nicht mehr gebaut, sein typisch „funkiger" →Klang ist allerdings in vielen →Synthesizern und →Sampler-Bibliotheken zu finden.

Clean (engl.) Sauber. Bezeichnung für einen unverzerrten bzw. nicht mit Übersteuerungseffekten versehenen (Gitarren-) →Sound.

Clear (engl.) Löschfunktion in Computerprogrammen, z. B. löscht „Clear Memory" den gesamten →Arbeitsspeicher.

Clef (engl.) Notenschlüssel.

Click-Track (engl.) Metronomspur auf einer Mehrspur-→Bandmaschine oder in einem →Sequenzer. Der Begriff stammt ursprünglich von einem Klicken, das früher mechanisch durch Löcher am Rande des Films erzeugt wurde und als Referenz bei der →Filmvertonung diente.

Clipboard (engl.) →Zwischenablage.

Clipping (engl.) Unerwünschte Signalverzerrungen, die durch →Übersteuerung z. B. einer Eingangsstufe, eines →Audio-Wandlers oder →Magnetbandes entstehen.

Clock (engl.) 1. Systemtakt in Computersystemen. 2. Zeitbasis in zeitgesteuerten Musikgeräten, z. B. →Sequenzer, →Drumcomputer (→MIDI-Clock).

Clock-Rate (engl.) Anzahl der Taktschritte, die ein impulsgesteuertes Gerät (z. B. →Drumcomputer, →Sequenzer) pro Viertelnote ausgibt bzw. verarbeitet (→FSK-Synchronisation). Gängige →Clock-Rates waren 24, 48 oder 96 →ppq. Je feiner die →Auflösung, desto genauer die →Echtzeitwiedergabe innerhalb des Systems. Heutzutage arbeiten kaum noch Geräte mit einem Clock-→Impuls. Vielmehr

wird die →MIDI-Clock (96 →ppq), →MTC oder die →SMPTE-Synchronisation verwendet.
Close (engl.) Schließen. Funktion zum Schließen eines Dokuments in einem Computerprogramm.
Closed Loop (engl.) Sample- bzw. allgemeine Datenübertragung im →Handshake-Verfahren: →Sender und Empfänger sind in beiden Richtungen verbunden, der Sender erhält nach jedem empfangenen Datenblock eine Empfangsquittung (→Acknowledge). Bei der MIDI-Übertragung müssen dazu jeweils beide Geräte via →MIDI-In und -Out verbunden sein, da die MIDI-Übertragung grundsätzlich nicht bidirektional ist.
Clr Home (engl.) Abk. für Clear Home: Taste auf einer Computertastatur, die den →Cursor auf das erste Zeichen bzw. Feld der →Datei setzt.
CLV (engl.) Abk. für →Constant Linear Velocity.
Coarse (engl.) Grob. Coarse-Tune ist beispielsweise an vielen →Synthesizern die →Parameterbezeichnung für die Grobstimmung in Halbton- oder Oktavschritten.
Codierung Verschlüsselung, Umwandlung von Informationen oder Signalen in eine andere Form. Die →Digitalisierung →analoger →Audiosignale in einem →Analog/Digital-Wandler ist eine Codierung. Hier wird aus einem →analogen Signal ein →binärer Code erzeugt. →Decodierung.
Coil (engl.) Spule (eines →Tonabnehmers).
Combfilter (engl.) →Kammfilter.
Combine (engl.) Zusammenfassen, kombinieren: Samplerfunktion, →Merge (siehe dort).
Combo-Orgel Gebräuchliche Bezeichnung für eine transportable, elektronische →Orgel, wie sie unter anderem - daher der Name - in kleineren Combos eingesetzt wird.
Command (engl.) Befehl, Anweisung (an ein Gerät oder →Programm).
Commodore Amiga Commodores Perso-

Commodore Amiga 4000, das Flaggschiff der Serie

Commodore C 64

nal-Computer-Modell in der →Atari ST-/ →Macintosh-Klasse: Der Amiga 500 arbeitet ebenfalls mit einer →68000er →CPU und erreicht dank spezieller Custom-→Chips in einigen Bereichen, insbesondere in seinem Spezialgebiet Graphik, recht ordentliche Geschwindigkeiten. Die Modellpalette reicht vom Grundmodell 500, das eher als →Homecomputer zu bezeichnen ist, bis hin zu den leistungsstärkeren →PC-Versionen 1000, 2000 und 4000, die auch mit schnelleren 68020- bzw. 68030-CPUs arbeiten. Auch der Amiga bietet eine graphische →Benutzeroberfläche und - seinerzeit als erster →Personal Computer - ein echtes →Multitasking-Betriebssystem. Obwohl das Gerät technisch nicht uninteressant ist, hat sich der Amiga im Musikbereich kaum durchgesetzt. Das liegt zum einen daran, daß der →Atari ST sich schnell als Standard etablierte, zum anderen besitzt der Amiga kein eingebautes →MIDI-Interface.

Commodore C 64 →C 64.
Compact-Disc (engl.) →CD.
Compander (engl.) Kombination von →Compressor und →Expander in einem Gerät. Ein →Rauschunterdrückungssystem ist ein typisches Beispiel für einen Compander.
Compare (engl.) Funktion in →Synthesizern und anderen →MIDI-Geräten, die das Umschalten zwischen einem gerade bearbeiteten →Sound (Effekt, →Programm) und dessen zuletzt gespeicherter Version erlaubt. Dadurch kann man blitzschnell vergleichen und herausfinden, ob die neue Version tatsächlich besser ist als die alte. Beim Programmieren von Sounds ist die Compare-Funktion äußerst

IBM Personal System/2, ein Vorgänger der heutigen Windows-PCs

Computer

wichtig, da das Gehör dazu neigt, sich einen gerade bearbeiteten Sound „schönzuhören". Durch Hörvergleich läßt sich schnell kontrollieren, ob der Zwischenstand tatsächlich eine Verbesserung zum Ausgangssound darstellt.

Compiler (engl.) Übersetzungsfunktion bzw. -programm. Ein Compiler übersetzt den vom Programmierer erzeugten Quellcode einer höheren Programmiersprache, →Hochsprache, (z. B. →BASIC, →Pascal, →C) in Maschinencode (z. B. →Assembler).

Compressor (engl.) →Kompressor.

Computer (engl.) Wörtlich übersetzt: Berechner. Ein Gerät zur Verarbeitung →digitaler, zumeist in →binärem Format gespeicherter Informationen.

Die heute verbreitetste Form ist der →Personal Computer (→PC), der alle Bestandteile eines Computers in einem kompakten System vereint. →Personal Computer gehören zur Gruppe der →Mikrocomputer.

Hauptbestandteile des Computers sind →Hardware - die Bauteile - und →Software - Daten und →Programme. Kernstück der Hardware eines Computers ist die →CPU, auch →Zentraleinheit oder →Prozessor genannt. Hier werden sämtliche Berechnungen durchgeführt und an die umgebenden →Module weitergegeben. An die CPU sind die weiteren Einheiten angeschlossen. Im gegebenenfalls vorhandenen →ROM-Speicher sind die vom Hersteller vorgegebenen, unveränderbaren Daten (z. B. →Betriebssystem, das Kernstück der →Software) untergebracht. Im →Arbeitsspeicher (→RAM) befinden sich die gerade aktiven →Programme und Daten, mit denen

Windows-Tower im Colani-Design

die CPU arbeitet. Zur dauerhaften Sicherung auch größerer Datenmengen besitzen Computer üblicherweise ein →Diskettenlaufwerk, oft auch eine →Festplatte.
Den Kontakt zum Benutzer stellen Ein- und Ausgabemedien dar. Auf dem →Bildschirm werden Informationen für den Benutzer sichtbar gemacht. Der wiederum kommuniziert mit dem Computer über die →Tastatur und - wenn vorhanden - die →Maus. Die Ausgabe auf Papier übernimmt ein →Drucker. Dieser und andere →Peripheriegeräte werden über →Schnittstellen (engl. →Interfaces) angeschlossen. Die für Musikanwendungen wichtigste ist die →MIDI-Schnittstelle, die einige Computer bereits serienmäßig besitzen. Computer mit entsprechender →MIDI-Software und →MIDI-Interface gehören mittlerweile selbstverständlich zu einem →MIDI-System. Mit dem Computer wird Musik produziert (→Sequenzer), die dann in Notenform ausgedruckt wird (→Notendrucksoftware). Mit →Editorsoftware lassen sich →Synthesizersounds und →Samples kreieren, bearbeiten und verwalten.
Um →Audiosignale verarbeiten zu können, muß ein Computer mit →Audiowandlern und den entsprechenden Anschlüssen ausgestattet werden. Dies geschieht entweder über ein externes Gerät, das diese Bauteile enthält, oder eine →Steckkarte. Neuerdings sind diese Bausteine auch schon in die Computer-→Hardware integriert. Auch →digitale Musikinstrumente sind prinzipiell nichts anderes als auf eine bestimmte Aufgabe spezialisierte Computer. Beispiel: Ein →Sampler besitzt denselben Grundaufbau wie ein →Personal Computer: eine CPU, →RAM, →Monitor (→Display), Tastatur, →Massenspeicher (→Diskette, →Festplatte). Das →Betriebssystem eines Samplers und seine →Software sind allerdings sehr speziell. Dazu kommen Audiowandler zur Ein- und Ausgabe der Samples. Der verbreitetste →Musikcomputer ist hierzulande der →Atari ST, in dessen Fußstapfen der →Falcon treten soll. Danach folgen die →IBM-kompatiblen →PCs und der →Apple →Macintosh. Auch der kleine Commodore →C 64, der erste populäre →Musikcomputer, ist im Heimsektor noch recht verbreitet.
Computerbildschirm →Monitor.
Computermischpult →Mischpult, →Mischpult-Automation.
Computer-Monitor →Monitor.
Computermusik Oberbegriff für Musik, die von oder mit Hilfe von →Computern produziert wurde. Im allgemeinen ist damit allerdings elektronische oder Synthesizermusik gemeint. Im weiteren Sinne gehören dazu unter anderem sämtliche modernen Pop- oder Rock-Produktionen, obwohl derselbe Begriff auch und insbesondere von der akademischen Musikwelt verwendet wird.
Computerprogramm →Software, →Anwenderprogramm.
Computersoftware →Software, →Anwenderprogramm.
Computersystem →Computer.
Computervirus →Virus.
Condenser Microphone (engl.) →Kondensatormikrofon.
Conductor-Track Von Conductor (engl. = Dirigent). Tempospur eines →Sequenzers, mit deren Hilfe sich automatische Tempoänderungen programmieren lassen. Wird auch als →Mastertrack bezeichnet.
Constant Pitch (engl.) →Fixed Key.
Consumer-Version Neudeutsche Umschreibung für eine semiprofessionelle oder Heimversion eines professionellen Gerätes. Consumer-Versionen verzichten auf die →Features, die ausschließlich im professionellen Bereich benötigt werden, z. B. teure →Schnittstellen, und sind dafür wesentlich preisgünstiger. Allerdings wird die Differenzierung von Consumer-Version und Profi-Version immer diffuser, da einerseits die Preisentwicklung stetig fallend ist und andererseits viele professionelle Anwender ebenfalls Consumer-Versionen einsetzen.

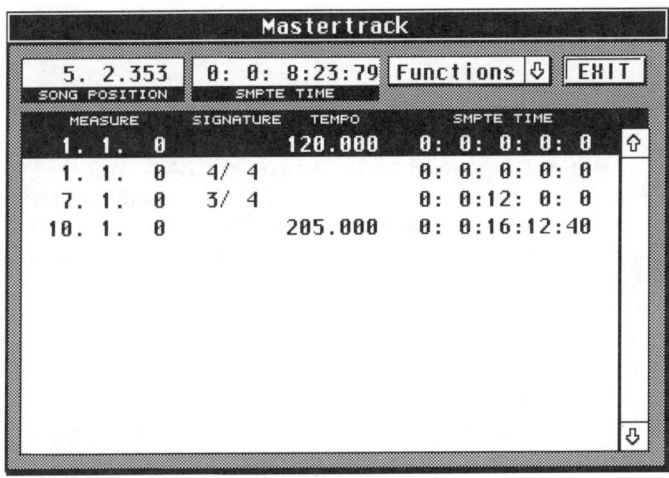

Der Conductor-Track heißt im Cubase-Sequenzer Mastertrack

Continue (engl.) Fortsetzen. →MIDI-Befehl aus der Gruppe der →System-Realtime-Messages, der einen →Sequenzer oder ein anderes, per →MIDI-Clock gesteuertes Gerät veranlaßt, nach einem →Stop-Befehl an der betreffenden Position fortzufahren.
Continuous Controller Sammelbegriff für regelbare Steuerelemente, die in erster Linie in einem →MIDI-System Verwendung finden. Dazu gehören im Gegensatz zu den Schaltern alle Eingabeelemente, die mit mehr als zwei Werten arbeiten, also →Modulation, →Breath-Controller, →Data-Entry oder →Foot-Controller. Die →MIDI-Spezifikation sieht für die →Continuous Controller die →Controllernummern 0 bis 31 und einen Großteil der Nummern über 70 vor. Soll der Wertebereich des →Controllers mit mehr als 127 Werten aufgelöst werden, so besteht die Möglichkeit, den Controller in zwei →Bytes, ein →MSB und ein →LSB, aufzuteilen. Das LSB wird dann über eine →Adresse gesendet, die 32 über der des MSB liegt.
Contour (engl.) Bezeichnung für →Hüllkurve, z. B. in →Moog-Synthesizern.
Contracussion (engl.) Weicher Toneinsatz,

Effekt in →Orgeln und →Portable Keyboards.
Control (engl.) 1. Sondertaste auf der Computertastatur, die in Verbindung mit einer anderen Taste eine jeweils spezielle Funktion auslöst, →Tastaturkommandos. 2. Steuerung, beispielsweise →Voltage Control, →Spannungssteuerung.
Control-Change (engl.) →MIDI-Befehl zur Übertragung von →Spielhilfen (→Controllern) aus der Gruppe der →Channel-Voice-Messages, bestehend aus einem →Statusbyte und zwei →Datenbytes. Das Statusbyte enthält die Angabe, daß es sich um eine →Control-Change-Message handelt, sowie den →MIDI-Kanal. Das erste Datenbyte der Control-Change-Nachricht überträgt die →Controller-Adresse, mit der ein bestimmter →Controller angesprochen werden kann. Das zweite Datenbyte schließlich enthält den Controllerwert.
Alternativ dazu kann eine Control-Change-Nachricht auch aus zwei MIDI-Befehlen bestehen, um eine höhere →Auflösung des Controllerwertes (14 →Bit) und damit einen größeren Wertebereich (16.384 Stufen) zu erzielen. In diesem Falle wird im ersten →Event

das →MSB übertragen, im zweiten Event mit einer um den Wert 32 erhöhten Controller-Adresse das →LSB.

Control-Voltage (engl.) Abgekürzt →CV.

Controller (engl.) 1. Sammelbegriff für alle →Spielhilfen und Steuerelemente eines →Keyboards oder eines anderen →MIDI-Senders. Außer den vom Klavier übernommenen →Pedalen (→Sustain-Pedal, Soft-Pedal) finden sich hier für →Synthesizer typische Spielhilfen wie →Pitch- und →Modulationsrad, →Blaswandler, aber auch Taster, Dreh- oder Schieberegler. Unter anderem über →Control-Change- und →Pitchbend-Messages lassen sich diese Controller per →MIDI übertragen. 2. Steuereinheit für ein Gerät: →Wind-Controller.

Controller-Adresse Nummer zwischen 0 und 127, die einen bestimmten →Controller identifiziert. Sie wird im ersten →Datenbyte eines →Control-Change-Befehls codiert. Die →MIDI-Spezifikation weist für die meisten bekannten →Controller einheitliche Controller-Adressen aus, die auch von den meisten Herstellern eingehalten werden.

Controller-Reset (engl.) Funktion in einem →Sequenzerprogramm, die sämtliche →MIDI-→Controller auf einen neutralen Wert zurücksetzt. Dies ist beispielsweise dann sinnvoll, wenn die Wiedergabe gestoppt wird, während das →Pitch- oder das →Modulationsrad noch senden. In der →MIDI-Spezifikation ist zudem eine →Channel-Mode-Message mit der Bezeichnung →Reset-All-Controllers ausgewiesen, die Entsprechendes direkt im empfangenden Gerät bewirken soll, leider aber nicht immer von den Herstellern implementiert wird.

Controller-Tabelle Tabelle, die die Zuordnungen von →Controller-Adressen zu physischen →Spielhilfen oder Controller-Funktionen enthält (siehe Anhang).

Controllernummer →Controller-Adresse.

Conversion (engl.) Umwandlung, Konvertierung. Dieser Begriff findet sich häufig im Zusammenhang mit →digitalen Geräten und →Schnittstellen, wo →Bitbreiten oder →Sampling-Rates zu konvertieren, also von einem Gerät an ein anderes anzupassen sind. Auch die →A/D- bzw. →D/A-Wandlung ist eine Conversion.

Converter (engl.) →Wandler.

Coprozessor Hilfsprozessor, der die Arbeitsleistung der →CPU erhöht, indem er ihr rechenaufwendige Aufgaben wie arithmetische Operationen, Graphik- oder →Audiosignal-Verarbeitung abnimmt. Viele →Rechner werden serienmäßig mit einem Mathematik-Coprozessor oder →FPU ausgestattet, der besonders bei →Tabellenkalkulationen oder aufwendigen Berechnungen eine spürbare Geschwindigkeitssteigerung erzielt. Aber auch im Notendruck- oder DTP-Bereich sorgen →Coprozessoren für erhöhte Geschwindigkeit. In modernen →Computern findet sich inzwischen immer öfter auch ein →DSP als spezieller Audio-Coprozessor.

Copy (engl.) Kopieren. Die Copy-Funktion findet man in praktisch jedem →Synthesizer, →Sequenzer und ähnlichen Geräten. Sie wird überall gebraucht, wo mit Datenblöcken gearbeitet wird: Ob es Spuren oder Passagen im →Sequenzer sind, Samples oder Teile davon im →Sampler, →Sounds oder Soundbestandteile im →Synthesizer, oder beliebige →Programme in einem beliebigen →MIDI-Gerät.

Cord (engl.) Kabel, →Patchcord.

Count In (engl.) Vorzählerfunktion in →Sequenzern, →Drumcomputern und anderen MIDI-Aufzeichnungssystemen. Die Länge des Count In läßt sich üblicherweise zwischen einem Viertel und mehreren Takten einstellen, manche →Sequenzer erlauben auch die Einstellung der Notenauflösung (z. B. Achtelvorzähler). Um den Count In hörbar zu machen, kann man sich - systemabhängig - wahlweise des gegebenenfalls eingebauten →Tongenerators im →Computer oder einer →MIDI-Note bedienen, die an einen →Klangerzeuger geschickt wird.

Counter (engl.) Zähler.

Cowbell (engl.) Kuhglocke, obligatorisches →Percussioninstrument in jedem →Drumkit.
cps (engl.) Abk. für Characters per Second: Geschwindigkeitsangabe für →Schnittstellen oder Ausgabegeräte. So gibt die cps-Zahl die maximale Anzahl der Zeichen an, die ein →Matrix- oder →Typenrad-Drucker in der Sekunde drucken kann (angegeben für Probe- und Briefqualität) oder die Anzahl der Zeichen, die eine Schnittstelle pro Sekunde überträgt. Für letztere wird diese Angabe inzwischen üblicherweise in →Baud ausgedrückt.
CPU (engl.) Abk. für Central Processing Unit: Zentraleinheit eines →Computers. Die CPU umfaßt den eigentlichen →Prozessor, eine Anzahl von →Registern, Zwischenspeichern sowie die Buskommunikation, und kann bestimmte, nur für den jeweiligen CPU-Typ verständliche Befehle in →Maschinensprache abarbeiten. Die CPU bestimmt damit weitgehend die Leistungsfähigkeit eines →Computers, die allerdings durch den Einsatz von Custom-→Chips noch deutlich gesteigert werden kann. Sie wird dementsprechend je nach Auslegung von einem →Coprozessor für spezielle Aufgaben (z. B. arithmetische Operationen, →FPU) unterstützt. Bekannte CPUs sind die Motorola →68000er und die Intel 86X86er →Chips.
CRC (engl.) Abk. für Cyclic Redundancy Check. Dieses Verfahren wird bei der Übertragung →digitaler Daten verwendet, um Übertragungsfehler zu erkennen. Vom →Sender werden spezifische Kontrollwörter in Form einer →Prüfsumme (→Checksum) erzeugt, anhand derer sich das Auftreten von Fehlern bei der Übertragung erkennen läßt. Dabei vergleicht der Empfänger diese Kontrollwörter mit Daten, die er anhand der tatsächlich empfangenen Daten selbst errechnet. Werden Fehler festgestellt, dann werden normalerweise die fehlerhaften Daten erneut angefordert.
Create (engl.) Erzeugen. Mit diesem Befehl weist man ein →Programm an, nach einer

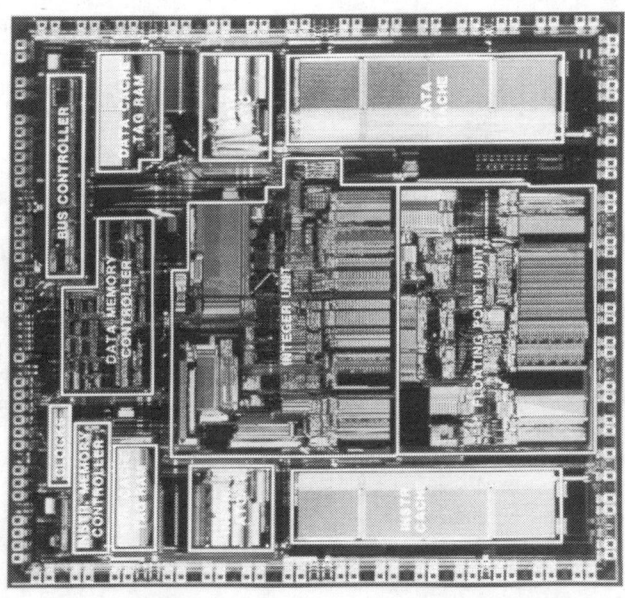

CPU: die Zentraleinheit eines Computers

Vorgabe Daten zu erzeugen, beispielsweise eine Anzahl Noten oder einen →Zufallssound.
Crescendo Anstieg der →Lautstärke über einen bestimmten Zeitraum, auch als automatische Funktion in einigen →Sequenzern verfügbar.
Cross Interleaved Reed-Solomon Code (engl.) Abgekürzt →CIRC.
Cross-Modulation (engl.) Gegenseitige →Modulation zweier →Oszillatoren (→VCO, →DCO) in einem →Synthesizer, in vielen Fällen identisch mit der →Ringmodulation. Die →Cross-Modulation wird zur Erzeugung nichtharmonischer Spektren wie z. B. Glocken oder Becken eingesetzt.
Cross-Talk (engl.) →Übersprechen, beispielsweise zwischen zwei benachbarten Bandspuren.
Crossfade (engl.) Überblendung. Die Crossfade-Funktion ist häufig in →Synthesizern und →Samplern zu finden. In diesen und anderen →Klangerzeugern lassen sich Klangbestandteile per →Anschlagdynamik oder über die Tastaturposition ineinander überblenden. Auf der →Sample-Ebene wird die Crossfade-Funktion zur Realisation eines weichen Übergangs zwischen zwei →Samples oder zur Glättung von →Loops (→Crossfade-Loop) benutzt.
Crossfade-Loop (engl.) Samplerfunktion zur Glättung von →Loop-Übergängen. Dazu werden die Sample-Daten im Bereich des Start- und Endpunktes einander angepaßt, das →Sample also quasi „an den Enden verschmolzen". Diese Funktion eignet sich besonders für schwebende →Sounds wie Streicher oder Chöre und zur Eliminierung von Knacksern bei Loop-Übergängen. Der Bereich für die Umrechnung läßt sich zumeist in Sample-Worten einstellen.
Cue (engl.) 1. Eine Marke, die einen wichtigen Punkt eines Films bezeichnet, an dem etwa ein Schnitt erfolgt oder ein →Sound gestartet werden soll. 2. Tasterbezeichnung an →Tonbandmaschinen, →Cueing.
Cue-List →Cue-Sheet.

Cue-Sheet (engl.) Abspielliste. Ablaufplan für einen →Soundtrack (→Filmvertonung), in dem die zu Bildereignissen gehörenden Geräusche, →Sounds, Musiken usw. aufgelistet sind. Elektronische Cue-Sheets werden auch von vielen →Sequenzern unterstützt. Hier lassen sich dann zu bestimmten →SMPTE-Punkten Samples oder →MIDI-Noten automatisch starten.
Cueing (engl.) Mithörkontrolle: Beim schnellen Vor- oder Rücklauf einer →Bandmaschine läßt sich das Bandsignal per Cueing zur Kontrolle mithören.
Current (engl.) (Elektrischer) Strom.
Cursor (engl.) Marke auf dem Computerbildschirm in Form z. B. eines Pfeils oder Balkens. Mit dem Cursor lassen sich Elemente auf dem →Bildschirm anfahren und dann auswählen oder bearbeiten. Im →Display eines →Synthesizers, →Samplers oder anderen elektronischen Gerätes zeigt der Cursor meist an, welcher Wert über die Eingabetaster oder -regler verändert werden kann.
Cursortasten Tasten einer Computertastatur, eines →Synthesizers, →Samplers oder anderen elektronischen Gerätes, die die Position des →Cursors auf dem →Bildschirm oder →Display horizontal und/oder vertikal steuern.
Cut (engl.) Schneiden. Im Vergleich zur →Copy-Funktion schneidet Cut den angewählten Datenblock - beispielsweise ein Stück aus einem →Sample oder eine Musikpassage in einem →Sequenzer - aus und legt ihn in der →Zwischenablage ab. Von dort kann er dann an beliebiger Stelle und beliebig oft wieder eingefügt werden. Dazu muß eine entsprechende →Cut-&-Paste-Funktion vorhanden sein.
Cut & Paste (engl.) Ausschneiden und Einfügen. Eine spezielle Editierfunktion, mit der sich Blöcke aus Texten, Samples und Graphiken ausschneiden und von der →Zwischenablage aus an anderer Stelle wieder einsetzen lassen.
Cut/Copy/Paste (engl.) Erweiterung der

→Cut-&-Paste-Funktion. Mit der zusätzlichen →Copy-Funktion läßt sich der selektierte Block nicht nur ausschneiden, sondern auch kopieren und an beliebiger Stelle wieder einfügen.
Cutoff-Frequenz (engl.) „Abschneide"-→Frequenz eines →analogen oder →digitalen →Filters. Die Cutoff-Frequenz bestimmt den Punkt, an dem das Filter einsetzt, ab dem also beim →Tiefpaßfilter beispielsweise die darüber liegenden Frequenzen gedämpft werden. Durch dynamische Steuerung oder →Modulation der Cutoff-Frequenz lassen sich Verläufe der →Klangfarbe erzielen, →Filter.
Cuttern (engl.) Die herkömmliche Art des Schneidens →analoger Magnetbänder.
CV 1. (engl.) Abk. für →Control Voltage: →Steuerspannung. Siehe auch →analoger Synthesizer, →VCA, →VCF, →VCO, →Spannungssteuerung. 2. Anschluß für Steuerspannung, etwa „CV In".
Cycle (engl.) 1. →Periode (einer →Schwingung). 2. Schleife (Wiedergabe- oder Aufnahmeschleife eines →Tonbands oder →Sequenzers). →Cycle-Record, →Cycle-Overdub.

Cycle-Overdub (engl.) Funktion im →Sequenzer. Eine mit den →Locators markierte Passage wird im Aufnahmemodus als Schleife wiederholt, wobei die aufgezeichneten Daten dem Bestehenden hinzuaddiert werden und es nicht löschen.
Cycle-Record (engl.) Aufnahmemodus im →Sequenzer, der speziell zum Ausbessern einer Passage geeignet ist. Der →Sequenzer läuft in einer Schleife, die durch die beiden →Locators begrenzt wird. Nach jedem Durchgang werden die eingespielten Noten wieder gelöscht, und die Aufzeichnung beginnt von neuem. Ist die Einspielung zufriedenstellend, stoppt man den Sequenzer. Die letzte Version bleibt dann erhalten.
Cyclic Redundancy Check (engl.) Abgekürzt →CRC.
Cymbal (engl.) Becken, z. B. Crash Cymbal, →Ride Cymbal. Sehr rauschhaft und metallisch klingendes, rundes Schlaginstrument aus Metall, das in verschiedenen Durchmessern von 10" bis 22" und unterschiedlichen Ausführungen angeboten wird.

D

D/A Abk. für →Digital/Analog. →Digital/Analog-Wandler.

D/A-Board (engl.) Ein →Digital/Analog-Wandler in Form eines eigenständigen Gerätes, das an eine →Schnittstelle eines →Computers angeschlossen wird und damit die akustische Ausgabe im →Computer berechneter →Samples oder auf →Massenspeicher aufgezeichneter →Audiodaten in hoher Qualität ermöglicht. Ein D/A-Board ist demzufolge eine äußerst sinnvolle Ergänzung zu einem →universellen →Sample-Editor, da man Zwischenergebnisse direkt akustisch kontrollieren kann, und geradezu eine Notwendigkeit für →Harddisk-Recording mit dem →Computer.

D/A-Wandler →Digital/Analog-Wandler.

DAC (engl.) Abk. für Digital-to-Analog-Converter: →Digital/Analog-Wandler. Im Fachjargon „Dack" ausgesprochen.

Dämpfung Abklingen einer einmal angeregten →Schwingung durch Energieverlust. Dieser Energieverlust entsteht bei mechanischen Schwingungen durch Reibung (→Schalldämmung) und Luftwiderstand, bei elektrischen Schwingungen durch Widerstände im Signalweg. Eine andere Form der Dämpfung ist die Erzeugung von →Lautstärkeverläufen durch →Hüllkurven. Die Dämpfung wird in →dB angegeben. Beispielsweise bieten die meisten →Mischpulte einen Dämpfungsschalter für den Kanaleingang mit einer Dämpfung von -20 dB an.

Daisy-Chain (engl.) Verkettung. Datenübertragung von einem Gerät zum anderen oder zwischen Geräten untereinander in einer →Kettenschaltung. Eine →MIDI-Thru-Kette ist ein Beispiel für eine Daisy-Chain.

Damper (engl.) Dämpfer. Damit ist in der Regel das elektronische Pendant zum →Forte-Pedal eines Klaviers gemeint. Ein Damper-Pedal läßt sich beispielsweise an ein →Digital-Piano oder einen →Synthesizer anschließen und steuert hier entsprechende Klangbeeinflussungen. Der zugehörige →MIDI-→Controller heißt →Sustain-Pedal.

Damping (engl.) →Dämpfung.

Darstellungsquantisierung →Quantisierung der Notendarstellung in einem →Sequenzer. Da die Notendarstellung unquantisierter Spuren ein unüberschaubares Bild ergäbe, wird für die →Monitordarstellung eine maximal anzuzeigende →Auflösung gewählt, in der Regel 16tel- oder 32tel-Noten. Die Darstellungsquantisierung erleichtert auch das Editieren in der Notendarstellung, da Noten automatisch auf den nächstmöglichen Rasterwert plaziert werden. Im Gegensatz zur tatsächlichen Datenquantisierung beeinflußt die Darstellungsquantisierung, jedoch nicht die Wiedergabe über →MIDI.

DASH (engl.) Abk. für →Digital Audio Stationary Head. Von Sony entwickeltes Datenformat für professionelle, →digitale →Tonbandmaschinen. Das DASH-Format zeichnet entweder 24 oder 48 Spuren auf Halbzoll-Band mit einer →Bandgeschwindigkeit von 76 cm/s oder zwei Spuren (als →Mastermaschine) auf Viertelzoll-Band bei einer Bandgeschwindigkeit von 19 cm/s oder 38 cm/s auf. Die →Auflösung beträgt 16 →Bit, die Abtastrate 48 →kHz. Eine Mehrspur-DASH-Maschine kostet bis zu mehreren hunderttausend Mark, so daß diese Geräte bisher professionellen →Studios vorbehalten blieben.

DAT (engl.) Abk. für Digital Audio Tape, eigentlich →R-DAT = Rotary-Digital Audio Tape: →digitales →Stereo-Bandaufnahmeverfahren mit rotierenden Köpfen. Als Bandmaterial dienen spezielle →Magnetbandcassetten, die etwa halb so groß wie herkömmliche Compact-Cassetten sind. Das →DAT-Format arbeitet mit →Sampling-Rates von 32, 44,1 und 48 →kHz bei einer 16-Bit-Auflösung. Der Vorteil im Vergleich zu →analogen Verfahren: DAT-Bänder bieten →CD-Qualität,

DAT-Recorder

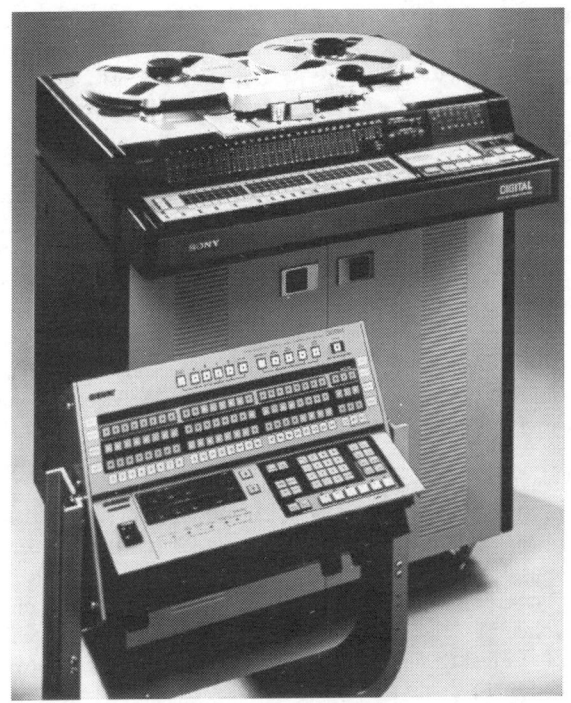

Das DASH-Format für professionelle Bandmaschinen wurde von Sony entwickelt

DAT-Cassette

können verlustfrei kopiert werden, und kennen keinen Durchkopiereffekt.
Neben den →Audiodaten lassen sich Informationen über Titelstart, Titelnummern usw. aufzeichnen, außerdem ist auch →SMPTE-Synchronisation möglich. Aufgrund des noch immer recht hohen Preises und der geringen Akzeptanz durch die →Tonträgerindustrie hat sich das DAT-Verfahren bisher weniger im Consumer-Bereich, sondern vornehmlich im →Homerecording- und Studiosektor durchgesetzt, etwa zur Erstellung CD-fähiger →Masterbänder.

DAT-Recorder (engl.) Gerät zur →digitalen Aufzeichnung und Wiedergabe →analoger →Stereosignale unter Verwendung von →DAT-Cassetten. →DAT-Recorder gibt es in professioneller→19"-Ausführung für→Studios bis hinunter zu kleinen portablen Geräten. Professionelle Geräte zeichnen sich insbesondere durch bessere technische Werte aufgrund von hochwertigeren →Wandlern und technischer Feinheiten (→Bitstream-Converter, →Oversampling), Anzahl und Auslegung der →Schnittstellen bzw. Anschlüsse (→AES/EBU) und robuste mechanische Fertigung aus. →R-DAT, →S-DAT.

Data-Glove (engl.) Mit Sensoren bestückter Handschuh. Näheres unter →Data-Suit. Ein speziell als →MIDI-→Controller entwickelter Data-Glove ist „The Hand" von Michael Waisvisz. Data-Gloves kommen zunehmend bei →Virtual-Reality-Applikationen zur Anwendung.

Data-Packet (engl.) Datenblock. Beim →MIDI-Dump (→SDS) beispielsweise wird ein →Sample in einzelne (Daten-) Pakete aufgeteilt.

Data-Reduction (engl.) →Datenkompression.

Data-Suit (engl.) Mit Sensoren bestückter Anzug, der einem angeschlossenen →Computer Daten über Position, Orientierung und Bewegungen des Trägers mitteilt. Data-Suits werden hauptsächlich für die Simulation virtueller Welten (→Virtual Reality), jedoch auch als exotische →MIDI-→Controller eingesetzt.

Datei Ein →digitales Dokument, das auf einem →Speichermedium verwaltet und von →Anwenderprogrammen bearbeitet werden kann. Beispiele für Dateien: Texte, Bilder, Datenbanken, →MIDI-Songs, Soundbänke.

Datenbank →Anwenderprogramm, auch als Dateiverwaltung bezeichnet, das im Prinzip eine elektronische Variante eines Karteikastens darstellt. Eine Datenbank verwaltet eine Anzahl von Datensätzen (z. B. Kunde), die ihrerseits aus Feldern (Name, Vorname, Adresse) bestehen. Nach den Informationen in diesen Feldern läßt sich die Datenbank durchsuchen, ihr Inhalt läßt sich sortieren, auswerten und ausdrucken. Datenbanken werden im Musikbereich unter anderem zur Adreßverwaltung (→Studio, Agentur etc.), →Sound- und Sampleverwaltung und Bandarchivierung genutzt.

Datenbyte →Binäres →MIDI-Wort. Bestandteil eines MIDI-Befehls, der den Inhalt bzw. die Werte der Nachricht überträgt. Je nach Art der Nachricht werden dem →Statusbyte ein oder zwei Datenbytes angehängt. Zur Unterscheidung vom →Statusbyte ist in einem Datenbyte das erste →Bit grundsätzlich auf Null gesetzt (gelöscht). Die Bedeutung des oder der Datenbytes ist vom →MIDI-Befehl abhängig und in der →MIDI-Spezifikation

Datenfernübertragung wird mit Modems abgewickelt

Datenverzerrung

festgelegt. Beim →Note-On-Befehl zum Beispiel enthalten die Datenbytes die →Notennummer und die →Velocity, während das Datenbyte eines →Program-Change-Befehls die →Programmnummer angibt.

Datenfernübertragung Abgekürzt DFÜ: Kommunikation zwischen →Computern über größere Entfernungen. Auf diese Weise lassen sich →Computer an größere →Netzwerke, →Datenbanken und →Mailboxen anschließen. Aber auch das Verschicken von →Dateien und →Programmen zwischen zwei Computern ist möglich. Heutzutage wird ein Großteil der DFÜ über Telefonleitungen abgewickelt. Dazu wird eine zusätzliche →Schnittstelle zwischen →digitalen Computerdaten und →analoger Leitung benötigt. Früher wurden hierzu →Akustikkoppler benutzt, heute setzt man wesentlich schnellere →Modems ein. Im Musikbereich ist DFÜ kaum verbreitet, doch gibt es - besonders in den USA - einige →Mailboxen mit speziellen Informationen, abrufbaren →Sounds und vielem mehr. Mit Verbreitung des →ISDN-Netzes dürfte sich auch die DFÜ stark ausbreiten. Mit Hilfe spezieller Zusatzgeräte ist dann beispielsweise auch die Übertragung digitaler →Audiodaten per Telefonleitung möglich.

Datenfilter Funktion in →MIDI-Software oder -Geräten, die den Empfang bestimmter →MIDI-Datenarten unterdrückt. Wer beispielsweise ein →Keyboard benutzt, das ständig →Aftertouch sendet, kann mit Hilfe eines Datenfilters im →Sequenzer das Aufzeichnen der überflüssigen Aftertouch-Daten unterdrücken und Speicherplatz im →Sequenzer einsparen.

Datenkompression Verfahren zur Verringerung des Datenbedarfs einer →Datei. Durch Datenkompression nutzt man →Speichermedien wie →Disketten oder →Festplatten besser aus (bis zu 50% oder mehr) und spart Zeit und Kosten bei der Fernübertragung per →Modem oder →Netzwerk. Eine Anwendung mit besonders hohen anfallenden Datenmengen ist die →Digitalisierung von Klängen (→Sampling, →Harddisk-Recording). Hier werden Datenkompressionsverfahren in erster Linie dazu eingesetzt, mehr Samplingzeit im verfügbaren →Speicher unterbringen zu können. Der praktische Nutzen liegt darin, daß →Synthesizer mit mehr →ROM-Samples ausgestattet werden können oder →Harddisk-Recording-Systeme auf einer →Festplatte mehr Aufnahmezeit bieten können. Auch im Zusammenhang mit →digitaler →Schallaufzeichnung auf →Magnetband ist die Datenkompression von großem Nutzen, da die Anforderungen an Magnetköpfe und Band bei der Konzeption von digitalen Bandgeräten wesentlich geringer sind. So arbeiten die Consumer-Aufzeichnungsverfahren der neuesten Generation wie →DCC oder →Mini-Disk mit einem sehr effektiven →Datenkompressionsverfahren.

Datenrate →Übertragungsrate.

Datenreduktion →Datenkompression.

Datenverwaltung Funktionen zur Verwaltung von Daten auf Datenträgern wie →Diskette, →Festplatte oder →Speicherkarten (→Cards, →Cartridges). Die Standard-Funktionen sind Laden (→Load), Sichern (→Save) und Löschen (→Delete) von Daten. Dazu kommen Kopieren (→Copy), →Formatieren (Format) oder Erstellen einer →Sicherheitskopie (→Backup). Diese Funktionen finden sich in jedem Computerprogramm bzw. auch in →Synthesizern oder anderen →MIDI-Geräten, die mit einem →Diskettenlaufwerk oder einem Card-→Slot ausgestattet sind. →Programme bieten dafür meist ein eigenes →File- oder →Datei-→Menü. Die Datenverwaltungsfunktionen von →MIDI-Geräten hingegen firmieren unter „Utility", „System", „Card" oder „Disk".

Datenverzerrung →MIDI- und andere binäre Daten werden in Form von Spannungen mit den Werten 0 und 1 (aus/ein) übertragen. Dadurch ergibt sich ein →Rechtecksignal. Durch →Einstreuungen oder wiederholtes

Dauertonleistung

Kopieren der Daten (→MIDI-Thru) kann das Rechtecksignal abgerundet, also verzerrt werden. Datenverzerrungen führen zu Übertragungsfehlern (→MIDI-Drone), die jedoch unter Umständen vom Empfänger erkannt und korrigiert werden können (→Checksum, →CRC).

Dauertonleistung →Ausgangsleistung.

dB Gebräuchliche Abkürzung für Dezibel (→Dynamik).

dBm Bezugsgröße für Spannungspegel, wobei 0 dBm einer Spannung von 0,775 V entsprechen. Diese Spannung ergibt sich an einem →Widerstand von 600 W, an dem eine Leistung von 0,1 mW umgesetzt wird. Die Größe dBm taucht hin und wieder in Beschreibungen von Studiogeräten auf. Gängiger ist allerdings die praktisch identische Bezugsgröße dBu, die berücksichtigt, daß in der →Tonstudiotechnik keine Leistung umgesetzt wird.

dbx →Rauschunterdrückungssystem, das in semiprofessionelle →Tonbandgeräte und Mehrspurrecorder eingebaut wird. Das dbx arbeitet mit einer gleichmäßigen →Kompression von 2:1 über den gesamten →Frequenzgang und erzielt damit einen Dynamikgewinn von etwa 20 bis 30 →dB. Die Bezeichnung ist auch der Name der Herstellerfirma.

DC (engl.) 1. Abk. für →Direct Current. 2. Abk. für Digitally Controlled: →digital gesteuert. Siehe auch →DCA, →DCF, →DCO.

DCA (engl.) Abk. für Digitally Controlled →Amplifier. →Digital gesteuerter →Verstärker - z. B. in einem →Synthesizer -, dessen Verstärkungsfaktor durch einen digitalen Eingangswert steuerbar ist. Dieser kann unter anderem von einer →Hüllkurve, einem →LFO oder der →Anschlagdynamik, jeweils als digitale Information codiert, geliefert werden. Mit Hilfe des DCA läßt sich die →Lautstärke des Ausgangssignals dynamisch gestalten. Der DCA ist der digitale Nachfahre des →VCA.

DCC (engl.) Abk. für Digital-Compact-Cassette: →digitaler Nachfolger der →analogen Compact-Cassette, der im September 1992 eingeführt wurde. Die DCC ist eine Philips-Entwicklung. Das DCC-Format bietet eine bessere Klangqualität als die Compact-Cassette, →CD-Qualität wird aufgrund der durch die geringe →Bandgeschwindigkeit (4,75 cm/sec) notwendigen →Datenkompression in der Theorie nicht ganz erreicht. In der Praxis dürfte aber ein Unterschied nur dem geschulten Ohr bei ausgesuchtem Material auffallen. Dafür rauschen DCC-Cassetten vergleichsweise kaum und lassen sich ohne Verlust kopieren. DCC-Recorder können analoge Compact-Cassetten nach wie vor abspielen, wodurch ein reibungsloser Übergang erleichtert werden soll. Allerdings sind die neuen →Recorder noch wesentlich teurer als ein herkömmliches Cassettendeck.

DCF (engl.) Abk. für Digitally Controlled Filter: →digital gesteuertes, →analoges →Filter - z. B. in einem →Synthesizer, dessen →Cutoff-Frequenz im Unterschied zum →VCF durch einen digitalen Eingangswert steuerbar ist. Dieser kann unter anderem von einer →Hüllkurve, einem →LFO oder der →Anschlagdynamik, jeweils als digitale Information codiert, geliefert werden. Mit Hilfe des DCF läßt sich die →Klangfarbe des Ausgangssignals dynamisch gestalten.

DCO (engl.) Abk. für Digitally Controlled Oscillator: →digital gesteuerter, →analoger →Oszillator in einem →Synthesizer. Im Gegensatz zum →VCO voll →analoger Synthesizer werden →Tonhöhe und gegebenenfalls →Pulsbreite eines DCO digital gesteuert. DCOs sind stimmstabiler, klingen allerdings nicht ganz so lebendig wie →VCOs.

DCW (engl.) Abk. für Digitally Controlled Waveform: →Modul in Casio-Z-Synthesizern, das mit Hilfe von Phasenverzerrung (→PD) eine Eingangswellenform verformt und damit im →Klang ändert.

DD (engl.) Abk. für Double Density: doppelte Dichte. Diskettenbeschichtung, die bei doppelseitigen →Disketten eine Kapazität von bis zu 800 →kB erlaubt.

DDD Abkürzung zur Angabe des Aufnahmeverfahrens einer →CD: →digitale Aufzeichnung/digitale →Abmischung/digitales →Master. DDD gilt als höchste Qualitätsstufe einer Aufnahme, da das Signal auf dem gesamten Weg von der Aufnahme bis zum Master ausschließlich in der digitalen Ebene bearbeitet wird. Allerdings ist die Beurteilung mitunter vom Musikstil abhängig. So werden DDD-Aufnahmen klassischer Musik manchmal als steriler empfunden als →analoge Aufnahmen.

De-Esser Spezielle Form eines →Compressors. Der De-Esser filtert allzu starke Zisch- und Hiss-Laute aus dem Eingangssignal. De-Esser werden für Gesang und Sprache eingesetzt. Die Funktionsweise: Ein →Hochpaß- oder →Bandpaßfilter läßt ausschließlich relativ hochfrequente Anteile des Signals, in deren Bereich sich die Zischlaute befinden, zu einem spannungsgesteuerten →Verstärker durch, der als →Kompressor arbeitet. Je höher der Pegel des Steuersignals, desto stärker senkt der Kompressor das Eingangssignal ab. Empfindlichkeit und →Filterfrequenz sind in der Regel einstellbar. Das so komprimierte Signal wird dann mit dem Restsignal wieder zusammengemischt.

Decay (engl.) Ausklingphase. In einer →ADSR- oder einer ähnlichen →Hüllkurve bestimmt die Decay-Time die Zeitdauer des Übergangs vom Höchstpegel, der nach Ablauf der →Attack-Time erreicht ist, bis zum Haltepegel (→Sustain-→Level). Der Haltepegel gilt, solange die Taste niedergedrückt und gehalten wird.

Decay-Time Programmierbare Zeitdauer für die →Decay-Phase, etwa einer →Hüllkurve, eines →Kompressors.

Decodierung Rückwandlung von Informationen oder Signalen aus einem Code in die ursprüngliche Form. →Audiodaten beispielsweise werden von einem →Digital/Analog-Wandler decodiert, d.h. in →analoge Spannungen zurückgewandelt.

Decrement (engl.) Vermindern. Taster oder Funktion zur Verminderung (oft fälschlich als „Erniedrigung" bezeichnet) eines Wertes um einen Schritt. Gegenteil: →Increment.

Deemphasis (engl.) Wiederherstellung des ursprünglichen →Frequenzgangs bei der Rückwandlung eines →digitalen →Audiosignals, das vor der →Digitalisierung mit →Preemphasis (Höhenanhebung zur Rauschverminderung) versehen wurde.

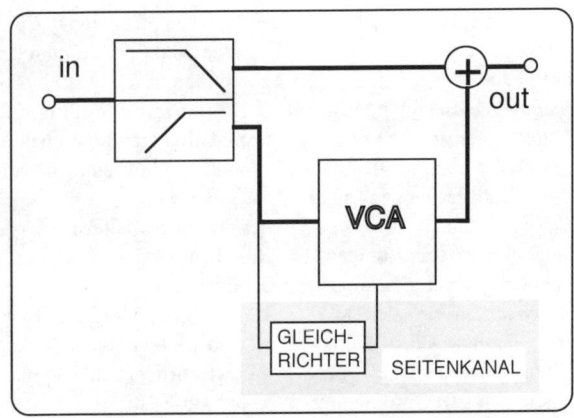

Schematischer Aufbau eines De-Essers

Default-Setting (engl.) Bezeichnung für eine neutrale Einstellung, Voreinstellung oder werksseitige Einstellung. Ein fabrikneuer →Synthesizer oder eine →Software werden beispielsweise mit Grundeinstellungen (Systemeinstellungen, →MIDI-→Parameter) versehen, die der Benutzer nach seinen Vorlieben verändern kann. Oft findet man auch in einer →Edit-Page eines Gerätes oder in einem Fenster einer Software eine Funktion „Default", die eine neutrale Voreinstellung der angezeigten →Parameter abruft.

Deglitcher (engl.) Abtast-und-Halte-Element im Ausgang eines →D/A-Wandlers (Integrationsverfahren), das die Kondensatorspannung festhält und als Ausgangssignal zur Verfügung stellt. Der Zweck besteht im Unterdrükken abrupter Änderungen, die Pops, Klicks oder andere Nebengeräusche verursachen könnten.

Delay (engl.) 1. Verzögerung, →Verzögerer. Der Begriff Delay steht dabei sowohl für die Funktion als auch für das Gerät selbst. 2. →Effektgerät zur Erzeugung von Delay-Effekten bzw. →Echos. Dabei wird das Eingangssignal vorübergehend gespeichert und nach einer einstellbaren →Verzögerungszeit wieder ausgegeben. Durch teilweise Rückführung des Effektsignals auf den Eingang (→Feedback) lassen sich beliebig viele Echowiederholungen erzeugen.

In den 60er und 70er Jahren wurden Echos noch mit →Bandechogeräten erzeugt, später bereits ohne Mechanik mit analogen →Eimerkettenspeichern. Doch das heutige →Digital-Delay hat mit diesen Echogeräten von früher in technischer Hinsicht nicht mehr viel gemeinsam. Die Klangqualität ist hervorragend, Verzögerungszeiten von mehreren Sekunden sind kein Problem, neben dem normalen Delay bieten die meisten →Digital-Delays Stereoeffekte wie Ping-Pong-Echo oder Dual-Delay an. Außerdem lassen sich Effektprogramme beliebig abspeichern und später wieder aufrufen. Moderne Digital-Delays sampeln das Signal mit 16 →Bit und 44,1 →kHz. Pro Sekunde Verzögerungszeit werden also 88.200 →Bytes an →Speicherkapazität benötigt, weshalb nur professionelle Delay-Geräte mehr als eine Sekunde Delay-Zeit anbieten. Inzwischen werden Digital-Delays von →Multieffekt-→Prozessoren abgelöst, die noch umfangreichere Funktionen bieten. Siehe auch →Verzögerungseffekte, →MIDI-Delay.

Delete (engl.) Löschen. Die Delete-Funktion löscht →Parameteränderungen oder Daten auf einem Datenträger. →Parameteränderungen lassen sich gegebenenfalls mit →Undo rückgängig machen. Einmal gelöschte Daten auf einem Datenträger sind dagegen nur mit viel Aufwand zurückzuholen. Aus diesem Grunde sollte die Delete-Funktion stets mit Vorsicht behandelt werden.

Delta-Modulation →Digitalisierungsverfahren für →Audiosignale, das im Gegensatz zur verbreiteten →PCM mit einer extrem hohen →Sampling-Rate arbeitet und nicht die aktuellen Sample-Werte speichert. Stattdessen wird in jedem Sample-Schritt lediglich festgelegt, ob sich der Sample-Wert im Vergleich zum vorhergehenden nach oben oder nach unten verändert hat. Diese Information läßt sich mit nur einem →Bit erfassen, wenn die Sampling-Rate genügend hoch ist. Im Vergleich zum →PCM-Sampling ergibt sich eine deutliche →Datenreduktion, die durch zusätzliche Algorithmen noch gesteigert werden kann (→Delta-Sigma-Modulation). Die Delta-Modulation arbeitet deshalb mit →Magerbit-Wandlern, die heute in →digitalen Audiosystemen weit verbreitet sind. Hinzu kommt der Vorteil, daß aufgrund der hohen Sampling-Rate kein steiles →Tiefpaßfilter im Eingang benötigt wird.

Delta-Sigma-Modulation Erweiterung der →Delta-Modulation, bei der die Länge der Abtastschritte anhand eines Voraussageverfahrens (→Linear Prediction) ständig dem Eingangssignal angepaßt wird. Dadurch läßt sich zusätzlich Speicherplatz sparen, da bei

Desktop Publishing

Desktop im Apple Macintosh

zunehmender Linearität des Signalverlaufs die →Sampling-Rate gesenkt werden kann. Die Delta-Sigma-Modulation gehört zu den verbreitetsten →Datenkompressionsverfahren bei der →Digitalisierung von →Audiosignalen.
Demo Abk. für Demonstration. Funktion oder Taster an vielen →Keyboards und →Klangerzeugern, die einen oder mehrere fest eingespeicherte Demo-Songs abruft. Dazu wird oft eigens ein kleiner →ROM-→Sequenzer in das Gerät eingebaut. Eine Demo-Funktion gehört heute zur Standard-Ausstattung jedes →MIDI-Keyboards.
Denominator (engl.) Nenner. Hier die Bezugsgröße (z. B. Viertel, Achtel) des Taktmaßes.
Depth (engl.) Tiefe, Stärke. Der Depth-→Parameter bestimmt meist den Einfluß einer →Modulationsquelle auf einen →Klangparameter (z. B. →LFO-Depth, →ENV-Depth).
Dequantize (engl.) Nachträgliche Aufhebung einer auf eine Spur oder Passage angewandten →Quantisierung.

Desk-Accessory (engl.) →Accessory.
Desktop (engl.) Graphische →Benutzeroberfläche, die auf dem →Monitor einen Schreibtisch nachbildet und mit der →Maus bedienbar ist. Auf dem Desktop befinden sich beispielsweise Ordner, Ablagen, ein →Papierkorb und →Dateien. Von hier aus werden sämtliche Aktionen des →Computers gesteuert, etwa →Anwendungen und Dateien geöffnet oder →Laufwerke verwaltet. Die Adaption des traditionellen Schreibtisches macht die Bedienung des Computers intuitiver und verständlicher. Manchmal jedoch findet man wie beim Vorbild eine gewünschte Datei erst nach umfangreichen Such- und Aufräumarbeiten. Das erste verbreitete →Betriebssystem, das sich des Desktops bediente, war das Mac-→OS der →Apple-→Macintosh-Computer.
Desktop Publishing (engl.) Die Erstellung von Publikationen am Schreibtisch mit Hilfe des →Computers, wobei die Funktionen des Autors, Lektors, Graphikers und Setzers theoretisch von einer Person übernommen werden

können, wenn die geeignete Hard- und →Software sowie Fähigkeiten vorhanden sind. Zum DTP gehören: Texterfassung mit einem →Textverarbeitungsprogramm, Graphikerstellung mit einem Graphikprogramm, Bilderfassung per →Scanner und Bildverarbeitungssoftware, Zusammenfügen der Bestandteile in einem Layoutprogramm und Ausgabe auf einem →Drucker oder →Satzbelichter. Auf diese Weise kann eine komplette Publikation theoretisch an einem Arbeitsplatz produziert werden, daher die Bezeichnung. DTP reicht von der einfachen Erstellung von Mitteilungen und Flugblättern bis hin zur Produktion von Büchern und Zeitschriften. Erst durch den Einsatz von DTP ist es jedem möglich geworden, ansprechende Publikationen für den privaten oder semiprofessionellen Bedarf zu erstellen. DTP ist allerdings nur ein Werkzeug - das Handwerk muß trotzdem gelernt sein. Deshalb arbeiten an professionellen Produktionen nach wie vor professionelle Autoren/Redakteure, Graphiker und Setzer - nur eben am Computerarbeitsplatz.

Desktop-Notation (engl.) →Notendrucksoftware.

Destination (engl.) Richtung, Ziel. Der Destination-→Parameter legt fest, wohin ein Signal geleitet werden soll. Wird beispielsweise in einem →Synthesizer für einen →LFO die Destination →VCO oder →Pitch angegeben, so beeinflußt die →LFO-→Modulation die →Tonhöhe des →Oszillators. Genausogut lassen sich aber auch →Cutoff-Frequenz oder →VCA als Ziel angeben. Mögliche Destinations sind natürlich immer davon abhängig, was das betreffende Gerät anbietet.

Destruktives Editieren Bearbeitung einer →Datei (→Sample, →Sequenzerspur, Passage im →Harddisk-Recorder, Text) unter direktem Eingriff in die Daten. Die Editierung zerstört also das Original und kann nicht mehr rückgängig gemacht werden. Die meisten →Sampler arbeiten beispielsweise auf der Sample-Ebene destruktiv. Deshalb empfiehlt es sich, ein →Sample vor einer Bearbeitung als →Backup abzuspeichern.

Detune (engl.) Verstimmen. Abweichung der →Stimmung einer Klangquelle von der Grundstimmung oder leichtes Verstimmen zweier Klangquellen gegeneinander (z. B. →Oszillatoren, Samples) zur Erzeugung von →Schwebungen.

Device (engl.) Gerät, Bauteil, Einrichtung. Wird oft als Unterscheidungsbegriff für physikalisch verschiedene Geräte gleicher Bauart (z. B. zwei →Yamaha DX7 Synthesizer) bei der →MIDI-→System-Exclusive-Datenübertragung verwendet. →Device-Number.

Device-Number Gerätekennung im →systemexklusiven Datenformat für →MIDI-Geräte. Die Device-Number kann man in etwa als →MIDI-Kanal-Entsprechung für systemexklusive Daten bezeichnen. Über unterschiedliche Device-Numbers lassen sich zwei Geräte desselben Typs getrennt auf systemexklusiver Ebene ansprechen.

Dezibel Logarithmische Vergleichsgröße zur Angabe von Verstärkungs- und →Dämpfungsverhältnissen sowie →Lautstärken und →Dynamik. Die Einheit Dezibel wurde in Anlehnung an das logarithmische Lautstärkeempfinden des menschlichen Gehörs gewählt. Näheres unter →Dynamik, →Flankensteilheit, →Rauschunterdrückung.

DFT Abk. für Diskrete →Fouriertransformation. Nach Joseph Fourier (franz. Mathematiker 1768-1830) läßt sich jede →periodische →Wellenform als Summe einer endlichen Anzahl von Sinusfunktionen darstellen und in diese zerlegen. Die DFT ist die mathematische Funktion, die ein →Audiosignal, das in Form einer Zahlenfolge (→Samples) vorliegt, in sein →Obertonspektrum zerlegt. Dabei errechnet die DFT aus der Wellenform eine Anzahl von Koeffizienten, die die entsprechenden Sinusfunktionen bestimmen. Später läßt sich durch Addition dieser Sinusfunktionen das Originalsignal wieder synthetisieren.

Eine weiterentwickelte Variante, die bei Voraussetzung spezifischer →Parameter eine deutlich rationellere Verarbeitung und damit einen erheblichen Zeitgewinn zuläßt, ist die in →Synthesizern und auch einigen Sample-Editoren (z. B. Steinberg Avalon) zu findende →Fast Fourier Transformation (→FFT).
DFÜ Abk. für →Datenfernübertragung.
DI-Box (engl.) Abk. für →Direct-Injection-Box. Einrichtung zum Anschluß →unsymmetrischer Ausgänge an →symmetrische Eingänge und umgekehrt. DI-Boxen arbeiten intern elektronisch oder - aufgrund der gleichzeitigen galvanischen Trennung besser - mit Spulenübertragern. Viele bieten zusätzlich einen →Ground- (→GND) Schalter, mit dem die Erde wahlweise abgekoppelt werden kann. DI-Boxen werden im →Studio und auf der Bühne zum Anschluß von →Keyboards, Gitarren oder anderen →unsymmetrischen Quellen an die →symmetrischen →XLR-Buchsen des →Multicores oder →Mischpultes eingesetzt.
Dialogbox Eingabefenster in →Programmen mit graphischer →Benutzeroberfläche, das erscheint, wenn der Benutzer etwas bestätigen oder auswählen soll. Dialogboxen erscheinen beispielsweise zur Sicherheitsabfrage bei Speicher- oder Löschvorgängen, wenn ein Programm ohne vorheriges Speichern verlassen werden soll.

Dialogbox zur Sicherheitsabfrage

Diffusschall Der von den Wänden zurückgeworfene →Hall. Der Diffusschallanteil ist für die Raumwahrnehmung von Bedeutung: Je lauter er gegenüber dem →Direktschall und der ersten Reflexion ist, als desto weiter entfernt nimmt der Zuhörer die →Schallquelle wahr. Der Höhenanteil des Diffusschalls hängt vom Absorptionsgrad der Raumwände ab. In →digitalen →Hallgeräten wird der Diffusschall durch mehrere →Delay-Einheiten mit unterschiedlichen, meist in Primzahlverhältnissen zueinander stehenden →Verzögerungen erzeugt. Absorbierende Wände simuliert ein solches Hallprogramm durch ein →Tiefpaßfilter in der →Feedback-Schleife.
Digit (engl.) Ziffer.
Digital 1. Von lat. digitus = Finger: zählbar, in Zahlenform dargestellt, diskret, abgestuft. 2. In digitaler Form, auf digitaler Basis arbeitend: →digitale Audiotechnik, →Digitalisierung.
Digital Audio Stationary Head (engl.) →DASH.
Digital Cascade (engl.) →Digitale Audioschnittstelle der Firma Yamaha, die in erster Linie in entsprechenden hauseigenen Geräten, zuerst im DMP7 Digital-→Mischpult, zur Anwendung kam. Das Digital-Cascade-Format überträgt zwei Audiokanäle und die entsprechende Wordclock über ein Kabel. Spezielle 8-→Pin-→DIN-Steckverbinder werden dazu verwendet. Die →Wortbreite kann bis zu 24 →Bits betragen, die Übertragung erfolgt →symmetrisch.
Digital-Delay →Delay.
Digital-Piano →Digitales Pendant zum Klavier oder Flügel. Ein Digital-Piano soll dem Original in →Klang und Bespielbarkeit möglichst nahekommen. Daher arbeiten fast alle Digital-Pianos in irgendeiner Form mit →Sampling. Dabei gibt es wesentliche Unterschiede in der Klangqualität. Diese hängen in erster Linie vom technischen Aufwand (Speicherplatz für Samples, Anzahl der Samples, klangliche →Auflösung der →Anschlagdynamik) ab.
Bei den →Klaviaturen reicht die Palette von einfachen Plastikausführungen bis hin zur gewichteten, ausbalancierten Holztastatur. Digital-Pianos ersetzen einen echten Klavier zwar nicht ganz, bieten dafür aber je nach Ver-

Digital/Analog-Wandler

Digital-Piano: digitales Pendant zum Klavier

wendungszweck einige wesentliche Vorteile →digitaler →Keyboards: Sie sind leichter zu transportieren, verstimmen sich nie, besitzen eine →MIDI-Schnittstelle, bieten neben einem oder mehreren Flügelklängen zumeist auch weitere →Sounds wie →E-Piano, Vibraphon, Cembalo oder Baß und lassen sich mit Hilfe eines →Kopfhörers akustisch von der Außenwelt abschotten. Viele Digital-Pianos bieten zusätzlich auch →Masterkeyboard-Funktionen, →Begleitautomatik und Effekte an. Digital-Pianos in gehobener Ausstattung sind auch als Übungsinstrument brauchbar, ersetzen aber nicht das akustische Vorbild, wenn es um pianistische Detailarbeit geht.

Digital/Analog-Wandler Auch Ausgangswandler, D/A-Wandler oder DAC (Digital-to-Analog-Converter). Baustein eines →digitalen Audiogerätes (→Sampler, →CD-Player, →DAT-Recorder), der →digitale Werte (→Audiodaten) in →analoge, elektrische Spannungen (→Audiosignal) umwandelt. Der Digital/Analog-Wandler ist das letzte Glied in einer digitalen Signalverarbeitungskette. Digital/Analog-Wandler arbeiten in der Regel nach dem →PCM-Verfahren, allerdings werden zunehmend →1-Bit-Wandler eingesetzt.
Der Digital/Analog-Wandler im →PCM-Verfahren ist aus denselben →Modulen zusam-

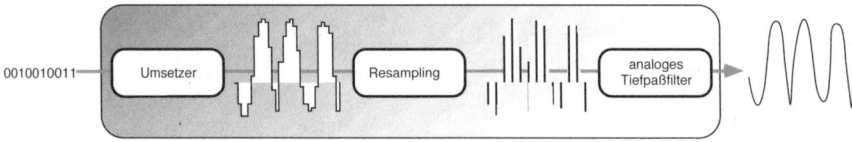

Schematischer Aufbau eines D/A-Wandlers

Digitale Audiotechnik

mengesetzt wie der →Analog/Digital-Wandler. Sie sind hier jedoch in umgekehrter Reihenfolge geschaltet. Der →Umsetzer erzeugt zunächst aus der Zahlenfolge eine proportionale Spannung, die in diesem Stadium noch treppenförmig ist. Diese Spannung wird durch Resampling in →Impulse zerhackt, deren Breite etwa ein Achtel einer Treppenstufe (→Sample-Schritt) entspricht, um einen ausreichenden Pegel der höherfrequenten Signale zu erzielen. Die Impulsfolge, von einem analogen →Tiefpaßfilter (→Rekonstruktionsfilter) geglättet, entspricht wieder der stufenlosen Eingangsspannung.

Digitale Audioschnittstelle Schnittstelle zwischen zwei →digitalen Audiokomponenten, die →Audiosignale verlustfrei in Form von digitalen Daten überträgt. Auf diese Weise lassen sich beispielsweise Audiodaten vom →Harddisk-Recording-System auf →DAT sichern, →Sounds von →Sampling-CDs im →Sampler aufzeichnen oder digitale Effekte in ein digitales →Mischpult einschleifen. Es gibt eine Reihe von Standards für digitale Audioschnittstellen, die bereits seit Jahren im Einsatz sind: die →AES/EBU-Schnittstelle für professionelle Stereoübertragung, →S/PDIF für den semiprofessionellen Bereich und →MADI sowie →ProDigi für mehrkanalige Übertragung. Ein beim CD-→Mastering verbreitetes →Interface ist das →SDIF-2-Format, das pro Leitung einen Audiokanal überträgt.

Digitale Audiotechnik Technik zur Erzeugung und Verarbeitung von →Audiosignalen in →digitaler Form sowie die Umwandlung zwischen →analoger und digitaler Ebene. Die digitale Audiotechnik überschneidet sich in weiten Bereichen mit der allgemeinen →Tonstudiotechnik. Aufgaben, die bisher analogen Geräten vorbehalten waren, wie →Schallspeicherung und Signalbearbeitung, lassen sich auf digitaler Ebene oft weitaus komfortabler und in besserer Qualität realisieren. Die wichtigsten Geräte aus dem Bereich der

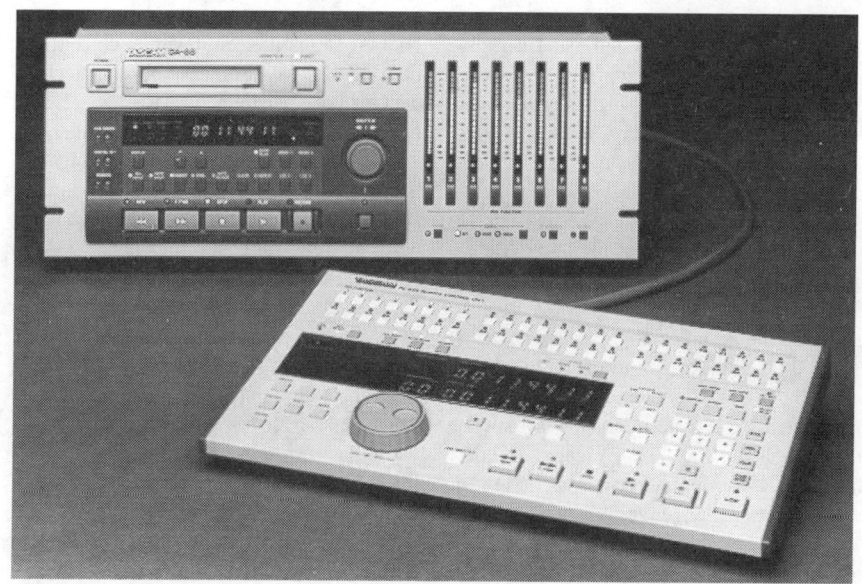

Digitale Bandmaschine Tascam DA-88

Digitale Aufzeichnung

digitalen Audiotechnik sind →Sampler, →DAT-Recorder, →CD-Player, digitale →Mehrspurmaschinen, →Harddisk-Recording-Systeme, digitale →Effektgeräte und digitale →Mischpulte.
Digitale Aufzeichnung Aufzeichnung von →Audiosignalen in →digitaler Form auf Band oder einem anderen →Speichermedium. Die digitale Aufzeichnung bietet viele Vorteile gegenüber der →analogen Aufzeichnung:
- Störfaktoren des Trägermaterials oder Aufnahmeverfahrens (→Gleichlaufschwankungen, Bandrauschen) beeinflussen die Qualität des →Audiosignals in der Regel nicht.
- Die eigentliche Audioinformation ist unabhängig vom Trägermaterial, auf dem sie sich gerade befindet.
- Die Aufzeichnung läßt sich beliebig oft ohne Verluste kopieren.
- →Fremdspannungsabstand und →Dynamik sind im Vergleich zur analogen Bandaufzeichnung meist wesentlich besser.
- Der →Frequenzgang kann linearer wiedergegeben werden.
Der Nachteil: →Digitale Systeme sind in bezug auf Datenverluste sehr empfindlich. Schon kleinere Störungen können drastische Auswirkungen auf die Wiedergabe haben. Dies soll durch sehr aufwendige und teure Fehlerkorrekturverfahren vermieden werden.
→Digitale Aufzeichnungsgeräte sind unter anderem →DAT-Recorder, digitale →Mehrspurmaschinen oder →Harddisk-Recorder.
Digitale →**Bandmaschine** →Magnetbandgerät, das die →Audiosignale nicht direkt auf Band aufzeichnet, sondern zuvor über →Analog/Digital-Wandler in →digitale Daten umwandelt und erst diese dann in Form spezieller →analoger Signale aufzeichnet. Bei der Wiedergabe werden die Daten wiederum in elektrische Spannungen zurückgewandelt. Zu den Vor- und Nachteilen siehe →digitale Aufzeichnung. →DASH, →A-DAM, →ADAT.
Digitale Ebene In →Samplern andere Bezeichnung für →Sample-Ebene. In früheren →Sampler-Modellen wurde die →Klangformung noch →analog realisiert, weshalb man die analoge Ebene (→Klangformung) von der digitalen Ebene (→Sample-Ebene) unterschied.
Digitale Klangsynthese →Klangsynthese.
Digitale Orgel →Elektronische Orgel.
Digitaler Synthesizer →Synthesizer.
Digitales Filter →Filter in Gestalt eines →Algorithmus, der das Eingangssignal durch mathematische Prozesse in der gewünschten Weise beeinflußt oder filtert. Dabei wird das Eingangssignal - eine Folge →binärer Zahlen - bestimmten Berechnungen unterzogen. Das Ergebnis ist wiederum eine Folge binärer Zahlen. Digitale Filter können in den unterschiedlichsten Charakteristiken (z. B. →Tiefpaßfilter, →Hochpaßfilter) und →Flankensteilheiten (bis zu 96 →dB/Okt) realisiert werden. Weitere Vorteile im Vergleich zu →analogen Filtern liegen im besseren Rauschspannungsabstand, dem Wegfall von Fertigungstoleranzen und der exakteren Steuerbarkeit der →Parameter.
Die Problematik →digitaler →Echtzeitfilter liegt allerdings darin, daß sie bei entsprechender Qualität einen immensen Rechenaufwand benötigen. Deshalb werden diese Filter mit →Signalprozessoren oder Custom-Chips realisiert, die auf diese Rechenvorgänge optimiert sind. Digitale Echtzeitfilter finden sich heute beispielsweise zur Unterdrückung des →Aliasing in →Audiowandlern sämtlicher digitaler Geräte und als Bestandteil der→Klangformung in →Samplern und digitalen →Synthesizern. Theoretisch läßt sich jedes analoge Filter im →„Klang" digital nachempfinden. Digitale Filter ohne analoges Vorbild sind beispielsweise das →Mittelwert-Filter und das →FIR-Filter.
Digitalisierung Umwandlung eines →analogen (→Audio-) Signals in →digitale Daten mit Hilfe eines →Analog/Digital-Wandlers, →Sampling (siehe dort).
Digitally (engl.) →Digital.

Digitaltechnik →Digitale Audiotechnik.
Digitizer (engl.) Digitalisierer. Selten gebrauchte Bezeichnung für einen →Analog/Digital-Wandler. Oft wird die Bezeichnung „Digitizer" auch für Geräte benutzt, die →Videosignale für die Verarbeitung im →Computer→digitalisieren (Video-Digitizer). Auch →Graphiktabletts werden oft als Digitizer bezeichnet.
DIN Abk. für Deutsche Industrie-Norm. DIN-Normen gibt es für den Musiksektor vornehmlich im →HiFi-Bereich (DIN 45500). Für professionelle Studiogeräte reichen die dort spezifizierten Anforderungen allerdings nicht aus. Bekanntestes DIN-Utensil im →Studio dürfte wohl die fünfpolige MIDI-Buchse sein.
DIN-Anschluß Anschluß, der früher in →HiFi-Geräten gebräuchlich war und heute im allgemeinen nur noch für →MIDI-Verbindungen benutzt wird. Die →DIN-Verbindung wird meist drei- oder fünfpolig beschaltet. Aufgrund der unzulänglichen mechanischen Stabilität sind DIN-Stecker für professionelle Audioverbindungen ungeeignet, hier greift man auf →Klinken- bzw. →XLR-Verbindungen zurück.
Diode Elektronisches Bauteil, das Strom nur in einer Richtung durchläßt und z. B. zur elektronischen Tastung oder zur Gleichrichtung bzw. Stabilisierung (Zenerdiode) der Spannung in →Netzteilen eingesetzt wird.
Diodenkabel Kabel mit →DIN-Anschlüssen an beiden Enden. Wurde früher üblicherweise im →HiFi-Bereich als →Überspielkabel zwischen →Verstärker und →Tonbandgerät verwendet. Dessen Vorteil lag darin, daß beide Stereokanäle in einem Kabel übertragen werden konnten. Heutzutage findet man Diodenkabel überwiegend als →MIDI-Kabel im Einsatz.
DIP-Schalter (engl.) Abk. für Dual Inline Package. →IC-förmiges Bauteil mit kleinen Schaltern und zwei Reihen mit Anschlußbeinchen. DIP-Schalter findet man oft an

→Peripheriegeräten wie →Druckern oder →Modems, wo sie zur Voreinstellung von Geräteparametern benutzt werden, die nur selten geändert werden müssen.
Direct (engl.) Direkt. In →Effektgeräten bestimmt der „Direct : Effect"-Regler das Verhältnis zwischen dem direkt durchgeschleiften Eingangssignal und dem Effektsignal.
Direct Current Abgekürzt DC: (engl.) Gleichstrom.
Direct Memory Access (engl.) →DMA.
Direct-Injection-Box (engl.) →DI-Box.
Direct-to-Disc-Recording (engl.) →Harddisk-Recording.
Directory (engl.) Inhaltsverzeichnis. Auf jedem Datenträger für Digitaldaten befindet sich ein solches Directory, in der die Position und Länge jeder →Datei festgelegt ist. Anhand des Directory kann ein →Computer später eine gewünschte Datei finden. Fehlt dieses Directory oder ist es beschädigt, so lassen sich die Dateien normalerweise nicht mehr auffinden.
Direktschall Der →Schall, der - von der →Schallquelle ausgehend - den Empfänger (Hörer) direkt ohne Störungen oder Reflexionen erreicht. Der Direktschall ist besonders für die Sprachverständlichkeit und Richtungswahrnehmung von Bedeutung.
Disc (engl.) Platte. Näheres unter →Diskette, →Festplatte, →CD.
Disk →Diskette.
Disk-Drive (engl.) →Diskettenlaufwerk.
Diskette Datenträger, bestehend aus einer magnetisch beschichteten Kunststoffscheibe in einer Kunststoff-Schutzhülle. Disketten sind die verbreitetsten Datenträger für →PCs, aber auch →Sampler und sogar →Synthesizer bzw. →MIDI-Workstations. Die stabilen und darüber hinaus kompakten 3,5" (Zoll)-Disketten haben die anfangs gebräuchlicheren, aber anfälligeren 5 1/4"-Disketten mittlerweile abgelöst. Außerdem gibt es heute fast nur noch doppelseitig beschichtete Disketten. Die →Speicherkapazität einer solchen Diskette

Diskettenlaufwerk

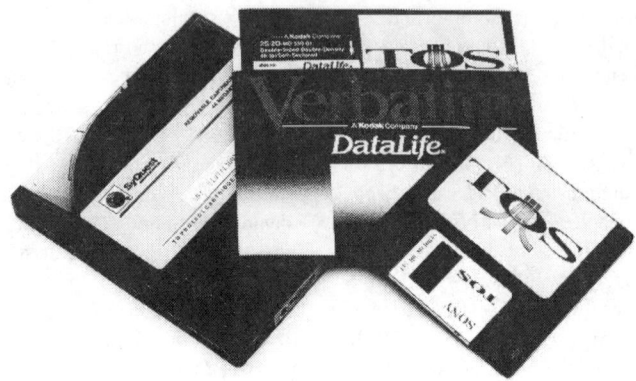

Disketten: v.l.n.r. Wechselplatte, 5 1/4"-Diskette und 3,5"-Diskette

hängt von der Dichte der Beschichtung ab. 2-→DD-Disketten (doppelte Dichte) fassen →formatiert bis zu 800 →kB, wogegen die zunehmend benutzten 2-→HD-Disketten (hohe Dichte) bis zu 1,4 →MB aufnehmen können. Bei Geräten, die mit großen Datenmengen arbeiten (→Computer, →Sampler) und mit einer →Festplatte ausgestattet sind, werden Disketten in erster Linie zum Datenaustausch bzw. zur Datenarchivierung benutzt. Im Vergleich zur →Festplatte sind sie besser zu tranportieren und nicht anfällig für einen →Headcrash. Doch auch bei Verwendung von Disketten empfiehlt es sich, stets eine →Sicherheitskopie anzufertigen. Der Verlust einer Diskette macht nur ein oder zwei Mark aus - die Daten darauf sind ein Vielfaches wert.

Diskettenlaufwerk Gerät zum Lesen und Beschreiben von →Disketten. Diskettenlaufwerke sind meist in →Computern, →Synthesizern oder anderen Geräten integriert, aber auch als eigenständige Einheiten auf dem Markt. Ein in ein Instrument integriertes Diskettenlaufwerk bietet den Vorteil, →Sounds, Songs und andere vom Gerät verwaltete Daten preiswert archivieren und mit auf die Bühne nehmen zu können. Die meisten Instrumente besitzen →MS-DOS-kompatible →Laufwerke, die Disketten mit entsprechenden Computern austauschen können. Näheres zu den verschiedenen Formaten unter →Diskette.

Im Musikbereich existieren darüber hinaus spezielle Geräte auf Basis eines Diskettenlaufwerks, die beliebige →MIDI-Daten (Songs, →Sounds usw.) auf Diskette verwalten können: →MIDI-Disk.

Diskettenoperationen Oberbegriff für diejenigen Funktionen eines Gerätes, →Computers oder einer →Software, die das Diskettenlaufwerk ansprechen, beispielsweise Laden, Sichern, →Formatieren.

Disklavier Von Yamaha entwickeltes, akustisches Piano mit →MIDI-Schnittstelle. Über eine aufwendige Elektromechanik lassen sich Tasten und →Pedale →digital steuern. Das Disklavier kann das Spiel des Pianisten aufzeichnen, auf einem eingebauten Diskettenlaufwerk (daher der Name) speichern und wiedergeben. Gleiches ist auch mit einem externen →Sequenzer über die →MIDI-Schnittstelle möglich.

Diskret Abgestuft, Eigenschaft von Größen und Werten. Im Gegensatz zu kontinuierlichen (stufenlosen) Werten sind diskrete Werte durch eine endliche Anzahl von →Intervallen voneinander getrennt. Während beispielswei-

se →analoge →Audiosignale kontinuierlicher Natur sind, arbeiten →digitale Geräte ausschließlich mit diskreten Werten.
Diskrete Fouriertransformation Abgekürzt →DFT.
Display (engl.) Anzeige, →Bildschirm. Das Display ist das Fenster, über das die Bedienersoftware mit dem Benutzer kommuniziert. Insofern kommt dem Display eine hohe Bedeutung hinsichtlich des Bedienkomforts zu. Fast alle →digitalen Geräte werden heute mit beleuchteten LC-→Displays ausgestattet, da die früher üblichen →LEDs nicht mehr die erforderlichen Informationsmengen darstellen können. Kleinere →LC-Displays bieten ein oder zwei Zeilen mit jeweils 16 bis 40 Zeichen. Größere Geräte dagegen verfügen über graphikfähige LC-Displays mit einer →Auflösung von 64 x 240 Bildpunkten, manchmal sogar mehr, die auch →Hüllkurven oder →Klaviaturen graphisch darstellen können. Solche →Displays sind in der Regel von Tastern umrahmt, deren Funktionen vom gerade angewählten →Menü abhängig sind und auf dem Display angezeigt werden.
Distortion (engl.) →Verzerrung. Der Distortion-Effekt ist eine gezielte →Übersteuerung eines →Transistors, wobei ein normales Eingangssignal zum →Clipping gebracht wird. Dadurch erhält es zusätzliche harmonische und nichtharmonische Obertöne. Dies sorgt für den typischen Rock- bzw. Metal-Gitarrensound. Dieser Effekt läßt sich auch auf →digitalem Wege erzeugen und ist Bestandteil vieler →Multieffektgeräte und Effektsektionen in digitalen →Klangerzeugern.
Dithering (engl.) Technik zur Verminderung des →Quantisierungsrauschens bei der Signalwandlung. Dem Nutzsignal wird vor der →Analog/Digital-Wandlung ein →Weißes Rauschen mit sehr geringer →Amplitude beigemischt. Dadurch treten →Quantisierungsfehler gleichmäßiger verteilt auf. Das verbessert in erster Linie die Wiedergabe leiser Signale. Man nutzt hierbei das Phänomen, daß ein leises →Rauschen dem Gehör weniger auffällt als ein rauhes, verzerrtes Signal, das durch einen →Quantisierungsfehler bei kleinen →Lautstärken erzeugt würde.
DMA (engl.) Abk. für Direct-Memory-Access. Wörtlich übersetzt: direkter Speicherzugriff. DMA steht für einen Datentransport direkt von der Quelle zum Ziel, unter Umgehung der →CPU. Über eine →parallele →Schnittstelle werden →Festplatten oder andere →Peripheriegeräte in das DMA-Verfahren eingebunden, wovon unter anderem →Atari-Computer der ST-Serie Gebrauch machen. In neueren Modellen (→Atari TT, →Falcon) wird diese Schnittstelle als →ACSI bezeichnet. Die DMA-Schnittstelle ist von den Funktionen her der →SCSI-Schnittstelle ähnlich, mit ihr allerdings nicht →kompatibel. Um →Atari-Computer und SCSI-Geräte miteinander zu verbinden, benötigt man einen DMA/SCSI-→Adapter.
Dolby →Rauschunterdrückungssysteme der gleichnamigen britischen Firma, die in →Magnetbandsystemen (Tonband, →Magnetband, Lichtton) eingesetzt werden. Sowohl die Heimsysteme Dolby B und C als auch die professionellen Systeme Dolby A, Dolby S und Dolby SR arbeiten mit →Kompression des →Audiosignals bei der Aufzeichnung und der Expansion bei der Wiedergabe. Dadurch wird eine höhere Aussteuerbarkeit des Bandes erzielt, was den →Rauschabstand je nach System und Frequenzbereich um 5 - 15 →dB erhöht. Während Dolby B und C mit nur einem Frequenzband oberhalb 300 →Hz bzw. 100 Hz arbeiten, setzen die professionellen Systeme vier auf den gesamten Frequenzbereich verteilte und einzeln wirkende →Kompressoren/Expander ein. Das momentan am weitesten entwickelte System, das Dolby SR, arbeitet mit variablen Frequenzbändern, die stets so gegeneinander verschoben werden, daß das System optimal wirkt. Hier wird sogar eine Rauschverminderung von bis zu 24 dB erzielt.

Dolby Surround-Sound

Dolby Surround-Sound →Surround-Sound.
Dongle (engl.) Andere Bezeichnung für →Kopierschutz-Key.
Doppelklick Mausbedienung: zweimaliges →Anklicken eines Objekts auf dem →Bildschirm. Der Doppelklick ist z. B. im →Desktop normalerweise ein Kurzbefehl für das Selektieren des Objekts und anschließendes Wählen des →Menüpunkts „Öffnen". Diese Technik beschleunigt und vereinfacht die Mausbedienung erheblich.
Doppler-Effekt Nicht zu verwechseln mit dem →Doubler-Effekt. Ein akustisches Phänomen in Form von →Tonhöhen- und →Phasenänderungen, die durch relative Bewegung der Klangquelle zum oder vom Hörer weg entstehen. Das Standard-Beispiel für diesen Effekt ist das Signalhorn eines Krankenwagens, dessen →Frequenz während des Vorbeifahrens erst leicht ansteigt und dann abrupt absinkt. Benannt ist der Effekt nach seinem Entdecker Christian Doppler, einem Physiker aus dem 19. Jahrhundert. Bekannter ist seine Anwendung als →Rotor-Effekt, den sich die legen-dären →Hammond-Orgeln mit ihren →Leslie-→Kabinetts zunutze machen. Durch die Rotation des →Lautsprechers entsteht ein →Phasen- und →Frequenzvibrato, dessen Stärke von der Rotorgeschwindigkeit abhängt. Eine elektronische Simulation dieses Effekts ist bis heute - wenn einige Geräte dem auch recht nahe kommen - nicht vollständig gelungen.
DOS (engl.) Abk. für →Disk Operating System. →Betriebssystem, das unter anderem die Verwaltung von →Disketten und →Festplatten beinhaltet.
Dot (engl.) (Bild-) Punkt. →Matrixdrucker oder Rasterbildschirme lösen das Bild in eine Punktmatrix auf. Diese →Auflösung wird durch die Einheit →dpi (Dots per Inch) angegeben.
Double-Mode (engl.) Doppelt. Gleichbedeutend mit →Dual-Mode (siehe dort).
Doubling (engl.) Doppeln eines Signals zur Erzeugung eines breiteren, volleren →Klangbildes. Dazu kann eine →Stimme oder ein Instrument zweimal auf verschiedene Spuren aufgenommen werden. Elektronisch erzielt man den Doubling-Effekt durch Kombination eines →Schwebungseffekts (→Chorus, →Pitch-Shifter) mit einer leichten →Verzögerung (→Delay), der den Eindruck einer gedoppelten Bandspur nachbildet.
Down (engl.) Abwärts. Taster zur →Cursorsteuerung, meist zusätzlich mit einem Abwärtspfeil gekennzeichnet.
Download Herunterladen von →Dateien per →Modem oder →Netzwerk (→DFÜ), z. B. aus einer →Mailbox. Gegenteil: →Upload.
Download-Font (engl.) →Font (→Zeichensatz), der beim Druckvorgang vom →Computer aus in den →Drucker geschickt wird. So ist die Schriftpalette des →Druckers nur von den im Computer verfügbaren - und nachladbaren - Fonts abhängig. Die meisten →Laser- und →Tintenstrahldrucker arbeiten neben ihrer fest eingebauten Palette aus maximal einigen Dutzend Standardschriften mit Download-Fonts. Näheres siehe unter →Font.
Downloader (engl.) →Dump-Utility.
dpi (engl.) Abk. für Dots per Inch: Punkte pro Zoll. Maßeinheit für die →Auflösung eines aus →Pixeln bestehenden Bildes. Der dpi-Wert ist ein Maßstab für die Ausgabequalität eines →Bildschirms und besonders eines →Druckers. Je mehr Punkte zur Auflösung eines Bildes zur Verfügung stehen, desto feiner lassen sich Kurven und Kreise, aber auch gerasterte Flächen darstellen bzw. drucken. Während Computermonitore eine Auflösung von 70 - 80 dpi aufweisen, bieten gute Tischlaserdrucker eine Standardauflösung von 300 - 600 dpi. →Satzbelichter für professionelle Layouts erreichen Auflösungen von mehreren tausend dpi. Vergleichen Sie unten im Bild einmal den Buchstaben links (Bildschirmausgabe mit 72 dpi) mit dem rechten Buchstaben, der in Satzbelichterqualität ausgegeben wurde.

a a

Identischer Buchstabe: links mit 72 dpi, rechts 1270 dpi Auflösung

Draggen (von engl. to drag = ziehen). Neudeutsch für das →Anklicken und nachfolgende →Ziehen eines Objekts mit der →Maus über den →Bildschirm.
Draw (engl.) Zeichnen, ziehen. Funktion in Computerprogrammen, →Sample-Editoren und einigen →Samplern, die es erlaubt, eine Linie (z. B. →Wellenform) zu zeichnen, →Wave-Drawing.
Dreieck Auch als →Triangle oder →Tri bezeichnet. →Schwingungsform mit dreieckigem Verlauf, die ausschließlich ungerade →Harmonische enthält, deren relative →Amplitude zum →Grundton mit der quadratischen Umkehrung ihrer Ordnungszahl abnimmt. So beträgt die Amplitude der dritten Harmonischen ein Neuntel, die der fünften Harmonischen nur noch ein 25stel der Grundtonamplitude. Aus der Dreieckwelle läßt sich aufgrund ihres geringen Obertongehalts durch Filterung leicht eine →Sinuswelle gewinnen. Sie wird in →Oszillatoren und vor allem in →LFOs als Alternative zum Sinus eingesetzt.
Drive (engl.) 1. →Laufwerk. Gebräuchlich sind beispielsweise →Disk-Drive für →Diskettenlaufwerke und Hard-Drive für eine →Festplatte. 2. Bezeichnung unter anderem bei →Distortion- →Effektgeräten, →Excitern und →Enhancern für die Signalamplitude, die dem Effektprozessor zugeführt wird. Wird der Drive erhöht, verstärkt sich normalerweise die →Verzerrung. Entspricht in etwa einem →Gain-Regler an →Mischpulten.
Driver (engl.) →Treiber, z. B. →Printer-Driver: →Druckertreiber.
Drop (engl.) Andere Bezeichnung für →Punch In/Out (siehe dort).

Drop-Frame (engl.) Bild-Rate bei der →SMPTE-Synchronisation von amerikanischen Farbvideo-Formaten. Da die amerikanische →NTSC-Videonorm für Farbfernsehen mit einer Bildrate von 29,97 Bildern/Sekunde anstelle der dort bei Schwarzweiß-Videos üblichen 30 Bilder arbeitet, entschied man sich für folgenden, etwas komplizierten Kompromiß: Am Anfang jeder Minute werden zwei Bilder (→Frames) fallengelassen (dropped), mit Ausnahme der zehnten Minute (Schaltjahrprinzip). Auf diese Weise stimmt die Absolutzeit mit der SMPTE-Zeit grundsätzlich überein. Würden die Frames nicht fallengelassen, wäre die SMPTE-Zeit nach einer Stunde Absolutzeit dieser um 3,6 Sekunden voraus.
Obwohl die meisten SMPTE-fähigen Geräte das Drop-Frame-Format anbieten, arbeitet man hierzulande nur damit, wenn amerikanische →NTSC-Produktionen zu bearbeiten sind.
Drop-Out (engl.) Aussetzer beim Lesen von →Festplatte, optischen Speichern oder →Magnetband, die durch Materialfehler entstehen. Da diese nicht selten auftreten, werden für die Speicherung →digitaler Daten aufwendige Fehlerkorrekturverfahren eingesetzt, die die Drop-Outs ausbügeln, um Datenverlust vorzubeugen. Bei der →analogen Aufnahme fallen Drop-Outs weniger auf, sind dort allerdings auch nicht mehr korrigierbar.
Drucker →Computer-→Peripheriegerät zur Ausgabe von Text, Bildern und auch Musiknotation auf Papier. Es existieren zwei grundsätzliche Arbeitsweisen:
- Text- bzw. Image-Verfahren: Der →Computer sendet Text als →ASCII-Information an den Drucker, der diesen dann mit einem eingebauten Schriftsatz druckt. Sollen Graphiken oder Noten gedruckt werden, wird der Drucker - meist vom Computer direkt - in einen Graphikmodus geschaltet und druckt vom Computer berechnete →Pixelgraphiken Punkt für Punkt. Diese Art Drucker besitzt üblicherweise keine eigene „Intelligenz" und benötigt

Druckeranpassung

nicht unbedingt einen eigenen →Prozessor.
- →PostScript bzw. Seitenbeschreibungsverfahren: Der Drucker erhält die Informationen über den Seitenaufbau - Position von Graphik und Text, Schriftsätze (→Fonts) - vom Computer und berechnet daraus selber eine Pixelgraphik in seiner maximal möglichen Druckauflösung, die er auf das Papier bringt. Hierzu existieren verschiedene Verfahren. Solche Drucker besitzen einen eigenen Prozessor zur Berechnung des Schriftbildes anhand der eingehenden Befehle, die den Aufbau der Seite beschreiben.

Fast alle Drucker können Schreibmaschinenpapier bedrucken, die meisten arbeiten darüber hinaus mit Endlospapier oder Folie. Je nach Anwendung kann man heutzutage unter einer Vielzahl von Druckertypen wählen, von denen jeder seine Vor- und Nachteile besitzt:
- →Typenraddrucker sind auf einen begrenzten Zeichenvorrat beschränkt, arbeiten ausschließlich nach dem ersten Verfahren, sind dabei aber nicht graphikfähig und daher für die Musiknotation nicht geeignet.
- →Matrixdrucker gehören der ersten Kategorie an, sind preisgünstig, allerdings recht langsam und qualitativ den größeren Druckern unterlegen. Druckqualität und Geschwindigkeit hängen von der Anzahl der Nadeln ab.
- →Tintenstrahldrucker arbeiten meist nach dem Text/Image-Verfahren, teurere Modelle sind aber auch postscriptfähig. Sie sind zumindest beim Textdruck relativ schnell und bieten eine gute Druckqualität. Vom Preis her liegen sie zwischen →Matrix- und →Laserdruckern. Im semiprofessionellen Bereich laufen →Tintenstrahldrucker den recht teuren Laserdruckern zunehmend den Rang ab. Für die Musiknotation eignen sie sich hervorragend.
- →Laserdrucker arbeiten nach beiden Verfahren, sind aber für den Einsatz einer Seitenbeschreibungssprache wie PostScript prädestiniert. Sie sind von Geschwindigkeit, Flexibilität und Funktionen (eingebaute →Fonts, eigener Prozessor, PostScript, →Netzwerkfähigkeit) nach wie vor das Nonplusultra unter den Tischdruckern. Für semiprofessionelle Publikationen und Testausdrucke professioneller Vorlagen sind sie in der Regel aufgrund ihrer →PostScript-Fähigkeit prädestiniert. Mit vier bis acht Seiten pro Minute ist ein durchschnittlicher Laserdrucker wesentlich schneller als ein Tintenstrahldrucker, schlägt in der Anschaffung dafür auch mit einem höheren Preis zu Buche.

Druckeranpassung →Druckertreiber.

Druckerport →Schnittstelle eines →Computers zum Anschluß eines →Druckers. Der Druckerport wird in der Regel mit einem Drucker belegt, kann allerdings je nach Anwendung auch für andere externe Geräte zweckentfremdet werden, da es sich meist um eine Standard-Schnittstelle (→RS-232, →Centronics, AppleTalk) handelt. So können →MIDI-Interfaces für den →Apple →Macintosh beispielsweise den Druckerport für die Datenkommunikation mit dem →Computer verwenden.

Druckertreiber Hilfsprogramm, das den Druckerbefehlssatz des →Computers oder des aktiven →Anwenderprogramms in die Sprache des angeschlossenen →Druckers übersetzt. Während man bei →Atari-ST-→Pro-

Drum-Editor in Steinbergs Cubase-Sequenzer

Drum-Pad

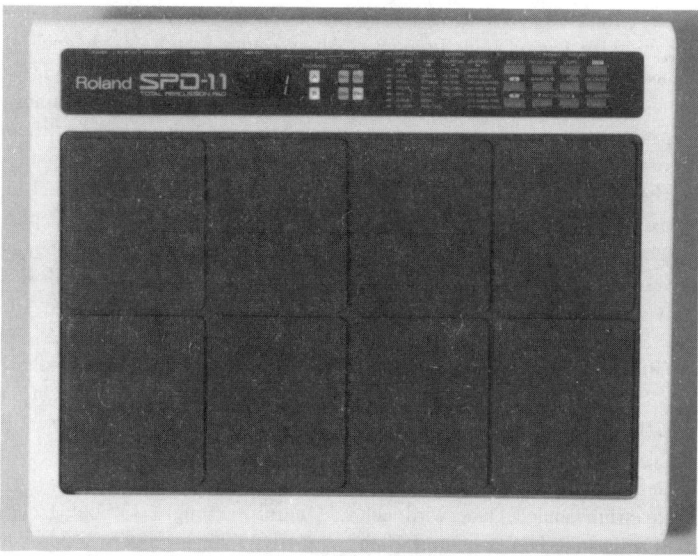

Drum-Pad mit acht Schlagflächen

grammen pro Anwendung einen eigenen Druckertreiber benötigt, gibt es beispielsweise beim →Apple →Macintosh oder unter →Windows nur einen Treiber pro →Drucker, der von allen Anwenderprogrammen gemeinsam genutzt wird.

Drums (engl.) Schlagzeug.

Drum-Editor (engl.) Editorfenster in →Sequenzerprogrammen, das speziell für die komfortable Bearbeitung von →Drum-Noten (Schlagzeug) konzipiert ist. In guten →Drum-Editoren werden die den →MIDI-Noten zugeordneten Instrumente angezeigt, so daß man auf einen Blick weiß, ob man die Snare oder HiHat bearbeitet. Ferner wird die Spur in Form einer für Schlagzeugnotation üblichen Graphik abgebildet, auf der die einzelnen Schläge als Punkte oder Rhomben dargestellt sind. Drumnoten lassen sich hier mit der →Maus verschieben, einfügen, löschen, kopieren oder andersartig bearbeiten.

Drum-Machine (engl.) →Drumcomputer.

Drum-Map Tabelle in einem →Klangerzeuger oder einem →Sequenzer, die jeder →MIDI-Note ein Druminstrument zuordnet. Eine Standard-Zuordnung wurde erstmals mit dem →General-MIDI-Standard festgelegt. Sie wird allerdings noch nicht von allen Herstellern eingehalten. Deshalb ist die Zuordnung meist programmierbar. Eine Drum-Map im →Sequenzer sorgt dafür, daß ein mit einem bestimmten Gerät eingespielter Song auch auf die Drumsounds eines anderen Gerätes durch Ändern der Drum-Map angepaßt werden kann.

Drum-Pad (engl.) 1. Schlaginstrument bestehend aus einer Aufschlagfläche anstelle des Fells und einem schlagempfindlichen →Mikrofon, das die durch den Trommelstock erzeugten →Impulse in anschlagabhängige elektrische Spannungen umsetzt, und einem Gehäuse mit Anschlußbuchse. Das Drum-Pad wird an einen →Drum-to-MIDI-Converter angeschlossen, der daraus wiederum →MIDI-Noten erzeugt. Diese steuern dann einen beliebigen →MIDI-→Klangerzeuger (→Drumcomputer, →Sampler, →Synthesizer) an. Drum-

Pads wurden erstmals in den 80er Jahren in Verbindung mit den legendären Simmons-Drums eingesetzt. 2. Schlagfläche, die in das Gehäuse eines →Drumcomputers oder →Keyboards integriert ist.

Drum-Recording (engl.) →Cycle-Overdub.

Drum-Synthesizer Meist →analoger Synthesizer, meist mit einer oder mehreren Schlagflächen ausgestattet, der speziell für die Erzeugung elektronischer Schlagzeugsounds konzipiert war. Heute benutzt man fast ausschließlich →Sampler oder →Drumcomputer, gegebenenfalls mit einem →Drum-to-MIDI-Converter zum Anschluß von →Pads.

Drum-to-MIDI-Converter (engl.) Gerät oder →Modul, das die elektrischen →Impulse eines →Schlagmikrofons oder →Drum-Pads in →MIDI-Noten umwandelt. Dabei wird auch die →Anschlagdynamik berücksichtigt. Eine weitere Aufgabe des Drum-to-MIDI-Converters besteht darin, jedem →analogen Eingang MIDI-→Notennummer und -Kanal zuzuweisen. So läßt sich beispielsweise frei bestimmen, welches Schlaginstrument welches →Sample oder welchen →Sound im →Klangerzeuger ansteuert. Außerdem verfügen viele Drum-to-MIDI-Converter über Zusatzfunktionen wie verschiedene →Dynamikkurven, →Velocity-Switching, variable →MIDI-Kanäle u.v.m. Über speicherbare Konfigurationen kann der Drummer auf der Bühne per Knopfdruck verschiedene Schlagzeugsets abrufen. Drum-to-MIDI-Converter gibt es sowohl als eigenständige Geräte als auch in →Drumcomputer oder →Sampler integriert.

Drumcomputer (engl.) Kompaktgerät, das einen einfachen, auf Rhythmenprogrammierung ausgelegten →Hardware-Sequenzer und eine →Klangerzeugung für die Drumsounds verbindet. Im professionellen Bereich sind die Drumcomputer von →Samplern und →Software-Sequenzern bzw. →Workstations fast vollständig verdrängt worden. Im semiprofessionellen und Heimsektor dagegen bieten sie nach wie vor eine preiswerte Alternative zum teureren, wenn auch flexibleren Sampler. Während die Vorgänger der heutigen Drumcomputer, die Rhythmusgeräte, mit nur wenigen Dutzend fester Rhythmen und einer →analogen →Klangerzeugung recht einseitig waren und nicht sonderlich authentisch klangen, bieten aktuelle Geräte freiprogrammierbare →Patterns und Songs, zahllose hervorragende Drumsamples, teilweise →RAM für eigene Samples, →Einzelausgänge, →MIDI u.v.m. Einige Drumcomputer haben aufgrund ihres eigenständigen →Sounds die Weiterentwicklung überlebt und werden heute noch eingesetzt. Beispiele dafür sind die analoge Roland TR-808, die Linn-Drum oder die Simmons-Drums.

Drumkit (engl.) 1. Schlagzeugset. 2. In →MIDI-Klangerzeugern: Zuordnungstabelle für →Drum-Samples und →Notennummern. Das Drumkit bestimmt, welches Drum-Instrument welcher →Notennummer zugewiesen wird. In der Regel lassen sich hier noch einige Zusatzparameter wie Tuning, →Decay, →Panorama oder →Einzelausgang bestimmen. Die meisten Klangerzeuger erlauben das Abspeichern mehrerer Drumkits, so beispielsweise eines reinen →Percussion-Sets oder einer kompletten Tastaturbelegung mit Snares. Eine einheitliche Belegung gibt der →General-MIDI-Standard (GM) vor. Damit ist gewährleistet, daß ein Song, dessen Drums nach diesem Standard eingespielt wurden, mit jedem GM-Klangerzeuger mit korrekter Drumzuordnung wiedergegeben werden können.

DSP (engl.) Abk. für Digital Signal Processor: →Signalprozessor.

DTP (engl.) Abk. für →Desktop Publishing.

Dual-Mode (engl.) Betriebsart eines →Synthesizers (z. B. Roland D-50 oder →Yamaha DX7II), in der zwei →Sounds übereinandergelegt werden (→Layer).

Dub Record (engl.) Hinzuspielen von →MIDI-Events auf eine bereits bespielte →Sequenzerspur. Dabei bleiben die vorhandenen Noten erhalten. Da →MIDI-Daten im Gegensatz zu →Audiosignalen →digitaler Natur sind, kann man beliebig oft Noten hinzuspielen. Bei →analogen →Bandmaschinen ist das Dub-Recording allenfalls durch gleichzeitiges Aufzeichnen von einer neuen Einspielung und einer bestehenden Spur auf eine weitere Spur möglich. Dabei müssen Qualitätsverluste in Kauf genommen werden.

Ducker (engl.) Spezialform eines →Kompressors. Dabei reduziert der Pegel eines externen Steuersignals den Pegel des Eingangssignals. Auf diese Weise läßt sich beispielsweise für eine Radioansage die →Lautstärke der Musik automatisch zurücknehmen, wenn der DJ in sein →Mikrofon spricht. Ein spezieller Ducker ist auch der →De-Esser.

Dump (engl.) Übertragung von Datenblöcken an externe Geräte, →Bulk-Dump.

Dump-Header (engl.) Erster Datenblock eines →MIDI-Sample-Dumps, in dem die Informationen über das →Sample (→Bitbreite, →Loop-Daten, Länge) enthalten sind.

Dump-Request (engl.) →MIDI-Befehl aus der Gruppe der →systemexklusiven Daten, mit dem der →Sender ein anderes Gerät auffordert, seinerseits einen →systemexklusiven Datenblock zu senden. Einen Dump-Request sendet beispielsweise ein Editorprogramm, um von einem →Synthesizer eine Soundbank oder einen einzelnen →Sound anzufordern. Da der Dump-Request zu den systemexklusiven Daten (→SysEx) gehört, gibt es kein für alle Geräte einheitliches Format, zumal jedes Gerät mit anderen Datentypen arbeitet. Dump-Requests sollten in der SysEx-Dokumentation eines Gerätes aufgelistet und definiert sein.

Dump-Utility (engl.) →Universal-Dump-Utility.

Duophon Zweistimmig. In den 70er Jahren gab es einige →analoge Synthesizer, die duophon aufgebaut waren, so z. B. der →ARP 2600 oder der Yamaha CS40M.

DVA (engl.) 1. Abk. für Dynamic-Voice-Allocation: →Dynamische Stimmenzuordnung. 2. Abk. für Datenverarbeitungsanlage, →Computer.

DX7 →Yamaha DX7.

Dyaxis Professionelles →Harddisk-Recording-System der Firma Studer. Das Dyaxis arbeitet mit zwei Audiokanälen und beliebig vielen → virtuellen Spuren. Dyaxis ist darüber hinaus auf die Anwendung als →digitaler Schnittplatz optimiert. Als Bedieneinheit fungiert ein →Apple →Macintosh II mit der →Software MacMix. Passagen lassen sich am →Bildschirm beliebig schneiden, auswählen und aneinanderreihen. Editierfunktionen umfassen neben →Cut/Copy/Paste-Editierung auch →Time-Stretching und eine digitale, →parametrische →Klangregelung. Als →Schnittstellen stehen →AES/EBU, →SDIF-2, →MTC- und →SMPTE-Synchronisation zur Verfügung.

Dynamic Response (engl.) →Dynamik-Wiedergabe. Angabe über den von einem Gerät (z. B. Klangerzeuger, →Bandmaschine, →Verstärker) erreichten Dynamikumfang.

Dynamic-Voice-Allocation (engl.) →Dynamische Stimmenzuordnung.

Dynamik 1. Verhältnis zwischen dem minimalen und dem maximal möglichen Pegel eines Audiosystems oder einer Aufnahme. Die Dynamik wird in →Dezibel (dB) angegeben. Der →Hörbereich des menschlichen Ohrs umfaßt maximal etwa 120 - 130 dB, was der Differenz zwischen →Hörschwelle und →Schmerzgrenze entspricht. Eine →analoge Aufnahme erreicht einen Dynamikumfang von etwa 60 - 80 dB, UKW-Rundfunk etwa 65 dB. Mit →digitaler Wiedergabetechnik sind 90 dB und mehr möglich. Diese Dynamikumfänge reichen in der Praxis völlig aus, da die Umgebungsgeräusche schon in sehr ruhigen Räumen einen Pegel von etwa 20 - 30 dB erreichen. 2. Nicht ganz präzises Kürzel für →Anschlagdynamik.

Dynamikbereich →Dynamik.

Dynamikprozessor Ein Gerät oder eine Funk-

Dynamikzeichen

Dynamisches Mikrofon Shure SM57

tion, die die →Dynamik eines →Audiosignals nichtlinear beeinflußt, also beispielsweise leise Passagen anhebt und laute Passagen dämpft. Die gebräuchlichsten Dynamikprozessoren sind →Expander, →Kompressor, →Limiter, →Rauschunterdrückungssysteme und →De-Esser.

Dynamikzeichen Zeichen in der Musiknotation, die Veränderungen der →Dynamik anzeigen und in →Notendruckprogrammen ins Notenbild eingefügt werden können. Ein entsprechender →Zeichensatz sollte zu jedem Notendruckprogramm gehören.

Dynamische Mikrofone →Mikrofone mit einem Wandlerprinzip, das nach dem Induktionsgesetz arbeitet. In einem Magnetfeld wird durch die auftreffenden Luftschwingungen ein Leiter bewegt, in dem so eine Spannung induziert wird. Als Leiter kommt die Mikrofonmembran oder ein Bändchen in Betracht, aber auch eine Schwingspule, die an der Membran befestigt ist. Zu den →dynamischen Mikrofonen zählen Bändchen- und →Tauchspulenmikrofone. Dynamische Mikrofone benötigen keine Stromspeisung und sind preiswerter als →Kondensatormikrofone. Das →Bändchenmikrofon ist in der Linearität des →Frequenzgangs mit einem Kondensatormikrofon vergleichbar. Das Tauchspulenmikrofon ist dafür robuster und eignet sich unter Ausnutzung seiner Frequenzgangabweichung für spezielle Anwendungen (Bassdrum, Stimme).

Dynamische Stimmenzuordnung Eigenschaft eines →Multimode-→Klangerzeugers, die verfügbaren →polyphonen →Stimmen stets dynamisch dorthin zu verteilen, wo sie gerade benötigt werden. Dadurch werden die Stimmen optimal den verschiedenen →Sounds (bzw. →MIDI-Kanälen) zugeordnet.

Das sieht in der Praxis so aus: Muß der Klangerzeuger nur einen Sound wiedergeben, so werden diesem alle verfügbaren Stimmen zugewiesen. Sollen mehrere Sounds wiedergegeben werden, so ist es wenig sinnvoll, die Stimmenzahl gleichmäßig unter den Sounds zu verteilen. Ein Baß benötigt normalerweise weniger Stimmen als ein Streichersound, außerdem werden die Stimmen eines →Klangs, der gerade pausiert, unnötig gebunden. Stattdessen verteilt der eingebaute →Prozessor die Stimmen dorthin, wo sie gerade gebraucht werden. Die Kunst liegt dabei darin, ein Verfahren zu finden, bei dem das Abziehen noch klingender Stimmen bei Auslastung des Gerätes möglichst unbemerkt bleibt.

Viele →Klangerzeuger erlauben die Eingabe von →Prioritäten. →Drums und Baß sind beispielsweise oft wichtiger als ein Flächensound im Hintergrund. Auch eine Mindest-Stimmenzahl kann oft reserviert werden, die einem Sound stets zur Verfügung steht. Weist man dann beispielsweise dem Baß mindestens eine Stimme fest zu, so ist gewährleistet, daß er auch bei Überlastung des Klangerzeugers niemals aussetzt.

E

E-Orgel Abk. für →elektronische Orgel.
E-Piano Abk. für →elektrisches Piano.
E-PROM (engl.) Abk. für Erasable Programmable →ROM. Ein Speicherchip, der mit einem speziellen E-PROM-Brenner beschrieben („gebrannt") werden kann. Auswechselbare E-PROMs werden in →Synthesizern und →Computern für das →Betriebssystem eingesetzt, auch →ROM-→Cards und →Cartridges enthalten ein solches E-PROM. Die neueste Generation solcher E-PROMs, sogenannte →Flash-ROMs, können sogar ohne spezifischen E-PROM-Brenner neu beschrieben werden, was sie als →Speichermedium für →Sounds und Samples interessant macht.
Early Reflections (engl.) →Erste Reflexionen (siehe dort).
Earphone (engl.) →Kopfhörer. Gebräuchlicher ist die Bezeichnung →Phones.
EBU Abk. für European Broadcasting Union. Die EBU hat wesentlich zur Festlegung verbreiteter Standards beigetragen. Dazu gehören der europäische Videostandard und der →AES/EBU-Standard für →digitale Audio-Schnittstellen.
Echo Zeitverzögerte Wiederholung eines Eingangssignals. Im Fachjargon ist der englische Begriff →Delay (siehe dort) gebräuchlicher.
Echtzeit (engl. →Realtime) Eine in Echtzeit ausgeführte Funktion läuft genau zu dem Zeitpunkt ab, an dem das →Audiosignal erzeugt oder abgespielt wird. Ein Echtzeit-Filter beispielsweise verändert die Klangcharakteristik des gerade anliegenden →Audiosignals, während das Signal das →Filter durchläuft. Ein Non-Realtime- (Nicht-Echtzeit-) Filter würde das →Audiosignal erst zwischenspeichern und dann in einer quasibeliebigen Bearbeitungszeit manipulieren, bevor die Ausgabe erfolgt. Siehe auch →Realtime-Recording.

Echtzeit-Notation Fähigkeit eines Notations- oder →Sequenzerprogramms, empfangene →MIDI-Noten zeitgleich in Notenschrift umzurechnen und auf dem →Bildschirm darzustellen. Die Echtzeit-Notation ist eher ein Nebenprodukt des →Noteneditors, läßt sich aber mitunter für Lernzwecke einsetzen. Einige →Gehörbildungsprogramme bieten z. B. eine Echtzeit-Notation in Verbindung mit einer gleichzeitigen Fehlerkorrektur an.
Echtzeitsystem Allgemein: ein →digitales Klangerzeugungssystem, das in der Lage ist, einen →Klang zu dem Zeitpunkt zu berechnen, zu dem er ausgegeben werden soll. Zu diesem Zweck muß ein Echtzeitsystem genügend Rechenleistung aufweisen, um für die Berechnung eines Ausgabewertes an den →D/A-Wandler alle notwendigen →Parameter wie →Tonhöhe, →Klangfarbe etc. zwischen der eigentlichen Übergabe der →Samples an den →Wandler durchführen zu können. Bei einer →Abtastrate von 32 →kHz beispielsweise stehen 31,25 Mikrosekunden (nicht Millisekunden!) für diese Berechnungen zur Verfügung. Diese Aufgabe wird allerdings vereinfacht, wenn das Signal bereits in Form von gespeicherten Samples vorliegt, die lediglich noch auf bestimmte Weise (zur Tonhöhensteuerung) ausgelesen werden müssen. Dann muß lediglich noch die Funktion (beispielsweise eines →digitalen →Filters) in →Echtzeit berechnet werden. Sämtliche kommerziell erhältlichen digitalen →Synthesizer und →Sampler sind - abgesehen von speziellen Funktionen (wie der Sample-Bearbeitung) - Echtzeitsysteme im letzteren Sinne. Systeme, die tatsächlich jedes →Sample von Grund auf berechnen, sind ebenso selten wie teuer.
Echtzeituhr Zeitangabe im →Computer, die das aktuelle Datum und die Uhrzeit liefert und vom →Betriebssystem und den →Anwendungen angesprochen werden kann. Auf diese Weise lassen sich →Dateien mit dem Datum der letzten Sicherung markieren, das

Eckfrequenz

Datum in Briefe einfügen oder Funktionen zu vorbestimmten Zeitpunkten auslösen.

Eckfrequenz Deutsche Bezeichnung für die →Cutoff-Frequenz eines →Filters.

Edit-Buffer (→Edit = engl.: bearbeiten, →Buffer = engl.: Zwischenspeicher.) Zwischenspeicher für aktuell bearbeitete Daten. Edit-Buffer finden sich in fast allen programmierbaren Geräten, beispielsweise →Synthesizern, →Effektgeräten, →Masterkeyboards. Der Inhalt des Edit-Buffers entspricht dem gerade angewählten →Programm dieses Gerätes, also einem →Sound oder einem Effektprogramm. Durch die Zwischenspeicherung wird vermieden, daß sich Veränderungen an diesem →Programm direkt auf das Original auswirken. Erst dann, wenn der Inhalt des Edit-Buffers mit der →Write- oder →Store-Funktion gespeichert wird, sind die Änderungen permanent. Viele gängige →Editorprogramme bieten mehrere virtuelle Edit-Buffer, zwischen denen sich (→Sound-) Bestandteile kopieren lassen.

Edit-Mode (engl.) Bearbeitungsmodus eines Gerätes (z. B.→Synthesizer). Die meisten Geräte müssen in den Edit-Mode umgeschaltet werden, damit →Sounds, →Effekte oder andere →Parameter bearbeitet werden können.

Edit-Page (engl.) Bildschirmseite eines →Graphik-Displays oder einer →Software, die eine Anzahl →Parameter anzeigt. Diese können dort bearbeitet werden.

Edit-Puffer →Edit-Buffer.

Edit-Recall (engl.) Zurückrufen eines bearbeiteten →Programms. Die Edit-Recall-Funktion eines Gerätes holt ein bearbeitetes Programm (→Sound, →Effekt) aus dem →Edit-Buffer zurück, wenn die vorgenommenen Editierungen nicht zur Zufriedenheit ausgefallen sind oder versehentlich ein anderes Programm angewählt wurde.

Editieren Gängiger Ausdruck für „Bearbeiten" von →Parametern, Funktionen, Klängen und anderen →Programmen oder Daten.

Editor Oberbegriff für alle →Programme oder Programmteile, in denen Daten bearbeitet werden können. Bei der →Software-Entwicklung ist der Editor das Eingabefenster, ein →Textverarbeitungsprogramm ist im Grunde ebenfalls ein (Text-) Editor. Im Zusammenhang mit Musikinstrumenten bezeichnet

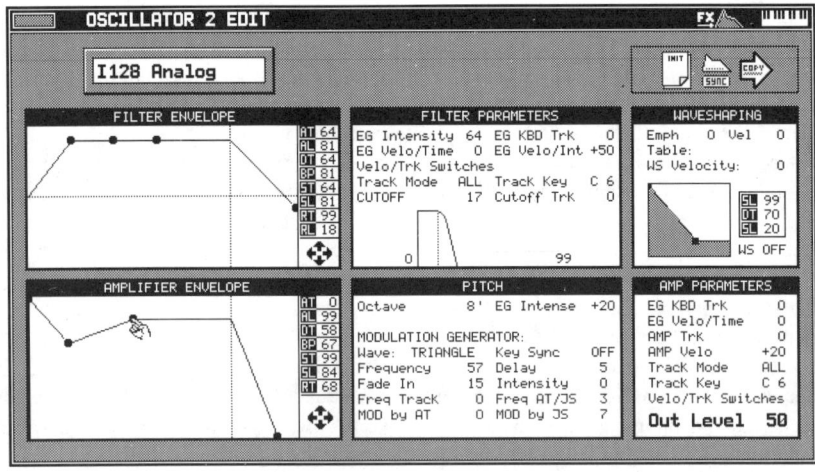

Editor für die Programmierung von Sounds am Computerbildschirm

der Begriff meist eine →Editorsoftware (siehe dort).

Editorsoftware →Software zur Erstellung, Bearbeitung und Verwaltung von Synthesizerklängen bzw. →Samples am →Computer. Der Computer ersetzt hierbei aufgrund seines größeren →Monitors und der höheren Rechenleistung die →Benutzeroberfläche des Gerätes und erzeugt bzw. empfängt die →Klangparameter als →systemexklusive →MIDI-Daten. Neben der reinen Darstellung der Synthesizerparameter auf dem →Bildschirm bieten fast alle Editorprogramme leistungsfähige →Makro-Funktionen zur zufälligen Erzeugung von Klängen, Kopieren ganzer Klangbestandteile zwischen verschiedenen Klängen, Heraussuchen von Klängen nach definierbaren Kriterien (→Attributen) u.v.m.

Effekt-Prozessor →Studio-Jargon für ein (professionelles) →Effektgerät.

Effect-Return (engl.) →Return.

Effektgerät Ein Gerät, das aus dem Eingangssignal durch Dynamikbeeinflussung, →Verzerrung, →Verzögerung oder ein anderes Verfahren ein →Effektsignal erzeugt. Heute arbeiten - mit Ausnahme der →Dynamikprozessoren - fast alle → Effektgeräte →digital und in stereo. Hier eine Auswahl an Effektgeräten, die heute zur Grundausstattung eines jeden →Tonstudios gehören: →Hall (→Reverb), →Digital-→Delay, →Chorus/→Flanger, →Exciter, →Kompressor, →Limiter, →Noise-Gate, →De-Esser.

EG (engl.) Abk. für Envelope-Generator: →Hüllkurvengenerator.

Eigenresonanz Aufschaukeln eines →Filters durch eine extrem hohe Einstellung des →Resonanz-→Parameters. Dabei wird ein →Sinuston erzeugt, dessen →Frequenz mit der →Cutoff-Frequenz identisch ist. Die Eigenresonanz des Filters läßt sich als zusätzliche Klangquelle zu den →Oszillatoren einsetzen. In →analogen Synthesizern wurde diese Filterresonanz insbesondere für Effekte und →Orgelsounds benutzt.

Eigenschwingung →Selbstoszillation.

Eimerkettenspeicher →Analoger →Speicher aus hintereinandergeschalteten Kondensatoren, in denen das Eingangssignal durch Weiterreichen verzögert wird. Eimerkettenspeicher kamen in →analogen →Delays zum Einsatz und werden heute in der Regel nicht mehr benutzt.

Einfügemarke →Cursor.

Eingabetaste →Enter-Taste.

Eingangswandler Andere Bezeichnung für →Analog/Digital-Wandler (siehe dort).

Einlocken (engl.: →Lock) Unschön eingedeutschter Begriff für das Ankoppeln einer →Bandmaschine oder eines taktgesteuerten Gerätes, beispielsweise eines →Sequenzers, an einen →Timecode. Eine →Bandmaschine beispielsweise benötigt, nachdem sie das erste →Timecode-Signal des →Masters erhalten hat, eine kurze Zeit, bis das Band an die exakte Stelle gefahren ist und →parallel mitläuft. Dies bezeichnet man als Einlock-Zeit.

Einmessen Anpassung einer →Bandmaschine an die verwendete Bandsorte. Dazu werden die Spaltlage, der Vormagnetisierungsstrom, die Aufnahme- und Wiedergabeentzerrung sowie der Pegel einer →analogen →Bandmaschine entsprechend den Eigenschaften des verwendeten Bandes justiert. Das Einmessen ist in regelmäßigen Abständen empfehlenswert und beim Wechsel der Bandsorte obligatorisch. Dazu werden Bezugsbänder verwendet, die mit genormten Signalen bespielt sind. Anhand dieser und entsprechender Meßgeräte können die entsprechenden →Parameter der →Bandmaschine abgeglichen werden.

Einschleifpunkt →Insert.

Einschwingvorgang Erster Zeitabschnitt, während dessen sich ein →Klang aufbaut, und in dessen Verlauf meist die drastischsten Klangänderungen geschehen (z. B. Anstrich-, Anschlag- oder Anblasphase). Die Länge des →Einschwingvorgangs reicht von wenigen Millisekunden (Klavier) bis zu etwa einer halben Sekunde (Kontrabaß). Der Einschwing-

Einschwingzeit

vorgang ist sehr wichtig für die Identifikation des Klangs (siehe auch →LA-Synthese).
Einschwingzeit →Attack-Time, Dauer des →Einschwingvorgangs.
Einstreuungen Elektromagnetische Störfelder, die durch Induktion in ein Gerät oder eine Übertragungsleitung gelangen. Besonders anfällig für Einstreuungen sind Funkverbindungen und →unsymmetrische Leitungen. Wirksame Abhilfe dagegen stellten eine Gehäuse- bzw. Leitungsabschirmung dar. Auch die Verwendung →symmetrischer Leitungen sowie das Verlegen entsprechender Leitungen in größtmöglicher Entfernung zu potentiellen Störquellen schützt zusätzlich gegen Einstreuungen.
Einzelausgänge Zusätzliche →Audioausgänge eines →Klangerzeugers, denen einzelne →Sounds zugeordnet werden können. Diese lassen sich dann im →Mischpult getrennt von der (→Stereo-) →Summe des →Klangerzeugers entzerren oder mit Effekten bearbeiten. Einzelausgänge sind insbesondere bei →Multimode-→Klangerzeugern und →Drumcomputern von Bedeutung, da in diesen Geräten fast immer mehrere Klänge erzeugt werden, die sich separat bearbeiten lassen sollen.
Einzeltasten-Aftertouch →Key-Pressure, →Poly-Pressure.
ELA-Anlage Abk. für elektroakustische (Übertragungs-) Anlage. Anlage zur Schallübertragung in Hallen oder im Freien. ELA-Anlagen sind generell für Sprachübertragung oder Konferenzbeschallung prädestiniert, weniger für reine Musikkonzerte. Bestandteile einer solchen Anlage sind →Lautsprecher, →Endstufen, →Mikrofone, →Mischpulte etc., wobei sich Anforderungen und Spezifikationen der einzelnen Komponenten von denen einer Musik-Übertragungsanlage unterscheiden.
Electric Grand Piano Als Electric Grand Piano, kurz Electric Grand - zu deutsch: elektrischer Flügel - wurden Flügel mit elektromagnetischen →Tonabnehmern bezeichnet,

die möglichst kompakt gebaut waren. Prominenteste Vertreter dieser Gattung sind Yamahas CP70 und CP80, gefolgt vom Kawai EP-608 und dem Helpinstill Piano. Hierbei handelt es sich um echte akustische Flügel bzw. Klaviere (Helpinstill) mit einem verkürzten Korpus, deren Saitenschwingungen von Tonabnehmern abgenommen und verstärkt werden. Sie boten zwar ebenfalls keine wirkliche Alternative zum echten Flügel, kamen dem Original aber bedeutend näher als die →E-Pianos. Außerdem waren die Instrumente von Haus aus in einem →Flightcase relativ gut zu transportieren - im Vergleich zum echten akustischen Flügel. Ihr charakteristischer, eher →perkussiver und brillanter, sehr prägnanter →Sound ist auf vielen Pop- und Rockproduktionen der 80er Jahre zu hören. Den bisher besten, elektrisch abgenommenen Flügelsound produziert der Seiler Showmaster, ein echter großer Flügel mit einer neuartigen Tonabnehmertechnik, der - mit →MIDI ausgestattet - auch als Luxus- →Masterkeyboard einsetzbar ist.
Elektret-Kondensatormikrofon →Kondensatormikrofon mit einer festen, quasi eingefrorenen Vorspannung, die die hohe Spannung einer →Phantomspeisung überflüssig macht. Zur Vorverstärkung des sehr schwachen Signals der Membran reicht eine einfache, niedervoltige Batterie aus. Elektret-Kondensatormikrofone werden deshalb bevorzugt in semiprofessionellen →Tonstudios oder bei Außenaufnahmen eingesetzt. Sie erreichen im allgemeinen nicht ganz die Klangqualität von →Kondensatormikrofonen, sind dafür allerdings auch um einiges preiswerter.
Elektrische Schwingungen →Schwingungen in Form →analoger Wechselspannungen, die entweder direkt von einem →Oszillator oder einem →digitalen →Klangerzeuger mit nachgeschaltetem →Digital/Analog-Wandler erzeugt oder von einem →Mikrofon aus mechanischen Schwingungen umgewandelt werden. Schwingungen in elektrischer Form können

Elektrisches Piano

Electric Grand Piano CP70 von Yamaha

von →analogen Audiogeräten (→Verstärker, →Effektgeräte, →analoge Synthesizer) verarbeitet werden. Um sie hörbar zu machen, muß man sie über einen →Lautsprecher in Luftschwingungen umwandeln.

Elektrisches Piano Auch →E-Piano: Tasteninstrument mit einer elektromagnetischen →Klangerzeugung auf der Basis metallener Klangzungen. Die populärsten E-Pianos waren das →Fender Rhodes und das →Wurlitzer A-200. Beide waren ursprünglich als leicht transportabler Klavierersatz gedacht, wurden allerdings eher durch ihren eigenständigen, dem Klavier nach heutigen Maßstäben kaum ähnlichen →Sound berühmt. Gerade das →Fender-Rhodes-Piano gehört in die Riege der Standard-→Keyboards und war bis zur Mitte der 80er Jahre auf nahezu jeder Jazz-, Pop- und Rockproduktion zu hören. Heute noch findet es sich im →Keyboard-Setup der meisten Jazz-→Keyboarder.

Das kleinere →Wurlitzer A-200 wurde besonders als Grundstein des legendären Supertramp-→Sounds bekannt. Beide Pianos wurden Mitte der 80er Jahre zunächst vom →Yamaha DX7 und schließlich von den →Digital-Pianos verdrängt. Die Funktionsweise der Pianos ähnelt sich: Beide arbeiten mit einer Hammermechanik. Der Hammer schlägt eine metallische Klangzunge an, deren →Schwingungen von einem elektromagnetischen →Tonabnehmer abgenommen und anschließend verstärkt werden. Die deutsche Firma Hohner versuchte, mit ihrem „Pianet" an den Erfolg der amerikanischen Vorbilder anzuknüpfen. Indessen gelang ihr mit dem →Clavinet eine vollkommen eigenständige Klangschöpfung. Heute gehört der E-Piano-Sound zum Standard-Repertoire eines jeden →Synthesizers, →Samplers und →Digital-Pianos.

Elektroakustik Der Teilbereich der →Akustik, der sich mit der Umwandlung des →Schalls in elektrische →Schwingungen und umgekehrt befaßt. Die Elektroakustik wurde um 1930 mit der Erfindung der Elektronenröhre zur Verstärkung und Erzeugung von →Schwingungen begründet. →Mikrofon, →Magnetband, →Verstärker und →Lautsprecher sind - trotz →digitaler Technik - im wesentlichen auch heute noch die Grundelemente der Elektroakustik. Lediglich die direkte Aufzeichnung von elektrischen Schwingungen auf →Magnetband wird zunehmend durch digitale Medien (→DAT, →Harddisk-Recording, →CD) ersetzt.

Elektroakustische Wandler →Schallwandler, →Mikrofon, →Lautsprecher.

Elektrodynamische Lautsprecher →Lautsprecher.

Elektrodynamische Mikrofone →Dynamische Mikrofone.

Elektromagnetische Wandler →Wandler, die Luftschwingungen in elektrische →Schwingungen umwandeln (→Mikrofone) oder umgekehrt elektrische Schwingungen in Luftschwingungen (→Lautsprecher). Da elektromagnetische Wandler stets mechanische Bauteile enthalten, zeigen sie entsprechende physikalische Eigenschaften wie Trägheit und Resonanzen. Dadurch entstehen Nichtlinearitäten und →Verzerrungen bei der Signalwandlung. Nicht zuletzt deshalb sind die Lautsprecher das schwächste Glied in der Übertragungskette.

Elektronische Musik Musik, die ganz oder zum größten Teil mit elektronischen →Klangerzeugern produziert wird. Die Grundelemente, die bei der Produktion elektronischer Musik eingesetzt werden, sind →Synthesizer, →Sampler und deren Derivate (→Keyboards, →MIDI-Workstations, →Digital-Pianos) zur Erzeugung der Klänge, →MIDI-Steuergeräte wie →Masterkeyboards, →Computer bzw. →MIDI-Software zur Steuerung der →Klangerzeuger und Studiogeräte wie →Mischpult und →Effekte zur Nachbearbeitung der Klänge. In meist akademischen Instituten wird ausschließlich mit dem →Computer gearbeitet, der neben der entsprechenden Software zur →Klangsynthese mit den notwendigen →Audiowandlern ausgerüstet sein muß.

Elektronische Orgel Orgel mit einer elektronischen →Klangerzeugung. Die ersten elektronischen Orgeln, die um 1960 entwickelt wurden und von ihrer Bauweise her der →Hammond-Orgel mehr oder weniger nahekamen, waren hinsichtlich Anwendungsbereich und Klangauswahl auf den Orgelsektor beschränkt. Ein paar Dutzend feste Orgelregister pro →Manual, ein Dutzend mechanische Tastenkontakte und eine einfache →Begleitautomatik kennzeichneten eine →elektronische Orgel noch bis vor etwa 15 Jahren. Dagegen sind die heutigen elektronischen Orgeln prinzipiell nichts anderes als äußerlich überdimensionale →MIDI-Workstations - eine spezielle Kombination von mehreren, oft freiprogrammierbaren →Synthesizern, einem →MIDI-→Sequenzer mit →PCM-→Drumsektion und →Begleitautomatik, einem →digitalen →Effektgerät und mehreren →anschlagdynamischen →MIDI-Klaviaturen in einem Gehäuse. Der Unterschied einer Orgel zur →MIDI-Workstation besteht im wesentlichen noch darin, daß eine Orgel eher einen Möbelstückcharakter hat und mit zwei oder mehreren übereinander angeordneten Klaviaturen, den →Zugriegeln, dem →Baßpedal und der →Begleitautomatik auf die spezielle Orgel-Spieltechnik zugeschnitten ist.

Elongation (engl.) →Auslenkung.

Emphasis (engl.) 1. Betonung eines bestimmten Frequenzbereiches im →Audiosignal, in

Zweimanualige elektronische Orgel von Dr. Böhm

der Regel eine Höhenanhebung. Durch eine →Pre-Emphasis bei der →Aufzeichnung eines Signals und anschließender →De-Emphasis beim Abspielen werden mit den Höhen auch Rauschanteile abgesenkt, die vom Aufnahmesystem selbst erzeugt wurden (→Aliasing, →Bandrauschen). 2. Andere Bezeichnung für →Resonanz beim →Filter, der man etwa bei den →VCFs in →analogen →Moog-Synthesizern begegnet.

Emulator 1. →Samplermodell der Firma E-mu Systems. Der Emulator I war nach dem →Fairlight der erste kommerziell vertriebene und erschwingliche →Sampler. 2. Simulation eines →Betriebssystems auf einem anderen →Computer. Dadurch lassen sich auf einem →Rechner →Anwendungen fremder →Betriebssysteme benutzen und teilweise sogar simultan mit den eigenen Anwendungen betreiben. So gibt es beispielsweise →MS-DOS-Emulatoren für →Apple-→Macintosh- oder →Atari-ST-Modelle, mit denen diese in einen →MS-DOS-Rechner verwandelt werden.

Encoder/Decoder-System →Rauschunterdrückung.

Ending (engl.) Taster oder Funktion in →Begleitautomaten und →Portable Keyboards, mit der für die automatische Begleitung das Song-Ende abgerufen wird.

Endlosband Normalerweise →Magnetband, das zu einer →Bandschleife zusammengeklebt ist und dementsprechend über kein „Ende"

Endlosschleife

verfügt. Endlosbänder wurden im →Birotron zur kontinuierlichen Klangwiedergabe und in →Bandechogeräten zur Erzeugung des Echos eingesetzt. Außerdem fanden sie in Verbindung mit →Bandmaschinen zur Generierung längerer, sich ständig wiederholender →Bandschleifen Verwendung. Durch die →Digitaltechnik (→Sampling) sind die Endlosbänder inzwischen überholt.

Endlosschleife →Loop, →Bandschleife.

Endstufe Üblicherweise nicht regelbare →Verstärkerstufe, die das Ausgangssignal des →Verstärkers produziert, welches dann an →Lautsprecher oder →Kopfhörer geleitet wird. Das Eingangssignal der Vorstufe (→Vorverstärker) wird hier möglichst linear auf die Leistung verstärkt, die zum Betreiben der Lautsprecher bzw. Kopfhörer erforderlich ist. Während normale →HiFi-→Verstärker Vor- und →Endstufe in einem Gerät vereinigen, sind diese bei →Hi-End-Geräten und Studioequipment getrennt. Eventuell vorhandene Lautstärkeregler dämpfen in der Regel das Eingangssignal, regeln aber nicht die eigentliche Leistung, die vom schaltungstechnischen Aufbau abhängt.

Enhancer (engl.) Eine Variante des →Exciter. Ein Enhancer ist ebenfalls ein →psychoakustischer →Prozessor, der den →Klang verbessern soll. Er arbeitet meist mit einer etwas anderen Technologie als ein →Exciter, kommt aber in etwa zum selben Ergebnis, nämlich einer scheinbar besseren Höhenwiedergabe und besserer Ortung von Ereignissen im Stereobild. Meist fügt ein Enhancer aber im Gegensatz zum Exciter dem Eingangssignal keine zusätzlichen Höhensignale hinzu, sondern modifiziert die bereits im Signal vorhandenen Höhen durch →Phasen-, Pegel- und andere Veränderungen.

Ensemble-Effekt →Schwebungseffekt, der durch mehrere →parallel geschaltete und gegeneinander phasenverschobene →Chorus-Effekte realisiert wird und aus einem einzelnen Eingangssignal den Klangeindruck eines Ensembles erzeugt. In Verbindung mit einer →Sägezahnwelle produziert der Ensemble-Effekt beispielsweise den typischen →Stringssound →analoger Synthesizer und →Strings-Synthesizer.

Enter-Taste (engl. = eingeben.) Taste auf einer Computertastatur, die zur Bestätigung einer Frage oder Eingabe benutzt wird. Sofern es sich nicht um Texteingabe handelt, wird die Enter-Funktion in der Regel von der →Return-Taste übernommen.

Entmagnetisierung 1. Löschung der im →Tonkopf zurückbleibenden Magnetfelder (Remanenzen), die durch den ständigen Kontakt mit dem →Magnetband entstehen (gerade beim schnellen Vor- und Rücklauf) und die Aufnahme- und Wiedergabequalität beeinträchtigen. Zum Entmagnetisieren benutzt man ein ständig wechselndes, starkes Magnetfeld, das von einer →Lösch- oder →Entmagnetisierungsdrossel erzeugt wird. Durch Entfernen der Löschdrossel vom Magnetkopf klingt das Wechselfeld gegen Null ab. 2. Vollständiges Löschen eines Magnetbandes, z. B. in einem speziellen Bandlöschgerät, in das ein Bandwickel eingelegt und durch ein starkes Magnetfeld in wenigen Augenblicken entmagnetisiert wird.

Entmagnetisierungsdrossel Zusatzgerät für Magnetgeräte (→Bandmaschinen), das ein starkes magnetisches Wechselfeld mit →Netzfrequenz erzeugt. Diese Drossel wird in die Nähe der Magnetköpfe und des gesamten →Bandlaufes geführt und nach einigen Sekunden langsam wieder davon entfernt. Das Wechselfeld klingt durch die Entfernung der Drossel langsam ab und →entmagnetisiert dadurch →Tonköpfe und Bandführungen.

Entstörung Oberbegriff für Einrichtungen und Maßnahmen zur Beseitigung von Störeinflüssen auf ein Audiosystem. Die Entstörung wird je nach Situation durch →Filter, →Übertrager und →Abschirmung erzielt.

Entzerrer Einrichtung, mit deren Hilfe Änderungen im →Frequenzgang eines →Audiosignals möglich sind, auch →Klangregelung oder →Equalizer genannt. Der Begriff rührt aus der ursprünglichen Verwendung als Korrekturfilter zur Behebung klanglicher Defizite durch Aufnahmeverfahren, Mikrofonierung oder ähnlichem her, die den Originalklang verfälschten (harmonisch verzerrten). Je nach der Charakteristik des Entzerrers wird er auch (heute sehr unüblich) →Verzerrer, →Bandpaßfilter oder Präsenzfilter genannt. Ein einfacher Entzerrer ist eine Höhen-/Tiefenregelung, wie man sie bei →HiFi-Anlagen findet. Komplexe Entzerrer bieten eine größere Anzahl einzeln absenk- oder verstärkbarer Bereiche, deren Mittenfrequenz und →Bandbreite regelbar ist. →Parametrischer Equalizer.

ENV (engl.) Abk. für Envelope-Generator, →Hüllkurve.

Envelope (engl.) →Hüllkurve.

Envelope-Generator (engl.) →Hüllkurvengenerator.

EOX (engl.) Abk. für End of Exclusive: →MIDI-Byte, das das Ende eines →systemexklusiven Datenblocks anzeigt. Da die Länge systemexklusiver Nachrichten nicht festgelegt ist, ist dieses Byte am Ende einer jeden systemexklusiven Nachricht vorgeschrieben. So kann der Empfänger erkennen, daß er die Nachricht vollständig empfangen hat.

EPROM →E-PROM.

EQ (engl.) Abk. für Equalizer, →Entzerrer.

Equalizer (engl.) →Entzerrer.

Equipment (engl.) Ausrüstung, Ausstattung (Instrumente, Geräte).

Erase (engl.) Löschen. Der Begriff Erase wird insbesondere beim Löschen von →Magnetband benutzt - im Gegensatz zu den im Computerbereich gängigeren Begriffen →Delete und →Clear.

Erase-Head (engl.) →Löschkopf.

Erdung Verbindung eines Gerätes mit der elektrischen Erde (Null-Leiter). Zum Schutz vor Stromschlägen ist jeder Gerätestecker im 220 V-Netz über einen Schutzleiter zusätzlich mit der Erde verbunden. Eine fehlerhafte Erdung kann zu →Brummschleifen führen.

Error (engl.) Fehler, Fehlfunktion.

Erweiterungsbus →Bus.

Erweiterungskarte Zusatzplatine mit →Prozessoren und/oder Speicherbausteinen, die in einen dafür passenden →Steckplatz eines →Com-puters eingesteckt wird. Erweiterungskarten existieren für die verschiedensten Anwendungszwecke, von der →Speichererweiterung über die Graphikkarte bis hin zum Computer im Computer. Im musikalischen Bereich finden sich in erster Linie Speichererweiterungen für →Sampler, Klangerzeugerkarten mit kompletten →Synthesizern bzw. Samplern (Mirage-Karte für →Apple-II- →Rechner, Proteus-Karte für →MS-DOS-Rechner). Zusatzkarten mit →Signalprozessoren (→DSP) und Audiowandlern rüsten einen →Computer (→PC, →Apple →Macintosh, →Atari ST) zu einem →Harddisk-Recording-System auf. Prinzipiell sind die verbreiteten →Cards und →Cartridges für →Synthesizer und andere →MIDI-Geräte ebenfalls Erweiterungskarten.

Escape-Sequenz (engl. escape = ausweichen, vermeiden) Befehlssatz aus dem →Steuerzeichen „ESC" (Escape) als Befehlskommando und ein bis zwei weiteren Zeichen zur Kennung des Befehls. Escape-Sequenzen werden zur Druckersteuerung und zur Erstellung von →Druckertreibern eingesetzt. So schaltet beispielsweise der Befehl „ESC ! (1)" die Zeichenbreite der meisten →Matrixdrucker von 10 auf 12 →cpi um, der Befehl „ESC ! (0)" wieder zurück.

Event (engl.) Ereignis, →MIDI-Event.

Event-Editor (engl.) →Sequenzer-Fenster zur gezielten Bearbeitung der →MIDI-Events einer Spur. Die Events werden im Klartext angezeigt und können mit der →Maus oder per Tastatureingabe verändert werden. Neben der Mikro-Editierung bieten viele Event-Editoren komplexe Umrechnungsfunktionen wie →Logical Edit (Cubase) oder Transform (Notator). In Event-Editoren sind verschiedene Dar-

Exciter

Event-Editor in Steinbergs Cubase

stellungsformen wie →Grid-Editor, →Noteneditor oder →Matrix-Editor üblich.
Exciter (engl.) →Psychoakustischer Effekt, der einem →Klang mehr Lebendigkeit im Obertonbereich verleiht. Der Begriff „Aural Exciter" ist von der amerikanischen Firma Aphex eingeführt worden und patentrechtlich geschützt. Der Exciter erzeugt →Phasenverschiebungen im oberen →Frequenzspektrum sowie, durch gezielte →Verzerrungen, zusätzliche Obertöne, wodurch der Klang brillanter und durchsichtiger wirkt. Auf Gesang angewendet, betont der Exciter z. B. den Atemanteil, die Stimme wirkt hauchiger. Aufgrund des Arbeitsprinzips verstärken Exciter leider meist auch eventuell vorhandenes Grundrauschen. →Stereo-Exciter werden oft zur Bearbeitung eines fertigen →Mix in die →Summe eingeschleift. →Enhancer.
Exit (engl.) Taster oder Funktion zum Verlassen eines →Menüs, einer →Dialogbox oder einer →Page.
Expander (engl.) 1. →MIDI-Expander. 2. →Dynamikprozessor. →Effektgerät, das die →Dynamik des Eingangssignals ausdehnt (engl.: to expand). Leise Passagen werden abgeschwächt, laute verstärkt. Der Expander ist entweder ein eigenständiges Gerät oder ein Bestandteil eines →Rauschunterdrückungssystems, wo er dem vor der Aufnahme komprimierten Signal wieder die ursprüngliche Dynamik zurückgibt.
Expander-Controller (engl.) Computereinheit eines →Masterkeyboards ohne →Klaviatur. In Verbindung mit einem beliebigen →MIDI-Keyboard wird der Expander-Controller zum →Masterkeyboard. Ein solches Gerät ist als Ergänzung zu guten Klaviaturen in →Digital-Pianos oder einfacheren →Masterkeyboards gedacht, um damit ein komplexeres →MIDI-System zentral steuern zu können.
Expansion Board (engl.) →Erweiterungskarte.
Expansion-Card (engl.)→Erweiterungskarte.
Expansion-Slot (engl.) →Steckplatz für →Erweiterungskarten. Bei →Computern sind solche Steckplätze fast selbstverständlich, ebenso bei Samplern, wo sie →Speichererweiterungen aufnehmen. In letzter Zeit finden sich Erweiterungs-→Steckplätze auch bei →Synthesizern mit→Sample-RAM. Auch hier dienen sie zur Aufnahme von Speichererweiterungen.
Exportieren Funktion in vielen Computer-

Externe Synchronisation

programmen, die die vom →Programm erzeugten Daten in ein Format konvertiert, das von einem anderen Programm oder sogar einem anderen →Computersystem gelesen werden kann. →MIDI-Songs lassen sich beispielsweise von einem →Sequenzer in einen anderen exportieren, indem sie im →MIDI-Standard-File-Format abgelegt werden.

Expression (engl.) 1. Anschluß für ein →Pedal, über das sich zusätzlich zum →Lautstärkepedal ein definierbarer →Klangparameter - meist Brillanz bzw. →Cutoff-Frequenz - regeln läßt. Fast alle →Keyboards bieten einen Expression-Anschluß. 2. Von der →MMA festgelegte Bezeichnung und Funktion (siehe oben) vom MIDI-→Continuous-Controller Nr. 11.

Extension (engl.) Auch →Appendix: Anhängsel an einen Dateinamen, das durch einen Punkt vom Namen getrennt wird, und anhand dessen ein →Programm seine →Dateien erkennt. So speichern →Sequenzerprogramme ihre Songs z. B. unter „ROCK.SON" oder „POP.SNG" ab, Textdateien erhalten die Extension „.TXT" oder „.DOC". Der →Apple →Macintosh verzichtet auf Extensions.

External Out (engl.) →Einzelausgänge.

Externe Synchronisation →Synchronisation eines Gerätes durch einen externen Taktgeber. Das kann ein →MIDI-Gerät, ein →Synchronizer oder ähnliches sein. Dazu muß das Gerät auf externe oder →MIDI-Synchronisation umgestellt werden.

F

Factory-Preset (engl.) →Preset.
Fade (engl.) Blende. Ein Fade ist eine Einblendung bzw. Ausblendung eines Songs am Anfang oder Ende bzw. eine Lautstärkeveränderung einer oder mehrerer Spuren während der →Abmischung.
Fade-In/Out (engl.) 1. (Weiches) Ein-/Ausblenden bei der →Abmischung einer Bandaufnahme oder eines →Sequenzersongs. Solche Fades lassen sich entweder manuell über →Fader am →Mischpult bzw. →MIDI-→Controller oder automatisch per →Mischpult-Automation oder Sequenzerprogrammierung realisieren. 2. Funktion auf der →digitalen Sample-Ebene, die das weiche Ein- und Ausblenden des Samples erlaubt. So lassen sich gekürzte, →perkussive Samples aus ursprünglich längeren erstellen bzw. zu harte oder störende Toneinsätze ausbessern. Die Fade-Funktion findet sich in einigen →Samplern und Sample-Editoren. Im Gegensatz zur →Hüllkurve wird die Überblendung in die Sample-Daten eingerechnet und läßt sich anschließend nicht mehr variieren. Sie ändert sich zudem bei der →Transposition.
Fader (engl.) Schieberegler. →Flachbahnregler. Neben den →Hardware-Fadern an →Mischpulten zur Lautstärkesteuerung (→Kanalfader) oder →Synthesizern (dort auch zur →Parametereingabe) gibt es auch in vielen Computeranwendungen softwaremäßig realisierte Fader, die auf dem →Bildschirm graphisch dargestellt werden und mit der →Maus bedienbar sind. Sie dienen neben der →Lautstärkesteuerung auch der Eingabe bzw. komfortablen Veränderung von →Parameterwerten und sind damit ein fester Bestandteil graphischer →Benutzeroberflächen.
Fader-Automation (engl.) Funktion, die es ermöglicht, Faderbewegungen aufzuzeichnen und anschließend abzuspielen. Näheres dazu unter →Mischpult-Automation.
Fairlight →Digitale Audio-Workstation des australischen Herstellers Fairlight. Die Fairlight CMIs (CMI = Abk. für →Computer Music Instrument) erschienen in drei Serien. Series I, der erste Fairlight, war der erste in Serie gebaute →Sampler. Seine technischen Daten werden heute bereits von Billig-

Fairlight CMI Series III: digitale Audio-Workstation

Samplern übertroffen. Series II arbeitete immerhin schon mit 8 →Bits und besaß den Lightpen zur Bedienung und zur Eingabe (Zeichnen) von →Wellenformen. Series III entspricht mit 16 Bits dem heutigen Standard. Das neueste Modell, der Fairlight XDR, ist speziell auf die Bedürfnisse der Audio-für-Videonachbearbeitung ausgelegt. Der Fairlight besteht aus einem →Keyboard, einer →alphanumerischen →Tastatur, einem →Bildschirm und einem →Graphiktablett. Das System ist modular aufgebaut und kann durch Hard- und →Softwareausbau erweitert werden.

Falcon →Atari Falcon.

Farbiges Rauschen →Rauschen, dessen →Frequenzspektrum in Analogie zum Lichtspektrum verstärkt hohe (Blaues Rauschen) bzw. tiefe (→Rosa Rauschen) Anteile enthält. Im Weißen Rauschen dagegen sind die Frequenzanteile statistisch gleichmäßig verteilt. Rosa Rauschen wird neben Weißem Rauschen insbesondere in der Meßtechnik eingesetzt.

Farbmonitor Computer-→Bildschirm, der eine Anzahl (4, 16, 256 bis hin zu etwa 16 Mio.) Farben darstellen kann. Farbmonitore sind im Vergleich zu →Monochrom-→Monitoren recht teuer und für die Musikanwendung nicht unbedingt nötig, da der größte Teil an Musiksoftware ohnehin mit schwarzweißer Darstellung arbeitet. Durch farbliche Hervorhebung von Bereichen auf dem Bildschirm bieten Farbmonitore allerdings eine wesentlich bessere Übersicht.

Faser Eigentlich falsche, früher gebräuchliche Schreibweise für Phaser, →Phase-Shifter.

Fast Forward (engl.) Schnelles Vorspulen. →Transportfunktion an →Bandmaschinen bzw. →Sequenzern zum Anfahren einer weiter hinten im Stück bzw. auf Band befindlichen Position.

Fast-Fourier-Transformation (engl.) →Fourieranalyse.

FAT (engl.) Abk. für File-Allocation-Table.

Die FAT enthält die Informationen darüber, welche →Dateien (Files) auf welchen Spuren bzw. Sektoren eines Datenträgers physikalisch untergebracht sind. Anhand der FAT, die beim →Formatieren erstellt wird, findet der →Computer später die Daten wieder. Wird die FAT - beispielsweise durch einen Schreibfehler - zerstört, so wird der Datenträger unbrauchbar.

FC (engl.) Abk. für →Foot-Controller.

FD 1. (engl.) Abk. für Floppy-Disk. 2. Namensanhängsel für Geräte (z. B. →Keyboards), die mit einem →Diskettenlaufwerk ausgerüstet sind. So bedeutet etwa 01/W FD, daß es sich um eine Version der Korg 01/W Workstation handelt, die ein Diskettenlaufwerk besitzt.

Features (engl.) Leistungsmerkmale bzw. Eigenschaften von Geräten oder →Programmen. Gängige Features eines →Synthesizers sind beispielsweise: →Stimmenzahl, technische Daten der →Klangerzeugung, Klaviaturumfang, Anzahl der →Soundprogramme, Effekte, Anschlüsse und →MIDI-Funktionen.

Feedback (engl.) 1. Akustische →Rückkopplung, die entsteht, wenn zwischen einem →Mikrofon bzw. →Tonabnehmer und einem →Lautsprecher eine Rückkopplungsschleife besteht. 2. (Meist regelbare) Rückführung des Ausgangssignals auf das Eingangssignal bei →Effektgeräten wie →Flanger, →Delay, aber z. B. auch in →FM-Synthesizern, wo das Modulatorsignal wieder einen →Operator moduliert.

Feinstimmung Das Stimmen eines →Klangerzeugers,-→Oszillators oder Samples in kleinen Schritten, meist in →Cent- oder →Hz-Unterteilung. Die Feinstimmung wird zur Anpassung des Klangerzeugers an die Grundstimmung oder zur Erzeugung von Schwebungen zwischen mehreren Klangquellen (→Oszillatoren, Samples) eingesetzt. Die unterschiedliche Feinstimmung mehrerer →Oszillatoren innerhalb eines →Synthesizerstimme wird meist →Detune genannt.

Fender-Rhodes

MK-80: digitale Variante des elektromagnetischen Fender-Rhodes

Fender-Rhodes Mittlerweile schon legendäres elektromagnetisches Piano. Das Fender-Rhodes war ursprünglich als transportables Übungspiano konzipiert worden, setzte sich aber in den 60er und 70er Jahren aufgrund seines eigenständigen →Sounds als eines der Standard-→Keyboards im Jazz-, Pop- und Rockbereich durch. Die →Tonerzeugung arbeitet elektromechanisch: Eine Hammermechanik schlägt Klangzungen an, deren →Schwingung von →Tonabnehmern erfaßt wird. Das populärste Modell war das „Stage 73". Daneben gab es 61er und 88er Versionen, teils mit eingebautem →Verstärker. Das Fender-Rhodes-Piano selbst ist - bis auf den Jazz-Sektor - heute fast vollständig von →digitalen Keyboards verdrängt worden, allerdings findet sich der Sound noch immer in vielen →Synthesizern, →Digital-Pianos und →Samplern. Eine aktuelle, digitale Variante auf der Basis von Samples des Original-Rhodes ist das →Rhodes MK-80, das auch äußerlich dem Original nachempfunden ist.

Fenstertechnik →Benutzeroberfläche im →Computer zur gleichzeitigen Darstellung mehrerer Inhalte auf einem →Bildschirm. Ein Fenster läßt sich mit der →Maus öffnen, vergrößern und verkleinern, verschieben und scrollen. Die Fenstertechnik (Window) ist die Grundlage sämtlicher graphischer Benutzeroberflächen, darunter des Mac-→OS für →Apple→Macintosh (entwickelt und lizensiert von Xerox), →GEM für →Atari ST (Digital Research), Microsoft Windows für →IBM-kompatible →Rechner.

Festfilter →Filter mit nicht veränderbarer →Cutoff-Frequenz, ähnlich einem →graphischen Equalizer. Die früheren →Moog-Modular-Systeme besaßen beispielsweise eine Festfilterbank mit einer Reihe von →Bandpaßfiltern zur Erzeugung von →Resonanzen und →Formanten.

Festplatte Auch →Harddisk oder Winchester Disk genannt: →Speichermedium für →Computersysteme. In einem hermetisch abgeschirmten Gehäuse drehen sich mit hoher Geschwindigkeit mehrere fest installierte Magnetplatten, die mit →Schreib-/Leseköpfen abgefahren werden. Festplatten arbeiten um ein Vielfaches schneller als →Disketten und

FIFO

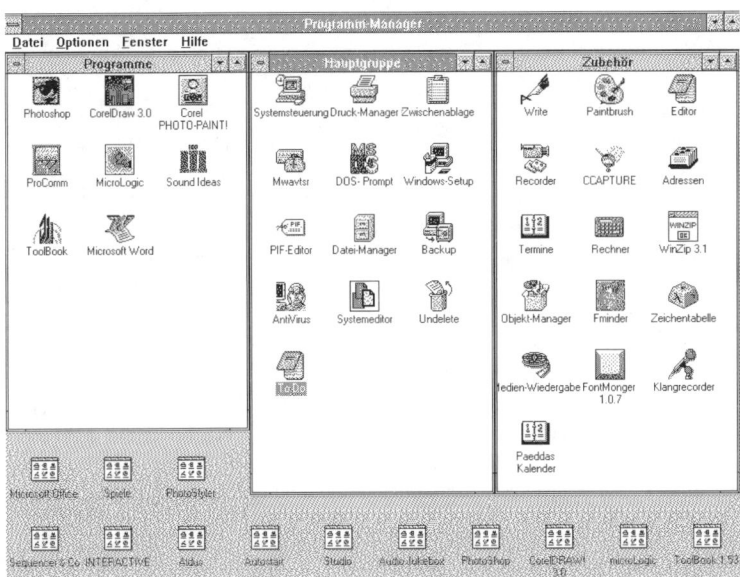

Beispiel für Fenstertechnik: Windows-Bildschirm

besitzen ungleich höhere →Speicherkapazitäten zwischen 20 →MB und mehreren →GB. Heutige Festplatten sind zudem nicht mehr so stoßempfindlich wie die früheren Modelle, so daß ein →Headcrash eine seltene Ausnahme darstellt. Fast jeder →PC besitzt heute eine integrierte Festplatte. Außerdem gibt es →Stand-Alone-→Laufwerke, die über →SCSI an jedes kompatible Gerät anschließbar sind.

Im Musikbereich werden Festplatten in erster Linie in Verbindung mit →Harddisk-Recording-Systemen und →Samplern eingesetzt.
Festspeicher →ROM.
FFT Abk. für →Fast-Fourier-Transformation.
FIFO (engl.) Abk. für First In, First Out. Speicherprinzip vergleichbar mit einer Warteschlange. Die zuerst eingetroffenen Daten werden auch zuerst wieder ausgegeben. Das

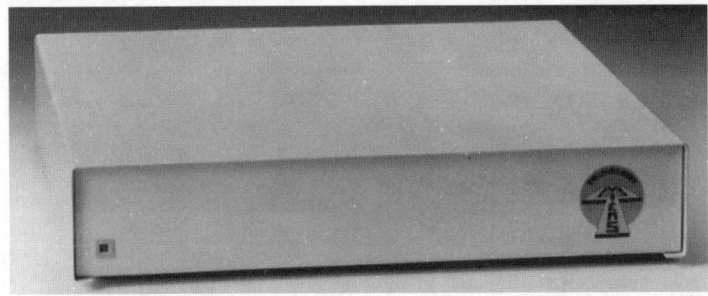

Festplatte: Speichermedium für große Datenmengen

File

FIFO-Prinzip wird beispielsweise in →Digital- →Delays angewandt.

File (engl.) →Datei (siehe dort).

File-Allocation-Table (engl.) →FAT.

File-Name (engl.) Dateiname.

Fill In (engl.) Einwurf, Funktion an →Drumcomputern und →Portable Keyboards, die eine, meist eintaktige, Rhythmus-Variation auslöst.

Filmvertonung Die Möglichkeiten und Techniken der Filmvertonung haben sich in den letzten zehn Jahren grundlegend gewandelt. Grund dafür ist die Möglichkeit, Musik und beliebige Geräusche mit Hilfe von →Sequenzern, →Samplern und →Synchronizern bildgenau an den Film anzupassen. Dies wurde früher sehr aufwendig auf manuellem Wege realisiert, indem Komponist und Regisseur Start- und Endpunkte, Tempo- und Taktwechsel notierten. Anschließend wurde die Musik entsprechend komponiert und die Instrumentalisten bei der Einspielung entsprechend dirigiert. Heute arbeitet man mit bildgenauen Synchronisationsspuren im →SMPTE-Format und professionellen →Videorecordern, die den →Timecode ins Bild einblenden können. Für die gesamte Vertonung inklusive Geräusche und Sprache werden zunehmend →Harddisk-Recording-Systeme benutzt, die alle Klangereignisse bildgenau abfahren und Timing-Probleme gegebenenfalls sogar durch →Time-Stretching ausgleichen können. Im kleinen Stil hat jeder Heimstudio-Besitzer die Möglichkeit, mit einem einfachen Videorecorder, einem durchschnittlichen →MIDI-→Equipment, einer →Bandmaschine und einem →Synchronizer seine eigenen Filme nachzuvertonen.

Filter In diesem Zusammenhang: Bauelement oder Funktion, die einem Eingangssignal bestimmte Anteile entzieht. Filter jedweder Art werden in der →Klangerzeugung, Klangspeicherung und -steuerung (→MIDI) in fast allen Prozessen eingesetzt. Filter zur Klangbearbeitung besitzen mehrere der folgenden →Parameter:

- Die →Grenzfrequenz (→Cutoff-Frequenz) bestimmt den Einsatzpunkt des Filters.
- Von der →Flankensteilheit (gemessen in →dB/Oktave) hängt es ab, wie steil das Filter mit zunehmender Entfernung von der Cutoff-Frequenz wirkt.
- Die →Resonanz (→Peak, Güte) betont den Bereich um die Cutoff-Frequenz herum.
- Der →Dämpfungsgrad (in dB) bestimmt die Stärke der Filterwirkung, wobei Filter je nach Bauart nur abschwächen oder verstärken oder auch beides können.

Es gibt zunächst zwei grundsätzliche Typen von Klangfiltern:

- →Shelving bearbeitet alle Frequenzen jenseits der Cutoff-Frequenz. Höhen- und Tiefenregler einer Stereoanlage sind beispielsweise Shelving-Typen.
- Peaking bearbeitet nur Frequenzen um die Cutoff-Frequenz herum. →Parametrische Equalizer sind Vertreter dieses Typus.

Filter zur Klangbearbeitung besitzen darüber hinaus normalerweise eine der folgenden vier →Filtercharakteristiken:

- →Tiefpaßfilter wirkt oberhalb der Cutoff-Frequenz. Der Tiefpaß ist die verbreitetste Charakteristik bei elektronischen Klangerzeugern.
- →Hochpaßfilter wirkt unterhalb der Cutoff-Frequenz.
- →Bandpaßfilter wirkt in beiden Richtungen um die Cutoff-Frequenz.
- →Sperrpaßfilter (Umkehrung des →Bandpaßfilters) wirkt nur in unmittelbarer Nähe der Cutoff-Frequenz.

Im Bereich der →digitalen Filter gibt es darüber hinaus noch zusätzliche Charakteristiken für spezielle Anwendungsfälle.

Werden Filter zur Korrektur des Frequenzgangs von →Audiosignalen eingesetzt, so bezeichnet man sie auch als →Entzerrer oder Equalizer. Auch komplexe Filter (Zehnband-→Equalizer, →parametrische →Klangregelung) bestehen wiederum aus einzelnen Filtern eines der genannten Grundtypen.

Filterresonanz

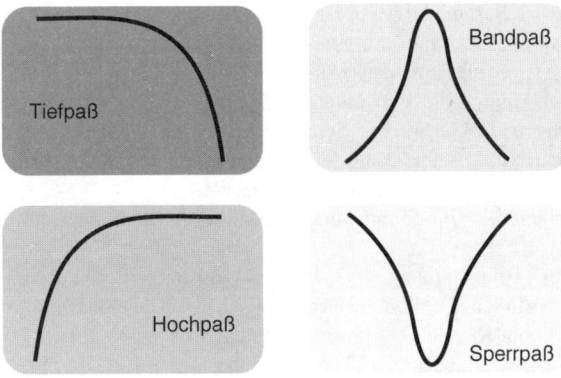

Vier gängige Filtercharakteristiken

In →Synthesizern und anderen elektronischen Klangerzeugern sind Filter der wichtigste Bestandteil der →subtraktiven →Klangformung. Durch variable Beschneidung der Obertöne des →Oszillatorsignals lassen sich Klangverläufe erzielen. Dabei wird die Cutoff-Frequenz (→Cutoff-Frequenz) in Abhängigkeit vom gewünschten Klangverlauf gesteuert. In →analogen Synthesizern waren die Filter spannungsgesteuert (→VCF), später digital gesteuert (→DCF). →Digitale →Synthesizer arbeiten bis auf eine Ausnahme (Waldorf Microwave) mit →digitalen Filtern. Hier sind Charakteristik und Qualität des Filters nicht mehr von den verwendeten Bauteilen, sondern von der Rechnerleistung und der Güte des Algorithmus abhängig. Theoretisch läßt sich jede Filtercharakteristik programmieren. Aufgrund des immensen Rechenaufwands sind Filter zur →Klangregelung in →Mischpulten bisher noch vorwiegend →analog ausgelegt. Allerdings existieren auch schon digitale →Mischpulte, digitale →Equalizer und andere digitale Filter, die wegen der meist analogen Peripherie das Eingangssignal zunächst umwandeln.

Datenfilter sind Funktionen in Geräten oder →Programmen, die die Eingangsdaten nach einer Vorschrift beeinflussen, d.h. bestimmte Daten unterdrücken oder umrechnen. →MIDI-Filter beispielsweise reduzieren den Speicherbedarf oder Rechenaufwand eines →MIDI-Sequenzers, indem sie bestimmte →MIDI-Events oder -Kanäle unterdrücken.

Filtercharakteristik Verlauf der Filterwirkung über den →Frequenzgang. Die bekanntesten Filtercharakteristiken sind →Tiefpaß, →Hochpaß, →Bandpaß und →Sperrpaß. Das Tiefpaßfilter beschneidet den Frequenzanteil oberhalb der →Cutoff-Frequenz, das →Hochpaßfilter den Anteil darunter. Das →Bandpaßfilter ist eine Kombination aus den beiden letztgenannten und läßt nur den Bereich um die Cutoff-Frequenz passieren. Das →Sperrpaßfilter hingegen ist die Umkehrung des →Bandpaßfilters und beschneidet nur den Bereich um die Cutoff-Frequenz herum.

Filterfrequenz →Cutoff-Frequenz.

Filterhüllkurve Separate →Hüllkurve in einem →Klangerzeuger (→Synthesizer, →Sampler), die die →Cutoff-Frequenz des →Filters steuert. Durch getrennte Filter- und →Amplitudenhüllkurven wird ein →Synthesizer weit flexibler, da der →Obertonverlauf eines →Klangs nicht notwendigerweise dem →Lautstärkeverlauf folgen muß. Das gilt insbesondere für spezielle Synthesizersounds.

Filterresonanz →Resonanz.

Finder (engl.) Sucher. Bestandteil des →Macintosh-→Betriebssystems. Der Finder organisiert das →Desktop sowie die laufenden →Anwendungen und übernimmt die Verwaltung von →Hauptspeicher und →Laufwerken. Sein Name ist vom Sucher einer Kamera abgeleitet, da er ebenso wie dieser den Blick auf das Gewünschte (nämlich die →Programme und Daten) ermöglicht.

Fine-Tune (engl.) →Feinstimmung.

Fingered-Portamento (engl.) →Portamento-Modus für →monophone Klänge. Das →Portamento tritt nur dann in Kraft, wenn zwei Töne legato gespielt werden. Durch entsprechende Spielweise kann man das →Portamento in Soli sehr effektvoll einsetzen und benötigt keinen Schalter zum Aktivieren des →Portamento-Effekts.

Firmware Im →ROM enthaltene, vom Anwender nicht veränderbare →Software, meist das →Betriebssystem eines Gerätes oder Teile davon.

Fixed-Key (engl.) →Parameter, der die →Tonhöhe eines →Oszillators oder eines →Samples auf einen festen Wert setzt. Der →Klang ist dann über die ganze →Tastatur hinweg nicht transponierend, also mit konstanter Tonhöhe, spielbar. Die Fixed-Funktion wird hauptsächlich für Geräusche und →Drumsounds eingesetzt.

Fixed-Velocity (engl.) Funktion in →Sequenzerprogrammen und →MIDI-→Prozessoren, die alle Dynamikwerte einer Spur oder empfangener →MIDI-Noten auf einen einstellbaren Wert fixiert, die →Dynamik also eliminiert. Damit lassen sich Spuren, bei denen keine Dynamik erwünscht ist (z. B. →Synthesizer-Baß, Crash-Becken) nachträglich auf einen festen Dynamikwert setzen. Auch zum gezielten Ansteuern von →Sounds im →Velocity-Switch-Modus ist diese Funktion sinnvoll.

Flachbahnregler →Fader.

Flag (engl.) Indikator für die Zustände „Ja" (Flag ist gesetzt) oder „Nein" (Flag ist gelöscht). Beispielsweise sind alle →Menüpunkte in graphisch orientierten Computerprogrammen, die bei Anwahl mit einem Häkchen versehen werden, Flags.

Flanger (engl.) →Verzögerungseffekt bzw. →Effektgerät, das auf →analogem oder →digitalem Wege →Flanging (genaueres siehe dort) erzeugt.

Flankensteilheit Maß für die „Güte" bzw. „Schärfe" eines →Filters. Die Flankensteilheit gibt an, um welchen Faktor das Eingangssignal in welcher Entfernung von der →Cutoff-Frequenz abgesenkt wird. Die gebräuchliche Einheit ist →dB/Okt. Eine Flankensteilheit von 24 dB/Oktave bedeutet, daß der Anteil des Signals, das eine →Oktave über (→Tiefpaß) oder unter (→Hochpaß) der Cutoff-Frequenz liegt, um 24 dB leiser ist, entsprechend bei zwei Oktaven 48 dB und so weiter. Die Flankensteilheit hat entscheidenden Einfluß auf den →Klang eines Filters. Legendär ist z. B. das →analoge Kaskadenfilter in →Moog-Synthesizern, das den berühmten Moog-→Sound mitgeprägt hat. →Digitale Filter erreichen heute eine Flankensteilheit von 96 dB und mehr. Solche Filter werden unter anderem in →Analog/Digital-Wandlern eingesetzt, um Signalanteile oberhalb der halben →Sampling-Rate zu entfernen. →Aliasing.

Flash-ROM (engl.) Spezieller Typ von →EPROMs, der grundsätzlich deren Eigenschaften aufweist, aber ohne speziellen Brenner programmiert werden kann. So ist - entsprechende →Hardware vorausgesetzt - eine direkte Programmierung eines Flash-ROM beispielsweise durch einen →Synthesizer denkbar. Flash-ROMs könnten deshalb in Zukunft batteriegepufferte →RAM-→Cards ersetzen.

Flat (engl.) Bezeichnung für linear (-en →Frequenzgang).

Fließkommaprozessor →FPU.

Floppy-Disk (engl.) Andere Bezeichnung für (biegsame) →Diskette.

Flüchtiger Speicher Ein →RAM, dessen Inhalt nach Abschalten der Stromzufuhr verlorengeht. Flüchtige →Speicher werden beispielsweise in →Samplern als →RAM-Bausteine eingesetzt, da sie kostengünstiger sind als entsprechende wiederbeschreibbare →nichtflüchtige Speicher mit wahlfreiem Zugriff dieser Größenordnung.

Flüssigkristall-Anzeige →LC-Display.

FM Abk. für →Frequenzmodulation.

FM-Synthese →Klangerzeugung auf der Basis der →Frequenzmodulation. Die FM-Synthese, entwickelt von dem amerikanischen Stanford-Professor und Musiker Dr. John Chowning, wurde erst 1984 mit Einführung des →Yamaha-DX7-Synthesizers schlagartig populär. Die FM-Synthese basiert auf folgendem Prinzip: Die →Frequenz eines →Sinusoszillators (→Träger) wird von der →Amplitude eines weiteren Sinusoszillators (→Modulator) moduliert. Liegt die Frequenz des →Modulators unter etwa 30 →Hz, so bewirkt diese →Modulation nur den Klangeindruck eines →Vibratos. Liegt die Modulations-frequenz jedoch im hörbaren Bereich, so entstehen komplexe →Obertonspektren. Diese lassen sich für die einfache FM mit folgender Formel berechnen:

$F(t) = \sin(2\pi\, fc\, t + I \sin(2\pi\, fm\, t)$

F(t) = Ausgangsfrequenz zu einem Zeitpunkt t, fc = Trägerfrequenz, fm = Modulatorfrequenz, I = Modulationsindex.

Der →Modulationsindex wird durch den Ausgangspegel des Modulators bestimmt. Die Lage der entstehenden →Seitenbänder hängt vom Frequenzverhältnis Träger : Modulator (→c : m) ab. Diese Seitenbänder sind die Obertöne. Das erste Seitenband ist um den Abstand c : m von der Trägerfrequenz entfernt, das zweite um den doppelten c : m-Abstand usw. Entstehen dabei theoretisch negative Seitenbänder, so werden diese an der Nullachse (0 →Hz) reflektiert und spiegeln ins positive →Spektrum zurück.

Harmonische Spektren werden durch ein ganzzahliges Verhältnis von Träger und Modulator (z. B. 1 : 2) erzeugt, nichtharmonische Spektren entsprechend durch nichtganzzahlige Verhältnisse (z. B. 1 : 2,44). Der Modulationsindex bestimmt dabei die Anzahl und den jeweiligen Pegel der Seitenbänder.

Die durch einfache FM - ein Träger, ein Modulator - erzeugten Spektren erreichen noch nicht die geforderte Klangqualität und -vielfalt. Deshalb werden im FM-Synthesizer mehrere →Operatoren (Sinusoszillatoren mit →Hüllkurve) eingesetzt und über →Algorithmen je nach Bedarf angeordnet. Dies bezeichnet man als komplexe FM.

Wie man sieht, kommt die FM-Synthese ohne die üblichen →Filter aus. Durch entsprechende Modulation der Modulator-→Amplituden (→Hüllkurven, →Dynamik) lassen sich vielmehr weit drastischere Spektrumsänderungen erzeugen, als sie ein Filter realisieren könnte. Dennoch wurden in neueren →AFM-Synthesizern Filter hinzugefügt, da diese schneller programmierbar sind.

Hier liegt nämlich ein Nachteil der FM-Synthese: Sie stellt im Vergleich zur →Subtraktiven Synthese und vergleichbaren Verfahren höhere Anforderungen an den Programmierer, das Klangergebnis ist weit schwieriger vorherzusagen.

Die typischen, komplexen und lebendigen FM-→Sounds wie das legendäre →E-Piano des DX7 lassen sich mit keinem anderen →Syntheseverfahren nachbilden und verlieren auch beim →Sampling einen Großteil ihrer Dynamik.

FM-Synthesizer Synthesizer, der seine Klänge auf Basis der →Frequenzmodulation erzeugt. Der erste populäre FM-Synthesizer war 1984 der →Yamaha DX7, der heute als der meistverkaufte →Synthesizer gilt. Eine Weiterentwicklung der FM-Synthese namens →AFM wird heute in den FM-Synthesizern der Firma Yamaha eingesetzt.

FM-Transmitter Funkanlage zur drahtlosen Übertragung von →Audiosignalen oder →MIDI-Daten. Mit einem →MIDI-FM-Transmitter beispielsweise kann ein →Remote-

Keyboard ohne einengende Kabel auf der Bühne eingesetzt werden. Der Einsatz eines FM-Transmitters erfordert allerdings hierzulande eine von der Post vergebene FTZ-Nummer.

Foldback (engl.) Rückführung. Andere Bezeichnung für →Auxiliary-Send. Beim typischen Foldback wird das auszukoppelnde Signal jedoch nicht hinter dem →Kanalfader abgezweigt (wie beispielsweise bei Ausspielwegen zur Effektansteuerung üblich), sondern davor, so daß die Kanallautstärke unabhängig vom Foldback-Pegel geregelt werden kann. Das ist insbesondere bei der Ansteuerung einer mitlaufenden →Bandmaschine oder für die Kontrollanlage der Musiker auf der Bühne wichtig.

Foldover (engl.) →Aliasing.

Font (engl.) Schrift, →Zeichensatz. Ein Font ist eine Zeichensatzdatei, in der Form und Ausmaße jedes einzelnen Zeichens anhand von Punktmatrizen oder Kurven beschrieben sind. Jedes →Programm, das eine Druckausgabe erzeugt (→Textverarbeitung, Graphik, Layout, Notendruck) arbeitet mit mindestens einem, meist aber mehreren wählbaren Fonts. Bei →Bitmap-Fonts, wo die Zeichen aus Punkten zusammengesetzt werden, muß für jede Schriftgröße ein eigener Font vorhanden sein. Komfortabler und im Ergebnis besser sind skalierbare Fonts. Die Zeichen sind in Form von Kurven beschrieben und werden erst bei der Druckausgabe in eine Punktmatrix der richtigen Größe umgerechnet. Die bekanntesten Fonts heißen „Times" und „Helvetica". Für den Notendruck existieren spezielle Fonts, die die Notensymbole und Artikulationszeichen enthalten (z. B. Adobe Sonata).
Beispiele: Times `Courier`
Helvetica

Foot-Control (engl.) →MIDI-Continuous-Controller zur Übertragung eines →Pedals, das der Steuerung von →Klangparametern (z. B. Brillanz) dient. Dafür ist die →Controllernummer 4 reserviert.

Foot-Controller (engl.) →Pedal, →Fußschweller.

Foot-Pedal (engl.) →Fußpedal.

Foot-Switch (engl.) →Fußschalter. Jedes →Keyboard besitzt eine Reihe von Fußschalteranschlüssen. Der mit Foot-Switch bezeichnete Anschluß ist für einen Fußschalter vorgesehen, dessen Funktion im Gerät oft frei programmierbar ist. Denkbare Anwendungsmöglichkeiten sind z. B. das Ein- und Ausschalten von Effektsektion, →Sostenuto, →Portamento oder das Wechseln des Soundprogramms. Der Foot-Switch kann oft auch per MIDI-→Control-Change über eine meist ebenfalls programmierbare →Adresse übertragen werden.

Formant 1. Ein Resonanzbereich im →Klangspektrum, innerhalb dessen die Obertöne verstärkt auftreten. Die Mittenfrequenz eines Formants ist dabei normalerweise statisch und nicht oder nur sehr bedingt von der eigentlichen →Tonhöhe abhängig. Jedes Naturinstrument, die menschliche Stimme und andere akustische Klangkörper besitzen eine Anzahl solcher Formanten, die durch die Resonanzfrequenzen des Instrumentenkorpus gebildet werden. Diese wiederum hängen von Material, Größe und Form des Korpus ab. Die Formanten tragen einen gewichtigen Teil zum charakteristischen →Klang eines Instruments oder einer Stimme bei. 2. →Analoger Synthesizer im Selbstbau-Verfahren, der ähnlich seinen großen Vorbildern mittels →Patchcords frei verschaltbar war und von der Zeitschrift „Elektor" entwickelt wurde.

Formant-Synthese →Sprachsynthese durch Nachbildung der charakteristischen Stimmformanten. Zunächst wird das Sprachsignal durch →Fouriertransformation in eine Anzahl relevanter Frequenzbänder aufgeteilt und untersucht, deren charakteristische Anteile dann für jedes Phonem als Modell abgespeichert werden. Nun läßt sich die Sprache synthetisieren, indem eingegebene Buchstaben, Phrasen oder Sätze zunächst in Phoneme umgewandelt und dann entsprechend ausgegeben werden. Eine Anzahl von →Oszillatoren erzeugt dazu nach den Phonemdefinitionen die erforderlichen →Formanten.

Formantfilter Kombination aus mehreren →Bandpaßfiltern zur Erzeugung von →Formanten, die unabhängig vom →Grundton sind. Ursprünglich zur Imitation der natürlichen →Formanten von Naturklängen (besonders ausgeprägt bei der menschlichen Stimme und Blasinstrumenten) gedacht, eignen sich Formantfilter allerdings auch sehr gut zur kreativen Bearbeitung synthetischer Klänge.

Formatieren Initialisieren eines fabrikneuen Datenträgers für ein bestimmtes →Laufwerk oder Gerät. →Disketten, →Festplatten und optische Platten müssen vor der erstmaligen Verwendung formatiert werden. Der Formatierungsvorgang dauert bei einer Diskette etwa eine Minute, bei →Festplatten je nach Kapazität beträchtlich länger. Dabei wird die Fläche der →Speicherplatten in Spuren und Sektoren eingeteilt, anhand derer das Laufwerk später die Datenblöcke finden kann. Außerdem wird ein Inhaltsverzeichnis des Datenträgers angelegt.

Neben Speicherplatten müssen auch →RAM-→Cards formatiert werden, bevor sie in einem →Synthesizer oder einem anderen Gerät verwendet werden können. Hier wird der →RAM in Sektionen unterteilt, in denen →Sounds, Effekte, Rhythmen oder andere →Programme später abgelegt werden können.

Forte-Pedal Rechtes →Pedal eines akustischen Klaviers, wird bei elektronischen →Klangerzeugern meist als →Sustain-Pedal bezeichnet. Das Forte-Pedal eines →Digital-Pianos simuliert das Abheben der Saitendämpfer. Je nach Technologie klingen die Noten einfach aus, oder es wird zusätzlich das veränderte →Obertonverhalten aufgrund der fehlenden →Dämpfung aller Saiten nachgebildet. Das Forte-Pedal läßt sich über den →Sustain-Controller auch per →MIDI übertragen.

Forward-Loop (engl.) →Loop.

Fourieranalyse Zerlegung komplexer Klänge nach dem Theorem von Fourier, das besagt, daß sich jede noch so komplexe →periodische →Schwingung als Summe harmonischer →Sinusschwingungen darstellen läßt. Die Fourieranalyse zerlegt einen →Klang in

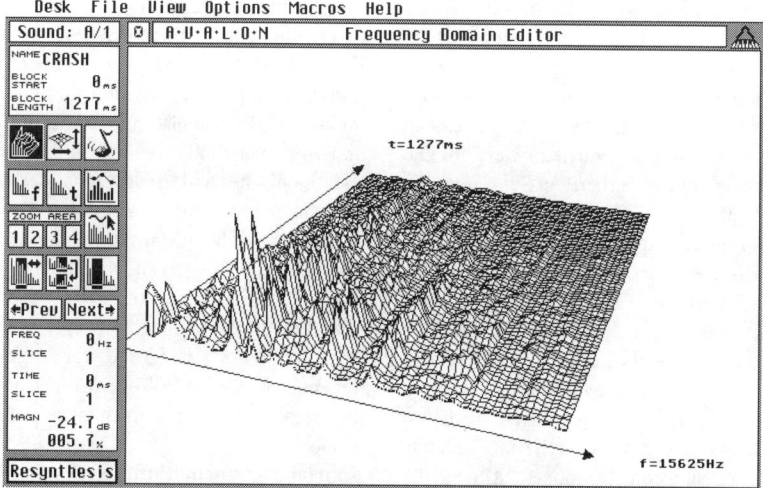

Fourieranalyse: FFT-Analyse eines Crashsamples in Steinbergs Avalon

diese Sinusschwingungen. Eine komplexe Schwingung in Form einer Funktion oder einer Anzahl von Sample-Werten wird dazu auf mathematischem Wege in die einzelnen Sinuskomponenten aufgelöst. Die Implementation der Fourieranalyse auf →Computern oder →digitalen Musikinstrumenten erfolgt meist durch →FFT (Fast-Fourier-Transformation), ein mathematisches Verfahren, das →Audiosignale (oder generell zeitkontinuierliche Signale) in ihre Spektralbestandteile zerlegt. Die FFT ist die schnellere Variante der →DFT (Diskrete Fouriertransformation), die spezifisch auf die Belange der computerisierten Datenverarbeitung hin optimiert wurde. Mit Hilfe der FFT läßt sich der Klang aus der →Zeit-Ebene (→Time Domain), in dem sich beispielsweise ein →Sample grundsätzlich befindet, in die →Frequenz-Ebene (→Frequency Domain) überführen. Dort kann man dann untersuchen, welche Frequenzanteile der betreffende Klang aufweist. Um eine Aussage über die zeitliche Veränderung der jeweiligen Frequenzbänder machen zu können, müssen entsprechend viele FFTs zu den jeweiligen Zeitpunkten durchgeführt werden. So entsteht eine quasi dreidimensionale Darstellung eines Klangs, die aus einer Anzahl von sogenannten →Zeitscheiben mit jeweils dem zugehörigen →Frequenzspektrum besteht. Die Genauigkeit hängt vom beabsichtigten Rechenaufwand ab. Die Abbildung auf der vorherigen Seite zeigt die FFT-Analyse eines Crashsamples.

Fourierspektrum Andere Bezeichnung für →Obertonspektrum.

Fouriersynthese Ein spezifisches Verfahren, das meist mit dem Begriff →Additive Synthese bezeichnet wird. Die Fouriersynthese ist ein →Klangsyntheseverfahren, das durch Umkehrung der →Fourieranalyse realisiert wird. Dies kann entweder durch Aufschichtung einzelner →Sinuston-Komponenten im Stil der →Additiven Synthese oder durch eine inverse →Fouriertransformation durchgeführt werden.

Die resultierende →Schwingung ist die Summe von Sinusschwingungen unterschiedlicher →Frequenz und →Amplitude, die sich wie abgebildet errechnet. Als Ausgangsmaterial können entweder die Daten einer Fourieranalyse zum Zwecke einer →Resynthese oder aber beliebige manuell einzugebende →Parameter dienen. Um einen komplexen →Klang auf diese Weise darzustellen, sollten die zeitlichen Verläufe von Amplitude und →Frequenz jeder einzelnen Sinuskomponente berücksichtigt werden, da ansonsten starre Spektren das Ergebnis sind.

Aufgrund des immensen Rechenaufwands gibt es bisher kaum Systeme, die auf diese Weise einen Klang in →Echtzeit synthetisieren können. Zu Systemen, die eine umfangreiche Additive Synthese - teilweise sogar in Echtzeit - realisieren können oder konnten, zählen unter anderem das NED →Synclavier, der Technos Axcel, der →Fairlight CMI und das PPG Waveterm. Eine →Software, die eine komplette Additive Synthese mit den beschriebenen Anforderungen, allerdings nicht in Echtzeit, auf einem →Atari ST bzw. →Apple →Macintosh realisiert, ist das →Programm →Softsynth von Digidesign.

Erschwingliche Additive →Synthesizer (z. B. Kawai K5, Wersi MK1) verzichteten aufgrund der mit hohen Kosten verbundenen, immensen Rechenleistung auf Amplituden- und →Frequenzhüllkurven für die einzelnen →Harmonischen und arbeiteten stattdessen mit in wenigen unabhängig steuerbaren Gruppen zusammengefaßten Sinuskomponenten und/ oder einer subtraktiven Nachbearbeitung. Diese →Synthesizer waren zwar wesentlich schneller und einfacher zu programmieren, erzeugen jedoch aufgrund der zugrundeliegenden statischen →Wellenformen eher typische digitale denn authentische Akustiksounds.

Fouriertransformation Zerlegung einer komplexen →Schwingung auf mathematischem Wege in ihre Teilkomponenten. Die

bekanntesten Verfahren sind die →DFT und die →FFT (siehe dort).
FPU (engl.) Abk. für Floating Point Unit: Fließkommaprozessor. Ein FPU dient speziell der Berechnung von Fließkommazahlen, also Zahlen mit Nachkommastellen. Er ist entweder als →Coprozessor zur →CPU ausgelegt oder, bei neueren CPUs, direkt im →Prozessorchip integriert.
Frame (engl.) Bild. Der bei der Film- und →Videovertonung verwendete →SMPTE- bzw. →MIDI-Timecode arbeitet mit Unterteilungen in Einzelbilder, wobei jedem einzelnen Videobild, das in einer Sekunde abläuft, eine Nummer zugeordnet ist, die in den letzten beiden Stellen des →Timecode enthalten ist. Die Frame-Position erlaubt die exakte Positionierung von Ereignissen (z. B. Geräusche, Startbefehle für →Bandmaschinen) auf ein bestimmtes Bild.
Frame Grabbing (engl.) →Digitalisierung →analoger Videosignale. Dabei wird ein einzelnes Bild (→Frame) als Standbild festgehalten und von einem →Video-→Digitizer gescannt, also in →digitale Bildpunkte gewandelt.
Frame-Rate (engl.) →Bildfrequenz. Die Anzahl der Bilder pro Sekunde, die ein Film-, →Video- oder →Timecode-Format vorsieht. Hierzulande werden beim Film 24 Bilder, in der Video-→PAL-Norm 25 Bilder pro Sekunde aufgezeichnet. Die amerikanische Norm benutzt 30 Bilder für Schwarzweiß-Video (fast nicht mehr zu finden, diese Frame-Rate ist allerdings beim CD-→Mastering sehr wichtig), das →Drop-Frame-Format für →NTSC-Farb-Videos, was 29,97 Bildern pro Sekunde entspricht, sowie ein Non-Drop Farbvideo-Format, bei dem zwar 30 Bilder zur →Codierung verwendet werden (statt der 29,97, die tatsächlich in einer Sekunde ablaufen), der →Timecode aber de facto etwas langsamer läuft, so daß die Zeitangabe mit der Absolutzeit wieder übereinstimmt.
Freeware (engl.) →Public-Domain-Software.

Freeze (engl.) Einfrieren. Früher gebräuchliche Bezeichnung für die →Sampling-Funktion →digitaler →Delays. Im →Vocoder wird mit Freeze das Einfrieren einer bestimmten Filtereinstellung bezeichnet. In manchen →MIDI-→Sequenzern können mit Hilfe einer Freeze-Funktion die Abspielparameter (etwa →Transposition, →MIDI-Delay) dauerhaft in die eigentlichen Daten übernommen werden.
Fremdspannungsabstand Eigenschaft eines Audiosystems (z. B. →Magnetband, →Verstärker, →Effektgerät): Abstand zwischen Nutzsignal und Störspannungen, in →dB ausgedrückt. Der Fremdspannungsabstand wird über den gesamten Frequenzbereich linear bewertet, orientiert sich also nicht am menschlichen Gehör, und besitzt daher meist niedrigere Werte als der →Geräuschspannungsabstand.
Frequency (engl.) →Frequenz.
Frequency Domain (engl.) →Frequenz-Ebene. Ein per →Fourieranalyse zerlegtes Sample läßt sich in einzelnen →Frequenzen und Frequenzbändern →editieren und anschließend per →Resynthese wieder auf die →Zeit-Ebene (→Time Domain) zurückführen.
Frequency Response (engl.) →Frequenzgang.
Frequency Shift Keying (engl.) Abgekürzt FSK. Verfahren zur Umwandlung →digitaler Daten in ein →analoges Signal, das für die Aufzeichnung auf Audio-Bandspuren geeignet ist. Mittels FSK-Codierung können grundsätzlich beliebige digitale Daten auf →Magnetband gesichert werden, beispielsweise auch →Klangdaten von →Synthesizern auf Cassette. Die weiteste Verbreitung fand die FSK-Codierung im elektronischen Musikbereich allerdings zur Aufzeichnung von →Clockdaten auf einer Spur einer →Mehrspur-Bandmaschine zur →Synchronisation eines →MIDI-Sequenzers oder eines →Drumcomputers zu Bandspuren. Die Taktimpulse (24, 48 oder 96 →ppq) werden dabei durch den Wechsel zwischen zwei →Frequenzen codiert. Diese lassen sich später von einem →Synchronizer le-

Frequenz

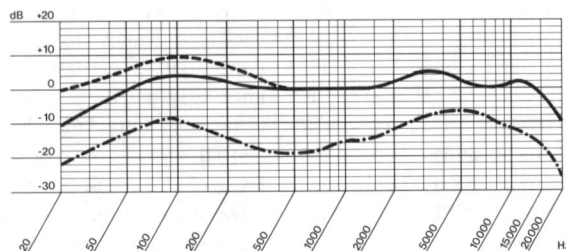

Frequenzgang eines dynamischen Mikrofons

sen und in Clock-→Impulse für analoge oder →MIDI-Clock-Daten für →MIDI-Geräte umwandeln. Da im FSK-Code das Songtempo bereits festgelegt ist und sich darüber hinaus keine Songmarken speichern lassen, wurde dieses Verfahren mittlerweile im professionellen Bereich vollständig vom →SMPTE-Timecode abgelöst. Lediglich einige preiswerte →Synchronizer arbeiten noch damit.

Frequenz Anzahl der →Schwingungsperioden pro Sekunde, angegeben in →Hertz, abgekürzt →Hz. 1 Hz = 1 →Schwingung/sec, 1 →kHz = 1000 Hz, 1 →MHz = 1000 kHz. Die Frequenz von →Audiosignalen - genauer gesagt die Frequenz des →Grundtons einer Schwingung - wird als →Tonhöhe wahrgenommen.

Frequenz-Ebene →Frequency Domain.

Frequenzfaktor Mathematische Größe zur Bestimmung von Skalen und →Intervallen durch Multiplikation der Frequenz. Der Frequenzfaktor für einen Halbtonschritt in der →reinen Stimmung beträgt exakt $12\sqrt{2}$ (zwölfte Wurzel aus zwei).

Frequenzgang Übertragungsverhalten eines Audiosystems oder -gerätes (z. B. →Mikrofon, →Verstärker, →Lautsprecher) von der niedrigsten bis zur höchsten übertragenen →Frequenz: Der Frequenzgang gibt Auskunft darüber, ob das System alle Frequenzen gleichmäßig wiedergibt (linearer Frequenzgang), oder ob es bestimmte Frequenzbereiche anhebt bzw. absenkt. Um den Frequenzgang zu ermitteln, wird für bestimmte, genormte Vergleichsfrequenzen der Übertragungsfaktor gemessen und in einer Graphik eingetragen.

Frequenzhub →Modulationsindex.

Frequenzhüllkurve (engl.) →Pitch-Envelope. →Hüllkurve, die die →Frequenz eines →Oszillators oder einer anderen Klangquelle beeinflußt. Mit dem →Pitch-EG lassen sich neben typischen Sireneneffekten auch leichte →Tonhöhenschwankungen in der →Attack-Phase nachbilden, wie sie beispielsweise bei Blasinstrumenten vorkommen.

Frequenzmodulation Abgekürzt →FM: →Modulation der →Frequenz einer →Schwingung durch die →Amplitude einer anderen. Die modulierte Schwingung wird als →Träger (→Carrier), die modulierende Schwingung als →Modulator bezeichnet. Die Frequenzmodulation wird bei der Rundfunkübertragung und vor allem bei der →digitalen →Klangsynthese eingesetzt. →FM-Synthese.

Frequenzspektrum Darstellung der einzelnen →Frequenz-Bestandteile in einem →Klang, meist der einen Klang konstituierenden Sinuskomponenten. Im Gegensatz zu einem reinen →Obertonspektrum, das Auskunft über die Teiltöne eines Klangs gibt, ist das Frequenzspektrum die allgemeinere Form und kann beispielsweise auch der Darstellung von Störfaktoren in einem Audiosystem dienen.

Frequenzteiler →Schaltung, die aus dem Eingangssignal ein Signal mit einem niedrigeren Frequenzverhältnis gewinnt (z. B. ein oder zwei →Oktaven tiefer). Frequenzteiler waren Bestandteile elektronischer →Orgeln, wo sie aus dem hochfrequenten Signal des →Tongenerators die darunterliegenden →Fußlagen erzeugten. Heute kommen Frequenzteiler z. B. noch in →Octavern zum Einsatz.

Frequenzvibrato Genauere Bezeichnung für das →Tonhöhen-→Vibrato, eine periodische Tonhöhenmodulation mit einer Modulationsfrequenz von etwa 6 - 20 →Hz. Ein →LFO im →Synthesizer erzeugt ein Frequenzvibrato, wenn als „LFO Wave" eine →Sinus- oder eine →Dreieckwelle angewählt ist. Beim natürlichen →Vibrato (beispielsweise eines Streichers) geht neben dem reinen Frequenzvibrato meist noch ein →Amplituden- und Klangfarben-Vibrato einher.

Frequenzzähler Gerät oder Funktion zur exakten Bestimmung der →Frequenz eines Eingangssignals. Frequenzzähler werden unter anderem in →Stimmgeräten und →Pitch-to-MIDI-Convertern eingesetzt.

Front-Panel (engl.) →Panel.

FSK (engl.) Abk. für →Frequency Shift Keying.

Function (engl.) Funktion.

Fuse (engl.) Sicherung. An den meisten elektrischen bzw. elektronischen Geräten wie Musikinstrumenten oder →Computern findet sich neben dem Netzschalter ein mit „Fuse" bezeichneter Deckel, unter dem die auswechselbare Netzsicherung steckt.

Fußlage Oktavlage eines →Orgelregisters bzw. →Zugriegels, oft auch am →Synthesizer zu finden. Die Fußlagenbezeichnung ist von den Längen der Pfeifen von Pfeifenorgeln abgeleitet. Die Originaltonhöhe ist 8' (sprich: acht Fuß), eine Verdopplung der Fußlage halbiert die →Tonhöhe und umgekehrt. Wird auf einer →Klaviatur das eingestrichene C (→MIDI-Note 60) gespielt, erklingt je nach Fußlage folgender →Ton:

32	C1
16	C2
8	C3
5 1/3	G3
4	C4
2 2/3	G4
2	C5
1 1/3	E5
1	C6
1/2	C7
1/3	G7
1/4	C8

Fußpedal Korrekter ausgedrückt: Fußregler (→Foot-Controller), auch →Schweller genannt. Ein →Pedal, das an ein →Keyboard (→Orgel, →Synthesizer) angeschlossen wird und die Regelung von →Parametern wie →Lautstärke oder →Klangfarbe mit dem Fuß erlaubt. Die meisten Keyboards bieten für solche Pedale neben dem obligatorischen →Volume-Anschluß noch einen →Expression- oder →Foot-Controller-Anschluß. Im Gerät läßt sich dann in den meisten Fällen bestimmen, welchen Einfluß das Pedal auf den →Klang haben soll.

Fußschalter Im Gegensatz zum →Fußpedal ein Schalter, mit dem sich verschiedene Klangeigenschaften per Fuß steuern lassen. Ursprünglich wurden vom Klavier die Schalter →Sustain (Haltepedal) und →Sostenuto (→Dämpfer) übernommen. Viele →Synthesizer und →Masterkeyboards bieten allerdings auch die Möglichkeit, per →Fußschalter Klänge oder Konfigurationen zu wechseln, oder das →Portamento bzw. andere Effekte ein- und auszuschalten. Durch die Möglichkeit, einen Fußschalter als →MIDI-→Controller einzusetzen, läßt sich seine Funktion meist frei programmieren.

Fußschweller →Lautstärkepedal einer →elektronischen Orgel. Die Bezeichnung hat sich auch bei elektronischen →Keyboards und →Synthesizern eingebürgert. Der Fußschweller wird im Fachjargon als →Foot-Pedal bezeichnet, der gleichnamige →Controller überträgt die Pedalbewegungen per →MIDI.

Fuzz (engl.) →Verzerrer. Der Fuzz-Effekt wird durch →Übersteuerung, normalerweise eines →Transistors, neuerdings auch via →digitalem →Algorithmus, erzeugt.

G

Gain (engl.) (Vor-) Verstärkung, Zunahme. Mit dem Gain- oder →Input-Gain-Regler im Eingang eines Gerätes (→Effektgerät oder →Mischpult) läßt sich ein zu schwaches Signal auf den Arbeitspegel der nachfolgenden Stufen bringen oder ein zu starkes Signal abdämpfen.

Gain-Reduction (engl.) →Dämpfung, Verstärkungsverminderung, meist die eines →Kompressors.

Gate (engl.) 1. Ein elektronisches „Tor", das ein Signal oder eine →Steuerspannung nur bei Erreichen eines bestimmten Zustands durchläßt, etwa bei Überschreiten einer Pegelschwelle wie beim →Noise-Gate. 2. →Steuerspannung in →analogen Synthesizern, die einen Schaltzustand (z. B. Taste oder Schalter gedrückt) signalisiert. Bei der Steuerung →monophoner →Synthesizer wurde bei positivem Gate-→Impuls die →Hüllkurve gestartet und bei Abfallen des Impulses die →Release-Phase aktiviert.

Gate-Time (engl.) →Parameter in →analogen Synthesizern und →Sequenzern, mit dem sich eine Tondauer einstellen läßt. Im →Sequenzer legt die Gate-Time die Tondauer des jeweiligen Sequenzschrittes fest. Beim Spiel auf der →Tastatur entspricht die Gate-Time der Zeit, über die eine Taste gehalten wird.

Gated Reverb (engl.) Abgeschnittener →Hall. Das Hallsignal wird entweder bei Unterschreiten eines bestimmten Pegels durch ein →Noise-Gate (daher der Name) abgeschnitten, oder der Effekt selbst wird, wie in den meisten →Reverb-Geräten, →digital erzeugt. Das Ergebnis ist ein sehr elektronisch klingender Raum, der sich besonders für →Drums, Gitarren und zur Verfremdung von Stimme oder Synthesizersounds eignet. Bekannt gemacht hat ihn der Genesis-Drummer Phil Collins auf seinem Solo-Album „No Jacket Required". Die meisten digitalen Hallgeräte bieten eine oder mehrere Varianten des Gated Reverb.

GB Abk. für Gigabyte, Giga = Milliarde. 1 GB = 1.024 →MB = 1.048.576 →kB = 1.073.741.824 →Bytes.

GDOS (engl.) Abk. für Graphic →Device Operating System. Ein von der →Hardware unabhängiger Programmteil des →GEM-→Betriebssystems, der speziell für graphische Funktionen zuständig ist (z. B. →Fonts) und unter anderem dafür sorgt, daß →Dateien unter verschiedenen GEM-Computersystemen ausgetauscht werden können.

Gehörbildungsprogramm Spezielle Musiksoftware, die dem Benutzer ein Repertoire von Gehörbildungsaufgaben (→Intervalle, Akkorde, Tonleitern, Melodien, Rhythmen) stellt und die Eingaben auswertet. Je nach Auslegung arbeiten Gehörbildungsprogramme mit externen →MIDI-Klangerzeugern oder dem integrierten →Soundchip des →Computers. Des weiteren gibt es lernfähige →Programme, die ihr Repertoire erweitern können oder mit editierbaren Bibliotheken arbeiten. Diese Softwareprogramme werden vornehmlich in der Musikerziehung und zum Selbsttraining oder Vorbereiten von Prüfungen eingesetzt.

Gehörrichtige Lautstärkeregelung →Physiologische Lautstärkeregelung, →Loudness.

GEM (engl.) Abk. für Graphics Environment Manager: zu deutsch etwa „graphische →Benutzeroberfläche". Das GEM wurde von der US-Firma Digital Research entwickelt und ist in lizensierter Form die Basis mausgesteuerter →Benutzeroberflächen wie →TOS, →Mac-→OS und →Windows, siehe auch →Fenstertechnik.

General MIDI Abgekürzt GM: Erweiterung des →MIDI-Standards, die von der →MMA und der →JMSC 1991 ins Leben gerufen wurde. Der GM-Standard ist speziell für die Bedürfnisse des Amateur- und semiprofessionellen Massenmarktes entwickelt worden und bringt in erster Linie Bedienungsverein-

Das General-MIDI-Modul GMega von Kawai

fachungen durch Standardisierung mit sich. Das Ziel des General-MIDI-Standards liegt in einer weitaus höheren Kompatibilität der Geräte, als es der MIDI-Standard vorsieht, allerdings sind damit auch Einschränkungen der Flexibilität verbunden.
In der Praxis soll es möglich sein, einen Song, der mit einem GM-kompatiblen Gerät entwickelt wurde, problemlos auf einem anderen GM-kompatiblen →Klangerzeuger abzuspielen, ohne →Sounds und →MIDI-Kanäle einstellen bzw. suchen zu müssen.
Dazu werden in der GM-Spezifikation Level 1 über den MIDI-Standard hinaus folgende Eigenschaften für jedes Gerät bindend festgelegt:
- Mindestanzahl der →polyphonen →Stimmen (wahlweise 24 insgesamt oder 16 allgemein + 8 für →Drums),
- Die Namen und Klänge der ersten 128 Soundprogramme inklusive deren Soundnummern. Beispiel: Auf Soundnummer 1 befindet sich immer ein Piano-Sound.
- Zuordnung der Drum-Noten und feste Zuordnung des →MIDI-Kanals 10 für Drums,
- Standardisierung der Oktavlagen, →Pitchbend-Bereiche, →Controller-Adressen.
Weitere Festlegungen sollen folgen, da der GM-Standard ständig überarbeitet und erweitert wird.
Eine umfassendere Variante des GM-Standards wurde von der Firma Roland unter der Bezeichnung GS (General Standard) entwickelt und in Form des Roland Sound Canvas bereits auf der Frankfurter Musikmesse 1991 vorgestellt. Der GS-Standard umfaßt Spezifikationen, die über die GM-Standardisierung

hinausgehen, z. B. die Zuordnung spezifischer →NRPN-→Adressen zu →Klangparametern.
Generator Bauteil, Funktion oder Gerät, das von sich aus bestimmte Ereignisse erzeugt, gegebenenfalls unter Berücksichtigung externer Vorgaben: z. B. →Modul oder Funktion zur Erzeugung von →Schwingungen (→Oszillator, →Tongenerator), →Modulationen (→LFO) oder →Hüllkurven (→Envelope-Generator).
Generic Editor (engl.) Bezeichnung für eine Funktion, die für unterschiedliche →Parameter eine einheitliche Behandlung anbietet. Als Generic Editor werden →universelle →Sound-Editoren bezeichnet, die sich vom Benutzer an verschiedene Geräte selbst anpassen lassen. Dazu stehen definierbare Bedienelemente wie Schieberegler, Schalter oder →Hüllkurven zur Verfügung, die auf dem →Bildschirm angeordnet und den MIDI-→Parametern des →Synthesizers (oder allgemein: Gerätes) zugewiesen werden. Der Vorteil liegt darin, daß man nur ein →Programm für alle Geräte benötigt. Allerdings sind diese Programme vom Funktionsumfang her meist nicht mit spezieller →Editorsoftware vergleichbar. Beispiele für Generic Editoren sind GenEdit von Hybrid Arts oder PolyFrame von Emagic.
Generieren Fachausdruck für „erzeugen".
Geräuschspannungsabstand →Störspannungsabstand.
Gesamtstimmung Bezugsfrequenz eines →Klangerzeugers (z. B. →Synthesizer, →Sampler, →Digital-Piano) zu anderen Instrumenten. Die Gesamtstimmung eines →analogen Synthesizers, die in Abhängigkeit von Tem-

Gesangsanlage

peratur und Bauteiltoleranz schwanken kann, läßt sich nur anhand eines →Stimmgerätes exakt abgleichen und verändert sich durch Bauteileerwärmung nach dem Einschalten. Mit Hilfe des →MIDI-Befehls →Tune-Request kann bei MIDI-fähigen Analog-Synthesizern jederzeit ein Abgleich der →Oszillatoren untereinander veranlaßt werden, falls das entsprechende Gerät diesen Befehl versteht. Die Gesamtstimmung →digitaler →Synthesizer hingegen ist absolut stabil und läßt sich mit dem →Master-Tune-→Parameter exakt einstellen. Die meisten Geräte zeigen die Gesamtstimmung basierend auf dem Kammerton a1 bereits in →Hz an, andere zeigen die →Frequenz 440 Hz als „00" an und unterteilen einen Regelbereich von ±1 Halbton (100 →Cent) in ±64 oder noch weniger Stufen.

Gesangsanlage Komplette, kompakte →Verstärkeranlage, bestehend aus einem →Mischpult mit eingebauter →Endstufe und passenden →Lautsprecherboxen. Eine Ge-sangsanlage ist - nomen est omen - in erster Linie zur Verstärkung von Gesang und gegebenenfalls noch einigen begleitenden Instrumenten in Clubs und kleineren Veranstaltungsräumen gedacht.

Gesockelt Einbauweise eines →ICs: Das Bauteil wird auf einen Sockel gesteckt und läßt sich dadurch später leicht auswechseln. Im Gegensatz zum einfachen Auflöten des →ICs auf die →Platine ist das Sockeln zwar teurer, allerdings auch wesentlich sicherer. →CPUs, →SIMMs und →Betriebssystem- →ROMs werden meist →gesockelt, um nachträglich schnellere →Prozessoren, einen größeren →Speicher oder ein System-→Update einbauen zu können.

Gigahertz Abgekürzt GHz, Einheit für die →Frequenz, 1 GHz = 1.000 →MHz, also eine Milliarde →Hertz.

Gitarrensynthesizer Spezieller →Synthesizer, der über →Tonabnehmer oder einen →Pitch-to-MIDI-Converter an eine Gitarre angeschlossen und von deren Saitenschwingungen angesteuert wird. Die →Klangerzeugung unterscheidet sich bei →analogen Gitarrensynthesizern nicht von der konventioneller Instrumente, die →Stimmenzahl ist lediglich auf sechs beschränkt, wovon jede

Gitarrensynthesizer-System mit Mono-Mode-Klangerzeuger

H

Hall (engl.) 1. →Reverb. Reflexionen eines Raumes, die ab einer gewissen Zeitdauer nach dem →Direktschallereignis nicht mehr als einzelne Reflexionen wahrnehmbar sind und deshalb im Eindruck verschmelzen. Dauer und Klangcharakteristik des Halls hängen von der →Frequenz des Schallereignisses und von der Größe sowie Wandbeschaffenheit des Hallraumes ab. Der Hall wird in erste Reflexionen (→Early Reflections) und →Nachhall unterteilt. Die ersten Reflexionen lassen durch ihr Zeit- und Lautstärkeverhältnis zum Direktsignal auf die Entfernung der →Schallquelle schließen. Zusammen mit dem Nachhall ergibt sich eine Wahrnehmung von Raumgröße und -beschaffenheit.

In der Musikproduktion wird heute fast immer künstlich - genauer gesagt →digital - erzeugter Hall verwendet, da sich mit einem digitalen Hallgerät (→Digital-Reverb) jeder beliebige Hallraum programmieren und kreativ einsetzen läßt. 2. (engl.) Halle. Bezeichnung für eine Hallsimulation eines entsprechenden Bauwerks in einem elektronischen →Hallgerät, also die Nachbildung einer großen Halle oder Kirche.

Hallgerät →Effektgerät, das auf →analoger oder →digitaler Basis künstlichen →Nachhall erzeugt. Der Begriff Nachhall oder Hall ist heute weitgehend durch den angloamerikanischen Begriff →Reverb (siehe dort) ersetzt worden. Hallgeräte arbeiten heute ausschließlich digital. →Nachhall.

Hallplatte →Nachhallplatte.

Hallraum Speziell für die Erzeugung von →Nachhall konstruierter Studioraum (80 - 100 m³) mit stark reflektierenden Wänden, die meist zur Variation der →Nachhallzeit verschoben werden können. Der Nachhall des über →Lautsprecher an einer Seite des Raumes eingespielten Signals wird an der anderen Seite über →Mikrofone wieder abgenommen. Hallräume sind heute fast gänzlich von →Digital-Reverbs ersetzt worden.

Hallspirale Einrichtung zur Erzeugung von →Nachhall auf mechanischem Wege. Das Signal regt über eine Schwingspule eine Spirale zu diffusen →Schwingungen an, die am anderen Ende von einer weiteren Schwingspule abgenommen werden kann. Hallspiralen waren gegen Stöße und sehr →perkussive Signale anfällig und erzeugten dabei oft donnerähnliche Geräusche, was hier und da aber auch als Effekt genutzt wurde (z. B. durch Jon Lord von Deep Purple).

Digitales Hallgerät mit Fernbedienung für professionelle Anwendungen

Halteglied Bestandteil eines →Analog/Digital-Wandlers. Das Halteglied (→Hold) hält die Eingangsspannung für die Dauer eines Sample-Schrittes konstant, damit der →Umsetzer daraus eine Zahl ermitteln kann. Am Ausgang des Halteglieds befindet sich das Signal also bereits im treppenförmigen, allerdings noch →analogen Zustand.

Hammond-Orgel Elektromagnetische Orgel, deren einzigartige →Klangerzeugung von dem Amerikaner Laurens Hammond 1934 patentiert wurde. Die Hammond-Orgel war ursprünglich als Ersatz für die Pfeifenorgel entwickelt worden und bildete die Grundlage für die spätere Entwicklung der →elektronischen Orgel. Das Funktionsprinzip: Kleinste Elemente des sogenannten →Tone-Wheel-Generators waren 91 speziell geschliffene Zahnräder auf zwei →Wellen, die durch ihre Drehung per Induktion sinusförmige →Schwingungen erzeugten. Die beiden Tonwellen wurden durch eine Antriebswelle auf eine konstante Drehzahl (1200 u/min) gebracht. Durch Mischung von →Sinustönen verschiedener →Fußlagen, die über →Zugriegel einzeln in der →Lautstärke regelbar waren, erzeugte das Instrument seinen legendären Orgelsound. Jede Taste schloß beim Niederdrücken neun elektrische, selten gleichzeitig schaltende Kontakte, wodurch sich der typische Tastenclick (auch durch verschmutzte und die nicht in den Sinus-Null-Durchgängen geschalteten Kontakte) ergab. Weitere Bestandteile des legendären Hammond-Sounds sind →Percussion, →Chorus-Vibrato (→Scanner) und der Rotoreffekt, der durch Verstärkung der Orgel über rotierende →Lautsprecher (→Leslie) realisiert wird. Dazu kam später noch die →Hallspirale.

Das wohl populärste Modell der umfangrei-

Die legendäre Hammond-Orgel B3

chen Hammond-Palette war die 1955 erstmals vorgestellte B3. Mit zwei →Manualen á 61 Tasten, vier freien Kombinationen mit je neun Zugriegeln, neun Festregistern pro Manual, →Vibrato, Chorus-Vibrato und Percussion bot sie alle Hammond-→Features und war darüber hinaus relativ gut zu transportieren - mit ein paar Freunden. Der unnachahmliche →Sound der Hammond-Orgel ist bereits Legende und wurde bisher von elektronischen Klangerzeugern nur annähernd nachgeahmt, so daß die Hammond-Orgeln - allen voran die oben erwähnte B3 - nach wie vor zu den Standard-→Keyboards auf allen Bühnen und →Studios der Welt zählen.

Handshake (engl.) Händeschütteln: Wechselseitige Kommunikation zweier Geräte, beispielsweise →Computer, →MIDI-Geräte oder →digitaler Audiogeräte. Im Handshake-Modus kontrollieren Empfänger und →Sender ständig über →Prüfsummen, ob die Übertragung fehlerfrei angekommen ist. Darüber hinaus erhält der Sender nach Empfang eines Datenpakets sofort eine →Acknowledge-Meldung, so daß Wartezeiten vermieden werden. MIDI-Geräte benutzen den Handshake-Modus hauptsächlich bei der Übertragung →systemexklusiver Daten (→Sounds, Samples).

Hardcopy (engl.) Ausgabe des aktuellen Bildschirminhalts auf einem angeschlossenen →Drucker oder auf →Diskette. Auf diese Weise lassen sich z. B. Disketten-Kataloge oder Bildschirmfotos erstellen. Die Druckqualität ist allerdings aufgrund der geringen →Auflösung des Bildschirms nur mäßig.

Harddisk (engl.) →Festplatte.

Harddisk-Recording (engl.) Aufzeichnung von →Audiosignalen auf →Festplatte. Dazu wird das →analoge Eingangssignal über einen →Analog/Digital-Wandler →digitalisiert und mittels einer Steuer-→CPU, die ein eigenes Gerät oder ein →Computer sein kann, auf →Festplatte geschrieben. Der Vorteil des Harddisk-Recording liegt darin, daß das Signal in wahlfreiem Zugriff vorliegt und somit →nichtdestruktiv geschnitten sowie auf digitaler Ebene bearbeitet werden kann. Fast jedes Harddisk-Recording-System bietet darüber hinaus Zusatzfunktionen wie digitale →Klangregelung oder →Time-Correction an. Pro Spurminute werden bei 16-Bit-Aufzeichnung und 44,1 →kHz etwa 5 →MB an Plattenkapazität benötigt. Eine 300-MB-Platte kann also ein etwa 30 Minuten langes Stereosignal aufnehmen. Archiviert werden die →Audiodaten schließlich auf einem →DAT-Recorder oder einem →Streamer. Inzwischen wird die Verwendung optischer →Wechselplatten immer populärer, da diese nicht gesondert archiviert werden müssen. Obwohl deshalb die Bezeichnung besser „Disk-Recording" heißen müßte, hat sich der Begriff „Harddisk-Recording" eingebürgert und läßt sich nicht verdrängen. Näheres siehe auch unter →Dyaxis, →NED, →Synclavier und →ADAP.

Hardware (engl.) Oberbegriff für die physikalischen Komponenten eines Gerätes - z. B. Gehäuse, →Tastaturen, Bauteile, →Platinen, →Prozessoren und Anschlußbuchsen - oder allgemein das Gerät selbst.

Hardware-Emulator (engl.) Zusatzkarte für einen →Computer, auf der das →Betriebssystem und die →CPU eines anderen Computertyps untergebracht sind. Diese Karte wird in einen →Steckplatz oder den →ROM-Port des Computers eingesteckt. Ein →Atari ST läßt sich so z. B. per Hardware-Emulator in einen →Apple →Macintosh oder →IBM-kompatiblen →Computer verwandeln.

Hardware-Kopierschutz →Kopierschutz.

Hardware-Sequenzer Bezeichnung für einen →Sequenzer in Form eines eigenständigen Gerätes - im Gegensatz zum →Software-Sequenzer. Hardware-Sequenzer sind kleine, spezielle →Computer mit einem fest eingebauten →Sequenzerprogramm und den dazugehörigen Bedienelementen sowie einem →Graphik-Display. Im Vergleich zu Sequenzerprogrammen haben Hardware-Sequenzer Vor- und Nachteile. Der größte Vorteil liegt

Harmonische 114

Hardware-Sequenzer MPC-60 II von Akai

sicher darin, daß ein Hardware-Sequenzer einfach zu transportieren und damit für den Bühneneinsatz geeignet ist. Der Nachteil: Aufgrund der eingeschränkten Bedieneroberfläche (keine →Maus, kleines →Display) ist ein solches Gerät an Bedienkomfort und Funktionsvielfalt einer →Software oft unterlegen. Da zunehmend auch →MIDI-Workstations einen integrierten →Sequenzer anbieten, werden Hardware-Sequenzer immer seltener. Eine Ausnahme bilden da nur die Geräte der oberen Klasse (z. B. Akai MPC-60 II), deren Funktionen durchaus mit guten →Software-Sequenzern konkurrieren können.
Harmonische →Teilton innerhalb des →Obertonspektrums, dessen →Frequenz im Idealfall einem ganzzahligen Vielfachen des →Grundtons entspricht. Die erste Harmonische liegt eine →Oktave über dem Grundton (→Frequenzfaktor 2), die zweite Harmonische eine Oktave und eine Quinte darüber (Faktor 3) usw. Besteht ein →Klang ausschließlich aus Harmonischen, so wird er als harmonischer Klang bezeichnet. Im Gegensatz dazu enthal-

ten beispielsweise metallische →Sounds fast keine Harmonischen. In der Realität von akustischen Klängen sind Harmonische meist nur „ungefähr" ein Vielfaches der →Grundfrequenz und damit - durch die leichte, oftmals über die Zeit schwankende Verstimmung - für ein akustisches →Klangbild sehr wichtig.
Harmonizer (engl.) Geschützte Bezeichnung der Firma Eventide für ihren →Pitch-Shifter, die sich allgemein als Begriff für solch ein Gerät durchgesetzt hat.
Harmony-on-Chord (engl.) Andere Bezeichnung für →Einfingerautomatik (siehe dort).
Hash (engl.) Doppelkreuz. Zeichen auf der Computertastatur.
Hauptspeicher Der →RAM in einem →Computer oder artverwandten Gerät (z. B. →Sampler). Im Hauptspeicher finden gegebenenfalls das →Betriebssystem (falls es nicht im →ROM vorliegt), spezielle interne Daten sowie der →Arbeitsspeicher Platz.
HD (engl.) 1. Abk. für High Density: hohe Dichte. →Diskette mit extrem feiner Beschichtung. Eine HD-Diskette im 3,5"-Format nimmt

je nach Gerät ca. 1,3 - 1,8 →MB auf und erreicht damit die doppelte Kapazität einer 2- →DD-Diskette. Das reicht für gut 16 Sekunden →Sampling in →CD-Qualität oder den Text eines Buches. Die meisten neueren →Computer und →Sampler sind mit einem HD-→Laufwerk ausgestattet, das beide Formate verarbeitet. 2. Abk. für Harddisk, →Festplatte.

Headcrash →Absturz einer →Festplatte. Dabei schlägt der →Schreib-/Lesekopf auf die rotierenden Magnetscheiben auf, zerstört die Oberfläche der →Festplatte und reibt feinen Staub ab. Die auf der →Festplatte untergebrachten Daten sind damit unwiederbringlich verloren. Obwohl dieser Fall dank besserer Schutzmechanismen (z. B. →Autopark) nur sehr selten eintritt, empfiehlt es sich dringend, regelmäßig eine →Sicherheitskopie (→Backup) des gesamten →Festplatteninhalts auf →Disketten, einer anderen →Festplatte oder einem →Streamer zu erstellen. Spezielle →Backup-Programme vereinfachen und beschleunigen diesen Vorgang.

Header (engl.) Vorspann bzw. Kopf einer →Datei mit Informationen über Name, Art, Größe oder Aufteilung der Datei. →Dump-Header.

Headphone (engl.) →Kopfhörer.

Heimstudiotechnik →Homerecording.

Hertz Einheit für die →Frequenz: 1 Hertz entspricht einer →Schwingungsperiode pro Sekunde. Das menschliche Gehör nimmt →Schallschwingungen im Bereich von 20 →Hz bis hinauf zu 20 →kHz wahr, abhängig von Physis und Alter.

Hex Abk. für Hexadezimal. Zahlensystem auf der Basis 16. Die Ziffern sind 0 - 9, A - F. Anders als beim Dezimalsystem beginnt der Überlauf im Hex-System nicht bei 10, sondern bei 16. So ist die Hex-Schreibweise der Dezimal-Zahl 15 noch $F oder $0F, 16 ist dann schon $10. Die dezimale Zahl 126 wird im Hex-Format entsprechend als $7E, die Zahl 127 als $7F ausgedrückt. Hex-Zahlen werden durch ein H oder ein $ vor der ersten Ziffer gekennzeichnet. Sie wurden besonders früher im Computerbereich oft angewendet, weil sich 8-Bit-Werte (0 - 255) damit noch zweistellig ausdrücken lassen. Der Nachteil besteht darin, daß sie für Nicht-Informatiker schlecht ablesbar sind. Auch Musiker stoßen hier und da auf hexadezimale Zahlen, wenn es um →MIDI-Daten oder ältere →Peripheriegeräte geht.

Hexadezimalsystem →Hex.

HF Abk. für Hochfrequenz- (z. B. -technik, -bereich, -gerät). Der HF-Bereich liegt oberhalb von 20 →kHz.

Hi (engl.) Abk. für High, hoch, z. B. →HiFi.

Hi-End (engl.) Besonders im →HiFi-Bereich gängiger Begriff für Komponenten, die höchste technische Anforderungen erfüllen und dementsprechend um ein Vielfaches teurer als Durchschnittsgeräte sind. Hi-End-Anlagen sind häufig von den technischen Daten her wesentlich besser als die Studiogeräte, mit denen das abzuspielende Material aufgenommen wurde.

HiFi (engl.) Abk. für High Fidelity, hohe Klangtreue. Qualitätsmerkmal bzw. Standardanforderung für →Tonträger und Geräte aus dem Bereich der Unterhaltungselektronik. Für die wichtigen →Parameter solcher Geräte (→Frequenzgang, →Klirrfaktor, Gleichlaufeigenschaften) legt die HiFi-Norm, die →DIN 45500, Höchstwerte fest. Diese Werte werden von professionellen Geräten weit übertroffen und stellen in diesem Bereich keinen Maßstab dar.

HiFi-Videorecorder →Videorecorder, der →Audiosignale im HiFi-Modus über die rotierende Bildtrommel aufzeichnen kann und dadurch sehr gute Klangergebnisse liefert. Darüber hinaus stellt er die Standard-Audiospuren ebenfalls zur Verfügung. Die technischen Werte guter HiFi-Videorecorder entsprechen etwa denen einer professionellen Senkelmaschine. So benutzten →Tonstudios vor einigen Jahren auch HiFi-Videorecorder als →Mastermaschinen. Als Nachteil ist in

High Pass

erster Linie das Fehlen oder ausgesprochen schwierig zu realisierende →Punch In/Out zu nennen.

High Pass (engl.) →Hochpaßfilter.

High-Density (engl.) Hohe Dichte, →HD-Diskette.

Highband →U-matic.

Hilfsweg →Auxiliary-Send.

Hinterbandkontrolle Paralleles Abhören einer laufenden Aufnahme auf einer →Bandmaschine, indem der →Wiedergabekopf, der kurz hinter dem →Aufnahmekopf liegt, verwendet wird. Dadurch läßt sich sofort kontrollieren, was wirklich aufs Band gelangt. Nur semi- bzw. professionelle →Bandmaschinen bieten diese Möglichkeit, insbesondere bei digitalen →Bandmaschinen und →DAT-Recordern.

Hintergrundprogramm Ein →Programm auf einem →Computer, das mit niedriger →Priorität im Hintergrund - gegebenenfalls auch unsichtbar - abgearbeitet wird, während der Anwender im Vordergrund an einem anderen Programm arbeitet. →Multitasking.

Hochpaßfilter →Filter für →Audiosignale, das nur die →Frequenzen oberhalb der Grenzfrequenz (→Cutoff-Frequenz) passieren läßt. Hochpaßfilter werden in Studiogeräten zur Unterdrückung tieffrequenter Störungen eingesetzt, in →Synthesizern - allerdings seltener - in der →Klangformung. →Filtercharakteristik.

Hochsprache Computersprache, mit der Anweisungen für die Ausführung eines speziellen →Programms oder →Algorithmus definiert werden. Im Gegensatz zum →Assembler ist eine Hochsprache unabhängig von einer spezifischen →CPU. In Hochsprachen geschriebene Programme können daher grundsätzlich von einem →Rechnersystem auf ein anderes portiert werden, obwohl in der Realität nicht selten andere Faktoren einer erfolgreichen Portierung im Wege stehen. Allerdings sind Hochsprachen meist nicht so schnell wie →Assembler. Beispiele für Hochsprachen sind →BASIC, →Pascal oder C.

Hochtöner →Lautsprecher, der speziell für die Wiedergabe hochfrequenter →Audiosignale konstruiert ist und entsprechende Übertragungscharakteristiken aufweist. Hochtöner sind üblicherweise immer Bestandteil eines Mehrweg-Lautsprechers, der wenigstens noch einen →Tieftöner enthält.

Höchstwertiges Bit/Byte Abgekürzt →MSB.

Hörbereich Frequenzumfang, der vom menschlichen Gehör wahrgenommen wird. Der Hörbereich beträgt bei einem jungen, gesunden Menschen im Idealfall 20 →Hz bis 20 →kHz. Besonders die Wahrnehmung der hohen →Frequenzen wird mit zunehmendem Alter eingeschränkt.

Hörereignis Die aus einem Schallereignis resultierende Empfindung. Die Zusammenhänge von Schall- und Hörereignissen werden von der →Psychoakustik untersucht.

Hörschwelle Der →Schalldruckpegel, der gerade noch vom (gesunden) Gehör wahrgenommen werden kann (durchschnittlich etwa 4 phon).

Hold (engl.) 1. Halten. →Hüllkurvenparameter, der zumeist hinter dem →Attack- (A) Element einer →ADSR-Hüllkurve gesetzt wird und den Höchstpegel nach dem →Einschwingen für eine einstellbare Zeitdauer hält, bevor die restliche Hüllkurve durchlaufen wird (AHDSR-Hüllkurve). Bei manchen →Synthesizern (z. B. Yamahas SY-Serie) läßt sich lediglich wählen, ob das erste Hüllkurvenelement ein Attack- oder Hold-Element sein soll. 2. →Pedal und der dazugehörige →MIDI- →Controller an einigen →Keyboards, das entweder das →Sustain-Pedal ersetzt oder die →Sostenuto-Funktion übernimmt: Die während der Betätigung des Hold-Pedals gedrückten Tasten werden festgehalten, alle weiteren bleiben unbeeinflußt. Anwendungsbeispiel: Man spielt mit der linken Hand einen Akkord, drückt das Hold-Pedal und kann nun zu diesem Akkord mit der rechten eine Melodie spielen, während die linke Hand für die →Spielhilfen (z. B. →Wheels) frei ist.

Hold-Time (engl.) Haltezeit. →Parameter in →Hüllkurven mit einer Hold-Phase, der die Zeitdauer dieser Phase bestimmt.

Home-Keyboard (engl.) Mischung aus →Preset-Synthesizer, →Orgel und (Begleit-) →Sequenzer, entstanden aus der Idee, sehr kompakte orgelähnliche, einmanualige →Keyboards in Verbindung mit Synthesizersounds zu entwickeln. →Home-Keyboards integrieren in der Regel auch eine →Begleitautomatik und verdrängen speziell im unteren Preissegment zunehmend Orgeln aus dem Markt.

Homecomputer (engl.) Heimcomputer. Kleiner →Mikrocomputer, der in erster Linie für Computerspiele und einfache →Anwendungen konzipiert war. Mit dem Preisverfall leistungsfähiger →PCs wurden die Homecomputer zusehends vom Markt verdrängt. Vor Erscheinen des →Atari ST war der →C 64 von Commodore - ein für heutige Begriffe spartanisch ausgestattetes Gerät - der Musik- und Homecomputer schlechthin.

Homerecording (engl.) Heimstudiotechnik. Der Sektor Homerecording umfaßt den Bereich der Studiogeräte (→Bandmaschinen, →Mischpulte, Effekte, →Peripheriegeräte), die in erster Linie für den Heim- bzw. Demostudio-Gebrauch entwickelt wurden. Diese Geräte sind erschwinglicher, kleiner in den Abmessungen und einfacher in der Bedienung als professionelles →Equipment. Sie bieten aber jedem die Möglichkeit, in den eigenen vier Wänden Mehrspurproduktionen von der Aufnahme bis zur →Abmischung zu erstellen. Da die Produktionen meist für den Eigengebrauch oder für →Demos gedacht sind, nimmt man Kompromisse hinsichtlich der Möglichkeiten, des Bedienkomforts und der Aufnahmequalität in Kauf. Typische Beispiele für Homerecording-Geräte sind die Porta- bzw. →MIDI-Studios, die einen Vier- oder Achtspur-Recorder mit einem recht einfachen →Mischpult in einem Gerät verbinden. Die Qualitätsunterschiede zwischen Homerecording- und professionellen →Studios werden in letzter Zeit durch den unaufhaltsamen Einzug der →Digitaltechnik in alle Bereiche immer geringer. Beispielsweise kann jeder auf erschwinglichen →DAT-Recordern in →CD-

Homerecording: Achtkanal-Recorder 488 von Tascam

Hot-Key

Homerecording: Multitrack-Recorder X-26 von Fostex

Qualität mastern. Weitere Schritte in diese Richtung sind →digitale Mehrspurmaschinen und erschwingliche →Harddisk-Recording-Systeme.

Hot-Key (engl.) →Tastenkombination.

Hotline (engl.) Kundenservice von →Software- oder →Hardware-Herstellern. Eine Hotline ist eine telefonische- oder Computerleitung, über die man sich jederzeit technische Unterstützung bei Problemen und Fragen holen kann. In der Regel erhält man mit dem Kauf einer Software oder eines Gerätes eine bestimmte Zeit lang das Recht, diese Hotline in Anspruch zu nehmen. Es gibt daneben aber auch Hotlines privater User-Clubs, die in den meisten Fällen über →Mailboxen angeboten werden.

HP Abk. für →Hochpaßfilter.

Hüllkurve Funktion zur Generierung eines zeitlichen Verlaufs eines - grundsätzlich beliebigen - →Parameters oder Wertes, die diesen →Parameter „einhüllt", also zeitlich definiert. Eine Hüllkurve wird durch mehrere Phasen gebildet, wovon jede Phase durch einen Pegel (→Level) und eine Zeitdauer (→Time) bzw. Übergangsgeschwindigkeit (→Rate) gekennzeichnet ist. Hüllkurven werden in →Synthesizern und anderen elektronischen →Klangerzeugern zur Steuerung von →Filter- bzw. →Oszillatorfrequenz, →Lautstärke und anderen →Parametern eingesetzt. Erst dadurch ergibt sich ein über die Zeit veränderliches →Klangbild. Das Abklingverhalten eines Pianos, das Einschwingen einer Geigensaite oder der kurze Schlag eines →Percussioninstruments lassen sich durch geeignete Hüllkurven nachbilden, außerdem können völlig neuartige Verläufe kreiert werden. Die in →analogen Synthesizern gebräuchlichen Hüllkurven werden von einem →Envelope- oder Hüllkurvengenerator (→ENV, EG, →Contour) erzeugt. Analoge Hüllkurvengeneratoren beschränken sich meist auf die einfach zu bedienende →ADSR-Hüllkurve (siehe dort) mit vier Phasen, die allerdings für höhere Anforderungen zu unflexibel ist. Da die Konzeption →digitaler →Hüllkurven dementgegen keinen →Hardwarebeschränkungen unterworfen ist, arbeiten digitale Klangerzeuger mit weitaus komplexeren Hüllkurvenkonzepten, die teilweise bis zu acht oder mehr Phasen bieten. So sind auch komplexe, ungewöhnliche Zeitverläufe programmierbar. Der Hüllkurvenablauf läßt sich in der Regel mindestens durch →Anschlagdynamik und →Tonhöhe beeinflussen, um natürliche Variationen des Klangverlaufs imitieren zu können, beispielsweise das kürzere Abklingen der Diskantnoten im

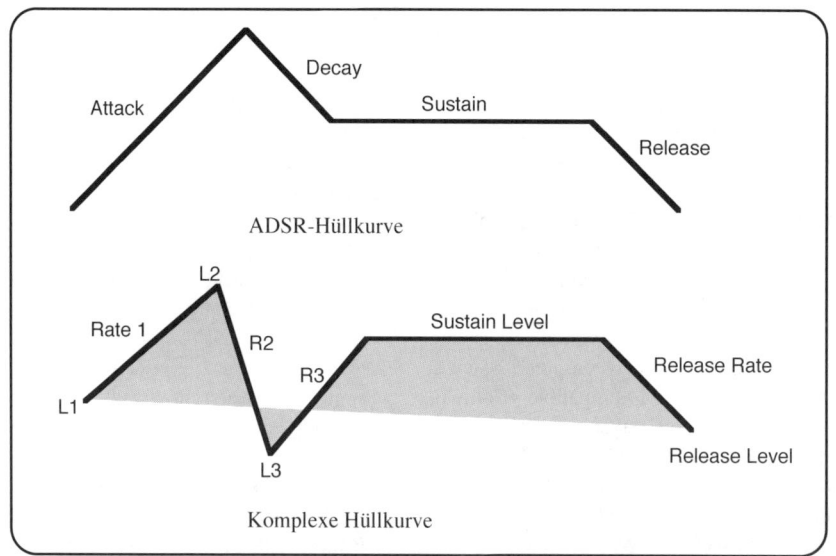

Graphische Darstellung zweier Hüllkurven

Vergleich zum Baß oder das harte Einschwingen staccato gespielter Streicher.
Hüllkurvengenerator →Envelope-Generator.
Hüllkurvengraphik Graphische Darstellung einer →Hüllkurve, die von →Klangerzeugern mit einem Graphik-→Display oder →Editorprogrammen angezeigt wird. Eine solche Graphik veranschaulicht die →Hüllkurve plastisch und bietet damit eine bessere Übersicht als die reinen →alphanumerischen→Parameter-Angaben. Hüllkurvengraphiken auf dem Computermonitor lassen sich zumeist mit der →Maus verändern, indem die Punkte angeklickt und verschoben werden.
Hum (engl.) →Brumm.
Humanize (engl.) Funktion in →Drumcomputern und →Sequenzern, die das →Timing der Noten per →Zufallsfunktion leicht variiert, um ein weniger statisches Spielgefühl zu realisieren. Meist läßt sich ein Prozentsatz für die maximale Abweichung vom →Quantisierungsraster einstellen. Besonders Perkussionsinstrumente wie Congas klingen bedeutend authentischer, wenn sie leicht vom Beat abweichen.
Hyperschall Schallbereich oberhalb einer →Frequenz von 10 GHz = 109 →Hz.
Hz Abk. für →Hertz.
Hz/Volt-Prinzip Linearer →Spannungssteuerungsstandard bei →analogen Synthesizern. Die Erhöhung der →Steuerspannung hat eine Erhöhung der →Oszillatorfrequenz um eine bestimmte →Hertz-Zahl zur Folge. Im Gegensatz dazu wird bei der →V/Oktave-Charakteristik pro →Volt immer um eine Oktave erhöht, ganz gleich, wieviel Hertz diese Oktaven auseinanderliegen (exponentielle Steuercharakteristik).

I

I/O Abk. für →Input/Output. Allgemeiner Oberbegriff für den Datenaustausch zwischen einem →Computer und seinen →Peripheriegeräten.

IBM (engl.) Abk. für International Business Machines, einer der größten Computerhersteller der Welt. Der US-Konzern hat mit seinen →Personal Computern (Einführung im Jahre 1981) einen weltweiten Industriestandard für Einzelplatzcomputer gesetzt. IBM-→PCs und →IBM-kompatible →Computer sind auch als →Musikcomputer sehr verbreitet. Durch die graphische →Benutzeroberfläche →Windows wurde der zunächst unzulängliche Bedienkomfort auf ein Niveau angehoben, das in etwa mit dem des Vorreiters →Apple →Macintosh vergleichbar ist. So gibt es für IBM-Computer zahlreiche menügesteuerte →Sequenzer-, →Sampling- und →MIDI-Software sowie eine große Anzahl von →Erweiterungskarten für →Harddisk-Recording oder →Sampling. In zunehmendem Maße wird der PC auch als →Multimedia-Computer eingesetzt.

IBM-kompatibel Computer bzw. →Hardwareteile, die baugleich mit Standard →IBM-PCs sind und diese ersetzen bzw. mit diesen zusammen funktionieren können. Nachdem sich die →PCs von IBM als Industriestandard durchgesetzt hatten, wurde der Markt von preiswerteren Nachbauten und dazu passenden →Peripheriegeräten (→Monitoren, →Druckern, Karten) überschwemmt. Da IBM nach wie vor den Standard lieferte, für den auch die gesamte →Software entwickelt wurde, bürgerte sich die Bezeichnung „IBM-→kompatibel" ein.

IC (engl.) Abk. für Integrated Circuit: integrierter Schaltkreis. Schaltkreis, der nicht aus mehreren separaten Bauelementen besteht, sondern einschließlich Verdrahtung in einem einzigen Siliziumelement, dem sogenannten Die, integriert ist. Dieser wird dann in ein Gehäuse gesetzt und an die →Pins, die Anschluß-Beinchen des ICs, angeschlossen.

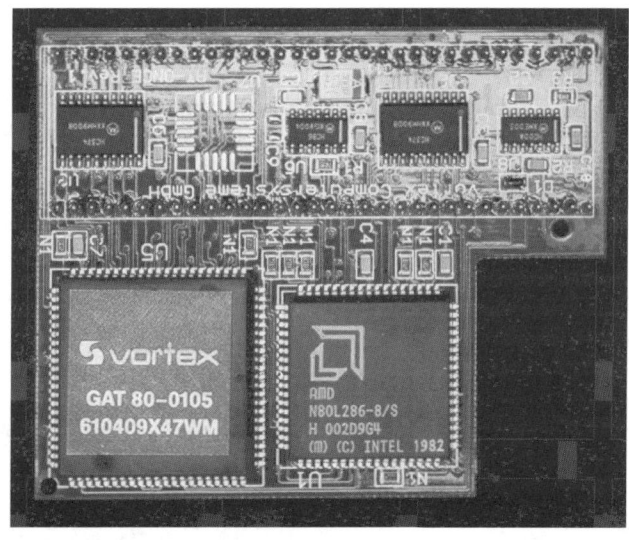

IC: integrierter Schaltkreis in einer Die

Infraschall

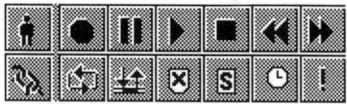

 Diskette   Papierkorb   Anwendung   Ordner   Datei

Zwei Beispiele für Icons: oben Transportfelder in einem Sequenzer, unten Icons aus dem Macintosh-Desktop

Durch diese Integration lassen sich die Schaltkreise auf engstem Raum unterbringen. Der Grad der Integration wird unterteilt in: SSI (Small Scale Integration, bis 100 Schaltelemente), MSI (Medium Scale Integration, bis 1.000 Schaltelemente), →LSI (Large Scale Integration, bis 10.000 Schaltelemente), VLSI (Very Large Scale Integration, bis 100.000 Schaltelemente) und ULSI (Ultra Large Scale Integration, über 100.000 Schaltelemente).

Icon (engl.) Stilisiertes Graphiksymbol, das sich mit der →Maus bedienen läßt. Im →GEM- →Desktop gibt es beispielsweise Icons für →Diskettenlaufwerke, Ordner, den →Papierkorb, →Dateien oder →Anwenderprogramme. Manche →Betriebssysteme lassen die Gestaltung eigener Icons zu.

ID (engl.) Abk. für Identifikation, beispielsweise für ein angeschlossenes →Peripheriegerät (→SCSI-ID) oder eine →Datei.

IMA (engl.) Abk. für →International →MIDI Association.

Impedanz Scheinwiderstand eines elektrischen Bauteils oder einer →Schaltung. In der Praxis ist die Impedanz beim Zusammenschalten von Audiogeräten (→Mischpult, →Verstärker, →Lautsprecher) von großer Bedeutung. Unterschiedliche bzw. nicht geeignete Impedanzwerte können zu Leistungsverlusten, →Verzerrungen oder sogar zu Beschädigungen führen.

Implementation-Chart (engl.) →MIDI-Implementation-Chart.

Impuls Kurzes elektrisches Signal (Spannung, Stromstoß). Impulse werden im Audiobereich zum Auslösen von Funktionen (→Trigger-Impuls) oder auch als →Schwingungen eingesetzt. Die →Pulsschwingung ist nichts anderes als eine Impulsfolge.

Impulsverhalten Fähigkeit eines Bauteils oder Gerätes, →Impulse mehr oder weniger exakt zu verarbeiten. Bei →Lautsprechern beispielsweise wird das Impulsverhalten durch die Trägheit der Membranmasse beeinträchtigt. Compressoren und andere Dynamikprozessoren erlauben die Anpassung des Impulsverhaltens (→Attack-Rate) an das zu verarbeitende Audiomaterial.

In (engl.) Abk. für →Input, Eingang.

Increment (engl.) 1. Erhöhen. Taster oder Funktion zur Erhöhung eines Wertes um einen Schritt. Gegenteil: →Decrement. 2. Genauer Data-Increment. MIDI-→Continuous- →Controller Nummer 96 (dezimal), der Empfang einen Wert in Einer-Schritten erhöht. So erhöht der Increment-Controller nach dem Empfang einer →RPN oder →NRPN den entsprechenden →Parameter.

Increment-Geber →Alpha-Dial.

Indicator (engl.) Anzeigeinstrument, z. B. ein →Aussteuerungszeiger oder eine →Peak- →LED.

Infraschall →Schall mit einer →Frequenz unterhalb von 20 →Hz, der vom menschlichen Gehör nicht mehr als hörbare Audio-Frequenz wahrgenommen wird.

Initialize

Initialize (engl.) Auch als →Default bezeichnet: Funktion zur Initialisierung eines →Sounds oder eines anderen →Programms. Die Init(ialize)-Voice-Funktion der Yamaha-Synthesizer beispielsweise setzt alle →Klangparameter auf neutrale Werte zurück. Andere Initialisierungsfunktionen rufen die Werkseinstellungen oder →Werkssounds des Gerätes zurück, wenn z. B. Fehler aufgetreten sind.

Inkompatibel Eigenschaft zweier Geräte, Bauteile, →Schnittstellen oder Datenformate, nicht zusammenarbeiten zu können. Ein →Apple →Macintosh und ein →Atari ST sind insofern inkompatibel, als man →Software für das eine System nicht auf dem anderen laufen lassen kann. Gegenteil: →kompatibel.

Inline-Pult Bauweise bei →Mischpulten, bei der Eingangs- und →Monitorsektion in einem →Modul zusammengefaßt sind, also von oben nach unten betrachtet „in einer Linie" (engl. „in line") angeordnet sind. Ein Eingangskanal kann zwischen der zugehörigen Klangquelle und der entsprechenden Bandspur umgeschaltet werden, wobei ein zweiter →Kanal-im-Kanal zusätzlich auch das Bandsignal oder, z. B. beim Mischen, ein anderes Signal bearbeiten kann. Inline-Pulte erfordern etwas mehr Routine als →Split-Pulte, bieten dafür jedoch Vorteile hinsichtlich der Flexibilität und eines schnelleren Übergangs von Aufnahme zu Mischung. Zudem lassen sich Inline-Pulte wesentlich kompakter bauen, was besonders beim Betrieb mit 32- oder 48-Spur-Maschinen ins Gewicht fällt.

Input (engl.) Eingang, oft mit „In" abgekürzt. Mit dem Begriff Input wird der Anschluß eines Gerätes, das Eingangssignal bzw. die Eingangsdaten bezeichnet. Beispiel: →Mischpulte besitzen →analoge Inputs für →Audiosignale, →DAT-Recorder auch →digitale Inputs für →Audiodaten.

Input-Monitor (engl.) →Bandmaschinen-

Inline-Mischpult von Tascam

Funktion, mit der man bestimmen kann, welches Signal während der Aufnahme/Wiedergabe einer Spur zu hören ist. Viele Maschinen bieten einen Auto-→Monitor, der beim Wechsel in den →Record-Modus automatisch vom Bandsignal auf das Eingangssignal umschaltet, so daß ein optimales Einsteigen oder →Drop-In möglich ist.

Input/Output (engl.) Abgekürzt →I/0.

Insert (engl.) 1. Einfügen, Modus beim Manipulieren und Verändern von Computerdaten. Beim Einsetzen von Text werden beispielsweise die nachfolgenden Passagen nach hinten verschoben. 2. →Einschleifweg im →Mischpult oder einem Gitarrenverstärker zum Einschleifen eines → →Effektgerätes oder →Dynamikprozessors, wobei der Insert üblicherweise den Audioweg auftrennt, so daß das Signal komplett durch das eingeschleifte Gerät geführt und danach wieder am Insert-Punkt eingespeist wird. Ist der Insert-Weg beschaltet, während das angeschlossene Gerät das Signal jedoch nicht weiterleitet, dann ist der Signalweg durchtrennt, und kein →Audiosignal gelangt an den Ausgang. Insert-Mode: Einfüge-Modus in Text- und Notendruckprogrammen und in →Sequenzern. Im Insert-Mode werden Zeichen, Noten, Takte hinter den →Cursor eingefügt, wobei alle Daten hinter dem Cursor entsprechend weiterverschoben werden. Ist der Insert-Mode dagegen ausgeschaltet, so werden die Daten unter dem Cursor überschrieben.

Instrument Neben der Bedeutung Musikinstrument wird der Begriff Instrument oft zur Bezeichnung virtueller Instrumente benutzt. Beispielsweise ist ein Instrument in einem →Sampler (→Synthesizer) ein →Multisample (→Sound) mit Abspielparametern wie →MIDI- →Channel, →Transposition, →Lautstärke usw. Davon kann der Sampler eine Anzahl gleichzeitig wiedergeben. Ein solches Instrument steht für ein gedachtes →Hardware-Gerät, das im →Klangerzeuger oder in der →Software simuliert wird.

Integrierte Schaltung Von Integrated Circuit, abgekürzt →IC.

Integrierte Systeme Andere Bezeichnung für →Audio-Workstations, die die Komponenten wie →Synthesizer, →Sequenzer, →Sampler, →Recorder, →Mischpult und Effekte in einem System integrieren.

Intensität 1. (engl. Intensity). →Parameter in →Synthesizern, mit dem die Stärke oder Tiefe einer Beeinflussung eingestellt werden kann. Z. B. bestimmt ein →Parameter „EG Intensity" den Einfluß der →Hüllkurve (auf →Tonhöhe, →Filter, →Lautstärke usw.). 2. →Akustik: Schallenergiemenge, die direkt an der →Schallquelle entsteht. Sie wird in der Regel aus dem →Schalldruck abgeleitet.

Intensitätsstereophonie Im Gegensatz zur →Laufzeitstereophonie erzeugt die Intensitätsstereophonie den Raumeindruck durch unterschiedliche Ausrichtung von dicht beieinander angebrachten →Mikrofonen, wobei in erster Linie die zwischen den Mikrofonen auftretende Pegeldifferenz zur stereophonen Plazierung Verwendung findet. Hauptvorteil der Intensitäts- gegenüber der →Laufzeitstereophonie ist deren →Monokompatibilität. Die bekanntesten Aufnahmeverfahren, die die Intensitätsstereophonie verwenden, sind das M-S-, →X-Y- und A-B-Verfahren (siehe Bild).

Interaktion Zusammenspiel von Benutzereingaben und Ausgaben eines Computers, →Programms oder Gerätes. Interaktive Programme erlauben die Steuerung des Programmablaufs durch den Benutzer. Beispielsweise kann man in interaktiven Lernprogrammen Schritte auf Wunsch wiederholen oder den Schwierigkeitsgrad bestimmen. Paradebeispiel für interaktive Programme sind Computerspiele. Im Musikbereich gibt es bereits interaktive Kompositionsprogramme, die in →Echtzeit etwa eine Begleitung, eine zweite Stimme oder einen Rhythmus zu einer über →MIDI eingegebenen Melodie erzeugen (Steinberg „Tango", Intelligent Music „Jam Factory").

Interaktive Komposition

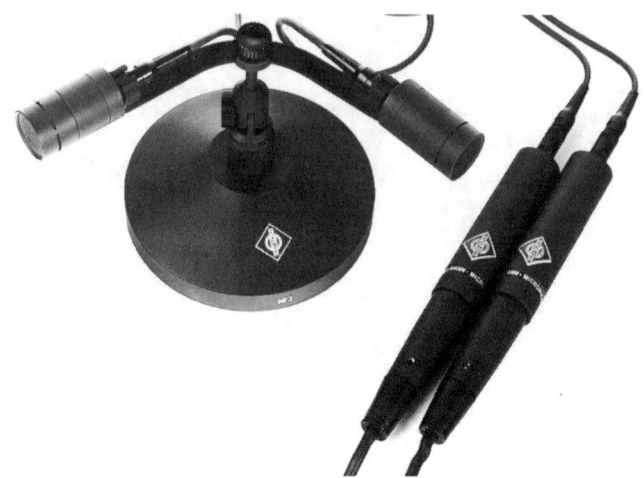

Intensitätsstereophonie: Mikrofonanordnung beim A-B-Verfahren

Interaktive Komposition Komposition, die durch Zusammenwirken einer →Software und den Eingaben eines Musikers entsteht. Dabei benutzt das →Programm die vom Musiker auf einem →Keyboard oder einem anderen →Controller erzeugten Daten als Grundlage oder Steuerbefehle, um daraus nach vorgegebenen Algorithmen eine Komposition zusammenzufügen. Die →Interaktion des oder der Musiker kann dabei je nach Vorgabe Einfluß auf →Tempo, Melodie- bzw. Harmonieführung oder Rhythmik nehmen. Kommerzielle, interaktive Kompositionsprogramme wie „M", „Realtime", „Jam Factory" (alle Intelligent Music) oder „Tango" (Steinberg) laufen auf →Rechnern wie dem →Atari ST und →Apple →Macintosh.

Interface (engl.) →Schnittstelle.

Interferenz Folgen der Überlagerung von →Schwingungen. Durch das Mischen zweier →Oszillatoren im →Synthesizer entstehen Interferenzen (hier: →Schwebungen), andere Interferenzerscheinungen sind →Phasenaddition oder -auslöschung.

Interferenzempfänger →Mikrofone mit einem Richtrohr, das seitliche Schlitze besitzt.

Diese sorgen aufgrund ihrer speziellen Konstellation dafür, daß sich seitlich eintretende →Schallwellen gegenseitig auslöschen, wodurch eine Richtwirkung erzielt wird.

Intermodulationsfaktor Bewertungsparameter für Audiosysteme, der für die subjektive Beurteilung von →Verzerrungen aufschlußreich ist, da das Ohr Summen- und Differenztöne als besonders störend empfindet.

Zur Messung des Intermodulationsfaktors werden zwei Meßtöne mit unterschiedlichen →Frequenzen und Pegeln auf das Übertragungssystem gegeben. Der Intermodulationsfaktor ist das Verhältnis zwischen den am Ausgang des Übertragungssystems neu auftretenden Summen- und Differenztönen und dem Meßton mit der Frequenz f_2.

Internal (Memory) (engl.) Interner Programmspeicher (→Memory) eines →Synthesizers oder eines anderen Gerätes. Klänge/ →Programme aus diesem →Speicher werden in der Regel durch ein „I" im →Display gekennzeichnet (z. B. „I-01 Acc. Piano"), im Gegensatz zum Kürzel „C" oder „E" für →Sounds einer →Speicherkarte.

International →MIDI Association (engl.) Abgekürzt IMA: die offizielle Vereinigung der →MIDI-Anwender mit Sitz in Los Angeles. Die IMA, in der jeder Mitglied werden kann, macht den MIDI-Anwendern den MIDI-Standard in Form der →MIDI-Spezifikation (aktuelle Version 4) zugänglich und veröffentlicht einen Newsletter, in dem Neuentwicklungen (z. B. →MIDI-File-Standard, →Bank-Select-Befehl) dokumentiert werden.

Interpolation Überblendung, Glättung, Erzeugung von Übergängen zwischen zwei gegebenen Zuständen. Ein →Fade-Out ist beispielsweise eine Interpolation zwischen Lautstärkemaximum und -minimum. Bei der →Time-Slice-Synthese beispielsweise wird ein Klangverlauf erzeugt, indem zwischen zwei gegebenen →Obertonspektren interpoliert wird. Die ausgegebene →Wellenform ist zu Beginn mit dem Ausgangsspektrum identisch und nähert sich im Zeitverlauf zunehmend dem Endspektrum.

Interrupt (engl.) Programmierte Unterbrechung eines laufenden Maschinenprogramms und Aufruf eines Unterprogramms. Interrupts werden beispielsweise zur Abfrage der →Maus und der →Tastatur oder zur Steuerung der Ein- und Ausgabe von →MIDI-Daten benutzt.

Intervall Abstand zwischen zwei →Tonhöhen oder Zeitpunkten.

Invert (engl.) Umkehren, um 180° drehen. Ein Inverter liefert für ein positives Eingangssignal einen entsprechenden negativen Wert und umgekehrt.

IRCAM (franz.) Abk. für Institute de Recherche et Coordination Acoustique/ Musique: Forschungsinstitut für →Akustik und Musik in Paris, das maßgeblich an vielen Entwicklungen im Bereich elektronischer Musik beteiligt war, z. B. dem IRCAM-Synthesizer, der IRCAM Musical →Workstation aus vernetzten →NeXT-Computern oder diversen →Software-Entwicklungen zur →Klang- und →Sprachanalyse, auch der MIDI-Programmiersprache MAX für →Macintosh (Opcode).

ISDN (engl.) Abk. für Integrated Services Digital Network: →digitales Netz zur Übertragung und Vermittlung von Informationen (Telefon, Fax, →Computer). Das ISDN-Netz läßt sich neben der Telefonübertragung (8 →Bit, 8 →kHz) auch zur Übertragung digitaler →Audiosignale einsetzen, wovon momenan noch sehr selten Gebrauch gemacht wird. Theoretisch lassen sich über ISDN jedoch Produktions-→Master von einem →Studio ins →CD-Preßwerk überspielen oder in einem kleinen Vorproduktions-→Studio aufgenommener Gesang auf eine digitale Bandspur im großen Studio kopieren.

Iteration (engl.) Anderer Ausdruck für Wiederholung, →Repeat.

Iterative Quantize Spezielle →Quantisierungsfunktion, die sich in →Sequenzern der Firma Steinberg findet (Pro 24, Cubase). Iterative Quantize quantisiert dabei die Noten nicht direkt auf das gewählte Quantisierungsraster, sondern bewegt sie in einem einstellbaren prozentualen Verhältnis dorthin, so daß Noten, die bereits näher am „idealen" Timing liegen, nicht so streng quantisiert werden als weiter entfernt liegende. Der Creator/Notator-Sequenzer von Emagic bietet mit →Capture Quantize eine ähnliche Quantisierung an.

J

Jack (engl.) Bezeichnung für einen Stecker. →Klinke(nstecker).

Jitter (engl.) Ständig schwankende Abweichung der tatsächlichen Übertragungsgeschwindigkeit →digitaler Daten von einer Sollgeschwindigkeit, ähnlich den →Gleichlaufschwankungen bei einer →Bandmaschine.

JMSC Abk. für Japan →MIDI Standard Committee: Vereinigung der Hersteller von →MIDI-Geräten in Japan. Die JMSC arbeitet mit der →MMA zusammen und legt damit auch den →MIDI-Standard fest. Zu den jüngsten Publikationen gehören der →MIDI-File-Standard und der →General-MIDI-Standard.

Join (engl.) Andere Bezeichnung für die →Merge-Funktion in →Samplern (siehe dort).

Joystick (engl.) →X-Y-Steuerknüppel an →Synthesizern und →Masterkeyboards, der zumeist die beiden →Handräder ersetzt und bis zu vier Funktionen (pro „Himmelsrichtung" eine) regeln kann. Allerdings ist der Joystick nicht so feinfühlig zu bedienen (z. B. →Pitchbending) wie ein Handrad. Bei →Synthesizern, die mit der →Vektor-Synthese arbeiten, regelt der Joystick die Lautstärkebalance der vier →Oszillatoren.

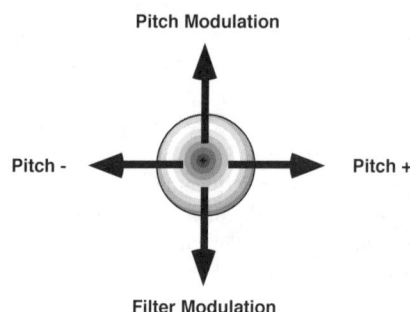

Standardbelegung eines Joysticks an einem Synthesizer

Jump-Funktion (engl. to jump = springen). Funktion in menügesteuerten →Benutzeroberflächen (→Synthesizer, →Computer), die auf Knopfdruck zu einer vordefinierten →Page (Seite) springt und damit langwieriges Suchen erspart.

Junction (engl.) Verbindung, Steckerverbindung.

K

Kabinett Auch Rotorkabinett. Orgelverstärker mit rotierenden →Lautsprechern (→Leslie). →Hammond- und später auch viele →elektronische Orgeln wurden an ein solches Kabinett angeschlossen, um den orgeltypischen →Rotoreffekt zu erzielen.

Kalibrierung →Einmessen.

Kaltstart Neustarten eines Systems durch eine Taste oder eine →Tastenkombination. Der Kaltstart simuliert ein Aus- und Wiedereinschalten des →Computers und seiner →Peripheriegeräte. Im Gegensatz zum →Warmstart werden dabei sämtliche Daten im →RAM gelöscht und die angeschlossenen Geräte initialisiert. Der Kaltstart ist notwendig, wenn ein kapitaler Systemabsturz auch durch einen →Warmstart nicht mehr zu beheben ist.

Kammfilter →Sperrpaß-Filter, das neben der →Filterfrequenz auch die ganzzahlige Vielfache dieser →Frequenz filtert. Ein Kammfilter wird beispielsweise zur Unterdrückung von starken →Brummeinflüssen verwendet, die neben der reinen Grundschwingung auch entsprechende Obertöne aufweisen. Falls die einzelnen Kammfilter-Bänder nicht extrem schmalbandig sind, wird allerdings die Klangcharakteristik unter Umständen deutlich wahrnehmbar beeinflußt. Kammfilter-Effekte entstehen auch durch sehr kurze →Verzögerungen (unter 1 - 10 →ms), die gleichzeitig mit dem Originalsignal erklingen.

Kanal (engl.: →Channel) Übertragungsweg, z. B. →Mischpult-Kanal, →MIDI-Kanal.

Kanalfader →Fader.

Kanalfilter →Channel-Filter (siehe dort).

Kanalnachricht →Channel-Voice-Message (siehe dort).

Kanalregler →Fader (siehe dort).

Karplus-Strong-Synthese Digitales →Syntheseverfahren, das sich besonders zur Erzeugung von Klängen eignet, die mit Saiteninstrumenten assoziiert werden. Als Basismaterial dient ein Rauschsignal, das in ein →Delay eingespeist wird. Dessen →Verzögerungszeit entspricht der gewünschten Periodendauer des →Tons. Der Delay-Ausgang wird durch ein →Tiefpaßfilter geschickt und auf

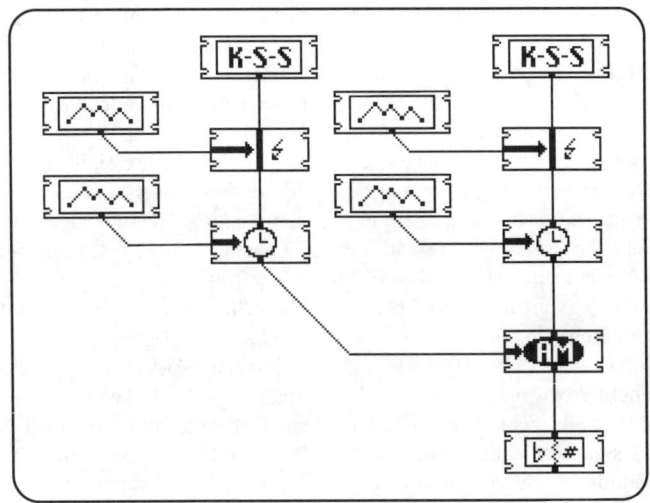

Graphische Darstellung einer Karplus-Strong-Klangstruktur im Steinberg Avalon

Kathedraleffekt

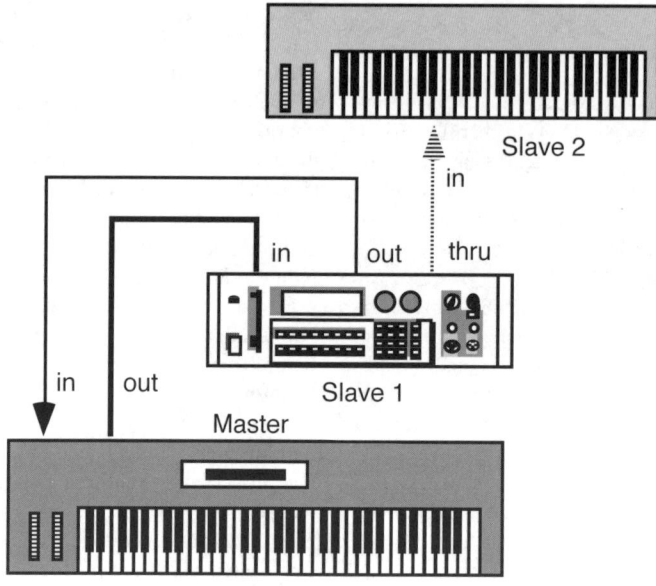

Beispiel für ein MIDI-System mit Kettenschaltung

den Eingang zurückgeführt. Das Ergebnis ist ein „angestoßener" →Klang, der im Verlauf an Obertönen verliert. Karplus-Strong-Synthese ist eine frühe Form von →Physical Modelling.

Kathedraleffekt Schwebender, rotierender →Sound, der durch ein langsam rotierendes →Leslie oder eine entsprechende elektronische Nachbildung (→Chorus, →Flanger) erzeugt wird. Der Kathedraleffekt ist in →Orgeln und →Keyboards zu finden, wo er allerdings heute meist als Chorus bezeichnet wird. Die Bezeichnung basiert auf seinem frühen Einsatz zur Nachbildung von Pfeifenorgelklängen durch →elektronische Orgeln.

kB Abk. für Kilobyte. 1 kB = 1024 →Bytes.

Keepex (engl.) →Noise-Gate des gleichnamigen, mittlerweile nicht mehr existenten Herstellers, dessen Bezeichnung hier und da stellvertretend für den Begriff →Noise-Gate gebraucht wird.

Kettenschaltung MIDI-Verbindung zweier oder mehrerer Empfänger per →MIDI-Thru, d.h. die Empfänger sind hintereinander geschaltet. Eine solche Kettenschaltung hat den Vorteil, daß sie ohne Zusatzgeräte (z. B. →MIDI-Patchbay) realisierbar ist. Allerdings können durch das mehrfache Weiterleiten der Daten unter Umständen Fehler und →Verzögerungen entstehen. Diese hängen davon ab, wie die MIDI-Thru-Hard- bzw. →Software des weiterleitenden Gerätes arbeitet.

Key (engl.) 1. Taste einer →Klaviatur oder →Tastatur. 2. Tonart. 3. Schlüssel (→Kopierschutz-Key).

Key-Click (engl.) Tastenklick. Charakteristisches Anschlaggeräusch einer elektromagnetischen →Hammond-Orgel, das von →elektronischen Orgeln synthetisch erzeugt wird und Bestandteil des Hammond-→Sounds ist. Der Key-Click entsteht im Original durch eine Reihe von Komponenten: Das nicht ganz synchrone Einschalten der einzelnen →Sinus- →Fußlagen, das Einschalten eines →Tons au-

Keyboard

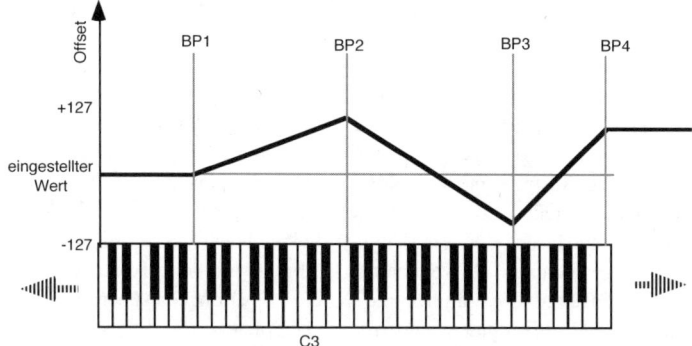

Key-Scaling mit vier Break-Points im Yamaha SY99

ßerhalb eines Sinus-→Nulldurchgangs und - vor allem - verschmutzte Kontaktflächen.
Key-Command (engl.) Tastenbefehl, →Tastenkombination.
Key-Crossfade (engl.) →Positional-Crossfade.
Key-Expander (engl.) →Hardwarezusatz für →Atari-ST-Computer, der an den →ROM-Port des →Computers angeschlossen wird und mehrere →Kopierschutz-Keys gleichzeitig aufnimmt. Auf diese Weise lassen sich mehrere entsprechend kopiergeschützte →Programme ohne Umstecken des Keys bzw. sogar gleichzeitig betreiben.
Key-Follow (engl.) Funktion in →Synthesizern, die →Klangparameter in Abhängigkeit von der →Tastatur beeinflußt. Damit läßt sich erreichen, daß beispielsweise die →Cutoff-Frequenz des →Filters mit der →Tonhöhe →parallel läuft, oder die Hüllkurvenzeiten sich mit zunehmender Tonhöhe verkürzen. Aber auch ungewöhnliche Effekte lassen sich erzielen, indem die Key-Follow-Funktion z. B. auf →Pulsbreite, →LFO-Frequenz oder Hallanteil angewendet wird.
Key-Macro (engl.) für →Tastenkommando.
Key-Pressure (engl.) Auch „Einzeltasten-Aftertouch" oder →„Polyphonic Key-Pressure" genannt. →Aftertouch, der für jede einzelne Note des →MIDI-Kanals gemessen und

ausgegeben wird. Auf diese Weise lassen sich Melodielinien oder Bestandteile eines Akkordes durch Fingerdruck herausheben. Key-Pressure wird aufgrund des technischen Aufwands nur von wenigen →Klaviaturen erzeugt und auch nicht von allen →Klangerzeugern verarbeitet. Intensiver Einsatz von Key-Pressure erzeugt darüber hinaus große Datenmengen - pro Taste oft mehrere hundert →Bytes pro Takt. [1010 nnnn] $An
[0kkk kkkk] →Notennummer
[0vvv vvvv] Druckstärke.
Key-Scaling (engl.) Beeinflussung von →Klangparametern mit Bezug auf die →Klaviatur. Oft läßt sich die Klaviatur unterteilen, indem ein oder mehrere →Break-Points festgelegt werden. Verlauf und Stärke der Beeinflussung lassen sich dann pro Zone programmieren. Das Key-Scaling wird z. B. zur weichen Überblendung mehrerer Teilkänge über die →Tastatur eingesetzt.
Key-Shift (engl.) →Parameter für →Transposition (eines →Oszillators, öfter der gesamten →Tastatur) in Halbtonschritten.
Key-Split (engl.) →Keyboard-Split (siehe dort).
Key-Window (engl.) →Tastaturzone (siehe dort).
Keyboard (engl.) 1. Oberbegriff für sämtliche Tasteninstrumente. Jeder akustische oder

Keyboard-Mischpult

elektronische →Klangerzeuger mit einer →Klaviatur fällt prinzipiell unter diese Bezeichnung. Im Deutschen meint man allerdings in der Regel elektronische Keyboards. Ob Klavier oder Cembalo, →Orgel oder →Synthesizer, →Workstation oder →Portable Keyboard - all diese Instrumente sind Keyboards. Nicht ganz korrekt werden allerdings auch oft die tastaturlosen Versionen von Synthesizern oder →Samplern als Keyboards bezeichnet. 2. →Tastatur. Die →alphanumerische Tastatur eines →Computers und die Klaviatur eines Tasteninstruments werden gemeinhin als Keyboard bezeichnet.

Keyboard-Mischpult →Mischpult.

Keyboard-Split (engl.) Klaviaturteilung. Aufteilung einer (→MIDI-) →Klaviatur in mehrere Bereiche, denen eigene →Parameter zugeteilt werden können. Die einfachste Form des Keyboard-Splits ist die Teilung in einen Lower- und einen →Upper-Bereich (unten/oben), wobei sich jedem Bereich ein eigener →Sound zuweisen läßt. So spielt man zum Beispiel mit der linken Hand den Baß, mit der rechten einen Pianosound. Der →Split wurde zuerst in einmanualigen →elektronischen Orgeln als Ersatzlösung für das fehlende →Obermanual eingeführt. →MIDI-Keyboards hingegen bieten heute Split-Möglichkeiten mit bis zu acht →Tastaturzonen, die sich gegenseitig überlappen können. Neben der Soundnummer können fast immer zahlreiche →Parameter von →MIDI-Kanal, →Lautstärke und →Transposition bis hin zu →Velocity-Kurven und →Controllern für jede Zone separat programmiert werden. Erfolgt die Teilung abrupt von einer Taste zur anderen, spricht man oft von einem „harten Split". Viele →Synthesizer bieten auch die Möglichkeit der Überblendung (weicher Split), die mit der →Key-Scaling-Funktion realisiert wird. Oft wird der Split erst im →Klangerzeuger programmiert, das MIDI-Keyboard selbst muß dieses →Feature dann nicht bieten. Dieses Verfahren ist dann sinnvoll, wenn man auf der

Bühne schnell zwischen verschiedenen Split-Konfigurationen umschalten möchte. →Masterkeyboards erlauben normalerweise die Speicherung solcher Konfigurationen.

Keyboard-Tracking (engl.) Die Beeinflussung von →Klangparametern durch die Klaviaturposition bzw. Tasten- oder →MIDI-Noten-Nummer. Das Keyboard-Tracking läßt beispielsweise die →Cutoff-Frequenz des →Filters mit der →Tonhöhe mitlaufen, damit der →Obertongehalt über den Tonumfang konstant bleibt.

Keyboard-Voltage (engl.) Die von der →Klaviatur eines →analogen Synthesizers erzeugte →Steuerspannung.

Keyboarder (engl.) Wörtlich: Musiker, der Tasteninstrumente spielt. In den letzten zehn Jahren hat sich das Bild des Keyboarders grundlegend gewandelt, sein Betätigungsfeld ist wesentlich interessanter, aber auch anspruchsvoller geworden. Während Keyboarder in den 70er Jahren meist eine Orgel, ein →E-Piano, ein paar →analoge Synthesizer und andere →Keyboards wie →Mellotron oder Solina String Ensemble zu bedienen hatten, arbeitet der Keyboarder heute mit komplexen →MIDI-Systemen. Neben dem Einsatz von →Synthesizern und →Samplern muß der Keyboarder selbstverständlich den Umgang mit einem →MIDI-→Sequenzer beherrschen. Zudem sollte er sich mit Themen wie →Computer, →MIDI und Soundprogrammierung auskennen. Zusätzliche Anforderungen stellt die unbegrenzte Soundvielfalt: So muß sich der Keyboarder in verschiedenste Instrumentalisten hineindenken können, denn er arrangiert und programmiert heute nicht nur die Keyboard-Parts, sondern oft auch →Drums, Baß, Gitarre, Streicher und andere Sounds, deren Spieltechniken und Besonderheiten sich von Tasteninstrumenten grundlegend unterscheiden.

Keyboardzone (engl.) →Tastaturzone.
Keygroup (engl.) →Tastaturzone.
kHz Abk. für Kilohertz. 1 kHz = 1000 →Hz.

KI Abk. für →Künstliche Intelligenz.
KI-Musik Mit Hilfe von →Computern und →Software, die Verfahren der →künstlichen Intelligenz nutzt, erzeugte Musik.
Kilobyte Abgekürzt →kB.
Kilohertz Abgekürzt →kHz.
Kippschwingungen Veraltete Bezeichnung für →Sägezahnschwingung.
Kit (engl.) Baugruppe, Bausatz, Schlagzeugset (→Drumkit).
Klang Nach Auffassung der →Akustik ist ein Klang das, wovon Musiker als „Ton" sprechen: ein →Obertonspektrum, im zeitlichen Verlauf betrachtet. Die →Klangsynthese bezieht sich in erster Linie auf die einzelne Note bzw. →Synthesizerstimme - ein →Oszillator, ein →Filter. Andererseits kann ein Klang natürlich auch ein →Sample eines Synthesizerakkordes oder einer Orchesterpassage sein (→Klanggemisch) - man spielt im →Sampler ebenfalls nur eine einzige Note. Insofern läßt sich der Begriff „Klang" nicht immer auf eine rein physikalische Beschreibung eines Gemisches aus unterschiedlichen →Schwingungen mit einem definierten →Grundton reduzieren, sondern man muß, will man genau sein, auch musikalische Aspekte berücksichtigen. Trotzdem geht man praktikablerweise bei der elektronischen →Klangerzeugung vom akustisch-physikalischen, nicht vom musikalischen Aspekt aus. Insofern ist der Begriff Klangerzeugung auch korrekter als →Tonerzeugung, da ein →Ton unter physikalischen Gesichtspunkten nur eine reine →Sinusschwingung ist.
Klanganalyse →Fourieranalyse.
Klangbild Beschreibung für einen →Klang im zeitlichen Verlauf. Während die →Klangfarbe nur ein statisches →Spektrum repräsentiert, beinhaltet das →Klangbild auch die →Klangfarben- und Amplitudenänderungen des →Klangs im Zeitverlauf.
Klangdaten →Systemexklusive →MIDI-Daten, die die →Parametereinstellungen für einen →Sound eines →Synthesizers enthalten.

→Klangdaten werden per →MIDI übertragen, auf →Card oder im internen →Speicher verwaltet und können im Gerät selbst oder über eine →Editorsoftware bearbeitet werden.
Klangdatenliste Liste mit den →Parametereinstellungen für einen →Synthesizersound. Anhand der Klangdatenliste läßt sich ein →Klangprogramm in den →Synthesizer eingeben oder auch analysieren. Klangdatenlisten wurden für die ersten →digitalen Synthesizer noch einzeln von Hand abgeschrieben und auch zur Veröffentlichung von Klängen verwendet. Heute lassen sie sich automatisch durch ein →Editorprogramm erstellen. Da →Sounds in großen Zahlen über →MIDI übertragen und auf →Diskette verwaltet werden können, haben Klangdatenlisten in der Praxis an Bedeutung verloren. (Siehe nächste Seite.)
Klangerzeuger Oberbegriff für alle elektronischen Musikinstrumente, z. B. →Synthesizer oder →Sampler.
Klangerzeugung Der Teil eines elektronischen Instruments, der aufgrund der →Klangparameter die Klänge für die einzelnen →Stimmen berechnet und ausgibt. Bei →analogen Synthesizern besteht die →Klangerzeugung aus →Oszillator, →Filter und →Verstärker mit den dazugehörigen Steuermodulen wie →Hüllkurven oder →LFOs. Bei →digitalen Systemen basiert die →Klangerzeugung auf einem oder mehreren →Mikroprozessoren, die aufgrund der Vorgaben aus einem →RAM- oder →ROM-Speicher→Samples auslesen und/oder berechnen, und dem →D/A-Wandler, der diese Samples in →Audiosignale umwandelt. Da die →Klangsynthese auf digitalem Wege in erster Linie von →Software abhängig ist, kann ein und dieselbe Klangerzeugung theoretisch verschiedene →Syntheseverfahren realisieren. Allerdings gilt dies nur dann, wenn entsprechende →Prozessoren, z. B. →DSPs verwendet werden, nicht - wie heute fast allgemein üblich - Custom-→Chips.
Klangfarbe Die Klangwahrnehmung, die sich durch die Interpretation eines bestimm-

Klangformung

KLANG-DATEN·ÜBERSICHT

DX7 II·FD/D

Voice name: Electric Grand
Date: 06/01/94

ALGORITHM		OSCILLATOR	OP	1	2	3	4	5	6	Key mode		Foot control 1	
ALG	11	Mode		r	r	r	r	r	r	Key assign mode		ICS 1 P.MOD	
FBL	0	Coarse·Fine		1.00	1.00	7.00	1.00	3.00	1.00	Unison detune		A. MOD	
OSC.Sync	on	Detune		-4	-1	-2	+2	+1	+4	Pitch Bend		EG. B	
Transpose	C3	E G	OP	1	2	3	4	5	6	Range	0	Vol	
L F 0		RS		7	4	7	7	7	7	Step		Foot control 2	
Wave	TRI	R1		99	93	99	90	99	99	Mode		P. MOD	
Speed	21	R2		32	39	42	32	50	63	Portamento		A. MOD	
Delay	0	R3		21	22	0	14	13	16	Mode		EG. B	
Mode	Single	R4		46	43	0	49	49	0	Step		Vol	
PMS	0	L1		99	99	99	99	99	99	Time	0	MIDI IN control	
PMD	0	L2		89	94	99	97	90	94	Random pitch S.		P.MOD	
AMD	0	L3		0	0	0	0	0	0	Modulation Wheel		A. MOD	
Sync	off	L4		0	0	0	0	0	0	P. MOD		EG. B	
Pitch E G		Output Level	OP	1	2	3	4	5	6	A. MOD	77	Vol	
Range		Scaling mode		norm	norm	norm	norm	norm	norm	EG. B			
Velocity										Breath Control			
RS		Output Level		99	73	74	99	79	89	P. MOD			
R1		LD		9	10					A. MOD			
R2		LC		+Lin	-Lin					EG. B			
R3		BP		D3	G3	G4	C3			P. Bias			
R4		RC		-Lin	-Lin	-Lin	-Lin			After Touch			
L1		RD		11	28	99	18			P. MOD			
L2		Sensitivity	OP	1	2	3	4	5	6	A. MOD			
L3		Velocity		3	4	9	4	4	3	EG. B			
L4		AMS		3	0	0	3	0	0	P. Bias			

Klangdatenliste für einen Piano-Sound im Yamaha DX7 II

ten, mit dem Ohr aufgenommenen →Obertonspektrums im Gehirn ergibt. Jedes Obertonspektrum hat eine spezifische Klangfarbe. Da es sich um eine subjektive Größe handelt, sind die Adjektive für die Beschreibung von Klangfarben recht ungenau: dunkel/hell, warm/kalt, dünn/fett oder nasal, hohl. Trotzdem ist eine bestimmte Klangfarbe das Ergebnis eines bestimmten, auf physikalischer Ebene zurückführbaren Ereignisses. Beispielsweise deutet eine dunkle Klangfarbe auf einen obertonarmen →Klang hin, eine hohle Klangfarbe auf eine →Rechteckwellenform.
Klangformung Oberbegriff für die Bausteine eines →Klangerzeugers, welche die vom →Oszillator erzeugten →Wellenformen oder die Samples eines Samplers zum fertigen Klang formen. Die →Klangformung ist in der Regel eine →subtraktive Klangbearbeitung und

besteht mindestens aus einem →Filter und einem steuerbaren →Verstärker. Dazu kommen je nach Ausstattung diverse →Modulationsquellen wie →Hüllkurven oder →LFO. In der →Klangformung werden die statischen, obertonreichen Wellenformen eines →Synthesizers zu Klängen mit einem →Oberton- und einem →Lautstärkeverlauf geformt.
Klanggemisch Per Definition eine Zusammensetzung aus Klängen mit Grundtönen beliebiger →Frequenzen, also eine Mischung mindestens zweier Klänge unterschiedlicher →Grundfrequenz. Der Begriff wird selten angewandt.
Klangparameter →Parameter eines →Synthesizers, →Samplers oder sonstigen →Klangerzeugers, die direkt den →Klang beeinflussen und in ihrer Gesamtheit als →Klangprogramm (→Sound) bezeichnet werden.

Klangsynthese

Klangprogramm Einzelner →Klang eines →Synthesizers. Siehe dazu auch →Sound, →Patch.

Klangregelung Meist als EQ (→Equalizer) bezeichnet: Einrichtung, bestehend aus →Filtern und →Entzerrern, mit deren Hilfe sich der →Frequenzgang und damit der Klangeindruck eines →Audiosignals verändern läßt. Eine einfache Klangregelung eines →HiFi- →Verstärkers arbeitet lediglich mit einem Baß- und einem Höhenregler. Die Klangregelung eines professionellen →Studio-→Mischpultes dagegen bietet zusätzlich mehrere, teils im Frequenzband regelbare Mittenbereiche, →Hochpaßfilter oder →Verzerrer.

Klangspektrum →Obertonspektrum.

Klangsynthese Erzeugung von Klängen auf elektrischem, elektronischem bzw. →digitalem Wege, ausgeführt von einem →Synthesizer oder einem entsprechend ausgestatteten und programmierten →Computer.

„Synthese" im wörtlichen Sinne bedeutet das Zusammenfügen oder Zusammenbauen des →Klangs mit Hilfe von Bausteinen. Die ersten (→Moog-) Synthesizer - sieht man einmal von historischen Geräten wie dem →Theremin, dem →Trautonium oder der →Hammond-Orgel ab - erzeugten Klänge mit Hilfe spannungsgesteuerter →Module.

Dieser →Subtraktiven Synthese sind die meisten heute eingesetzten Syntheseprinzipien entlehnt. Bei der Subtraktiven Synthese wird eine obertonreiche →Wellenform von einem →Oszillator erzeugt, der durch nachgeschaltete →Filter und →Verstärker Obertöne und →Lautstärke entzogen werden. Diesen Prozeß bezeichnet man als →Klangformung. Von den →Wellenformen her waren die →analogen →Oszillatoren auf die →Sägezahn-, →Rechteckwelle, →Sinus- und →Dreieckwelle festgelegt und damit klanglich nicht sehr variabel. Dieses →Syntheseverfahren war bis zur Entwicklung der ersten digitalen Synthesizers das einzige auf dem Markt. So ist die →Subtraktive Synthese nach wie vor auch das einzige Verfahren, das sich mit vertretbarem Aufwand auf analogem Wege realisieren läßt.

Das erste →digitale →Klangsyntheseverfahren, die →Additive Synthese, beschreitet den umgekehrten Weg: Hier wird der →Klang →Oberton für Oberton additiv aufgebaut. Diese Form der →Klangerzeugung ermöglicht zwar beliebige →Obertonspektren und damit auch →Klangfarben, ist jedoch sehr aufwendig zu programmieren. Außer dem PPG Waveterm wurde die Additive Synthese bisher beispielsweise im Kawai K5 und im Wersi MK1 eingesetzt.

Die →Wavetable-Synthese stellt eine Kombination der Additiven und der Subtraktiven Synthese dar. Der →Oszillator erzeugt hier keine analoge Wellenform, sondern ein additives →Spektrum, das in Form einer Wellentabelle abgespeichert ist. Die Spektren sind entweder festgelegt oder können vom Benutzer editiert werden. Außerdem lassen sich verschiedene Spektren im →Oszillator interpolieren oder mischen, entweder nur im Pegel oder auch über die Zeit mit Hilfe von →Hüllkurven. Die →Klangformung ist nach wie vor subtraktiv. Dieses Verfahren kann entweder volldigital oder mit digitalem →Oszillator und analoger →Klangformung realisiert werden. Beispielhafte Synthesizer mit diesem Verfahren sind (in chronologischer Reihenfolge) PPG Wave 2.3, Korg DW-8000, →Sequential Circuits Prophet VS und Waldorf MicroWave (Überarbeitung des PPG Wave).

Der →Yamaha DX7 leitete 1984 eine Revolution ein. Er beherrschte als erster kommerziell erhältlicher Synthesizer die digitale →FM-Synthese. Dieses Verfahren beruht darauf, daß die →Frequenz eines →Oszillators (→Träger) von einem weiteren →Oszillator (→Modulator) moduliert wird. Dabei entstehen Obertonspektren, deren Zusammensetzung vom Frequenzverhältnis →Träger : →Modulator und deren Obertongehalt von der →Amplitude des Modulators (→Modulationsindex) abhängig

Klaviatur

sind. Durch Kombination mehrerer dieser →Oszillatoren und Hinzufügen von →Hüllkurven und →Modulationen lassen sich äußerst komplexe Klänge realisieren, die im Vergleich zu anderen Syntheseverfahren sehr natürlich und lebendig klingen.
Ähnliche Klangergebnisse, allerdings nicht von derselben Qualität, erreichen die →PD-Synthese und die →AM-Synthese. Sie arbeiten im Grunde nach demselben Prinzip wie die FM-Synthese, allerdings wird bei der →PD-Synthese anstelle der Frequenz die →Phase des Trägers moduliert (Casio CZ-Synthesizer), bei der AM-Synthese die Amplitude (Kawai K1/K4).
Die →LA-Synthese - ausschließlich in Roland-Synthesizern (erstmals D-50) eingesetzt, benutzte erstmals Samples als →Oszillator-Material, glich aber ansonsten einer digital realisierten Subtraktiven Synthese. Die →ROM-Sample-Synthese schließlich benutzt nur noch →Samples und →Multisamples, die mit einer subtraktiven Klangformung bearbeitet werden. Ein →ROM-Sample-Synthesizer ähnelt daher vom Aufbau her stark einem →Sampler.
Neben den oben beschriebenen, sehr verbreiteten Klangsyntheseverfahren existiert eine große Anzahl exotischer oder nur mit großem Aufwand realisierbarer Verfahren, darunter die →Time-Slice-Synthese, →Karplus-Strong-Synthese, →Physical Modelling, →Granular-Synthese, →Resynthese und →Linear Predictive Coding.

Klaviatur (engl.: →Keyboard) Jedes elektronische Tasteninstrument ist mit einer Klaviatur ausgestattet. Allerdings unterscheiden sich diese in der Ausführung im Gegensatz zu den akustischen Tasteninstrumenten (Klavier, Cembalo) erheblich. Die wichtigen Unterscheidungsmerkmale sind:
- Umfang: Der Standardumfang für →Synthesizer und andere elektronische →Keyboards normalen Ausmaßes beträgt 61 Tasten oder fünf →Oktaven von C1 (→MIDI-Noten-Nummer 36) bis C6 (Nummer 96). Weitere Standardumfänge sind 76 Tasten (z. B. →Masterkeyboards) und 88 Tasten (z. B. →Digital-Pianos).
- Ausführung: Einfache Klaviaturen besitzen nicht gewichteten Plastiktasten, wie sie von elektronischen Orgeln übernommen wurden. Sehr gute, klavierähnliche →Tastaturen verfügen über Tasten, die mit einer Hammermechanik versehen und teilweise sogar aus Holz sind. Dazwischen gibt es die verschiedensten Ausführungen, beispielsweise gewichtete Plastiktasten mit Bleiplättchen und verstärkten Federn.
- →Anschlagdynamik und Druckempfindlichkeit: Neben der fast selbstverständlichen →Anschlagdynamik bieten viele Klaviaturen →Aftertouch, seltener auch →polyphonen Aftertouch. Dazu werden die Klaviaturen mit Sensoren zur Messung des Fingerdrucks auf die gesamte Klaviatur oder einzelne Tasten ausgestattet. Weitere Zusatzfunktionen wie →Keyboard-Split, →Velocity-Switch oder →Dynamikkurven werden via →MIDI übertragen und/oder von der →Klangerzeugung berechnet.

Klinke Gängige Steckverbindung meist zur →unsymmetrischen Verbindung von Audiogeräten. Jedes →Keyboard besitzt Klinkenausgänge, hier wird die stabile 6,3-mm-Klinke (Durchmesser des Stiftes) verwendet. Stereoverbindungen werden entweder über zwei Monoklinken oder eine Stereoklinke realisiert. Seltener werden Stereoklinken zur Über-tragung →symmetrischer Signale verwendet. Die kleineren 3,5-mm-Klinken sind eher im →HiFi-Bereich (z. B. Walkman-→Kopfhörer) gebräuchlich.

Klirrfaktor Das Verhältnis zwischen den →Schwingungen, die durch eine →nichtlineare Verzerrung hervorgerufen werden, und dem unverzerrten Gesamtsignal. Es werden die Effektivwerte der Spannungen gemessen. Der Klirrfaktor wird in Prozent angegeben, die englische Bezeichnung lautet Total →Distor-

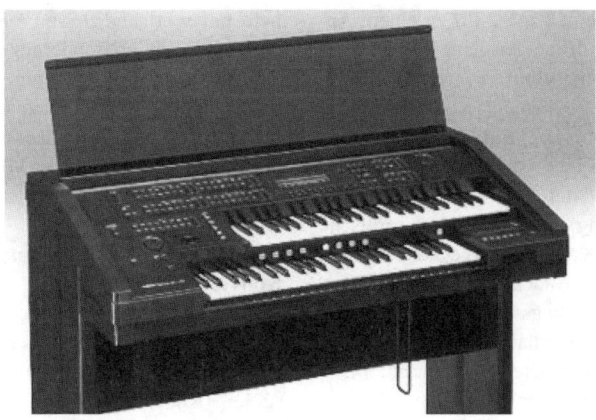

Mit einem Knee-Lever unterhalb der Tastatur lassen sich Soundeffekte steuern

tion (TD) oder Total Harmonic Distortion (→THD), wenn nur die ganzzahligen Oberwellen untersucht werden.

Knee-Lever (engl.) Kniehebel. →Spielhilfe an Heimorgeln zur Steuerung von Soundeffekten. Damit wird durch seitliche Bewegung des Hebels unter anderem der aus wohl traditionellen Gründen beliebte Hawaii-Effekt ausgelöst. Heute wird der Kniehebel durch →Controller wie Taster und →Fußschalter ersetzt.

Koaxialkabel Spezielles Verbindungskabel, das unter anderem für →digitale Audioschnittstellen benutzt wird und einen niedrigen Leitungswiderstand besitzt.

Kombikopf →Sync-Kopf.

Kompander Kombination aus →Kompressor und →Expander in →Rauschunterdrückungssystemen →analoger →Tonbandmaschinen. Das Signal wird vor der Aufzeichnung komprimiert und kann dadurch höher ausgesteuert werden. Das ursprüngliche →Dynamikverhalten wird durch Expandierung bei der Wiedergabe wiederhergestellt. In professionellen →Rauschunterdrückungssystemen arbeiten mehrere, in Frequenzbereiche aufgeteilte Kompander. So benutzt das →Dolby-SR-System vier Kompander.

Kompatibel Eigenschaft eines Gerätes, Bauteils, einer →Schnittstelle oder eines Datenformats, mit einem anderen Gerät oder Datenformat teilweise oder vollständig zusammenarbeiten, in dieses eingebaut werden oder dieses ersetzen zu können. →MIDI-Geräte sind beispielsweise hinsichtlich der MIDI-Funktionen →kompatibel. →IBM-kompatible →Computer sind Nachbauten von →IBM-Computern oder →Computer, die mit Hilfe eines →Emulators die Funktion eines IBM-Standard-→PCs übernehmen können. IBM-kompatibel ist aber auch ein Leistungsmerkmal von →Software oder →Peripheriegeräten (→Monitor, →Drucker). Gegenteil: →inkompatibel.

Kompression 1. →Kompressor. 2. →Datenkompression.

Kompressor →Dynamikprozessor, mit dem sich die →Dynamik des Eingangssignals nichtlinear beeinflussen, z. B. begrenzen (komprimieren) läßt. Der Verstärkungs- bzw. →Dämpfungsfaktor des Kompressors ist abhängig vom Eingangspegel des Signals. Der Anstieg des Eingangssignals, der ein um 1 →dB höheres Ausgangssignal bewirkt, wird „Compression-Ratio" genannt. Eine Ratio von 2 : 1 beispielsweise bedeutet, daß eine Erhöhung des Eingangssignals um 2 dB zu einem Anstieg von nur 1 dB am Ausgang führt. Unterhalb eines einstellbaren →Schwellwerts (→Threshold) arbeitet der Kompressor mit einem Faktor von 1 : 1. Eine Anzeige - in den meisten Fällen eine →LED-Kette, teilweise auch ein →VU-Meter - zeigt die Stärke der Signaldämpfung an, so daß eine optische Kontrolle der →Kompression gegeben ist. Über die →Parameter →Attack- und →Release-Time läßt sich die Anstiegs- bzw. Abfallzeit der Kompression materialabhängig regeln. Manche Kompressoren bieten auch eine automatische Anpassung dieser →Parameter an.

In der Praxis werden Kompressoren eingesetzt, um starke Lautstärkeschwankungen zu verringern. Bei der Aufnahme läßt sich dadurch das →Magnetband insgesamt besser aussteuern, das Signal wird lauter und durchsetzungskräftiger wahrgenommen. Auch zur kreativen Klangbearbeitung, beispielsweise bei Gitarre oder Baß, läßt sich der Kompressor einsetzen.

In →digitalen Systemen dient die →Kompressorfunktion der Einhaltung der maximal zulässigen Signalamplitude.

Kondensatormikrofon Auch elektrostatisches →Mikrofon: hochwertiges Studiomikrofon mit einem ausgesprochen linearen →Frequenzgang und gleichmäßiger →Richtcharakteristik. Die Besonderheit eines Kondensatormikrofons besteht darin, daß eine hauchdünne, elektrisch leitende Folie als Membran fungiert. Die →Schwingungen dieser Folie verändern die Kapazität zwischen dieser und einer zweiten Elektrode. Voraussetzung ist eine konstante Gleichspannung, die vom →Mischpult oder einem speziellen Speisungsgerät geliefert wird (→Phantomspeisung).

Konsole Andere Bezeichnung für →Mischpult.

Kontaktbildschirm →Touch-Screen.

Kontaktmikrofon Einfaches →Mikrofon, das am Körper oder an einem Instrumentenkorpus befestigt wird und dessen →Schwingungen direkt in Spannungsänderungen umwandelt. Wegen der unzulänglichen Klangqualität werden Kontaktmikrofone in erster Linie zur Übertragung von →Impulsen eingesetzt, um beispielsweise →Drum-to-MIDI-Converter anzusteuern.

Kontrollrad →Wheel.

Kontrollspannung →Steuerspannung.

Konverter →Converter.

Kopfhörer (engl. Phones oder →Headphones) Bügel mit zwei Lautsprechermuscheln zum direkten Anschluß an Instrumente und →Verstärker (Kopfhörerausgang), der das Hören unter Ausschluß der Außenwelt ermöglicht. Die meisten Kopfhörer sind elektrodynamische →Schallwandler, sehr teure Modelle arbeiten nach dem elektrostatischen Prinzip. Man unterscheidet zwischen offenen und geschlossenen Kopfhörern. Offene Systeme sind angenehmer zu tragen und lassen Umweltgeräusche durch. Geschlossene Systeme bieten den Vorteil der Abschottung nach außen, was z. B. beim Einsatz als Studiokopfhörer sinnvoll ist, da unter anderem das Kopfhörersignal nicht ins →Mikrofon gelangen kann. Als „→Monitore" zum Abmischen eignen sich Kopfhörer trotz der bei einigen Modellen hervorragenden Klangqualität nicht, da die völlige Trennung der beiden Kanäle die Stereo-Wahrnehmung verfälscht und auch der Tiefenbereich verfremdet wird.

Kopiereffekt Effekt bei der Aufzeichnung auf →Magnetband: Übertragung einer Magnetisierung von einer Bandwindung auf die nächste, die als Vor- oder Nachecho zu hören ist. Der Kopiereffekt wird unter anderem durch längere Lagerung des Bandes erzeugt oder verstärkt.

Kopierschutz Zusatz zu einer →Software, die verhindert, daß diese unerlaubt kopiert werden kann. Wer eine Software kauft, erwirbt damit ein Nutzungsrecht, das strenggenommen auf ihn und einen einzelnen →Computer beschränkt ist. Damit diese Vereinba-

Kreuzschienenfeld

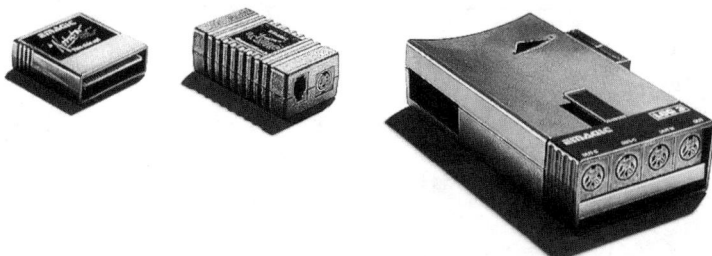

Kopierschutz-Keys sollen Software-Programme vor Hackern schützen

rung eingehalten wird, versehen Hersteller ihre →Programme mit einem Kopierschutz, von dessen Wirksamkeit der Absatz des Programms so wesentlich abhängt, daß führende Software-Hersteller teilweise mehrere Monate allein für die Entwicklung des Kopierschutzes aufwenden. Unterschieden wird hierbei zwischen →Hardware- und →Software-Kopierschutz. Ein wesentlich wirksamerer Hardware-Kopierschutz besteht in einem unkopierbaren Zusatzchip (→Kopierschutz-Key), der an einen →Port des →Computers angeschlossen wird, und ohne den das Programm nicht arbeitet. Ein →Software-Kopierschutz wird im Programm selbst oder im →Bootsektor der →Diskette untergebracht und verhindert zumindest das Kopieren der Programmdiskette mit den Kopierfunktionen des →Betriebssystems. Spezielle Copy-Software und besonders Computer-Hacker sind oft in der Lage, diesen Kopierschutz außer Funktion zu setzen, so daß binnen weniger Monate nach Erscheinen des Programms eine „geknackte" Version kursiert. Software-Hersteller versuchen, das Benutzen dieser Versionen durch regelmäßige →Updates uninteressant zu machen. Leider berücksichtigen gerade hierzulande sehr wenige User, daß →Raubkopieren in der Konsequenz den Preis für gute Software letztendlich in die Höhe treibt.

Kopierschutz-Key Auch Dongle: kleines Bauteil in Form eines in Plastik eingegossenen →Chips, der an einen →Port des →Computers angeschlossen wird. In diesem →Chip ist ein Code gespeichert, den das zugehörige →Programm bei Programmstart und während der Anwendung abfragt. Ohne dieses kleine Zusatzteil startet ein derart kopiergeschütztes Programm nicht bzw. stürzt mittendrin ab. Da der Kopierschutz-Key sich nicht ohne weiteres kopieren läßt, stellt er bisher den sichersten Schutz des →Software-Herstellers vor →Raubkopien dar. Wer mehrere mit solchen Keys geschützte Programme betreiben will, benötigt je nach →Rechnertyp und Key-System zusätzlich einen →Key-Expander.

Korrelationsgradmesser Anzeigeinstrument zur Kontrolle der →Phasenunterschiede zwischen den beiden Stereokanälen. Der Korrelationsgradmesser hat einen Wertebereich von -1 bis +1, was einer Phasenlage von 0° bis 360° entspricht. Je größer die Korrelation ausfällt, desto besser klingt eine Stereoaufnahme bei der →Mono-Wiedergabe, da weniger →Phasenauslöschungen entstehen. Bei einem Korrelationsgrad von -1 sind beide Kanäle um 180° gedreht. Sie löschen sich gegenseitig vollständig aus, und bei Mono-Wiedergabe ist nichts zu hören.

Kreuzmodulation Eingedeutscht für (engl.) →Cross-Modulation.

Kreuzschienenfeld →Steckfeld-Ersatz, der in einigen →Modulsynthesizern zur Verbindung der →Module benutzt wurde. Der Vorteil des Kreuzschienenfeldes gegenüber dem

Kunstkopf-Stereophonie

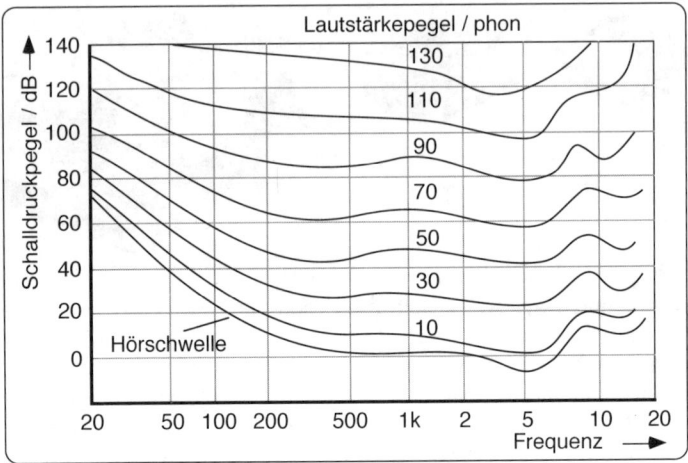

Kurven gleicher Lautstärke nach Robinson/Dadson

→Steckfeld lag darin, daß die Leitungen intern fest verdrahtet waren und lediglich durch Kurzschlußstecker oder Druckknöpfe aktiviert werden mußten. Dadurch ließen sich auch komplexe Zusammenschaltungen ohne Kabelsalat realisieren. Im →Tonstudio hat sich das Kreuzschienenfeld jedoch nicht durchgesetzt.

Kunstkopf-Stereophonie Spezielles Aufnahmeverfahren, bei dem die →Mikrofone in einem nachgebildeten menschlichen Kopf etwa an der Position des Innenohres untergebracht sind. Dadurch wird die räumliche Abbildung durch die Nachbildung der Gehörgänge deutlich verbessert. Die Kunstkopf-Stereophonie vermittelt den Eindruck, unmittelbar im oder am Klangkörper (Orchester) zu sitzen, wenn die Aufnahme über einen →Kopfhörer abgehört wird. Kunstkopf-Aufnahmen lassen sich auch über →Lautsprecher abhören, allerdings bleibt der spezielle Effekt der räumlichen Wiedergabe in diesem Falle weitgehend aus.

Künstliche Intelligenz Abgekürzt →KI: eine Sparte der Informatik, die →Programme für Aufgaben entwickelt, die normalerweise menschliche Intelligenz voraussetzen würden. Dabei wird versucht, dem →Computer Eigenschaften wie Kreativität, abstraktes Denken, Lernen von Zusammenhängen beizubringen. Da diese Eigenschaften auch in der Musik in hohem Maße gefordert sind, wird im Bereich KI und Computermusik intensiv geforscht. Ziel ist es, den →Computer als Komponisten oder ausführenden Musiker einsetzen zu können. Die ehemals hochgesteckten Ziele der KI-Forschung sind inzwischen allerdings stark relativiert worden.

Kurven gleicher Lautstärke Phonkurven, die bezogen auf einen Normalton bei 1000 →Hz angeben, welche Phonzahl bei welcher →Frequenz vom menschlichen Gehör als gleich laut empfunden wird. Diese Kurven existieren für verschiedene Bezugslautstärken. Die Kurven gleicher →Lautstärke sind damit quasi die Pegeldiagramme des menschlichen Gehörs, die dessen Nichtlinearitäten abhängig von der Grundlautstärke und Frequenz darstellen. Sie werden häufig auch als →Robinson-Dadson-Kurven bezeichnet.

L

LA-Synthese (engl.) Abk. für →Linear Arithmetic Synthesis.
Label (engl.) Etikett, Marke.
LAN (engl.) Abk. für Local Area Network: →Netzwerk zur lokalen Verbindung mehrerer →Computer und →Peripheriegeräte. Beispiele für LANs sind AppleTalk für →Apple- →Macintosh-Computer oder Ethernet. Augenblicklich gibt es Bestrebungen, →digitale →Audiodaten, →Video und →MIDI über spezielle, echtzeitfähige Netzwerke zu übertragen.
Laptop (engl.) Auch als Portable oder Notebook bezeichnet: tragbarer →Computer im Aktentaschenformat und kleiner. Laptops können im Batteriebetrieb bis zu mehreren Stunden ohne Netzstrom auskommen und sind jederzeit ohne →Peripheriegeräte einsatzbereit. →Monitor (→LC-Flachbildschirm), →Tastatur und meist auch ein →Trackball sind eingebaut.
Ein speziell auf musikalische Zwecke zugeschnittener Laptop ist der Yamaha C1, ein →IBM-kompatibler →PC, der ein eingebautes →MIDI-Interface mit acht separaten →MIDI-Outs (bis zu 96 →MIDI-Kanäle) besitzt.
Laser (engl.) Abk. für Light Amplification by Stimulated Emission of Radiation. Ein Laserstrahl ist ein einfarbiger, extrem gebündelter Lichtstrahl, der unter anderem zum Erhitzen, Magnetisieren oder →Abtasten extrem kleiner Punkte eingesetzt werden kann, →Laserabtastung, →Laserdrucker, →CD-Player.
Laserabtastung Verfahren zum →Abtasten von →CDs. Ein Laserstrahl trifft auf die reflektierende Metallschicht der rotierenden Scheibe, auf der die →Audiodaten in Form von Vertiefungen gespeichert sind. Der Strahl wird von den Vertiefungen (Lands) unterschiedlich stark reflektiert als von den Erhöhungen (→Pits). Der reflektierte Strahl wird über ein Prisma an eine →Photodiode geleitet, die die →Intensitätsunterschiede in Spannungsänderungen umwandelt.
Laserdrucker Hochwertiger →Druckertyp, dessen Druckwerk wie ein Kopierer arbeitet. Beim Laserdrucker zeichnet ein Laserstrahl das Druckbild auf eine elektrisch geladene

Apple Laserdrucker mit hoher Druckqualität

Laserstrahl

Bildtrommel und entlädt diese damit punktweise. Der danach auf die Trommel gestreute Toner (Druckpulver) bleibt nur an den entladenen Stellen haften. Anschließend wird der Toner durch die Trommeldrehung auf das Papier übertragen und mit Wärme (etwa 200º C) fixiert. Laserdrucker sind im Vergleich zu allen anderen Druckertechnologien sehr schnell (bis zu sechzehn Seiten pro Minute) und bieten vor allem eine hohe Druckqualität. Die Standardauflösung eines Laserdruckers beträgt 300 →dpi (Punkte pro Zoll), einige Modelle bieten sogar →Auflösungen bis zu 600 dpi an. Ein →Matrixdrucker erreicht im Schnitt gerade 150 - 180 dpi. Die meisten Laserdrucker verfügen über einen eigenen →Prozessor zum Aufbau des Druckbildes, der den →Computer entlastet. Zusätzlich werden die Geräte mit einer Anzahl an stufenlos skalierbaren →Fonts (→Schriften) zur Gestaltung der Dokumente geliefert. Ein wichtiges Leistungsmerkmal professioneller Laserdrucker ist die →PostScript-Fähigkeit. Ein →PostScript-Laserdrucker ist in der Lage, exakte Kontrollausdrucke (Proofs) von Dokumenten zu erstellen, die anschließend auf einem →Satzbelichter ausgegeben werden sollen.

Laserstrahl → Laser.

Laufwerk →Diskettenlaufwerk, →Festplatte, →MO-Laufwerk.

Laufzeitstereophonie Erzeugung eines Raumeindrucks durch Zeitdifferenzen zwischen zwei oder mehreren, voneinander entfernt plazierten →Mikrofonen. Mit dem geringen Zeitunterschied bringt die entfernte Plazierung auch Pegelunterschiede mit sich, weshalb es sich nicht um einen reinen Laufzeiteffekt handelt.
Die nach ihrem Erfinder benannte Jecklin-Scheibe, eine Anordnung zweier Mikrofone im Abstand von 20 cm mit einer Trennscheibe dazwischen, nutzt diesen Effekt. Die Laufzeitstereophonie wird vornehmlich bei Aufnahmen größerer Klangkörper genutzt.

Laufzeitunterschied Die Zeitdifferenz zwischen →Mikrofon A und B, wenn beide dasselbe Signal aufnehmen, aber an unterschiedlichen räumlichen Positionen aufgestellt sind. Dieser Effekt wird bei der →Laufzeitstereophonie ausgenutzt. Ein Laufzeitunterschied kann auch bei der Musikwiedergabe entstehen, wenn dasselbe Signal von zwei verschiedenen Positionen abgestrahlt wird. Ein Hörer nimmt dies je nach Distanz als Klangverfärbung oder →Echo wahr. Spezielle →Verzögerungsgeräte werden bei der Live-Beschallung, wo dieser Effekt meist auftritt, verwendet, um das Signal des näheren →Lautsprechers so zu verzögern, daß es gleichzeitig mit dem beim Hörer eintrifft, der von dem weiter entfernt liegenden Lautsprecher abgestrahlt wird.

Lautsprecher Elektromagnetischer →Wandler, der elektrische →Schwingungen in →Schall umwandelt. Je nach Frequenzbereich kommen verschiedene Wandlerprinzipien zum Einsatz. Elektrodynamische Lautsprecher werden für die Breitbandwiedergabe und tieffrequente Signale benutzt, Konuslautsprecher bis 3 →kHz, Kalottenlautsprecher ab 1 kHz, Druckkammerlautsprecher (Hörner) für hohen →Schalldruck, elektrostatische Lautsprecher (ähnlich einem umgekehrten →Kondensatormikrofon) für den Hochtonbereich, die preisgünstigen piezoelektrischen Lautsprecher ebenfalls im Hochtonbereich.

Lautsprecherbox Durch Einbau eines oder mehrerer →Lautsprecher in eine geschlossene Box wird die Wirkung einer fast unendlich großen Schallwand erzielt. Gleichzeitig treten jedoch Gehäuseresonanzen und andere Nebeneffekte auf, so daß jede Lautsprecherbox einen Kompromiß darstellt. Die verbreiteten Mehrweg-Lautsprecherboxen beispielsweise kombinieren mehrere Lautsprecher für unterschiedliche Frequenzbereiche über eine Frequenzweiche, um ein möglichst lineares Klangverhalten zu erreichen, das mit einem einzigen Lautsprecher nicht realisierbar ist.

Leistungsverstärker

Lautsprecherboxen für den Studioeinsatz von JBL

Im Studiobereich spricht man von →Monitoren.

Lautstärke Wahrnehmungsgröße für die Stärke oder →Intensität einer →Schallschwingung, die mit der →Amplitude unmittelbar zusammenhängt.

Lautstärkenhüllkurve →Amplitudenhüllkurve.

Lautstärkepedal →Schweller.

Lautstärkeverlauf →Amplitudenhüllkurve.

Lautstärkewahrnehmung →Kurven gleicher Lautstärke.

Layer (engl.) 1. Als Layer-Sound oder layern, übereinanderschichten. Übereinanderschichtung zweier oder mehrerer (→Synthesizer-) Klänge, z. B. Piano und →Strings. 2. Eine Schicht oder Komponente eines durch Übereinanderschichtung mehrerer Layer erzeugten →Klanggemisches. Man spricht z. B. vom Strings-Layer und vom Piano-Layer, um die jeweils einzelnen Komponenten eines entsprechenden Mischklangs aus Piano und →Strings zu unterscheiden.

Layout (engl.) Gestaltung. Die Layoutfunktion in →Notensatzprogrammen übernimmt die Seitengestaltung, also die Gestaltung des Notenbildes, des Textes, des Titels usw. Viele →Programme bieten variable →Fonts (Zeichensätze) für Notenbild und Text an. Das Layout ist der letzte Arbeitsschritt in einem →DTP-Prozeß.

LC-Display (engl.) →LCD.

LCD (engl.) Abk. für Liquid Crystal →Display: nichtleuchtende Flüssigkristallanzeige. LCDs bieten gegenüber anderen Anzeigeelementen den Vorteil der flachen Bauweise, eines geringen Strombedarfs und der Möglichkeit, Graphikmatrizen darzustellen. Aus diesem Grunde benutzen Musikinstrumentenhersteller bevorzugt LCDs, wo sie neben Soundnamen oder -Nummern auch →Hüllkurven oder ganze Tabellen darstellen können. Um in jeder Situation optimale Ablesemöglichkeiten zu garantieren, sind die meisten solcher LCDs hintergrundbeleuchtet und lassen sich im Kontrast bzw. Anzeigewinkel regeln.

Lead-Synthesizer (engl.) Früher oft benutzte Bezeichnung für einen →analogen, meist →monophonen →Synthesizer, der für Melodien und Soli benutzt wurde, bzw. für einen entsprechenden →Sound.

LED (engl.) Abk. für Light Emitting Diode: Leuchtdiode. LEDs werden für →Displays in →Keyboards und anderen Studiogeräten eingesetzt. Da sich graphikfähige →Displays allerdings besser mit Flüssigkristallanzeigen (→LCD) realisieren lassen, findet man LEDs immer häufiger als Ergänzung zu einem LCD. Durch ihre Größe und auffällige Leuchtkraft im Dunkeln (Bühne) sind sie besser zu erkennen.

Leistungsverstärker →Endstufe.

Length

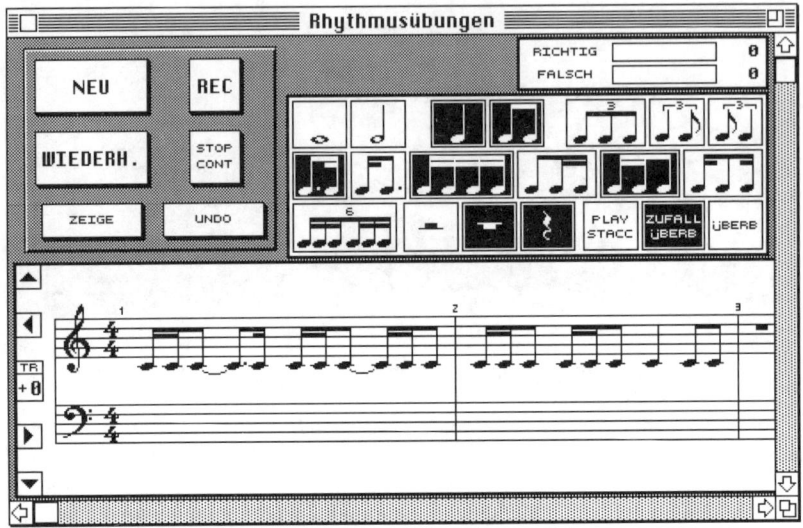

Rhythmustraining im Gehörbildungsprogramm Hearmaster von Emagic

Length (engl.) Länge, besser eigentlich Dauer (von Noten). Der Length-→Parameter in →Sequenzern und →Notensatzprogrammen erlaubt die Ansicht und Bearbeitung der Notendauer jeder einzelnen Note.

Length Quantize (engl.) →Quantisierungsfunktion im →Sequenzer, die ausschließlich die Länge der Noten - also den Abstand zwischen →Note-On- und →Note-Off-Event - beeinflußt, die Position der Noten aber unbeeinflußt läßt. Eine Längenquantisierung ist beispielsweise dann von Nutzen, wenn man Überlappungen von Noten bei →polyphoner Stimmenführung vermeiden will. Die Längenquantisierung gehört zur perfekten Bearbeitung von →Sequenzerspuren, kann aber unter Umständen zu einem sterilen Timing der Einspielung führen.

Lernsoftware →MIDI-Software, die die Rechenleistung und die komfortable Bedieneroberfläche eines →Computers in Verbindung mit einem →MIDI-Klangerzeuger zur Musikerziehung und zum Training nutzt. Die beliebtesten Lernprogramme sind die Gehörbildungsprogramme. Der →Computer gibt eine Aufgabe vor, indem er ein →Intervall, einen Akkord oder einen Rhythmus an den MIDI-Klangerzeuger schickt oder mit dem internen →Soundchip vorspielt. Der Schüler spielt die Aufgabe auf dem →MIDI-→Klaviatur, per →Maus oder Computertastatur nach, die anschließend geprüft und bewertet wird. Der Vorteil des Computers: Er ist unbestechlich, kann jederzeit objektive Auskunft über den Lernerfolg geben, hat ein fehlerloses Gedächtnis und - je nach →Programm - ein unerschöpfliches Reservoir an Aufgaben. Nachteil: Er tut sich schwer, wenn eine Übungsfolge individuell verändert oder ergänzt werden soll oder eine gewisse musikalische Erfahrung zur Wissensvermittlung sinnvoll wäre. Neben Gehörbildungsprogrammen gibt es Programme zum MIDI-Training, →CD-ROMs mit klassischer Musik und begleitenden Texten, die über den Computer ausgegeben werden u.v.m.

Lese-/Schreibkopf →Schreib-/Lesekopf.

Leslie Spezieller →Verstärker mit rotierenden →Lautsprechern, dessen Prototyp 1940 von dem Amerikaner Donald Leslie für die →Hammond-Orgeln entwickelt wurde und maßgeblich zu deren legendärem →Sound beitrug. Mittlerweile hat sich der Begriff „Leslie" als generelle Bezeichnung für rotierende Lautsprecher eingebürgert, auch die elektronische Imitation wird als „Leslie-Effekt" bezeichnet. Die Standard-Modelle 122 (unter anderem für die Hammond B3) und 147 (unter anderem für die M-100) arbeiten mit einem rotierenden Hochtonlautsprecher, einem von einer rotierenden, mit Auslaßschlitzen versehenen Trommel umgebenen Mittel-/Hochtonlautsprecher und einem festen Tieftonlautsprecher. Durch die Rotation der Lautsprecher wird ein →Doppler-Effekt hervorgerufen, der einem komplexen →Frequenz- und →Phasenvibrato entspricht. Die Rotationsgeschwindigkeit ist zwischen Slow (1,6 U/s) und Fast (12 - 16 U/s) umschaltbar. In der Slow-Stellung ergibt sich ein langsam schwebender „Cathedral"-Effekt, in der Fast-Stellung ein komplexes, schwirrendes →Vibrato. In der Rock- und Popmusik wurde zusätzlich der warme →Over-drive-Effekt geschätzt, der durch →Übersteuerung der →Verstärker-Vorstufe, die ursprünglich in Röhren-Technologie ausgeführt war, erzeugt werden konnte. Näheres dazu unter →Rotor-Effekt.

Leuchtdiode →LED.
Level (engl.) →Pegel.
Level-Scaling (eng.) Die Skalierung eines Pegels über den Tonumfang. In →FM-Synthesizern lassen sich damit die Ausgangspegel (→Output-Level) der →Operatoren über den Tonumfang ausbalancieren. Dazu wird für jeden →Operator ein →Break-Point (Mittelpunkt) bestimmt, von dem ausgehend der Ausgangspegel nach unten und oben in wählbarer Kurve und Stärke angehoben bzw. abgesenkt werden kann. Je nachdem, ob ein →Carrier oder ein →Modulator beeinflußt wird, hat das Level-Scaling Auswirkungen auf →Lautstärke oder →Klangfarbe des jeweiligen Teilklangs. Näheres dazu unter →FM-Synthese.
Lever (engl.) Hebel. Steuerhebel, der das →Pitch- und →Modulationsrad ersetzt. Eine horizontale Bewegung steuert das →Pitchbending, die vertikale Bewegung die →Modulation. Der Lever wird vornehmlich in Roland-Synthesizern eingesetzt.
LFO (engl.) Abk. für Low Frequency Oscillator. Ursprünglich →Schwingungsgenerator in →analogen Synthesizern, der →Steuerspannungen mit sehr niedrigen →Frequenzen erzeugt (etwa 0,1 - 30 →Hz). Diese Spannungen werden zur periodischen →Modulation von →Oszillatoren (→Tonhöhe -> →Vibrato, →Puls-

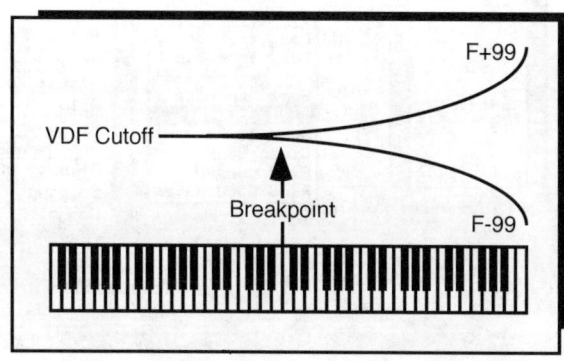

Mit Level-Scaling wird der Pegel über den Tonumfang skaliert

LFO-Speed

breite), →Filtern (→Cutoff-Frequenz -> →Wah-Wah) und →Verstärkern (Pegel -> →Tremolo) eingesetzt. LFOs werden heute ausschließlich auf →digitalem Wege realisiert. Die gängige Grundausstattung eines LFOs besteht aus den →Parametern →Waveform (→Sinus, →Dreieck, →Rechteck, →Sägezahn auf-/abwärts, →Zufallswelle), →Speed bzw. →Rate, →Delay (Einsatzverzögerung).

LFO-Speed →Speed.

Librarian (engl.) →Programm zur Verwaltung größerer Soundbibliotheken (→Libraries), gleichsam eine Datenbank für Synthesizerklänge. Je nach Programm und →Rechner lassen sich Hunderte bis Tausende von →Sounds gleichzeitig verwalten, nach Kriterien sortieren, mit →Attributen versehen (z. B. Piano, →Strings, weich, fett), zu Bänken zusammenfassen und mit dem →Synthesizer austauschen.

Mit Hilfe eines Librarian kann der Benutzer blitzschnell und gezielt auf eine riesige Soundauswahl zugreifen. In der Regel ist die Librarian-Funktion bereits in ein →Editorprogramm integriert.

Library (engl.) Bibliothek. Bezeichnung für eine Sammlung an →Programmen, →Sounds, Samples oder anderen Daten.

Lichtgriffel Vorläufer bzw. Alternative zur →Computer-→Maus. Mit dem Lichtgriffel lassen sich Punkte auf einem →Bildschirm anklicken und auch Verläufe zeichnen. Der →Fairlight CMI benutzt einen solchen Lichtgriffel sowohl zur Eingabe als auch zum Zeichnen von →Wellenformen.

Lichttonverfahren Gängiges Verfahren der Tonaufzeichnung und -Wiedergabe beim Kinofilm. Das →Audiosignal ist durch unterschiedliche Schwärzung des Films gespeichert, die bei der Wiedergabe von einer Lampe und einer Fotodiode registriert wird. Da die Qualität des Lichttons dem Vergleich zum Magnetton nicht standhält, werden aufwendige Produktionen heute mit mehreren Magnettonspuren realisiert.

Lichtwellenleiter Auch Glasfaserkabel: Ka-

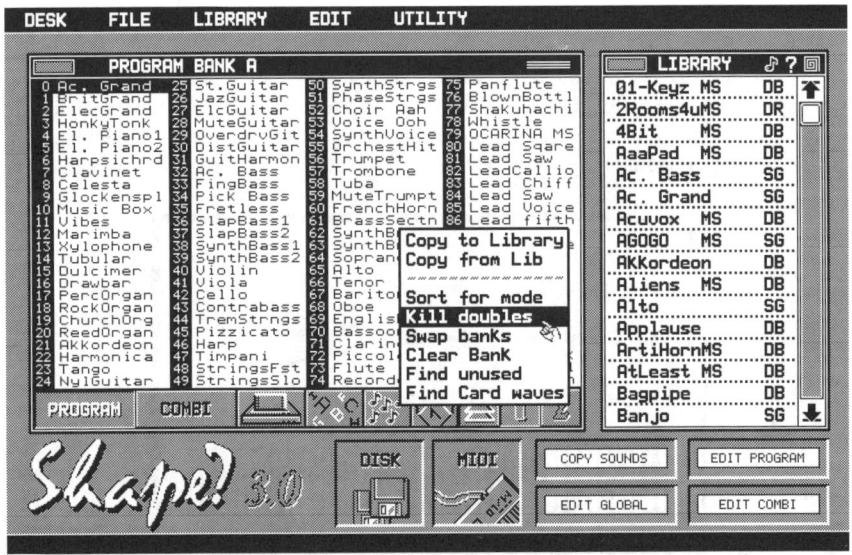

Die Librarian-Seite im Shape?-Editorprogramm

Limiter begrenzen die maximale Amplitude des Eingangssignals

bel mit einem lichtleitenden Kern zur Übertragung von Signalen in Form von Lichtstrahlen. Die Vorteile gegenüber „herkömmlichen" Leitern: hohe →Bandbreite durch die hohe →Frequenz der Lichtwellen, geringer Informationsverlust, keine →Einstreuungen von Störsignalen in Form elektrischer oder magnetischer Felder. Lichtwellenleiter werden zunehmend in Großrechnernetzen eingesetzt und sollen in naher Zukunft auch einmal zur Vernetzung von →Musikcomputer-Systemen (z. B. →MIDI, →SCSI) dienen.

Light-Pen (engl.) →Lichtgriffel.

Limiter (engl.) Begrenzer. →Dynamikprozessor, der die maximale →Amplitude des Eingangssignals auf einen einstellbaren Wert beschränkt, so daß →Übersteuerungen nachfolgender Geräte (→Tonband, Lautsprecher) vermieden werden. Ein Limiter ist damit ein Spezialfall eines →Kompressors, dessen →Ratio auf einen Wert von mindestens 10 : 1 festgelegt ist. Da die Dynamikspitzen keinen wesentlichen Einfluß auf die hörbare →Dynamik haben, beeinflußt der Limiter das Signal in erster Linie in meßbarer, aber nicht in hörbarer Hinsicht. Limiter werden unter anderem im →Tonstudio, bei der Rundfunkübertragung und bei der →PA-Übertragung eingesetzt.

Line (engl.) Bezeichnung für eine Leitung bzw. einen Anschluß, der mit dem Arbeitspegel eines →Mischpultes oder eines anderen, hochpegeligen Gerätes arbeitet, im Gegensatz zum niederpegeligen Mikrofoneingang. Der Line-Eingang des Mischpultes wird für →Schallquellen wie →Synthesizer oder Studiogeräte benutzt, die diesen Pegel ohne zusätzliche Verstärkung (wie beim Mikrofoneingang notwendig) von sich aus erzeugen.

Linear Arithmetic Synthesis (engl.) Abgekürzt LA-Synthese: →Syntheseverfahren, das von der Firma Roland entwickelt und erstmals im →Synthesizer D-50 eingesetzt wurde. Der Name stammt von einem mathematischen Verfahren, das hier zur Berechnung der →Audiodaten verwendet wird. Der Grundgedanke der LA-Synthese besteht darin, daß das menschliche Gehör zur Identifizierung eines ihm bekannten →Klangs (Instrument, Stimme) nur einen kurzen Abschnitt der →Attack-Phase benötigt, und daß der darauffolgende Klangverlauf entsprechend weniger wichtig ist.

Diese Idee hat sich nach heutigen Erfahrungen bei der Nachbildung von Naturinstrumenten nicht bewährt. Allerdings lassen sich durch die Verbindung kurzer Samples (für die →Attack-Phase) und →digitaler →Wellenformen mit nachgeschalteter, →subtraktiver →Klangformung interessante, neuartige Klänge erzeugen. Die LA-Synthese findet in sämtlichen Modellen der D-Linie Anwendung, die jedoch nicht mehr gebaut wird.

Linear Prediction 1. (engl. Lineare Voraussage) Vorausberechnungsverfahren, das zur →Datenkompression eingesetzt wird. Anhand des Linear-Prediction-→Algorithmus wird aus dem Werteverlauf einer Anzahl von Sample-Werten eine Voraussage über den nächsten zu erwartenden Wert getroffen. Wird anschließend nicht der tatsächliche Wert, sondern dessen Unterschied zum Linear-Prediction-Ergebnis gespeichert, so läßt sich Speicherplatz einsparen, da die resultierenden Datenworte wesentlich kleiner ausfallen. 2. Algorithmus zur →Klangsynthese, der sich besonders zur Synthetisierung von Vokalklängen und Sprache eignet. Die Linear-Prediction ähnelt der

→Resynthese, basiert aber auf dem Modell eines multiplen Resonanzfilters, das z. B. den menschlichen Kehlkopf nachbildet. Linear Prediction gehört ebenfalls zu den Verfahren, die derzeit nicht in →Echtzeit und nur auf großen →Rechnersystemen arbeiten.
Linear-Predictive-Coding →Linear Prediction.
Lineare Verzerrungen →Verzerrungen.
Listing (engl.) Liste, Ausdruck, Ausgabe. Der Ausdruck eines Programmcodes oder eines →Soundprogramms auf Papier oder →Bildschirm ist beispielsweise ein Listing.
Lo (engl.) Abk. für Low. Z. B. Lo-Band (→Betacam-Videonorm).
Load (engl.) Laden. Die Load-Funktion lädt eine →Datei (Text, Song, →Sound) oder einen Datenblock von einem Datenträger (→Diskette, →Festplatte, →Card) in den →Arbeitsspeicher.
Load While Play (engl.) Fähigkeit eines →Samplers, während des Ladens von →Diskette oder →Festplatte Samples abzuspielen, sofern der →Arbeitsspeicher ausreicht. Auf diese Weise wird das Problem der recht langen →Soundwechselzeiten umgangen. Sampler mit Load-While-Play-Funktion sind z. B. der Ensoniq EPS und der Akai S-950.
Load-Error Fehlermeldung, die bei einer Ladeoperation von →Diskette, →Card oder →Festplatte ausgegeben wird, wenn die zu ladenden Daten beschädigt sind oder nicht gefunden werden können.
Local Area Network (engl.) →LAN.
Locator (engl.) →Autolocator.
Lock (engl.) Einklinken. Die Lock-Funktion überwacht, ob eine Verbindung zustande gekommen ist, eine entsprechende Anzeige signalisiert, wenn die Geräte „auseinanderlaufen". Eine Lock-Funktion gibt es beispielsweise bei der →digitalen Audioübertragung oder →SMPTE-Synchronisation.
Löschdrossel →Entmagnetisierungsdrossel.
Löschkopf Magnetkopf in einem Bandgerät, der das Band mit einem hochfrequenten Magnetfeld bis zur Sättigung aussteuert. Dieses Magnetfeld klingt ab, während sich das Band vom Löschkopf entfernt. Dadurch wird es vollständig gelöscht. Der Löschkopf ist automatisch in Funktion, wenn die Aufnahmetaste gedrückt wird.
Longitudinal Time Code (engl.) Abgekürzt →LTC (siehe dort).
Loop (engl.) 1. Schleife. Der Begriff Loop taucht im Bereich Musikproduktion an vielen Stellen auf. →Tonbandmaschinen oder →Sequenzer erlauben das Setzen von Loops (→Cycles) zur automatischen Wiederholung von Passagen, etwa zum Üben oder zur →Overdub-Aufnahme. 2. Programmierbare →Endlosschleife im →Sampler, die das →Sample zwischen einem Loop-Start- und einem Loop-Endpunkt beliebig oft wiederholt. Auf diese Weise kann der Sampler theoretisch endlos lange Töne erzeugen, obwohl die eigentliche Sample-Länge begrenzt ist. Das ist besonders für gehaltene →Sounds wie Streicher, Orgel oder Chöre wichtig. Je nach Ausstattung des Samplers lassen sich bis zu acht Loops pro Sample programmieren, gibt es verschiedene Loop-Richtungen und -Optionen.
Loop Until Release (engl.) →Loop-Modus, der die Loop nur solange abspielen läßt, wie eine Taste gedrückt ist, also zwischen →Note-On und →Note-Off. Wird der →Note-Off empfangen, so spielt der Sampler den Sample-Abschnitt hinter dem Loop-Endpunkt ab, in der Regel der →Nachklingphase des →Klangs entspricht.
Loop-Crossfade (engl.) →Crossfade-Loop.
Loop-Find (engl.) Andere Bezeichnung für →Autoloop (siehe dort).
Loop-Länge Abstand zwischen Loop-Start- und -Endpunkt. Bei →Wellenformen wird nur ein einziger →Schwingungsdurchgang geloopt. Das Sample fungiert dann wie ein →Oszillator. Bei komplexen Klängen sollte die Loop eine möglichst große Länge besitzen, damit die Schleifenwiederholungen nicht

auffällig hörbar sind. Die Loop-Länge läßt sich in Sample-Worten einstellen.
Loop-Modus →Alternate-Loop, →Backward-Loop, →Loop until Release.
Loop-Points (engl.) →Loop-Punkte.
Loop-Punkte Die beiden einstellbaren Sample-Worte, die den Loop-Bereich innerhalb des Samples definieren. Wenn der →Sampler den Loop-Endpunkt erreicht, springt er zurück zum Loop-Startpunkt und wiederholt diese Passage, solange eine Taste gedrückt wird. Die Loop-Richtung läßt sich noch vom →Loop-Modus beeinflussen.
Loop-Tuning (engl.) →Feinstimmung der →Loop im →Sampler. Das Loop-Tuning ist erforderlich, wenn eine →Wellenform geloopt wird, deren →Periode nicht der →Grundstimmung des Samples entspricht. Eine Verlängerung der Loop brächte eine →Klangfarbenveränderung mit sich. Mit Hilfe der Loop-Tuning-Funktion ist es möglich, die →Frequenz der Loop-Wiederholung in →Cent-Schritten feinzustimmen und „krumme" Loop-Länge zu belassen.
Loopen Umgangssprachlich: Programmieren einer →Loop für ein →Sample.
Loslaßdynamik Eingedeutschter Begriff für →Release-Velocity (siehe dort).
Loudness (engl.) 1. →Lautstärke. 2. Andere Bezeichnung für →physiologische Lautstärkeregelung.
Loudness-Contour (engl.) Bezeichnung für →Lautstärke- bzw. →VCA-→Hüllkurve.
Loudspeaker (engl.) →Lautsprecher.
Low Frequency Oscillator (engl.) Abgekürzt →LFO.
Low-Cut (engl.) Tiefensperre, →Hochpaßfilter.

Lowband →U-matic.
Lower (engl.) Unterer Bereich einer →Klaviatur (unterhalb des →Split-Punkts).
Lowpass-Filter (engl.) →Tiefpaßfilter.
LP (engl.) Abk. für Lowpass: →Tiefpaßfilter.
LPC (engl.) Abk. für →Linear-Predictive-Coding
LSB (engl.) 1. Least Significant →Byte: innerhalb eines Datenwortes aus zwei (oder mehr) Bytes das rechte Byte. Je nach Definition kann das LSB völlig unabhängig vom linken Byte (→MSB) genutzt werden. Die Unterscheidung wird im MIDI-Bereich beispielsweise zur →Codierung von →Controllern mit 14-Bit-Auflösung benutzt. Beispiel: 0010 0101 0011 0110. 2. Seltener: Least Significant Bit: →niederwertiges →Bit. Das rechte Bit innerhalb eines Datenwortes. Beispiel: 0010 0011.
LSI (engl.) Abk. für Large Scale Integration: Bezeichnung für →Computer-→Chips mit bis zu 10.000 Schaltelementen.
LTC (engl.) Abk. für Longitudinal Time Code: gängiges Aufzeichnungsformat für →Timecode auf →Video- oder auch →Tonband. Das Timecode-Signal wird wie ein normales →Audiosignal in Längsrichtung aufgezeichnet. Die aufwendigere, nur im Videoformat mögliche Variante heißt →VITC (siehe dort).
Lyricon (engl.) Einer der ersten elektronischen Blas-Synthesizer. Das Lyricon arbeitete vollanalog. Ein →analoger Synthesizer als →Klangerzeuger wurde von einem klarinettenähnlichen →Controller-Teil angesteuert, der mit einem →Blaswandler und Tastenkontakten zur Umsetzung der Spielinformationen bestückt war.

M

M*ROS Ein von der Softwarefirma Steinberg entwickelter →Betriebssystem-Zusatz für →Atari-Computer der ST- und →TT-Serie, für den →Falcon, für →Apple →Macintosh und →IBM-kompatible →Computer. M*ROS ermöglicht den gleichzeitigen Betrieb mehrerer →MIDI-→Anwendungen auf einem Computer, steuert dabei die gesamte MIDI-Ein- und -Ausgabe und ermöglicht den internen Datenaustausch zwischen den aktiven Anwendungen. Auch die →SMPTE-Synchronisation wird auf M*ROS-Ebene vollautomatisch für alle aktiven →Programme intelligent verwaltet. Zudem sorgt M*ROS für die optimale Kommunikation mit angeschlossenen →Hardware-Zusätzen (zusätzliche →MIDI-Anschlüsse, SMPTE-→Synchronizer).

M-S-Mikrofonverfahren Abk. für Mitte-Seite-Mikrofonverfahren. Mit diesem Verfahren wurden in den 50er Jahren die ersten Orchester-Stereoaufnahmen durchgeführt. Der besondere Vorteil des M-S-Verfahrens gegenüber anderen Mikrofonverfahren (X-Y, A-B) besteht darin, daß die Aufnahmen uneingeschränkt →monokompatibel sind. Dabei wird ein →Mikrofon direkt auf den Klangkörper ausgerichtet (Mitte), das andere wird um 90° zur M-Kapsel nach links gedreht und liefert das Seitensignal. Durch Summen- bzw. Differenzbildung lassen sich aus diesem Signal zwei Stereokanäle bilden: linker →Kanal = M+S, rechter Kanal = M-S. Dazu sind Summen- und Differenzverstärker notwendig, die heute in nur wenigen →Mischpulten vorhanden sind. Trotz seiner unumstrittenen Vorteile wird das M-S-Verfahren aufgrund des technischen Aufwands heute - besonders in der Pop- und Rockmusik - nur selten eingesetzt.

M2 Professioneller Standard für →digitale Videosysteme.

MacinTalk →Software-Treiber für →Apple-→Macintosh-Computer, der von beliebigen →Anwendungen benutzt werden kann und englische Sprache synthetisiert. Bekannte Anwendungen mit MacinTalk-Einbindung sind „Talking Moose" und „SpeechLab".

Macintosh Computerfamilie der Firma →Apple, die insbesondere wegen ihrer überragenden, graphischen →Benutzeroberfläche geschätzt wird. Der 1984 eingeführte Macintosh - damals mit nur 128 →kB →RAM - war der erste →Personal Computer mit →Mausbedienung. Die heutigen Modelle haben mit dem Mac von damals nur noch wenig gemeinsam. Als einziges Modell der breitgefächerten Mac-Familie besitzt noch der kleine Mac Classic die traditionelle Würfelform des Originals. Der kleine LC ist der preiswerteste modulare Mac mit Farbe, der anspruchsvollere Anwendungen (→DTP) auf dem Mac erschwinglich macht. Die modulare Serie der Macintosh-II-Modelle ist für professionelle Anwendungen gedacht. Diese Macs werden im Musikbereich in Verbindung mit →Harddisk-Recording-Systemen (z. B. Studer →Dyaxis) eingesetzt. Darüber gibt es die Quadra-Serie, Power-Computer mit schnellem 68040-→Prozessor. Von Musikern besonders geschätzt werden die seit 1991 verfügbaren Powerbooks - flache Macs in Aktentaschenformat, die einfach zu transportieren und damit für den Live-Einsatz geeignet sind. Für die Macintosh-Computer existieren mehrere tausend →Anwenderprogramme für alle Bereiche. Die Schwerpunkte liegen allerdings im Bereich Graphik-Design und Desk Top Publishing. Musiksoftware für den Mac wird vornehmlich in den USA entwickelt und ist hierzulande nicht sonderlich verbreitet. Das lag wohl bisher auch am eklatanten Preisunterschied zwischen dem Macintosh und dem →Atari ST.

Macintosh MIDI-Manager →MIDI-Treiber für →Apple-→Macintosh-Computer, der die Kommunikation zwischen der physischen MIDI-Schnittstelle und den aktiven →MIDI-

Der kleinste und der größte Mac: Macintosh Classic...

...und Macintosh Quadra 950

→Anwendungen verwaltet. Dadurch können innerhalb eines Macintosh verschiedene Anwendungen →MIDI-Daten austauschen und untereinander synchronisiert werden. Aufgrund der etwas langsamen Arbeitsweise des →MIDI-Managers bevorzugen viele Softwarefirmen eigene Treiber, solange ausschließlich eine Anwendung aktiv ist.

Macro (engl.) →Makro.

MADI (engl.) Abk. für →Multichannel Audio Digital →Interface: Standard für eine mehrkanalige, →digitale Audioschnittstelle. Diese →Schnittstelle erlaubt die Übertragung mehrkanaliger →Audiodaten über ein Kabel, beispielsweise zwischen einer digitalen Mehrspurmaschine und einem digitalen →Mischpult. MADI wurde 1989 eingeführt und ist bezüglich des Datenformats dem →AES/EBU-Standard sehr ähnlich. Allerdings liegt die Übertragungsrate sehr viel höher. Die technischen Daten: 56 Audiokanäle, →Sampling-Rates 32 →kHz...48 kHz (± 12,5% →Varispeed), →Auflösung bis zu 24 →Bit. Über zusätzliche →Sync- und →Aux-User-Bits sind unter anderem das →Muten von Kanälen und →Synchronisation möglich.

Magerbit-Wandler Oberbegriff für alle Digital/Analog-Wandler, die die →Amplitude eines →Audiosignals nicht direkt in der gewünschten →Wortbreite (üblicherweise 16 oder 18 →Bits) auflösen, sondern durch wenige Bits (oft nur ein einziges) bei einer sehr hohen →Sampling-Rate darstellen. Ein nachgeschalteter →digitaler →Rekonstruktionsfilter überführt dann die Amplituden-Information, die in der hohen Sampling-Rate und nicht mehr ausschließlich in der Wortbreite codiert ist, in das gewünschte →Audiosignal, →1-Bit-Wandler.

Magnetband →Speichermedium für elektrische →Spannungen, z. B. Audio- oder →Videosignale. Das Magnetband besteht aus einer auf einen Kern (→Bobby) oder eine Spule gewickelten, dünnen Kunststoff-Folie. Diese ist mit einem magnetisierbaren Material beschichtet. Je nach Bandsorte besteht die Magnetschicht aus Eisenoxid (Ferro), Chromdioxid (CrO_2), Reineisen (Metal) oder einer Kombination aus Eisenoxid und Chromdioxid (Ferrochrom). Die Breite des Bands wird in Millimeter oder Zoll angegeben und reicht von 3,81 mm (Compact-Cassette) bis hin zu 50,8 mm bzw. 2 Zoll (professionelles 16/24-Spur Band). Abhängig von der Banddicke ist die Stabilität des Bands. Allerdings läßt sich bei höherer Banddicke weniger Band auf einem bestimmten Spulendurchmesser unterbringen.

Magnetband wird z. B. auf →Tonbandspulen oder auf kleine Spulenkerne in Compact-Cassetten, →Video-Cassetten oder →DAT-Cassetten gewickelt. Das Einsatzgebiet für Magnetband umfaßt die Speicherung von →Audiosignalen und Daten in allen Bereichen der →analogen und digitalen Technik. Es wird zur Aufzeichnung von →analogen Audio- und Bildsignalen (→Ton, →Video, →Magnetfilm) ebenso verwendet wie zur Sicherung von Daten (→Streamer).

Zur Aufzeichnung wird das Band an einem Magnetkopf (→Tonkopf, →Schreib-/Lesekopf) vorbeigeführt, dessen wechselnde elektrische Felder das Bandmaterial entsprechend den aufzuzeichnenden Spannungen dauerhaft magnetisieren. Bei der Wiedergabe wandelt der Magnetkopf diese Magnetisierung durch Induktion wieder in elektrische Spannungen zurück.

Magnetbandgerät →Bandmaschine.

Magneto-optische Speicher Auch →MO-Laufwerke (engl.: Magneto-Optical Disc (→MOD)): →Laufwerke, die optische →Speicherplatten benutzen. Sie können beliebig oft beschrieben und gelesen werden. Das Prinzip unterscheidet sich von dem rein optischer Speicher. Die Beschichtung der optischen Platte besteht aus seltenen Erden, die unter normalen Bedingungen nicht magnetisierbar sind. Sie müssen dazu von einem →Laserstrahl erhitzt werden, erst dann kann der Magnetkopf die Oberflächenmagnetisierung beeinflussen. Diese Magnetisierung bleibt bei Abkühlung der Oberfläche permanent erhalten. Durch entgegengesetzte Magnetisierung unter erneuter Erhitzung läßt sich die →Optical Disk löschen. Dieser Vorgang dauert länger als beispielsweise das bloße Überschreiben der Daten auf einer →Festplatte. Auch aus diesem Grunde sind magneto-optische Speicher letzterer in der →Performance etwas unterlegen. Dafür bieten sie den Vorteil der auswechselbaren Datenträger in Verbindung mit einer hohen →Speicherkapazität (etwa 300 →MB pro Seite).

Mailbox (engl.) Ein elektronisches Postfach bzw. eine Verwaltung elektronischer Postfächer. Dadurch wird der Austausch beliebiger →Dateien zwischen den Mailbox-Teilnehmern ermöglicht. Briefe, →Programme, →Sounds, Sequenzen können über die Mailbox an einen Empfänger verschickt werden. Sie werden in dessen elektronischem Postfach abgelegt und können jederzeit abgerufen werden. Die meisten Mailboxen unterhalten neben den persönlichen Postfächern auch öffentliche Fächer, wie z. B. einen →Public-Domain-Service und Schwarze Bretter mit News. Für die Nutzung einer Mailbox ist normalerweise eine Mitgliedschaft gegen einen geringen Teilnehmerbeitrag erforderlich. Es gibt eine Reihe von Mailboxen, die spezielle Informationen und Dienste für MIDI-Interessierte anbieten. Hier lassen sich beispielsweise Sounds abrufen, Fragen stellen oder neueste Produktinformationen beziehen. →Hotline.

Main-Page (engl.) Hauptseite. Die Main-Page ist der Startbildschirm eines →Programms oder einer →Benutzeroberfläche. Sie zeigt in der Regel eine Übersicht der wichtigsten Funktionen an. Von hier wird in die weiteren →Edit-Pages verzweigt. Die Main-Page eines →Sequenzers beispielsweise zeigt in der Regel die Spurenübersicht, die →Transportfunktionen (→Start, →Stop, →Record usw.), und einige globale →Parameter wie →Tempo und Taktart.

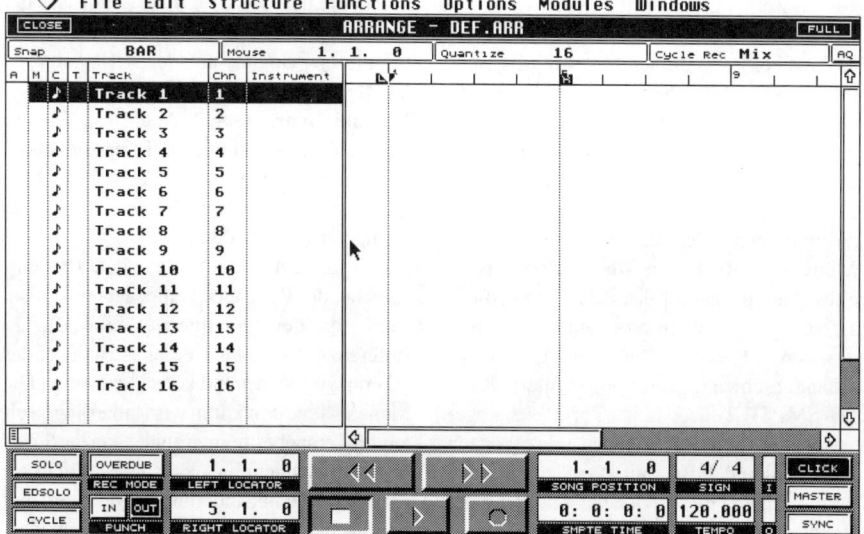

Die Main-Page im Cubase-Sequenzer von Steinberg

Maintenance

Maintenance (engl.) Wartung, Pflege (eines Gerätes, einer →Software, einer →Bibliothek).

Makro 1. Vorprogrammierte Befehlskette, die über eine →Tastenkombination oder einen →Mausklick abgerufen werden kann. Makros beschleunigen und vereinfachen erheblich die Bedienung eines →Programms oder Gerätes. Einige →MIDI-Geräte bieten Bedienungsmakros an, die versteckte →Pages in der →Benutzeroberfläche direkt öffnen. Ein typisches Makro für ein Notendruckprogramm könnte wie folgt aussehen: →Noten-Editor öffnen, →Seitenansicht berechnen, →Laserdruckertreiber auswählen, →Parameter einstellen, Notenfont zum →Drucker schicken, drucken. Diese Befehle ließen sich z. B. mit der Taste [P] auslösen. 2. Übergeordnete Bedienfunktion, die eine definierte Beeinflussung mehrerer Größen auf einen einzigen →Parameter reduziert. Typische Makros sind sogenannte Easy-Edit-Funktionen: Wenn der Benutzer beispielsweise im →Synthesizer den →Parameter „Times" verändert, beeinflußt dies in der →Klangerzeugung sämtliche →Hüllkurven-Zeiten gleichzeitig.

Noch komplexer und wichtiger sind die Makros in →Programmen für →Additive Synthese oder →Resynthese. Um einen →Klang ein wenig brillanter zu gestalten, müßte man jeden einzelnen →Oberton des oberen →Spektrums in der →Amplitude anheben. Mit Hilfe eines fertigen „Brilliance"-Makros ließe sich dies mit einem →Regler realisieren.

Manchester-Bi-Phase-Modulation Spezielles Datenformat für das Schreiben und Lesen von →SMPTE-Timecode auf Bandspuren, das den →Timecode unabhängig von der →Bandgeschwindigkeit korrekt interpretiert. Da SMPTE-Timecode in Form →analoger →Sinustöne mit wechselnden →Frequenzen für die 0- und 1-Bits auf Band geschrieben wird, variieren diese Töne bei Änderung der Bandgeschwindigkeit ebenfalls. Im Normalfall wird der Timecode also verzerrt und kann nicht mehr korrekt gelesen werden. Die Manchester-Bi-Phase-Modulation hebt die Relation von →Tonhöhe und →Bit-Zustand auf und codiert die aufeinanderfolgenden Bits lediglich noch durch Polaritätssprünge. Ein 1-Bit wird dabei durch einen weiteren Polaritätssprung in der Mitte gekennzeichnet. Durch dieses Verfahren läßt sich der Timecode bei Veränderung der Bandgeschwindigkeit noch lesen.

Mandolineneffekt Wiederholungseffekt, der den Eindruck mehrfacher Anschläge erweckt. Dazu wird die →Lautstärke und/oder die →Filterfrequenz durch einen →LFO mit abfallender →Sägezahnschwingung moduliert.

Manual 1. →Klaviatur (meist einer Orgel). 2. (engl. manuell). Funktionen, die von Hand bedient werden können, meist im Gegensatz zu „auto". 3. (engl.) Bedienungsanleitung. Benutzerhandbuch zu einem Gerät oder einer →Software. Oft wird das Manual in eine Einführung (→User Guide) und ein Nachschlagewerk (Reference Guide) aufgeteilt.

Manual Bass/Drums (engl.) Funktion in →Keyboards und Orgeln mit →Begleitautomatik, den den Baß oder die →Drums aus der Automatik auskoppelt und das manuelle Spielen dieser →Sounds auf der →Klaviatur erlaubt.

Manual Sync (engl.) Auch Tap-Tempo: →Sequenzer-Funktion zur Tempostauerung durch manuell eingegebene Taktschläge. Diese können entweder durch eine Taste auf der Computertastatur, durch eine →MIDI-Note oder durch externe →Audiosignale (bei entsprechender Peripherie) eingegeben werden. Man gibt dem →Sequenzer eine Anzahl Referenznoten vor, aus deren Abstand er →Tempo errechnet und korrekt einsteigt. Die Manual-Sync-Funktion wird allerdings selten zur Tempobestimmung eines ganzen Songs benutzt. Vielmehr bietet sie die Möglichkeit, drastische Tempoänderungen wie ritardandi oder accelerandi zu „dirigieren", was für viele Musiker einfacher und musikalischer ist als das Eingeben von Tempowerten.

Master-Tune

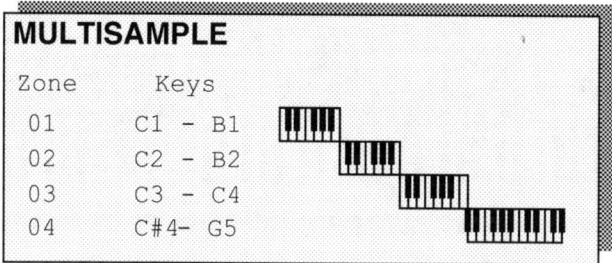

Mapping ordnet Samples Tastaturzonen zu

Map (engl.) Tabelle, hier zur Umrechnung bzw. Umadressierung von Daten, wobei jedem Eingangswert ein beliebiger Ausgangswert zugewiesen werden kann. Maps werden im MIDI-Bereich normalerweise für programmierbare →Velocity-Kurven, →Program-Change-Tabellen oder Drumnoten-Zuordnungen benutzt.

Mapping (engl.) 1. Das Zuordnen von →Samples zu →Tastaturzonen, die über den →Ton- bzw. Tastenumfang verteilt sind. Das Mapping gehört zur Erstellung eines →Multisamples. 2. Das Erstellen einer Tabelle, die den Eingangsdaten einen Ausgangswert bzw. Ausgang zuordnet, beispielsweise in einer →MIDI-Patchbay, einer →Drumkit-Tabelle oder einer →Velocity-Kurve.

Margin (engl.) Restwert. Anzeigefunktion für →Audiosignale, meist an →digitalen Aufnahmemedien wie z. B. →DAT-Recordern, die die Differenz zwischen dem höchsten →Peak-Wert des anliegenden Audiosignals zur Aussteuerungsgrenze des Aufnahmegerätes anzeigt. Je kleiner die Margin-Anzeige ist, desto höher ist der Eingang ausgesteuert, idealerweise wäre die Margin-Grenze also 0.

Maschinensprache Programmiersprache in →binären Zeichenfolgen, die von der →CPU eines →Computers direkt verarbeitet werden kann und damit eine schnellere Abarbeitung der Anweisungen ermöglicht. Der Nachteil der Maschinensprache besteht darin, daß sie schwierig zu programmieren und zu dokumentieren ist. Musiksoftware-Programmierer bevorzugen daher die Maschinensprache für die zeitkritischen →Routinen (→MIDI-Ein- und Ausgabe, →Synchronisation), schreiben dagegen die →Benutzeroberfläche in der Regel in einer →höheren Programmiersprache.

Maskierungen →Verdeckungseffekt.

Mass-Storage (engl.) →Massenspeicher.

Masse (engl.: →Ground (→GND)) Anschluß elektrischer Geräte, der keine Spannung führt (0-Volt-Potential). Der Masseanschluß ist der Bezugspunkt für alle anderen Spannungen im System und wird in der Regel geerdet, um Störungen abzuleiten und Schutz vor Kurzschlüssen oder Spannungsspitzen zu bieten.

Massenspeicher Oberbegriff für →Datenträger, die größere Datenmengen eines →Computers dauerhaft (permanent) speichern. Unter den Begriff Massenspeicher fallen unter anderem →Diskette, →Festplatte, →MO-Laufwerk und →Streamer.

Master (engl.) 1. Präfix für „Haupt-" oder „Gesamt-". Beispiel: Master-Volume ist die Gesamtlautstärke, Master-Tune die →Gesamtstimmung eines Gerätes. 2. Der →Sender bzw. das steuernde Gerät innerhalb eines Systems. Im →MIDI-System ist der Master der Sender, der die →Slaves steuert. →Synchronisiert man einen →Sequenzer zu einer →Bandmaschine, so ist der →Bandmaschine der Master, der →Sequenzer der Slave. 3. Kürzel für →Masterband.

Master-Tune (engl.) →Gesamtstimmung.

Masterband 154

Masterkeyboard mit erweiterten MIDI-Steuerfunktionen

Masterband (engl.) Endprodukt einer Studioaufnahme, das die fertig geschnittene Stereomischung der gesamten Produktion enthält. Die bisher als Masterbänder verwendeten, →analogen 1/4"- oder 1/2"-Bänder (38 cm →Bandgeschwindigkeit) wurden mittlerweile fast vollständig von →DAT- oder anderen →digitalen Bändern abgelöst.
Masterfader (engl.) →Fader am →Mischpult, die zur Lautstärkeregelung der →Summe dienen. Meist lassen sich linker und rechter →Kanal getrennt regeln, in manchen Pulten sind beide Kanäle allerdings auf einem Fader zusammengefaßt.
Masterkeyboard (engl.) →MIDI-Keyboard ohne →Klangerzeugung, dafür aber mit erweiterten Kontrollfunktionen. Die Aufgabe eines →Masterkeyboards ist die zentrale Steuerung eines →MIDI-Systems, vornehmlich beim Live-Einsatz. Im Idealfall sollen alle mit dem →Masterkeyboard gekoppelten Geräte wie →Expander oder →Sequenzer außer Reichweite stehen können und auf Knopfdruck umkonfigurierbar sein. Um diese Aufgabe erfüllen zu können, muß ein gutes →Masterkeyboard neben einer umfangreichen, gegebenenfalls gewichteten und gut bespielbaren →Tastatur eine leistungsfähige Steuereinheit und möglichst viele →Spielhilfen (→MIDI- →Controller) bieten. Im Schnitt sind Masterkeyboards mit einer 76- oder 88-Tasten- →Klaviatur ausgestattet, bieten mehrere Speicherbänke für Konfigurationen, unter Umständen ein graphisches →Display, vier oder acht programmierbare →Tastaturzonen mit programmierbaren →Parametern (→Velocity-Switch, →Velocity-Kurven, →Splits, →Layers) sowie programmierbare →Controller (→Joystick, →Wheels, Schieberegler, Taster). Besser ausgerüstete Modelle bieten noch mehrere →MIDI-In- und -Out-Anschlüsse, MIDI-Effekte wie →Arpeggiator, →Delay und ein →Diskettenlaufwerk oder einen →Card-Schacht zur Archivierung des internen →Speichers.
Masterkeyboard-Controller (engl.) Steuereinheit eines →Masterkeyboards in einem kompakten Gehäuse, meist in →19"-Norm. Ein →Masterkeyboard-Controller in Verbindung mit einer vorhandenen, guten →Klaviatur stellt ein komplettes →Masterkeyboard dar.
Mastermaschine Zweispur-Bandmaschine, die zur Aufzeichnung und zum Schnitt des Endproduktes einer Musikproduktion - des fertigen →Mix - dient. Natürlich kann das auf Platte oder →CD gepreßte Ergebnis nicht besser sein als das →Masterband. Aus diesem Grunde werden an die Mastermaschine höchste Ansprüche gestellt. Professionelle →analoge Mastermaschinen, sogenannte Senkelmaschinen, arbeiten mit 1/4" oder 1/2"-Band und einer →Bandgeschwindigkeit von meist 38 cm/sec. Sie werden allerdings in letzter Zeit zunehmend von →digitalen Maschinen - meist →DAT-Recorder - ersetzt. Der Schnitt wird auf einem →Harddisk-Recording-System vorgenommen und dann auf digitalem Wege verlustfrei auf →DAT überspielt. Auf digitalen Senkelmaschinen aufgenommene Bänder

Matrixdrucker

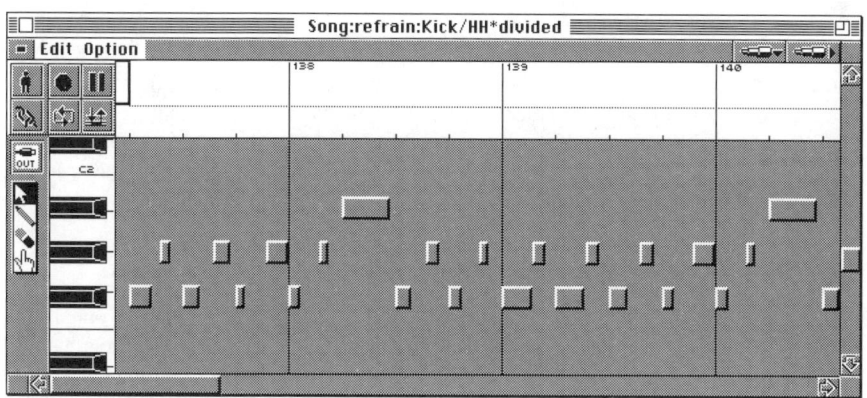

Der Matrix-Editor im Logic von Emagic

können hingegen teilweise in herkömmlicher Technik geschnitten werden
Mastersektion →Mischpult.
Mastertrack (engl.) →Conductor-Track.
Matrix-Editor Editorfenster im →Sequenzer, das die Noten-Events als Balkenmatrix in bezug auf eine →Klaviatur darstellt. Dabei zeigen Start- und Endpunkt des Balkens die zeitliche Position und Dauer der Note an, seine Position relativ zur graphisch dargestellten Klaviatur veranschaulicht die gedrückte Taste.

Matrixdrucker Drucker, der das Druckbild punktweise mit Hilfe matrixförmig angeordneter Nadeln, die auf ein Farbband schlagen, auf das Papier bringt. Die gängigsten Formen sind 9- und 24-Nadel-Drucker. Die Anzahl der Nadeln entscheidet über Qualität und Geschwindigkeit des Ausdrucks. 24-Nadel-Drukker bieten durchgängig NLQ (Near Letter Quality) und eine Punktauflösung bis zu 360 →dpi. Damit kann das Druckbild theoretisch mit einem →Laserdrucker mithalten. Zwar lassen sich Matrixdrucker auch zur Ausgabe

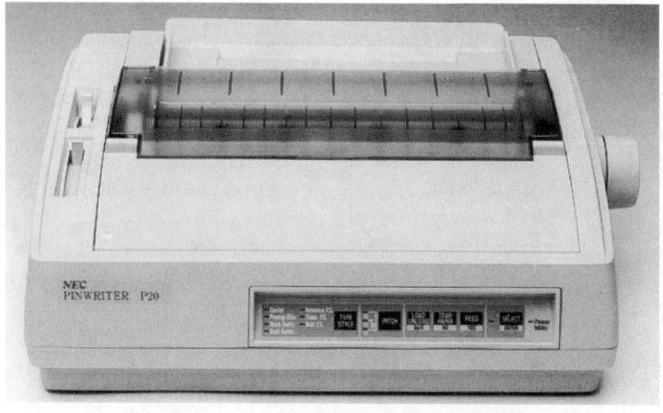

Matrixdrucker gibt es als 9- und 24-Nadeldrucker

Maus

hochwertiger Notenblätter verwenden. Aufgrund der niedrigen Ausgabegeschwindigkeit und des recht hohen Betriebsgeräusches werden sie jedoch zunehmend von preiswerten Laserdruckern und →Tintenstrahldruckern verdrängt.
Maus Eingabegerät für →Computer mit graphischer →Benutzeroberfläche. Durch Verschieben der →Maus auf einer Unterlage läßt sich die Position eines Zeigers auf dem →Bildschirm steuern. Durch Drücken des Maustasters läßt sich das Objekt, auf das der Zeiger positioniert ist, anklicken und damit unter anderem auswählen (Funktion), erfassen oder starten (Programmsymbol). Durch Verschieben der →Maus bei gedrückter Maustaste lassen sich Objekte (z. B. Noten, Textblöcke, Graphiken) auf dem Bildschirm bewegen oder ein Rahmen aufspannen, der mehrere Objekte selektiert. Die Einführung der →Maus mit dem →Apple →Macintosh hat die Bedienung von →Computern revolutioniert. Graphische →Benutzeroberflächen (→GEM) machen die fehlerträchtige und zeitraubende Eingabe komplizierter Befehle überflüssig. Der Schreibtisch (→Desktop) und die →Menüleiste machen die Bedienung übersichtlich und leichter erlernbar.
Mausklick →Anklicken.
Mauspfeil →Cursor.
Mauszeiger →Cursor.
MAX 1. Von der Firma Opcode vertriebenes →Programm, das am →IRCAM in Paris entwickelt wurde und eine spezielle Form einer graphischen Programmiersprache darstellt. MAX erlaubt auch Nicht-Programmierern die Erstellung eigener →MIDI-→Anwendungen anhand einer graphischen →Benutzeroberfläche, auf der graphische Objekte durch Linien miteinander verknüpft werden. Obwohl MAX sich in erster Linie zum Experimentieren und zur Programmierung einfacher interaktiver Programme (→Begleitautomatik, →Arpeggiator) eignet, lassen sich damit auch komplexe →Sequenzer oder andere MIDI-Anwendungen programmieren. Der Name MAX ist eine Reverenz an einen der Altmeister der →Computermusik, Max Mathews. 2. Abk. für Maximum.
MAZ Abk. für Magnetaufzeichnung. Gängiger Begriff im Fernseh- und →Video-Jargon für eine Bild/Ton-Produktion auf →Magnetband.
MB Abk. für →Megabyte. 1 MB = 1024 →kB = 1.048.576 →Bytes.
MCL (engl.) Abk. für Music Composition Language. Musikerorientierte Programmiersprache im →Fairlight CMI, mit deren Hilfe Kompositionen erstellt und bearbeitet werden können.
Measure (engl.) Takt (z. B. im →Sequenzer).
MediaLink (engl.) →LAN (lokales →Netzwerk) des amerikanischen Herstellers Lone Wolf. Es ist in erster Linie zur Übertragung von →MIDI-, Sample- und anderen →Audiodaten entwickelt worden, konnte sich bisher aber nicht durchsetzen. MediaLink arbeitet mit →Lichtwellenleitern zur Datenübertragung und ist ca. 30 - 3000mal (einstellbar, abhängig von der →Hardware) schneller als MIDI. Innerhalb des Netzwerkes werden die verschiedensten Geräte intelligent verwaltet und können flexibel miteinander verbunden werden. →MIDI-Geräte werden über einen MIDI-to-MediaLink-Converter →MIDI-Tap) angeschlossen, der die →MIDI-Daten im Netzwerk mit einer Geschwindigkeit von zwei Mbaud überträgt. Grundsätzlich lassen sich alle →digitalen Informationen, also auch →SMPTE-Daten, digitale HDTV-Videobilder oder Computerdaten über das Netzwerk verschicken. So ist es denkbar, daß jedes Gerät - nur noch über ein einziges Kabel mit dem System verbunden - sämtliche Arten von Daten mit anderen Geräten im Netzwerk austauschen kann.
Mega ST →Atari ST.
Megabyte Abgekürzt →MB.
Megahertz Abgekürzt →MHz.
Mehrspuraufnahme Eine Musikproduktion

erfolgt in zwei Arbeitsschritten: Aufzeichnung und Mischung. Die einzelnen Klangquellen werden separat auf Spuren einer Mehrspur-Bandmaschine aufgezeichnet. Der Vorteil liegt darin, daß die Spuren einzeln bearbeitet und abgehört werden können, so daß bei Fehlern eines einzelnen Instrumentalisten oder Sängers nicht die ganze Aufnahme wiederholt werden muß. Außerdem stellt die anschließende Mischung einen zusätzlichen kreativen Prozeß dar, in dessen Verlauf jede einzelne Spur über →Klangregelung und Effekte bearbeitet, in der →Lautstärke geregelt werden kann und sich so ein ausgefeiltes →Klangbild realisieren läßt.

Mehrspurmaschine →Bandmaschine.

MEL-2 →Digital Cascade.

Mellotron Tasteninstrument, das mit einem →Tonbandstück und einem →Wiedergabekopf pro Taste arbeitete und auf diese Weise fertig aufgenommene Klänge wiedergeben konnte. Die Tonlänge betrug maximal sieben Sekunden. Bei Loslassen der Taste wurde das Band von einer Feder in die Ausgangsstellung zurückgezogen.

Das Mellotron war damit der Vorgänger des →Samplers und in den 70er Jahren populär. Der mechanische Aufwand war immens. Ein Mellotron wurde mit vier auswechselbaren Rahmen geliefert, von denen jeder die Tonbänder für die gesamte →Klaviatur von 3 1/2 Oktaven Umfang enthielt. Auf jedem Tonband wurde die für diese Taste gültige →Tonhöhe aufgezeichnet. Es gab jeweils drei Spuren, von denen jede einzeln oder je zwei nebeneinanderliegende gleichzeitig als Mischklang verwendet werden konnten. Angeboten wurden unter anderem Streicher, Chor, Querflöte, Kirchenorgel. Das Mellotron wurde besonders von Bombast-Rock-Gruppen wie Yes, Genesis, Pink Floyd oder Barclay James Harvest als Stilmittel eingesetzt. Das Mellotron diente anderen, jedoch weit weniger erfolgreichen Herstellern als Vorbild: →Birotron, →Orchestron.

Melody Intelligence (engl.) Andere Bezeichnung für →Einfingerautomatik (siehe dort).

Memory (engl.) →Speicher. Als Memory wird der interne Speicher oder →Arbeitsspeicher eines Gerätes bezeichnet, beispielsweise steht „Voice Memory" für den Soundspeicher.

Mellotron, analoger Vorgänger des Samplers

Memory-Card

Memory-Card (engl.) →Card.
Memory-Protect (engl.) →Schreibschutz für den internen →RAM eines Gerätes. Bei eingeschaltetem Memory-Protect lassen sich die internen →Programme, wie z. B. →Synthesizer-Sounds, Effektprogramme oder Drum-→Patterns, nicht überschreiben. Der Memory-Protect findet sich meist als →Parameter in den Systemfunktionen oder als →Hardware-Schalter auf der Rückseite des Gerätes.
Menü Auswahl von Funktionen, Einstellungen oder Befehlen, die durch Anfahren mit dem →Mauszeiger auf dem →Bildschirm aufgerufen wird. Menügesteuerte →Benutzeroberflächen arbeiten mit einer Menüleiste am oberen Bildschirmrand, die alle Menüs eines aktiven →Programms anzeigt. Durch Anfahren mit der →Maus (und gegebenenfalls →Mausklick) wird ein Menü geöffnet. Jetzt läßt sich ein Menüeintrag mit dem →Mauspfeil anfahren. Durch Klicken oder Loslassen des Maustasters wird er angewählt. Manche angewählte Menüeinträge werden mit einem Häkchen gekennzeichnet, nicht aktivierbare Einträge sind grau dargestellt.
Menu-Bar (engl.) →Menüleiste.
Menüleiste Auch Menüzeile: Zeile am oberen Bildschirmrand in menügesteuerten →Programmen (→GEM-Oberfläche), die die Menü-Überschriften anzeigt. Wird eine Menü-Überschrift mit der Maus angefahren, so öffnet sich ein Menü, aus dem sich wiederum ein Eintrag auswählen läßt.
Menüpunkt Einzelner Eintrag in einem →Menü, beispielsweise der Eintrag „Sichern" im →Datei-Menü eines →Programms.
Merge (engl.) 1. Verschmelzen. Die Merge-Funktion faßt mehrere →MIDI-Datenströme zu einem zusammen. So können verschiedene →Keyboards und andere →MIDI-Sender (z. B. →Sequenzer) an einen →Klangerzeuger angeschlossen werden. Da →MIDI-Daten im Gegensatz zu →Audiosignalen →digitaler Natur sind, lassen sie sich nicht einfach mischen. Die Merge-Funktion wird vielmehr von einem →Prozessor realisiert, der die eintreffenden Datenströme im Reißverschlußverfahren zu einem verschmilzt, wobei in der Regel die unterschiedlichen →Prioritäten (bespielsweise zwischen →Note-Events und systemexklusiven Daten) berücksichtigt werden. Die Merge-Funktion findet sich in →MIDI-Patchbays, →Sequenzern und auch in eigens dafür konzipierten Merge-Boxen. Dabei handelt es sich um ein kleines →MIDI-Peripheriegerät, das ausschließlich über die Merge-Funktion verfügt. 2. Funktion im →Sampler, die zwei Samples zu einem kombiniert. Dabei

Menüleiste im Apple Macintosh

Mickey-Mouse-Effekt

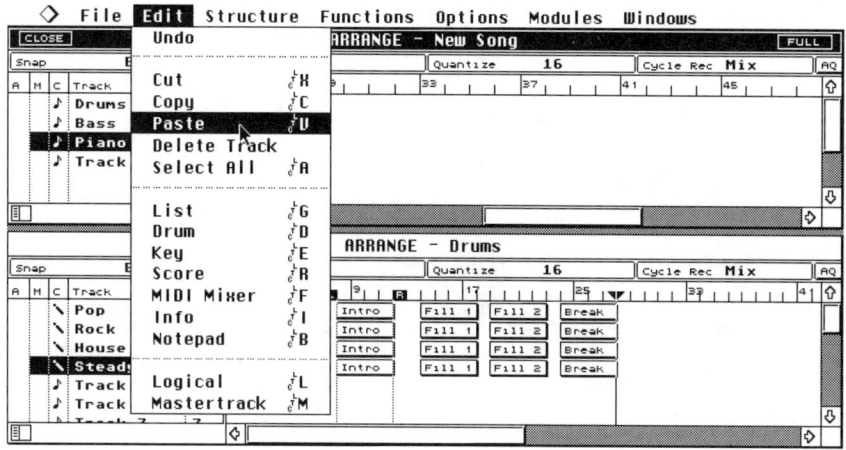

Menüleiste in Steinbergs Cubase

werden die Samples Datenwort für Datenwort addiert. Für ein einwandfreies Ergebnis ist wichtig, daß die →Sampling-Rates und die →Tonhöhen beider Samples möglichst identisch sind, da die Merge-Funktion der meisten →Sampler keine Anpassung vornimmt.
Message (engl.) Nachricht. Ein kompletter →MIDI-Befehl wird oft als Message bezeichnet.
Metronom Ursprünglich mechanischer Taktgeber, der ein einstellbares →Tempo in Viertelschlägen angibt. Das Metronom (engl.: Click) in →MIDI-Systemen wird entweder über einen kleinen →Tongenerator eines taktgesteuerten Gerätes, etwa den Monitorlautsprecher eines →Computers, ausgegeben oder als →MIDI-Note an einen →Klangerzeuger gesendet (→MIDI-Metronom). Das →MIDI-Metronom bietet den Vorteil, daß es mit einem beliebigen →Sound versehen - meist dem →Rimshot oder der Kuhglocke eines →Drumcomputers oder →Samplers - und in der →Lautstärke dem Gesamtsound angepaßt werden kann.
MG (engl.) Abk. für Modulation-Generator, →LFO.
MHz Abk. für →Megahertz. 1 MHz = 1000

→kHz = 1.000.000 →Hz. Der →Prozessortakt von →Computersystemen wird in MHz angegeben. Eine 16-MHz-→Taktrate bedeutet, daß die →CPU mit der entsprechenden Geschwindigkeit getaktet wird, nicht aber, daß sie 16 Millionen Rechenschritte pro Sekunde ausführen kann.
Mic-Input (engl.) Mikrofoneingang eines Gerätes (z. B. →Mischpult, →Recorder, →Sampler), an den neben einem →Mikrofon auch eine andere, leistungsschwache Signalquelle (→Tonabnehmer) angeschlossen werden kann. Das Signal wird durch einen Mikrofonverstärker bis maximal 70 →dB angehoben und damit auf den Arbeitspegel des Gerätes gebracht. Zusätzlich bieten viele →Mischpulte ein zuschaltbares →Hochpaßfilter, das mikrofontypische Störungen wie →Trittschall oder Windgeräusche ausfiltert. Entsprechend ausgerüstete Pulte versorgen darüber hinaus über die →symmetrische Leitung →Kondensatormikrofone mit der notwendigen →Phantomspannung.
Mickey-Mouse-Effekt Änderung der Klangcharakteristik eines Samples, die durch Transponierung nach oben entsteht, vergleichbar mit einem zu schnell abgespielten →Tonband.

Micro-Prozessor

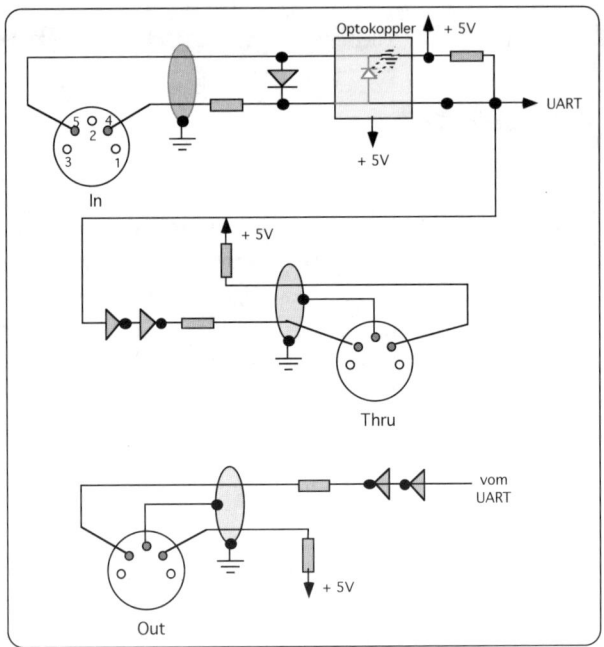

Schaltungsaufbau der MIDI-Schnittstelle

Die normale menschliche Stimme wird dabei zu einer Mickey-Mouse-ähnlichen Stimme, daher die Bezeichnung. Der Mickey-Mouse-Effekt entsteht dadurch, daß neben der →Tonhöhe auch die →Formanten des →Klangs verändert werden. Das ist bei akustischen Klangquellen nicht der Fall, da die Ausmaße des Klangkörpers (z. B. Kehlkopf, Klavier- oder Gitarrenkorpus), die für die Formanten verantwortlich sind, trotz sich ändernder Tonhöhe konstant bleiben.

Micro-Processor (engl.) →Mikroprozessor.

Microtuning (engl.) Funktion in →digitalen →Klangerzeugern, mit deren Hilfe sich jeder einzelne Halbton einer →Oktave oder des gesamten Tonumfangs feinstimmen läßt. So sind neben den üblichen, →temperierten →Stimmung auch mittelalterliche oder gänzlich ungewöhnliche Stimmungen realisierbar (z. B. Vierteltonskala, Obertonstimmung). Die Abweichungen der Halbtöne von der Grundstimmung sind in sogenannten Microtuning-Tabellen abgespeichert, die teils fest vorgegeben, teils frei programmierbar sind.

MIDI (engl.) Abk. für Musical Instrument Digital →Interface: →digitale →Schnittstelle für Musikinstrumente. →MIDI wurde 1983 eingeführt und hat seitdem die elektronische Musikproduktion völlig revolutioniert. Allgemein lassen sich über die MIDI-Schnittstelle beliebige Geräte (z. B. →Synthesizer, →Sampler, →Keyboards, Computer, →Mischpulte, →Effektgeräte, →Peripheriegeräte) miteinander koppeln und gegenseitig steuern. Das war nicht immer so. In der Analog-Ära konnte man Synthesizer lediglich über →Steuerspannungen miteinander koppeln und sehr eingeschränkt gegenseitig steuern. →Digital gesteuerte Synthesizer besaßen bereits →Mikroprozessoren, die die interne Steuerung und

Klangspeicherung des Instruments übernahmen. Obwohl es damit auf der Hand lag, daß diese Mikroprozessoren auch untereinander kommunizieren konnten, blieb jedes Instrument zunächst nach außen hin stumm, da jeder Hersteller seinen eigenen Weg ging. Also suchte man damals nach einem einheitlichen Standard, der für alle Hersteller bindend sein sollte. Dieser wurde mit der MIDI-Schnittstelle festgelegt.

Zur technischen Seite: Die MIDI-Schnittstelle ist ein digitales, →serielles →Interface mit einer →Übertragungsrate von 31.250 →Baud. Das Datenformat beträgt 8 →Bits mit einem →Start- und einem →Stopbit. Die Übertragung erfolgt über eine 5mA-Stromschleife und einen →Optokoppler. Da →MIDI-Geräte dadurch nicht direkt elektrisch verbunden sind, können keine →Brummschleifen entstehen. Die Anschlüsse sind als 5polige-→DIN-Buchsen ausgelegt, von denen →Pin 1 und 3 ungenutzt bleiben. Die empfohlene Leitungslänge beträgt maximal 15 m. Die MIDI-Schnittstelle ist äußerst einfach aufgebaut und wird pro Gerät mit nur etwa DM 20,- kalkuliert, so daß sie sich auch in kleine →Peripheriegeräte einbauen läßt. Zur Verbindung ist pro Richtung nur ein einfaches →MIDI-Kabel nötig. Jedes Gerät läßt sich auf einem oder mehreren von 16 verfügbaren →MIDI-Kanälen gezielt ansteuern. Die Befehle für die Übertragung von Noten, →Spielhilfen, Soundnummern, →Synchronisations-Steuerung und vieles mehr sind festgelegt. Damit sämtliche Funktionen eines Gerätes über →MIDI übertragen werden können, lassen sich gerätespezifische →Parameter als →systemexklusive Daten codieren. Die MIDI-Funktionen eines Gerätes sind in der →MIDI-Implementation-Chart dokumentiert, die jedem Gerät beiliegt. Die Vorschriften für die MIDI-Hard- und →Software legt die →MMA in der →MIDI-Spezifikation fest. Von dieser Organisation werden auch neue →MIDI-Befehle, -Spezifikationen und -Definitionen eingeführt.

MIDI-/FM-Transmitter Zusatz für tragbare →MIDI-Controller (z.B. →Remote-Keyboards), der aus einem Sender und einem Empfänger besteht und →MIDI-Daten über Funk übertragen kann. Der MIDI-/FM-Transmitter wird zwischen →Master und →Slaves (→Klangerzeuger) geschaltet und erlaubt es dem Musiker auf der Bühne, sich ohne ein störendes MIDI-Kabel frei zu bewegen.

MIDI-Anwendung →MIDI-Software.
MIDI-Befehl →MIDI-Event.
MIDI-Betriebsart →MIDI-Mode.
MIDI-Buchse Fünfpolige →DIN-Buchse zum Anschluß eines →MIDI-Gerätes. Normalerweise verfügt ein MIDI-Gerät über drei MIDI-Buchsen: →MIDI-In, →MIDI-Out und →MIDI-Thru.

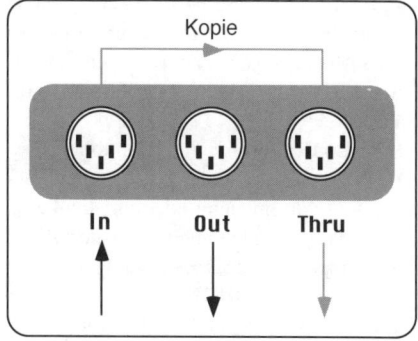

Die MIDI-Anschlüsse

MIDI-Byte →Statusbyte oder →Datenbyte zur Übertragung eines →MIDI-Events.
MIDI-Channel (engl.) MIDI-Kanal. Der Kanal, auf dem ein Gerät, ein spezifischer Teil eines Gerätes oder ein →Sound innerhalb eines →Multimode-→Klangerzeugers →MIDI-Daten empfängt oder sendet. Fast jedes MIDI-Instrument erlaubt die getrennte Einstellung eines Sende- und eines Empfangskanals (→Transmit-/→Receive-Channel).
MIDI-Clock (engl.) MIDI-Pendant zur

→FSK-Synchronisation und damit die einfachste Art der →Synchronisation von →MIDI-Geräten. Die MIDI-Clock ist ein →Statusbyte aus der Gruppe der →System-Realtime-Messages, das 24mal pro Viertelnote gesendet wird. Ergänzend dazu gibt es den →SPP sowie die →Start-, →Stop- und →Continue-Befehle. Die MIDI-Clock läßt sich direkt nur bei der Synchronisation unter →MIDI-Geräten verwenden, kann allerdings von einem Synchronizer in FSK-Signale umgewandelt werden, um →Bandmaschinen ins →MIDI-System einzubinden. Da die MIDI-Clock - wie auch die FSK-Synchronisation - tempobezogen arbeitet, ist das →Tempo der synchronisierten Geräte völlig abhängig vom Synchronisationssignal. Zudem wird die →Auflösung von 96tel-Noten heute für Echtzeiteinspielungen als nicht mehr ausreichend empfunden. Aus diesem Grunde geht man im semiprofessionellen- und professionellen Bereich mehr und mehr zum neueren →MIDI-Timecode (→MTC) über. Datenformat: →Anhang.

MIDI-Controller (engl.) →Controller.
MIDI-Converter (engl.) Allgemeine Bezeichnung für ein Gerät oder eine Funktion, die →analoge Spannungen - in der Regel →Steuerspannungen, →Audiosignale oder →Impulse - in →MIDI-Daten umwandelt, →CV-to-MIDI-Converter, →Pitch-to-MIDI-Converter, →Drum-to-MIDI-Converter.
MIDI-Daten →MIDI-Event.
MIDI-Datenfilter →Datenfilter.
MIDI-Datenformat Das komplette MIDI-Datenformat wird im Anhang dieses Buches tabellarisch aufgeführt.
MIDI-Delay (engl.) Funktion in →Sequenzern, →Synthesizern oder →MIDI-→Prozessoren, die →Sequenzerspuren oder empfangene →MIDI-Daten zeitverzögert ausgibt und damit einen →Delay-Effekt erzeugt. Viele MIDI-Delays besitzen den →digitalen Delays entlehnte →Parameter (z. B. →Feedback).
MIDI-Disk →MIDI-Peripheriegerät bestehend aus einem →Diskettenlaufwerk mit dazugehöriger Steuerung und →MIDI-Anschlüssen, das beliebige oder spezielle →MIDI-Daten (z. B. →SysEx, →MIDI-File) auf →Diskette verwalten kann. So lassen sich MIDI-Daten für ein ganzes System zum Beispiel zentral und preisgünstig archivieren. Da eine MIDI-Disk transportabel ist, können die Daten problemlos mit auf die Bühne genommen und bei Bedarf nachgeladen werden.

Yamahas MIDI-Disk MDF2 erlaubt die zentrale Archivierung von MIDI-Daten

MIDI-Drone (engl.) Hängengebliebene, d.h. nicht durch einen →Note-Off-Befehl ausgeschaltete Noten. Ein MIDI-Drone entsteht meist durch einen Übertragungsfehler. Durch einen →All-Notes-Off-Befehl läßt er sich meist beheben.
MIDI-Dump (engl.) Bezeichnung für die Übertragung (→Dump) eines (→systemexklusiven) Datenblocks. Ein MIDI-Dump kann also das Senden einer Soundbank von einem →Computer zum →Synthesizer oder ein Sample-Austausch zwischen zwei →Samplern sein.
MIDI-Echo 1. →MIDI-Delay. 2. Auch Echo-Thru genannt, selten verwendete Bezeichnung für den →MIDI-Thru.
MIDI-Empfänger MIDI-Gerät, das von einem →Master gesteuert wird.

MIDI-File-Standard

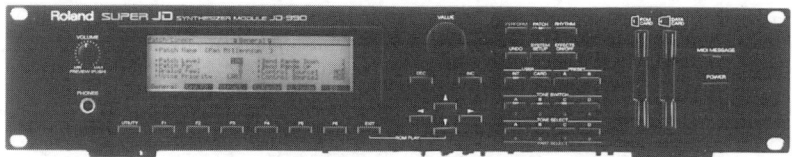

MIDI-Expander Roland JD-990

MIDI-Equipment Der Teil des →Equipments, der aus MIDI-Geräten besteht. In einem Studio umfaßt das MIDI-Equipment in der Regel →Sequenzer, →MIDI-Keyboards und →Klangerzeuger sowie diverse →MIDI-Peripheriegeräte.
MIDI-Event (engl.) Andere Bezeichnung für einen kompletten →MIDI-Befehl bestehend aus →Statusbyte und →Datenbytes. Ein →MIDI-Event kann z. B. ein →Note-On oder ein →Programmwechsel sein, aber auch eine einzelne Stufe einer →Pitch-Wheel-Bewegung. Die Anzahl von MIDI-Events wird meist zur Angabe der →Speicherkapazität eines →Sequenzers herangezogen (z. B. 50.000 →Events, was 25.000 Noten entspricht). Diese Angabe ist allerdings nicht sehr aufschlußreich, da die Event-Typen und die anfallende Menge zu unterschiedlich sind. So benötigt die →MIDI-Clock nur ein →Byte, ein →Note-On-Befehl dagegen drei. Das Anschlagen einer Taste erzeugt sechs (→Note-On, →Note-Off), das Bewegen des →Modulationsrads in Maximalposition unter Umständen gleich über 100 Bytes. Insofern ist die Anzahl der MIDI-Events lediglich als Vergleichsgröße anzusehen.
MIDI-Expander →MIDI-Klangerzeuger ohne →Klaviatur. Von fast jedem →Synthesizer- und →Samplermodell existiert auch eine →Expanderversion ohne →Tastatur, die oft auch als Rackmodul bezeichnet wird. Die Expanderversion wird in der Regel im Vergleich zum →Keyboardmodell hinsichtlich der Bedieneroberfläche und einiger Zusatzfunktionen abgespeckt, bietet dafür jedoch mehr →Einzelausgänge. Je nach Auslegung

bietet das Expandermodell sogar die kompletten Bedienmöglichkeiten inklusive Klangeditierung an. Der Großteil der Expander ist im →19"-Format ausgeführt, so daß sich eine beliebige Anzahl davon platzsparend auf kleinem Raum unterbringen läßt.
Der Begriff „Expander" rührte ursprünglich daher, daß sich die Fähigkeiten eines einzelnen Keyboards durch weitere, tastenlose Zusatzgeräte erweitern ließen. Mittlerweile sind jedoch die platzsparenden und preisgünstigeren Expander verbreiteter als die Keyboardversionen.
MIDI-Feedback (engl.) MIDI-→Rückkopplung, die entsteht, wenn der →MIDI-Out eines →Keyboards direkt oder über Umwege (→MIDI-Patchbay, →Sequenzer, →Thru-Funktion) mit seinem →MIDI-In verbunden ist. In einem solchen Fall erhält die →Klangerzeugung jede Note und jedes weitere →MIDI-Event zweifach, was mindestens zu Klangänderungen (Flanging), Stimmenhalbierung und „MIDI-Error"-Meldungen führt, sehr selten auch zum →Absturz angeschlossener →Computerprogramme. Ein →MIDI-Feedback kann durch die →Local-Off-Funktion verhindert werden. In hartnäckigen Fällen wird das angekommene MIDI-Event auch wieder ausgegeben, was zu einem MIDI-Daten-Loop und einer resultierenden Dauerbelastung mit meist unvorhersehbaren Folgen führt.
MIDI-File-Standard (engl.) Standardformat zur Übertragung von Sequenzen und Songs zwischen verschiedenen →Sequenzersystemen. Der →MIDI-File-Standard wird heute von nahezu jedem →Sequenzer unterstützt. Dazu gehören auch →Hardware-Sequenzer

MIDI-Filter

und in →Synthesizer, →Sampler bzw. →MIDI-Workstations integrierte Sequenzer. So lassen sich Songs beispielsweise zwischen einem Yamaha SY99 Synthesizer und einem Steinberg-Cubase-Sequenzer auf einem →Atari ST austauschen, wenn sie im MIDI-File-Standard abgespeichert wurden. Dabei werden bei optimaler Kompatibilität neben den reinen →Events auch die →MIDI-Kanäle jeder Spur und die Spurnamen übertragen. Nicht berücksichtigt werden Abspielparameter oder →Pattern/Song-Strukturen. Zu beachten ist, daß der Austausch normalerweise über →Disketten von statten geht, was eine →Kompatibilität der entsprechenden →Diskettenformate voraussetzt. Inzwischen ist allerdings ein neues →Übertragungsprotokoll von der →MMA definiert worden, welches die Übertragung von MIDI-Files über das MIDI-Kabel direkt (als →MIDI-Dump) gestattet.

MIDI-Filter Funktion in →MIDI-→Anwendungen oder -Geräten, die es erlaubt, für bestimmte MIDI-Datenarten den Empfang, das Senden oder die Darstellung zu unterdrücken. MIDI-Filter dienen in erster Linie zur Reduktion von Daten, indem bestimmte Arten (z. B. →Aftertouch) im →Sequenzer nicht aufgezeichnet werden. Eine andere Anwendung ist das Ausschalten von →Controllerdaten im →Event-Editor, damit der gesamte →Bildschirm für die Darstellung von Noten zur Verfügung steht. Ein →MIDI-Thru-Filter dagegen verhindert das Durchschleifen bestimmter Daten.

MIDI-Gitarre Entweder eine mit einem →Guitar-to-MIDI-Converter (siehe dort) gekoppelte akustische oder E-Gitarre oder, im engeren Sinne, eine Gitarre, die ausschließlich →MIDI-Daten produziert und ein Pendant zum →Masterkeyboard bei Tasteninstrumenten darstellt. Eine echte MIDI-Gitarre dieser Art ermöglicht eine bessere Anpassung an ein MIDI-Umfeld sowie vor allem ein schnelleres →Triggern von Noten, da keine Rücksicht auf ein →Audiosignal genommen werden muß.

So besitzen einige MIDI-Gitarren z. B. durchweg ausschließlich sehr dünne Saiten mit spezifischer →Stimmung, deren →Tonhöhe schneller zu erkennen ist. Beispiel →Synth-Axe.

MIDI-ID-Number (engl.) Kenn-Nummer, die jeder Hersteller von →MIDI-Geräten auf Antrag von der →MMA zugewiesen bekommt. Diese →ID-Nummer dient der Herstellerkennung →systemexklusiver Daten. Auf diese Weise wird vermieden, daß ein Gerät des Herstellers A irrtümlich die →MIDI-Dumps des Herstellers B verarbeitet, was unter Umständen zu Datenverlusten führen kann. Die MIDI-ID-Number wird im zweiten →Byte einer →systemexklusiven →MIDI-Nachricht übertragen und ist entweder ein oder drei Bytes lang.

MIDI-Implementation Befehlsumfang eines →MIDI-Gerätes. Die MIDI-Implementation legt fest, welche →MIDI-Events von einem Gerät in welcher Form erzeugt oder verarbeitet werden. Besonders wichtig ist die MIDI-Implementation für den Bereich der nicht genormten →systemexklusiven Daten. Die →MIDI-Spezifikation empfiehlt daher die Dokumentation der MIDI-Implementation im Anhang des →Manuals für jedes MIDI-Gerät.

MIDI-Implementation-Chart (engl.) Tabelle, die pflichtgemäß zur Dokumentation eines jeden →MIDI-Gerätes gehört und auflistet, welche →MIDI-Daten das Gerät verarbeiten bzw. erzeugen kann. Da der Aufbau der Implementation-Chart festgelegt ist, lassen sich die MIDI-Eigenschaften zweier Geräte direkt vergleichen und besondere Fähigkeiten oder auch Fehler auffinden.

MIDI-Implementationstabelle →MIDI-Implementation-Chart.

MIDI-In (engl.) →MIDI-Anschluß eines Gerätes, an dem es Daten empfängt, die von einem anderen →MIDI-Gerät (→Keyboard, →Sequenzer, →Computer) gesendet werden.

MIDI-Interface (engl.) 1. →MIDI-Schnittstelle. 2. →Peripheriegerät, das eine andere

MIDI-Interface

01/WFD, 01/W MIDI Implementation Chart

01/WFD, 01/W MIDI Implementation Chart

Function ...		Transmitted	Recognized	Remarks
Basic Channel	Default Changed	1~16 1~16	1~16 1~16	Memorized
Mode	Default Massages Altered	× ********	3 ×	
Note Number:	True voice	24~108 ********	0~127 0~127	Seq. Data : 0–127
Velocity	Note ON Note OFF	○ 9n. V=1~127 ×	○ 9n. V=1~127 ×	Seq. Data : 2–126
After Touch	Key's Ch's	○ ○	○ ○	Key's : Sequence *5, 6 Data only *5
Pitch Bender		○	○	*1
Control Change	0, 32 1, 2 6, 38 7 10 11 12, 13 64 91, 92 96, 97 100, 100~102 121 0~101	○ ○ ○ ○ ○ × ○ ○ ○ ○ × × ○	○ ○ ○ ○ ○ ○ ○ ○ ○ ○ ○ ○ ○	Bank (MSB),(LSB) *3 Mod Wheel *1 Data Entry (MSB),(LSB) *2 Volume *1 Pan Pot *1 Expression *1 FX 1,2 Cntrl *1 Damper *1 FX 1,2 ON/OFF *1 Data Increment/Decrement *2 RPC (LSB,MSB) *2 Reset All Cntrls (Sequence Data) *6
Prog Change: True #		○ 0~99 ********	○ 0~127 0~99	*3
System Exclusive		○	○	*2
System Common:	Song Pos Song Sel Tune	○ ○ 0~29 ×	○ ○ 0~29 ×	*4 *4
System Real Time:	Clock Commands	○ ○	○ ○	*4 *4
Aux Messages :	Local ON/OFF : All Notes OFF : Active Sense : Reset	× × ○ ×	○ ○ 123~127 ○ ○	

Notes *1 Transmitted and recognized when CONTROL=ENA in global mode.   *6 Only Sequence Data will be
*2 Transmitted and recognized when EXCLUSIVE=ENA in global mode.   transmitted and recognized.
*3 Transmitted and recognized when PROG CHANGE=ENA in global mode.
*4 Transmitted but not recognized when using Internal Clock. Recognized but not transmitted when using
External Clock.
*5 Transmitted and recognized when AFTER TOUCH=ENA in global mode.

Mode 1 : OMNI ON, POLY   Mode 3 : OMNI OFF, POLY   ○ : Yes
Mode 2 : OMNI ON, MONO   Mode 4 : OMNI OFF, MONO   × : No

Die MIDI-Implementation-Chart der 01/W-Serie

→Schnittstelle (z. B. →Drucker- oder →Modem-Port) eines →Computers nutzt, um diesen mit →MIDI-Anschlüssen zu versehen. Nur dann läßt sich →MIDI-Software mit diesem →Computer nutzen. →MIDI-Interfaces gibt es für jeden →Computertyp, sofern er nicht, wie der →Atari ST, serienmäßig mit →MIDI ausgerüstet ist. Die Geräte unterscheiden sich in Ausstattung, Funktionsvielfalt und Preis mitunter erheblich. So reicht die Palette für den →Apple →Macintosh beispielsweise vom einfachen Kästchen mit einem →MIDI-In und einem

MIDI-Kabel

→MIDI-Out bis zum ausgewachsenen Microcomputer, der neben mehreren getrennten →MIDI-Kreisen (8 x 16 Kanäle) auch →SMPTE-Timecode lesen und schreiben kann.

MIDI-Kabel Spezielles Kabel zur MIDI-Verbindung zweier Geräte. Die Leitung besteht aus einer stromführenden Ader und einem →Schirm und darf laut →MIDI-Spezifikation maximal 15 m lang sein. An beiden Enden befindet sich ein 5poliger →DIN-Stecker, an dem allerdings nur zwei →Pins belegt sind. Professionelle MIDI-Kabel unterscheiden sich durch robuste Stecker und einen festen Leitungsmantel von billigen →HiFi-Kabeln (→Überspielkabel). Sie sind im Bühneneinsatz unerläßlich für ein reibungsloses Funktionieren der Verbindung. Spezielle Systemkabel vereinen vier oder mehr farbige MIDI-Kabel in einem Mantel, was für mehr Übersicht und weniger Kabelsalat sorgt.

MIDI-Kanal →MIDI-Channel (siehe dort).

MIDI-Keyboard →Keyboard. In der Regel wird mit MIDI-Keyboard lediglich die →Klaviatur bezeichnet. So ist etwa ein →Masterkeyboard auch ein MIDI-Keyboard.

MIDI-Klaviatur →MIDI-Keyboard.

MIDI-Klavier Ein mit MIDI-Funktionen ausgestattetes Klavier oder ein Flügel. Hier gibt es zwei verschiedene Varianten. In beiden Fällen wird das Klavier mit einer MIDI-Elektronik ausgerüstet. Der Einbau elektronischer Tastenkontakte liefert eine einfachere Variante. Diese Kontakte erfassen das Spiel auf der →Klaviatur inklusive →Anschlagdynamik. Ein derart ausgerüstetes Klavier ist lediglich in der Lage, →MIDI-Daten zu sen-

Ein MIDI-Klavier mit aufwendiger Elektromechanik: das Disklavier von Yamaha den. So kann der akustische Klavierklang durch →Synthesizerklänge ergänzt werden. Wesentlich aufwendiger dagegen ist der Einbau einer kompletten Elektromechanik, mit deren Hilfe die Tasten und →Pedale des Klaviers extrem präzise ferngesteuert werden können. Ein solches Instrument kann auch MIDI-Daten empfangen. Das Yamaha →Disklavier beispielsweise ermöglicht es, das Spiel auf der Klaviatur aufzuzeichnen, auf →Disketten zu speichern und nachher wiederzugeben. Durch die Koppelung mit einem →MIDI- →Sequenzer ist es zudem denkbar, eingespielte Klavierspuren zu quantisieren und zu korrigieren und erst dann auf Band aufzunehmen. Außerdem lassen sich von den mit dem Klavier erzeugten MIDI-Daten Noten ausdrucken. Während ein MIDI-Out-Satz für ein Klavier nur wenige tausend Mark kostet, schlägt eine komplette MIDI-Aufrüstung mit etwa 20.000 Mark zu Buche und kostet damit so viel wie ein preiswerter Flügel.

MIDI-Kreis Separater Teil eines MIDI-Systems mit sechzehn Kanälen. Größere →Sequenzer, →MIDI-Interfaces oder →Masterkeyboards erlauben die Verwendung mehrerer MIDI-Kreise, so daß sich die Anzahl der verfügbaren →MIDI-Kanäle vervielfacht und die Datenmenge besser verteilt werden kann. Die →MIDI-Geräte werden dann über mehrere, voneinander getrennte →MIDI-Ins und →MIDI-Outs angeschlossen.

MIDI-Library (engl.) Zusatz zu einer Programmiersprache (z. B. →BASIC, C), der sämtliche →MIDI-Befehle in Form vorgefertigter Unterprogramme bereits enthält. Diese Befehle werden dann in einem →Programm nur noch aufgerufen. Der Einsatz einer solchen MIDI-Library vereinfacht und beschleunigt das Erstellen einfacher MIDI-Software.

MIDI-Light-Controller (engl.) Gerät, das →MIDI-Controllerdaten in →Steuerspannungen für Dimmer-→Racks umwandelt. So läßt sich eine Lichtanlage von einem →MIDI- →Sequenzer, einem →Keyboard und anderen →MIDI-Geräten aus teilweise oder komplett fernsteuern. Auf der Bühne erzielt man so ein optimales Zusammenspiel von Musik und vorprogrammierbaren Lichteffekten.

MIDI-Machine-Control →MIDI-Befehlssatz zur umfassenden Fernsteuerung von →Bandmaschinen, →Videorecordern, →Sequenzern und anderen zeitbasisgesteuerten Geräten. Die MIDI-Machine-Control-Befehle gehören zur Gruppe der →Universal-System Exclusive-Messages. Über →MIDI-Machine-Control lassen sich sämtliche Bandlauffunktionen, darunter auch Record, →Shuttle und Eject extern ein- und ausschalten. Ferner können Geräte untereinander →Locator-Positionen austauschen und gleichzeitig anfahren. Auch sind über →Device-Numbers verschiedene Geräte unabhängig voneinander ansprechbar.

Während sich die erste Anwendung der MIDI-Machine-Control-Befehle auf Mehrspurmaschinen von Fostex und Tascam durch →MIDI-→Sequenzer beschränkten, reichen die Möglichkeiten bis hin zur zentralen Bedienung aller Band- und sonstiger Medien eines ganzen →Studios von einem einzigen Punkt aus.

Die Verbindung wird bei entsprechend ausgerüsteten →Bandmaschinen einfach über die →MIDI-Buchse realisiert. Darüber hinaus gibt es für einige Geräte spezielle →Interfaces. Es ist zu erwarten, daß in Zukunft sämtliche →Bandmaschinen und →Sequenzer MIDI-Machine-Control-→kompatibel sein werden.

MIDI-Manager (engl.) →Macintosh-MIDI-Manager.

MIDI-Merge (engl.) Funktion zur Verschmelzung mehrerer MIDI-Eingänge auf einen Ausgang. Da →MIDI-Daten →seriell übertragen werden, muß dies mit Hilfe eines →Prozessors geschehen, der die verschiedenen Datenströme im Reißverschlußverfahren zusammenfaßt. So lassen sich z. B. mehrere →Keyboards und ein →Sequenzer an einen einzigen →Klangerzeuger anschließen. Die

MIDI-Metronom

→Merge-Funktion in →Sequenzern mischt die von einem Keyboard empfangenen Daten mit den Sequenzerdaten und gibt diese am →MIDI-Out des →Sequenzers aus.

MIDI-Metronom Taktgebersignal, das von einem →Sequenzer in Form einer →MIDI-Note gesendet wird. In der Regel sendet der Sequenzer unterschiedliche Noten für Taktbeginn und Taktunterteilungen. Im Gegensatz zum Metronom aus dem →Monitor-Speaker kann das MIDI-Metronom vom Anwender in Klang und Lautstärke nach Belieben variiert werden.

MIDI-Mixer (engl.) 1. →MIDI-Merge. 2. Bezeichnung für ein →Mischpult, bei dem einige Funktionen über →MIDI gesteuert werden können, meist die →Mute-Funktion. Es gibt auch Ausführungen, die sich ausschließlich über →MIDI steuern lassen, und deren →Hardware nur die nötigsten Bedienelemente aufweist (z. B. MIDI-Mixer von Mark of the Unicorn).

MIDI-Mode (engl.) Betriebsart eines →MIDI-Gerätes, die die Zuordnung der empfangenen →MIDI-Daten zu Kanälen und →polyphonen →Stimmen des →Klangerzeugers bestimmt. Gebräuchlich sind →Omni-Mode, →Poly-Mode, →Mono-Mode und →Multi-Mode (siehe dort). Der MIDI-Mode kann über die →Channel-Mode-Messages via →MIDI umgeschaltet werden.

MIDI-Monitor (engl.) →Computersoftware oder Funktion eines →MIDI-Gerätes, die die am →MIDI-In empfangenen Daten im Klartext auf einem →Display oder auf dem →Computermonitor anzeigt. Der MIDI-Monitor ist damit quasi das Fenster in die MIDI-Leitung und wird zum Testen der Verbindungen innerhalb eines →MIDI-Systems eingesetzt. Auch läßt sich herausfinden, ob ein Gerät eine bestimmte Datenart wirklich nicht empfängt, oder ob es sie lediglich nicht verarbeiten kann. In komfortableren MIDI-Monitor-→Programmen (z. B. MIDI-Master von Emagic) gibt es →Datenfilter, über die sich bestimmen →MIDI-

Daten gezielt von der Darstellung ausschließen lassen, sowie die Möglichkeit, die empfangenen Daten zu bearbeiten und zurückzusenden.

MIDI-Nachricht MIDI-Nachrichten bestehen aus einem →Statusbyte zur Kennung der Befehlsart und - je nach Befehl - keinem, einem oder zwei →Datenbytes, die die Werte übertragen. Man unterscheidet zwei Hauptgruppen: Kanalnachrichten (→Channel-Messages), die mit Kanalkennung übertragen werden und einzelne Geräte bzw. deren Einzelsounds gezielt ansprechen können, und →Systemnachrichten (→System-Messages), die von allen Geräten eines Systems verarbeitet werden können.

MIDI-Note Spezialfall eines MIDI-Events, das eine Note überträgt. Dazu gehören ein →Note-On-→Statusbyte mit →Notennummer und →Velocity-Wert sowie ein Note-Off-Statusbyte mit derselben Notennummer.

MIDI-Note-Off →Note-Off.

MIDI-Note-On →Note-On.

MIDI-Out (engl.) MIDI-Anschluß eines Gerätes, über den Daten an den →MIDI-In eines externen Empfängers gesendet werden. Der →MIDI-Out sendet - im Gegensatz zum →MIDI-Thru - ausschließlich Daten, die im Gerät selbst erzeugt werden.

MIDI-Pads (engl.) Andere Bezeichnung für →Drum-Pads in Verbindung mit einem →Drum-to-MIDI-Converter.

MIDI-Patchbay (engl.) →Peripheriegerät, das eine Anzahl von →MIDI-In- und →MIDI-Out-Anschlüssen bietet, die innerhalb der Patchbay beliebig miteinander verbunden werden können. An diese Patchbay werden alle Geräte eines größeren →MIDI-Systems angeschlossen und je nach Bedarf miteinander verkoppelt, wobei sich die Konfigurationen (→Routings) meist speichern und auf Knopfdruck wieder abrufen lassen. So kann ein →Masterkeyboard beim Aufnehmen eines Songs mit dem →Sequenzer verbunden werden, auf der Bühne direkt vier →Klangerzeuger

MIDI-Song

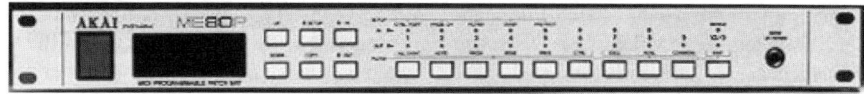

MIDI-Patchbay ME80 von Akai

ansprechen, während der →Sequenzer →parallel dazu einen →Drumcomputer steuert. Viele Patchbays bieten zusätzlich noch eine →Merge-Funktion, die die an zwei oder mehreren MIDI-Ins empfangenen Daten zusammenfassen können. So lassen sich mehrere Einspielkeyboards gleichzeitig an einen Empfänger anschließen.

MIDI-Peripheriegeräte →Peripheriegeräte zur Verwaltung oder Verteilung von →MIDI-Daten. Typische MIDI-Peripheriegeräte sind →MIDI-Patchbay, →MIDI-Interface oder →MIDI-Disk.

MIDI-Piano Akustisches Piano (Klavier oder Flügel), das vom Werk aus oder nachträglich mit MIDI-Funktionen ausgerüstet ist. →MIDI-Klavier.

MIDI-Pre-Delay (engl.) →Vorverzögerung der MIDI-Ausgabe a) einer →Sequenzerspur relativ zu den anderen Spuren oder b) des ganzen Songs relativ zum →Timecode. Das MIDI-Pre-Delay wird im →Sequenzer eingestellt und entspricht einem negativen →MIDI-Delay. Durch minimale Vorverzögerung um einige →Ticks lassen sich unter anderem Timingunterschiede unter den beteiligten →Klangerzeugern ausgleichen.

MIDI-Programm →MIDI-Software.

MIDI-Prozessor →Peripheriegerät in →MIDI-Systemen, das empfangene →MIDI-Daten manipuliert und ausgibt. Typische Funktionen eines MIDI-Prozessors sind das Ändern von MIDI-Kanal, →Transposition, Soundprogramm oder →Velocity-Kurve der empfangenen Daten.

MIDI-Recorder Andere Bezeichnung für →MIDI-Sequenzer. Näheres unter →Sequenzer.

MIDI-Recording (engl.) Ganz oder teilweise bandlose Musikproduktion unter Einsatz eines →MIDI-→Sequenzers (siehe dort).

MIDI-Sample-Dump-Standard (engl.) Abgekürzt →SDS: Ein Standard zur Übertragung von Sample-Daten zwischen →Samplern beliebiger Marken und →Computern über →MIDI. Das Datenformat des MIDI-Sample-Dump wird von allen kompatiblen Geräten verstanden. Der Sample-Dump ist eine von der →MMA definierte Spezialform der →systemexklusiven Daten. Sample-Dump-Messages bestehen aus kleinen Blöcken. Zwei Sub-→IDs informieren den Empfänger über die Art des Datenblocks. (Datenformat: siehe →Anhang.)

Der SDS wird von allen neueren Sampler-Modellen und allen Sampler-Editoren unterstützt. Es lassen sich damit bisher allerdings ausschließlich die Samples selbst übertragen. →Multisample- und andere →Parameter sind nicht standardisiert.

MIDI-Saxophon →Synthophone.

MIDI-Schnittstelle →MIDI-Interface, →Schnittstelle.

MIDI-Sender →Master.

MIDI-Sequenzer →Sequenzer, der Noten und andere Daten in Form von →MIDI-Events aufzeichnet, bearbeitet und wiedergibt.

MIDI-Software Oberbegriff für →Software, die in irgendeiner Form →MIDI-Daten erzeugt, bearbeitet oder verwaltet. Zu dieser Gruppe gehören →Sequenzer, →Notendrucksoftware, →Editorprogramme, →universelle Sample-Editoren, Software für →algorithmische Komposition und unzählige kleinere →Programme für die verschiedensten Aufgaben.

MIDI-Song →Datei eines MIDI-Sequenzers, die einen kompletten Song enthält. Als Aus-

MIDI-Spezifikation

tauschformat gibt es den →MIDI-File-Standard, mit dem sich MIDI-Songs zwischen verschiedenen MIDI-Sequenzern und sogar →MIDI-Workstations austauschen lassen.

MIDI-Spezifikation Von der →MMA festgelegte Beschreibung der →MIDI-Schnittstelle hinsichtlich der Hard- und →Software. In der MIDI-Spezifikation werden sämtliche →MIDI-Befehle für alle Hersteller verbindlich festgelegt und auch Weiterentwicklungen eingeführt. Im Laufe der MIDI-Entwicklung wurde die ursprüngliche MIDI-Spezifikation beispielsweise durch den →Sample-Dump-Standard, den →MIDI-File-Standard oder den →MIDI-Timecode ergänzt.

MIDI-Splitbox (engl.) →MIDI-Thru-Box.

MIDI-Standard-File Bezeichnung für einen →MIDI-Song im →MIDI-File-Standard.

MIDI-Streichinstrumente Streichinstrumente mit speziellen →Tonabnehmern, die die Saitensignale an einen →Pitch-to-MIDI-Converter weiterleiten. Aufgrund des unpräzisen Toneinsatzes beim Streichen mit dem Bogen entstehen längere →Verzögerungszeiten als bei →perkussiven Instrumenten (z. B. Gitarre). Die Firma Zeta baut neben einer MIDI-Violine und einer MIDI-Viola auch ein MIDI-Violoncello, die allesamt aber keine akustische →Tonerzeugung mehr umfassen (also keinen Resonanzkorpus besitzen), sondern ausschließlich als elektrische bzw. MIDI-Instrumente (dann ähnlich einem →Masterkeyboard) funktionieren.

MIDI-Studio Allgemein: →Studio für die Musikproduktion zu Hause oder im Studio, das vorwiegend oder ganz auf →MIDI basiert. Den Gegensatz bildet das konventionelle Studio mit einer →Bandmaschine. Die Musik wird ganz oder vorwiegend mit MIDI-Komponenten produziert, gegebenenfalls werden dazu Gesang oder andere →analoge Signale auf Band synchronisiert (Hybrid-Studio). Ein MIDI-Studio kann die verschiedensten Auslegungen und Größen aufweisen. Ein normales MIDI-Studio besteht aus mindestens einem →Keyboard, einigen →Klangerzeugern, einem →Sequenzer, →Mischpult mit →Effektgeräten und wenigstens einer →Mastermaschine (→DAT, Cassette, Spulentonband). Ein solches MIDI-Studio kann auch eine Abteilung innerhalb eines großen →Tonstudios sein. Aber auch eine →MIDI-Workstation, die alle Komponenten bis auf das Bandgerät in einem Keyboard kombiniert, kann als MIDI-Studio bezeichnet werden. Ferner werden Kombinationen aus Vier- oder Achtspur-Recorder mit →Mischpult und →MIDI-Synchronisation (z. B. Tascam 688) als MIDI-Studio bezeichnet.

MIDI-Synchronisation →Synchronisation zweier oder mehrerer taktgesteuerter Geräte über →MIDI-Realtime-Messages oder →MTC.

MIDI-Synthesizer →Synthesizer mit →MIDI-Interface. Bis auf wenige Ausnahmen sind alle nach 1983 gebauten Synthesizer auch MIDI-Synthesizer.

MIDI-System Gängige Bezeichnung für ein System aus MIDI-Geräten. Zu einem MIDI-System gehören in der Regel ein →MIDI-Keyboard, ein oder mehrere →Klangerzeuger (→Synthesizer, →Sampler, →Sample-Player), ein →MIDI-Sequenzer und eine Reihe von →MIDI-Peripheriegeräten.

MIDI-Thru (engl.) Der Anschluß eines →MIDI-Gerätes, der eine Kopie der am →MIDI-In empfangenen Daten zu einem weiteren Empfänger durchschleift. Durch Bildung von MIDI-Thru-Ketten lassen sich mehrere Geräte ohne zusätzliche →Hardware zu einem System koppeln. Die →MIDI-Spezifikation empfiehlt allerdings, nur eine begrenzte Anzahl von Geräten über den MIDI-Thru zu verbinden, um eventuelle Datenverluste am Ende der Kette zu vermeiden.

MIDI-Timecode (engl.) Abgekürzt →MTC.

MIDI-to-CV-Converter (engl.) Ein Gerät, das empfangene →MIDI-Daten (→Note-On, →Note-Off, →Notennummer, →Velocity, →Pitchbend, →Modulation) in →analoge →Steuerspannungen (→Gate, →CV) umwandelt. Mit Hilfe eines MIDI-to-CV-Converters kann ein →analoger Synthesizer in ein →MIDI-System eingebunden werden.

MIDI-Treiber Zusatz-→Software für →Computer, die eine oder mehrere der →seriellen →Schnittstellen für die MIDI-Kommunikation verfügbar macht. Der →MIDI-Treiber regelt dabei die Kommunikation zwischen →MIDI-Software, →MIDI-Interface und den angeschlossenen →MIDI-Geräten. In →Windows gehört ein MIDI-Treiber zur Serienausstattung, für →Apple-→Macintosh-Computer gibt es den →MIDI-Manager.

MIDI-Workstation (engl.) Integriertes →Keyboard, das →Multimode-→Klangerzeugung, →MIDI-→Sequenzer, Effektsektion, →Drumcomputer und gegebenenfalls →Diskettenlaufwerk und →Sample-→RAM in einem kompakten Gehäuse vereinigt. Eine MIDI-Workstation ist im Vergleich zum →Synthesizer weniger auf die Erzeugung neuartiger →Sounds ausgelegt, als vielmehr als Soundfabrik, die die bei der Komposition oder →Demo-Produktion meistgebrauchten Klänge bereitstellt. Deshalb arbeiten fast alle →Workstations mit einem größeren Vorrat an gängigen →ROM-→Samples (Klavier, Streicher, Bläser, Gitarren, Orgeln, →Drums usw.). Die subtraktive →Klangformung ist meist auf das Nötigste beschränkt. Vergleichbar mit Stereo-Kompaktanlagen sind auch hier die einzelnen →Module zwar im Vergleich zu →Stand-Alone-Geräten in der Funktionsvielfalt eingeschränkt, jedoch optimal aufeinander abgestimmt. Der →Sequenzer muß nicht mehr mit der →Klangformung verkabelt werden und kann direkt auf die internen Klänge zugreifen, die Effekte sind auch für den →Sequenzer verfügbar.

Mit einer MIDI-Workstation lassen sich deshalb ohne externe Peripheriegeräte komplette Musikproduktionen erstellen. Vorreiter dieses Genres war die Korg M1 Workstation, die 1987 auf den Markt kam und seither zu den populärsten Keyboards zählt. Die M1 läutete eine Entwicklung ein, die sich bis heute fortsetzt. Nahezu jeder Synthesizer oder →Sampler besitzt heute Workstation-Features. Die größte klangliche Flexibilität bieten Instrumente, die eine →Sampling-Einheit (Roland W-30) oder zumindest einen Sample-RAM an Bord haben. Dadurch lassen sich nämlich eigene Samples bei Bedarf in das Arrangement einbinden.

Midrange (engl.) Mittenbereich (einer →Klangregelung, eines →Lautsprechers).

Mikrocomputer →Computer, dessen Herzstück ein einziger, relativ kleiner →Mikro-

MIDI-Workstation Korg 01/WproX

Mikrocontroller

Verschiedene Mikrofontypen: links dynamisches, rechts Kondensatormikrofon

prozessor ist. Zur Sparte der Mikrocomputer gehören alle →Personal Computer (z. B. →IBM-kompatible, →Apple →Macintosh, →Atari ST), →Homecomputer (z. B. Commodore →C 64), Schreibcomputer und theoretisch sogar MIDI-Instrumente wie beispielsweise →Sampler.

Mikrocontroller Höher integrierter Mikroprozessor, der zusätzlich noch einen kleinen →RAM- und →ROM-Bereich, oft sogar weitere Einheiten wie →A/D-Wandler oder Tastaturcontroller in einem Gehäuse vereinigt. Der Vorteil liegt darin, daß die →Schaltungen wesentlich kompakter aufgebaut werden können und weniger störanfällig sind. Mikrocontroller finden sich oft in spezialisierten →Computern, beispielsweise →Synthesizern oder →Effektgeräten.

Mikrofon →Schallwandler, der Schallwellen in elektrische Spannungen umwandelt. Mikrofone werden allgemein zur Verstärkung und Aufzeichnung akustischer bzw. nicht-elektrischer Schallquellen eingesetzt. Je nach Anwendungsbereich gibt es die verschiedensten Mikrofonbauweisen, die verbreitetsten sind →dynamische- und →Kondensatormikrofone.

Mikrofonverstärker →Vorverstärker mit →symmetrischem Eingang, der den geringen Ausgangspegel eines →Mikrofons auf den Arbeitspegel der nachgeschalteten Stufe (beispielsweise →Klangregelung, Endverstärker, →Tonbandmaschine) bringt.

Mikroprozessor Ein →Chip, der sämtliche Funktionseinheiten der →CPU, die in älteren →Computermodellen noch getrennt waren, in einem kompakten Gehäuse integriert. Die verbreitetsten Mikroprozessoren sind die →680XXer Serie von Motorola und die →80X86er von Intel.

Mini-Disk Ein von Sony entwickelter und vermarkteter →Tonträger, der ähnlich einer →CD Daten auf einem optischen Medium speichert. Anders aber als eine CD kann der

Anwender auf der Mini-Disk selber aufnehmen. Die Mini-Disk ist lediglich 2 1/2 Zoll im Durchmesser groß, kann aber bis zu 74 Minuten Audiomaterial speichern. Dazu wird ein →Datenreduktionsverfahren ähnlich wie bei der →DCC angewendet. Die Klangqualität ist mit der von anderen →Digital-Aufnahmeverfahren (→CD, DCC) vergleichbar. Im Gegensatz zur DCC bietet die Mini-Disk wie eine CD sofortigen Zugriff auf jeden Titel. Der Mini-Disk-Recorder ist dafür allerdings zu keinem anderen Tonträgermedium →kompatibel.

Minimoog Mittlerweile legendärer, →monophoner →Synthesizer, der 1970 aus der Idee entstand, eine kompakte Version des →Moog-Modulsystems auf den Markt zu bringen. Der erste Minimoog (Modell A) war denn auch nichts anderes als ein kompaktes Gehäuse mit Standardmodulen des großen Systems. Der später verbreitete Minimoog, das Modell D, besaß dagegen bereits eigens entwickelte →Oszillatoren und →Hüllkurven und das charakteristisch schlichte Holz-Metall-Design. Bis zur Einstellung der Produktion aus Rentabilitätsgründen im Jahre 1981 war der Minimoog schon über zehn Jahre unverändert gebaut worden und hatte die Stückzahl von 13.252 erreicht. Der technische Aufbau des Minimoogs - 44 Tasten, drei →VCOs (davon einer als →LFO schaltbar), →VCF mit →ADS-Hüllkurve, →VCA mit Loudness-Contour (ebenfalls ADS) - war Vorbild für die meisten →monophonen Analog-Synthesizer. Auch die typische Kombination eines →Pitch- und eines →Modulation-Wheels rührt ursprünglich vom Minimoog her. Der warme, volle →Klang des Gerätes prägte bereits in den 70er Jahren den →Sound der meisten Musikproduktionen. Auch heute ist der Minimoog unverändert *der* Synthesizer für →analoge Baß- und Solosounds, was sich auch in Zukunft kaum ändern dürfte, da diese Soundcharakteristik auf →digitalem Wege bisher nicht realisiert werden konnte.

mips (engl.) Abk. für Million Instructions per Second: Millionen Rechenschritte pro Sekunde. Die mips-Zahl ist ein Vergleichswert für die Rechengeschwindigkeit von →CPUs.

Mischer →Mischpult.

Mischpult Zentrale Einrichtung im →Tonstudio, →Homerecording-Studio oder in →PA-Anlagen: Im Mischpult laufen alle Signale zusammen, werden auf die verschiedenen

Minimoog: legendärer monophoner Analog-Synthesizer

Mischpult 174

Mischpult für Heimstudioanwendungen von Fostex

Wege (→Bandmaschine, →Monitor, Effekte) geschaltet, im →Klang bearbeitet, mit Effekten versehen, und in der →Lautstärke aufeinander abgestimmt. Die Baugruppen eines Mischpults sind:
- Eingangskanäle: Hier wird das Eingangssignal vorverstärkt, über die →Klangregelung entzerrt, zum Abhören auf den →Monitor geschaltet, über →Aux-Wege mit Effekten versehen, über den →Panorama-Regler auf die Stereobasis verteilt und mit einem Kanal-→Fader in der Lautstärke geregelt. Die Anzahl

Mischpult für den professionellen Einsatz von Solid State Logic

der Eingangskanäle variiert je nach Anwendung von vier (einfache Homerecording-Mischpulte) über 8, 12, 16, 24 bis hin zu 64 und mehr Kanälen.
- →Subgruppen: Hier werden mehrere Eingangskanäle zu einer Gruppe zusammengefaßt und gemeinsam bearbeitet.
- Mastersektion: In diesem Bereich werden die Signale zusammengeführt und auf den →Summen-Ausgang (→stereo) geleitet. Einige Gesamtpegelregler für →Aux-Wege, →Monitor und Gesamtlautstärke sind ebenfalls hier untergebracht. →Modulare Mischpultkonzepte erlauben es, die Anzahl und Ausstattung der verschiedenen Sektionen nach Bedarf frei zu variieren.

Die beiden wichtigsten Mischpult-Konzepte sind das →Split- und das →Inline-Konzept. Sie unterscheiden sich im wesentlichen durch die Zuordnung von Ein- und Ausgangskanälen. Durch die Ausrüstung mit einer →Mischpult-Automation lassen sich die →Fader und andere Funktionen des Mischpults bei der →Abmischung automatisch steuern, so daß ein einziger Toningenieur komplexe Mischvorgänge →parallel abrufen kann.

Obwohl die meisten Mischpulte heutzutage noch →analog aufgebaut sind, steht zu erwarten, daß in nicht allzuferner Zukunft →digitale, voll computerisierte Mischpulte die →analoge Technik ersetzen werden.

Neben den großen Studio-→Konsolen gibt es Mischpulte in den unterschiedlichsten Ausführungen und für die verschiedensten Anwendungszwecke optimiert. Hier die wichtigsten Sparten:
- →Homerecording-Mischpulte sind von der Bauweise und vom Konzept her dem Studio-Mischpult sehr ähnlich, allerdings in Anzahl und Ausstattung der Funktionen entsprechend dem niedrigen Preis eingeschränkt.
- Discotheken-Mischpulte besitzen nur wenige Kanäle und auch keine Subgruppen, dafür aber spezielle Eingänge für mehrere Schallplattenspieler (Phono), →Mikrofone, →Tonbänder/Cassettenrecorder (→Tape).
- →Keyboard-Mischpulte sind in der Regel 8- bis 24-kanalig und in →19"-Bauweise ausgelegt und dienen dem Vormischen mehrerer →Keyboards für einen Keyboard-→Verstärker oder ein →PA-Mischpult.
- Monitorpulte werden in PA-Anlagen eingesetzt, um den Monitorsound für die Bühne zu mischen. Entsprechend arbeiten diese Pulte mit einer größeren Anzahl getrennter →Monitorwege - im optimalen Fall für jeden Musiker je einen Weg mit einer eigenen Mischung.

Mischpult-Automation Ausrüstung eines →Mischpultes mit einem →Computer und Regelelementen, die eine automatische Reproduktion von →Faderbewegungen und →Mute-Einstellungen ermöglichen. Dadurch kann ein Toningenieur beliebig viele Faderbewegungen zur selben Zeit abrufen. Der →Kanalfader regelt hier nicht mehr das →Audiosignal direkt, sondern erzeugt eine →Steuerspannung für einen →VCA, die wiederum →digitalisiert und im Computer gespeichert werden kann. Geschrieben werden die →Mix-Daten entweder direkt auf eine Bandspur oder auf →Diskette bzw. →Festplatte. Im letzten Fall muß eine →Timecode-Spur vorhanden sein, damit der Mischcomputer die Faderbewegungen zeitsynchron wiedergeben kann. Im →Write-Modus werden die Bewegungen aufgezeichnet, im →Read-Modus „wiedergegeben", im →Update-Modus schließlich lassen sich einmal aufgezeichnete Bewegungen überspielen. Nur sehr wenige, extrem teure Mischpulte verfügen zusätzlich über eine →Total-Recall-Funktion, die eine Momentaufnahme sämtlicher Mischpulteinstellungen speichern und wiederherstellen kann. Einfache Systeme realisieren die Automation auch per →MIDI, wobei die Faderbewegungen als →Controller übertragen werden.

Mischpultkanal →Mischpultkanal.

Mittelwert-Filter Auch Averager: einfachste Form des →digitalen Filters. Wie der Name

Mix 176

bereits sagt, berechnet ein solches Filter einen Mittelwert aus dem aktuellen Sample und einer Anzahl vorangegangener Samples und glättet damit Änderungen im Signalverlauf. Je nachdem, ob das Filter die Summe oder die Differenz berechnet, ergibt sich ein →Tief- oder ein →Hochpaßfilter.

Mix (engl.) 1. Mischen, →Abmischung. Eine fertig abgemischte Aufnahme wird als Mix bezeichnet. 2. Andere Bezeichnung für die →Merge-Funktion im →Sampler (siehe dort).

Mixdown (engl.) 1. →Abmischung. 2. →Sequenzer-Funktion: Mehrere →Sequenzerspuren werden zu einer einzigen Spur zusammengefaßt, wobei die Separation der →MIDI-Kanäle erhalten bleibt. Die Spuren sind anschließend wieder frei. Mit der Mixdown-Funktion kombiniert man in der Praxis z. B. viele einzeln eingespielte Drum-Spuren zu einer kompletten Spur.

Mixed-Media-CD CD-Kombination aus Audio-→CD und →CD-ROM. Die Mixed-Media-CD enthält einen Audioteil, der mit jedem gängigen CD-Player abspielbar ist, und einen Datenteil, den nur ein →CD-ROM-Laufwerk lesen kann. Auf einer Mixed-Media-CD lassen sich neben Musik bzw. Klangmaterial einer Sampling-CD noch Software, Daten oder Samples unterbringen. →Multimedia.

Mixer (engl.) Andere Bezeichnung für →Mischpult (siehe dort).

Mixing Console (engl.) →Mischpult.

Mixturtrautonium Erweiterung des →Trautoniums, einer der historischen Vorläufer elektronischer Musikinstrumente. Das Mixturtrautonium ist eine Weiterentwicklung des von Friedrich Trautwein entwickelten →Trautoniums durch Oskar Sala, mit der dieser 1952 begann. Er erweiterte die Funktionen des Trautoniums durch vier synchronisierte Nebengeneratoren pro →Stimme, die eine kontinuierliche Untertonreihe (Subharmonische) erzeugten. Das Mixturtrautonium war seinerzeit das einzige mehrstimmige elektronische Musikinstrument mit nichttemperierter Tonskala. Es wurde über Bandmanuale gesteuert, die eine beliebige Intonation des Instruments ermöglichten. Die bekannteste Produktion unter Verwendung dieses Instruments war die Musik zu dem Hitchcock-Film „Die Vögel" (1962). Oskar Sala, inzwischen über 80 Jahre alt, ist heute der einzige, der das Mixturtrautonium virtuos beherrscht.

MMA (engl.) Abk. für →MIDI Manufacturers Association: Vereinigung der Hersteller von →MIDI-Geräten für USA und Europa mit Sitz in Los Angeles. Die MMA legt den →MIDI-Standard für die Hersteller verbindlich fest, der in Form der →MIDI-Spezifikation herausgegeben wird. In der MMA können nur Hersteller von →MIDI-Geräten Mitglied werden. Interessierte Anwender haben sich hingegen in der →IMA zusammengeschlossen.

MO-Laufwerk Abk. für →magneto-optische →Speicher.

MOD (engl.) Abk. für Magneto-Optical Drive, →magneto-optische →Speicher.

Mod-Wheel (engl.) Gebräuchliche Abk. für →Modulationsrad.

Mode (engl.) Betriebsart, Modus.

Mode-Befehle →Channel-Mode-Messages.

Modem Abk. für →Modulator/Demodulator: Ein Gerät, das →digitale Daten in modulierte →Audiosignale wandeln und per Telefonleitung übertragen kann und umgekehrt. Modems werden zur →Datenfernübertragung zwischen zwei →Computern eingesetzt.

Modifier (engl.) →Modulationsquelle, →Modulator.

Modul 1. Baugruppe bzw. als separates Gerät ausgeführter Baustein eines →analogen Synthesizers. Dazu gehören →VCO, →VCF oder →LFO. Völlig modular aufgebaute Systeme erlauben die völlig freie Verkabelung der Module untereinander. In →digitalen Systemen werden die Module wie →Oszillator oder →Filter per →Software realisiert. Sie existieren als eigenständige Einheiten nur noch in der →Benutzeroberfläche. 2. Anderer Ausdruck für →Expander: tastenlose Version ei-

nes →MIDI-Keyboards. 3. Teil eines →Programms, Unterprogramm.
Modular Aus →Modulen aufgebaut. Modulare Synthesizer etwa sind flexibler als kompakt aufgebaute, da sich ihre Module über Patchcords frei verkabeln lassen. Auch im →MIDI-Software-Bereich wird zunehmend das modulare Prinzip eingeführt: Ein Programm aus mehreren Modulen bietet den Vorteil, daß man nur die Module zu laden braucht, die gerade benötigt werden. Dadurch läßt sich der →Arbeitsspeicher des →Computers effektiver nutzen.
Modularer Synthesizer →Modulsynthesizer.
Modulation 1. Beeinflussung von a) Eigenschaften einer →Schwingung (→Tonhöhe, →Amplitude, →Phase, →Obertongehalt) bzw. b) →Parametern eines Klangsynthesemoduls oder →Effektgerätes (→Filterfrequenz, →Oszillatorfrequenz, Verstärkung, →Verzögerungszeit), was dann direkt oder indirekt wieder das Ausgangssignal des →Synthesizers oder →Effektgerätes beeinflußt. Viele →Klangsynthesearten basieren auf Modulationen (beispielsweise →Frequenzmodulation, →Phasenmodulation, und →Amplitudenmodulation). 2. Veraltete Bezeichnung für ein →Audiosignal, das aufgenommen oder übertragen werden soll, →Nutzmodulation.
Modulation-Wheel (engl.) →Modulationsrad.
Modulationsgenerator →LFO.
Modulationsindex In der →FM-Synthese: Die Stärke der Frequenzabweichung des Trägers, die vom →Modulator verursacht wird, auch als Frequenzhub bezeichnet. Der Modulationsindex wird mit I abgekürzt und durch das →Output-→Level, also die →Amplitude, des Modulators bestimmt.
Modulationsmatrix Tabelle im →Synthesizer, die in Quellen (→Source) und Ziele (→Destination) unterteilt ist und zur freien Verknüpfung von →Modulationen dient. So kann das Signal einer →Modulationsquelle wie beispielsweise des →Hüllkurvengenerators beliebig einem möglichen Ziel (z. B. →Pitch, →Filter, →LFO-→Speed) zugeordnet werden. Die Modulationsmatrix ist die →digitale Entsprechung des →Steckfeldes an modularen Synthesizersystemen.
Modulationsquelle →Modul in einem Synthesizer, das ein Modulationssignal erzeugt. Die gängigsten Modulationsquellen sind →LFO, →Hüllkurven und →Keyboard. Je nach Bauweise des Synthesizers sind diese Modulationsquellen frei verfügbar (→Modulsynthesizer), können intern über eine →Modulationsmatrix verknüpft werden oder sind fest zugeordnet.
Modulsystem →Modulsynthesizer.
Modulationsrad Handrad (→Wheel) an einem →Synthesizer bzw. →Keyboard, mit dem sich die →Modulation stufenlos regeln läßt. Normalerweise steuert das Handrad die →LFO-Modulation entsprechend dem →Klangprogramm, z. B. das →Vibrato. In den meisten Synthesizern läßt sich das Modulationsrad allerdings frei programmieren, so daß auch die Steuerung der →Nachhallzeit oder der →Filterfrequenz denkbar ist.
Modulator Ein Signal, das ein →Trägersignal moduliert, oder der Baustein, der dieses Modulationssignal erzeugt. In →FM-Synthesizern beispielsweise werden die →Operatoren je nach ihrer Position im →Algorithmus in →Carrier (→Träger) und Modulatoren eingeteilt.
Modulsynthesizer →Analoges →Synthesizersystem bestehend aus einzelnen →Modulen (→VCO, →VCF usw.), die in einen Rahmen eingebaut und frei verkabelbar sind. Während in kompakten Synthesizern die üblichen Audio- und Steuerleitungen bereits intern gelegt sind, müssen beim Modulsynthesizer sämtliche Verbindungen zwischen den Modulen über →Patchcords gesteckt werden. Fast alle →Parameter sind spannungssteuerbar. Durch die völlig freie Verkabelung sind Modulsynthesizer vollkommen flexibel und bieten einzigartige →Klangprogrammierungs- und Experimentiermöglichkeiten, zumal sich

Monaural

Model 55, einst das Flaggschiff der Moog-Modellserie

der Signalweg anhand der Kabel ablesen läßt. Selbstverständlich ist ein solches System äußerst kompliziert in der Handhabung und auf der Bühne recht schwerfällig beim →Soundwechsel. Auch läßt sich ein einmal eingestellter →Klang nie mehr hundertprozentig rekonstruieren, was bei den heutigen Synthesizer-Modellen eine Selbstverständlichkeit ist. Der erste Modulsynthesizer war ein Prototyp, den Robert →Moog auf der →AES im Herbst 1964 vorstellte. Daraus entwickelte sich später das Moog-Modularsystem, dessen Flaggschiff, das „Model 55", von Größen wie Wendy Carlos (Switched-On Bach) und Keith Emerson berühmt gemacht wurde. Dieses System kostete seinerzeit etwa 80.000 Mark und war damit der „Rolls Royce der →analogen Synthesizer".

Monaural Einohrig. Manchmal - nicht ganz korrekt - anstelle von →mono benutzt.

Monitor (engl.) 1. Bildschirm für →Computer oder →Videogeräte. Der Monitor ist entscheidend für die Benutzerfreundlichkeit und Möglichkeiten des Computers. Wichtige Aspekte sind neben der Frage „Farbe oder Schwarzweiß" die →Bildfrequenz, →Bildschirmauflösung und Bildschirmdiagonale, die in Zoll angegeben wird. Näheres unter →Farbmonitor, →Monochrom-Monitor und →Multisync-Monitor. 2. Einrichtung zur Hörkontrolle im →Studio. Als Monitor werden sowohl die Abhör-→Lautsprecher als auch das →Monitormodul im →Mischpult bezeichnet. 3. →MIDI-Monitor.

Monitormix Abhörmischung der Bandspuren bzw. gerade dazuspielender Instrumente bei der →Mehrspuraufnahme. Der Monitor-Status jedes einzelnen →Kanals bestimmt, ob dieser Kanal im Monitormix das Bandsignal der zugeordneten Spur (→Tape) oder das Eingangssignal (Group) wiedergibt.

Auch bei Live-Konzerten gibt es einen Monitormix, der dort allerdings meist von einem separaten, speziellen →Mischpult übernommen wird. Dieses gestattet es, für möglichst jeden Musiker separat eine spezifische Mischung der Bühneninstrumente zu erstellen, um jeweils die optimale Abhörkontrolle zu haben.

Monitormodul Mischpultsektion bestehend

aus einigen Schaltern und einem Lautstärkeregler. Die Umschalter im Monitormodul bestimmen, welches Signal über die Abhörlautsprecher zu hören ist bzw. von den Konstrollinstrumenten angezeigt wird. Hier wird auch, falls vorhanden, zwischen den verschiedenen →Lautsprecherpaaren umgeschaltet. Da der Ausgang des →Mischpults davon nicht beeinflußt wird, kann der Toningenieur auch während einer Aufnahme zwischen einer →Kopfhörermischung und dem Monitormix umschalten oder den Gesamtsound mit einer Referenzaufnahme von →CD vergleichen.

Monitorweg Signalweg in einem Mischpult, über den das Monitor-Signal getrennt herausgeführt wird. So kann der Monitormixer im Live-Betrieb den Musikern auf der Bühne einen eigenen Mix - getrennt vom PA-Mix - auf die Monitore geben. Desgleichen kann der Toningenieur im Studio dem Musiker im Aufnahmeraum einen eigenen →Monitormix zusammenstellen, in dem die Spuren besonders gut hörbar sind, die er für seinen Part benötigt (Schlagzeugspuren für den Bassisten, Lead-Stimme für Chorsänger).

Mono 1. Einkanaliges →Audiosignal aus einem →Lautsprecher. Eine Mono-Wiedergabe läßt die räumliche Dimension vermissen, da →Intensitäts- oder →Laufzeitunterschiede nicht vorhanden sind. 2. Abk. für →monophon (einstimmig): Einstellung an →polyphonen →Klangerzeugern, die es ermöglicht, einen →Klang →monophon zu spielen und damit auch typische Effekte wie →Portamento oder →Glissando zu nutzen.

Mono-Mode (engl.) →MIDI-Betriebsart. Der Empfänger akzeptiert →MIDI-Events auf mehreren Kanälen, gibt jedoch jeden →Kanal nur einstimmig (→monophon) wieder. Werden mehr als eine Note pro Kanal empfangen, so werden die überzähligen Noten ignoriert. Die Anzahl der zu verwendenden Kanäle ist im zweiten →Datenbyte der Mono-Mode-Message codiert.

Der Mono-Mode wird in aktuellen →Synthesizermodellen nicht mehr unterstützt. Wichtig ist er lediglich noch für →MIDI-Gitarren, da jede Saite hier auf einem eigenen Kanal - und somit auch mit eigenem →Sound und eigenem →Pitchbending übertragen werden kann.

Monochrom-Monitor Oft auch etwas unkorrekt als Schwarzweiß-Monitor bezeichnet. →Monitor, der neben einer Hintergrundfarbe eine weitere Farbe zur Zeichendarstellung bietet. Zwar ist die Darstellung moderner Monitore in der Regel Schwarz auf weißem Hintergrund, allerdings könnte ein Monochrom-Monitor auch grüne Zeichen auf schwarzem Hintergrund darstellen. Monochrom-Monitore eignen sich besonders für das Arbeiten mit Text, einfarbiger Graphik, aber auch mit Notendarstellung. Schwarzweiß-Monitore mit entsprechender →Auflösung und →Bildfrequenz ermöglichen ein ermüdungsfreies Arbeiten und vermitteln dem Benutzer das Gefühl, auf ein herkömmliches Text- oder Notenblatt zu sehen.

Monokompatibilität →Korrelationsgradmesser.

Monophon Einstimmig. Monophone →Synthesizer waren in den 70er Jahren die Regel, heute werden sie nicht mehr gebaut. Trotzdem bieten fast alle Synthesizer einen →monophonen Modus für Solosounds und zur authentischen Wiedergabe von →monophonen Instrumenten (Saxophon, Flöte) an. Der Vorteil liegt darin, daß der Übergang zwischen zwei Noten mit →Portamento oder →Glissando spielbar ist, außerdem lassen sich einige synthesizertypische Spieltechniken nur →monophon realisieren.

Moog Der Name ist wohl das Markenzeichen für →analoge Synthesizer. Robert Moog, der Gründer von Moog Music, gilt als Erfinder der →Spannungssteuerung und maßgeblicher Pionier des modularen →analogen Synthesizers. In engem Kontakt mit fortschrittlichen Musikern wie Keith Emerson oder Wendy Carlos entwickelte er in den 60er Jahren das

modulare Synthesizersystem und setzte damit erstmals auf Subtraktive Synthese mit spannungsgesteuerten Elementen.
Der Begriff →Synthesizer wurde in einem Moog-Katalog erstmals 1967 verwendet. Aus Moogs 1964 gegründeter Firma gingen so legendäre Instrumente wie das Moog Modularsystem 55, der →Minimoog und der Polymoog hervor. Der kompakte Minimoog gilt heute noch als Maßstab für einen hervorragenden analogen →Sound.
Mouse (engl.) →Maus.
Mousepad (engl.) Rutschfeste Unterlage für das sichere Bewegen der →Computer-→Maus.
Movieola Früher bei der →Filmvertonung eingesetzter Schneidetisch, der Magnetbänder zur Film- und Tonaufzeichnung benutzte. An einem solchen Schneidetisch wurde der →Ton auf den fertig geschnittenen Film überspielt, Dialoge zugespielt usw. Heute arbeitet man bei der Filmvertonung fast ausschließlich mit →Videorecordern für das Bild und Mehrspurmaschinen bzw. →Harddisk-Recording-Systemen für den →Ton. Sie werden über →SMPTE miteinander verkoppelt.
Moving Coil (engl.) Bezeichnung für einen elektrodynamischen →Schallwandler (→Tauchspulenmikrofon, →Tonabnehmer), bei dem die Spule - nicht der Magnet - in Bewegung versetzt wird.
Moving Fader (engl.) Motorisierte →Fader, die sich bei der →Mischpult-Automation im Wiedergabe-Modus mitbewegen. Dadurch kann der Toningenieur die aktuelle Faderposition optisch kontrollieren.
ms Abk. für Millisekunde, 1000 ms = 1 Sekunde.
MS-DOS (engl.) Abk. für Microsoft →Disk Operating System. →Betriebssystem der Firma Microsoft für →IBM-kompatible 16-Bit-Personal-Computer, das für Einplatzbetrieb ausgelegt ist. MS-DOS war jahrelang der weltweite Industriestandard und ist berühmt-berüchtigt für seinen unzulänglichen Bedienkomfort. Letzteren hat Microsoft mit der graphischen →Benutzeroberfläche →Windows deutlich verbessert. MS-DOS gilt nach wie vor als Standardvokabel im Zusammenhang mit →PCs.
MS-DOS-kompatibel →Programme, →Dateien, →Computer oder Peripheriegeräte, die mit einem →MS-DOS-Betriebssystem laufen, zusammenarbeiten bzw. Daten austauschen können.
MS-Mikrofonverfahren →M-S-Mikrofonverfahren.
MSB (engl.) 1. Abk. für Most Significant →Byte: innerhalb eines Datenwortes aus zwei oder mehr Bytes das linke Byte. Je nach Definition kann das MSB völlig unabhängig vom rechten Byte (→LSB) genutzt werden. Die Unterscheidung wird im MIDI-Bereich beispielsweise zur →Codierung von →Controllern mit 14-Bit-Auflösung benutzt. Dazu ein Beispiel: 0010 0101 0011 0110. 2. Most Significant Bit: →höchstwertiges →Bit, linkes Bit innerhalb eines Datenwortes. Das MSB wird im →MIDI-Datenformat zur Unterscheidung von Status- und →Datenbyte benutzt. Im →Status-byte ist das MSB gesetzt, also gleich 1, im Datenbyte dagegen gelöscht, also gleich 0.
Hier eine MIDI-Message aus einem Status- und einem Datenbyte, die MSBs sind fett gedruckt: **1**001 0100 **0**111 0001.
MTC (engl.) Abk. für →MIDI Time Code. MTC ist die Entsprechung des →SMPTE-Timecodes im →MIDI-Datenformat und wurde erst 1987 nachträglich in die →MIDI-Spezifikation übernommen. Wie das SMPTE-Format arbeitet auch der MTC mit der Einteilung Stunden : Minuten : Sekunden : →Frames. Nicht alle →MIDI-→Sequenzer bieten den MTC an, sondern rechnen die von einem →Synchronizer empfangenen SMPTE-Daten in →MIDI-Clock und →SPP um.
Multi Allgemein gebräuchliches Präfix für Viel-, Vielfach-, Mehrfach-.
Multi-Mode (engl.) →MIDI-Betriebsart. Der Empfänger arbeitet hierbei wie mehrere →Po-

ly-Mode-Empfänger. Eingehende →MIDI-Events werden auf mehreren Kanälen →polyphon und mit eigenen →Sounds verarbeitet. So läßt sich beispielsweise ein Mehrspur-Arrangement eines →Sequenzers von nur einem →Klangerzeuger wiedergeben. Der Multi-Mode ist in der ursprünglichen →MIDI-Spezifikation nicht vorgesehen, da die 1983 verfügbaren Geräte nicht die technischen Voraussetzungen bieten konnten. Heute dagegen ist nahezu jeder →MIDI-Klangerzeuger mit dieser Betriebsart ausgestattet.

Multi-Setup (engl.) →Programm in einem →Multimode-→Klangerzeuger, das eine Kombination von →Sounds zusammen mit den dazugehörigen Einstellungen speichert und auf Knopfdruck oder MIDI-→Program-Change hin abruft. Die Standard-Einstellungen für einen einzelnen Sound eines →Multi-Setups sind →MIDI-Channel, →Volume, →Transposition, →Panorama, →Key-Window und →Velocity-Window. Oft kommen noch →Fußschaltereinstellungen, MIDI-→Datenfilter oder Effektzuordnungen hinzu.

Multi-TOS (engl.) →Betriebssystem für →Atari-Computer der →Falcon- und ST-Serie, das auf dem früheren →TOS aufbaut und dazu weitgehend →kompatibel ist. Multi-TOS ist aber im Gegensatz zum TOS multitaskingfähig und kann somit dem Anwender mehrere →Programme gleichzeitig zur Verfügung stellen.

Multichannel Audio Digital Interface (engl.) Abgekürzt →MADI.

Multicore (engl.) Vielfachleitung mit einer größeren Anzahl von Adern in einem Kabel, das zur Verbindung von →Mischpult und Bühne bzw. Mischpult und Studiogeräten dient. Professionelle Multicores werden mit →symmetrischen Leitungen ausgestattet, damit auch auf längeren Wegen (bis zu mehreren 100 m) keine Störungen einstreuen können. An einem Ende des Multicores ist meist eine Box (→Stage-Box) zum Anschluß der Klangquellen (→Mikrofone, →Keyboards etc.) angebracht, am anderen Ende ein kompakter Mehrfachstecker oder eine Vielzahl von Einzelsteckern für den Anschluß ans Mischpult.

Multieffektgerät Universelles, →digitales →Effektgerät, das mehrere Effekttypen erzeugen kann. Zur Auswahl stehen meist →Reverb, →Delay, →Chorus/ →Flanger. Je nach Anwendungsbereich (Gitarre, →Keyboards, →Studio) bieten viele Geräte auch →Distortion, →Phaser, Dynamikbearbeitung wie →Kompressor/ →Limiter oder →Noise-Gate an. Viele Multieffektgeräte können auch mehrere der verfügbaren Effekte gleichzeitig erzeugen, wobei deren Schaltung (Reihenfolge, →seriell oder →parallel) häufig programmierbar ist. Fast jeder digitale →Klangerzeuger, ob →Synthesizer, →Sampler oder →Portable Keyboard, integriert heute ein Multieffektgerät als Bestandteil der →Klangerzeugung. So stehen die →Sounds gleich mit dem passenden Effekt (Gitarre mit →Distortion, Orgel mit →Leslie) zur Verfügung, ohne daß die MIDI-Kopplung mit einem externen →Effektgerät notwendig ist.

Multieffektprozessor →Multieffektgerät.

Multimedia (Multi = viele) Multimedia ist der Oberbegriff für die Verbindung von →Ton, Bild, Text und Sprache und damit der Technologiezweig, in dem in den nächsten Jahren

Multieffektgerät mit mehreren Effekttypen

Multiple Trigger

die weitgreifendsten Entwicklungen zu erwarten sind.

Bis vor kurzem wurden Multimedia-→Anwendungen auf „analogem" Wege realisiert: Präsentationen beispielsweise wurden mit →Videorecordern, Dia- und Tageslichtprojektoren für das Bild sowie Bandgeräten für den →Ton durchgeführt. Durch Video-→Digitizer, →digitale Foto- und Videokameras und →Scanner lassen sich Bilder und Filmsequenzen in den →Computer einlesen. Sprache und Geräusche werden über →Harddisk-Recording oder →Sampling ebenfalls →digitalisiert oder durch →Synthesizer erzeugt, Texte können gescannt und automatisch zu Textdateien konvertiert werden.

Dadurch ergeben sich gänzlich neue Anwendungsbereiche. Zum einen lassen sich die Informationen auf digitaler Ebene selbst viel besser bearbeiten. Videos zum Beispiel können am →Bildschirm geschnitten und montiert werden. Computergenerierte Graphiken und Figuren lassen sich einbauen, über Graphik- und →Animationsprogramme können sogar ganze Filme komplett im Computer erzeugt werden. Fotos lassen sich retuschieren und mit Computergraphiken verbinden. Über Harddisk-Recording-Systeme lassen sich →Audiosignale digitalisieren und bearbeiten, →MIDI-→Sequenzer und →Klangerzeuger (→Synthesizer, →Sampler) ermöglichen das Erzeugen und Bearbeiten von Musik und Geräuschen.

Ein weiterer wichtiger Punkt ist die Möglichkeit, die verschiedenen Medien auf digitaler Ebene miteinander zu vernetzen. So lassen sich Abläufe viel genauer und flexibler steuern, als dies ohne Computer denkbar ist. Der Benutzer kann in digitale Filme eingreifen (→CD-I).

Multimedia wird schon heute für die Produktion von Videos, für Präsentationen, Schulungen und Training eingesetzt. Das Nonplusultra der Multimedia-→Anwendungen ist das Gebiet der →Virtual Reality, der Erzeugung künstlicher Welten im Computer. So lassen sich realistische Situationen per Computer nachbilden und zum Training einsetzen - Paradebeispiel: Flugsimulator.

Multimedia-Anwendungen sind schon heute auf normalen →PCs möglich. Für →AT-kompatible- oder →Apple-→Macintosh-Computer ist die entsprechende Peripherie und →Software bereits verfügbar. Da die Verarbeitung farbiger Bilder und →Videos und die Aufzeichnung von →Audiosignalen in professioneller Qualität allerdings enorme Rechenleistungen erfordert, liegen professionelle Systeme zur Produktion und Bearbeitung von Multimedia-Anwendungen noch in den oberen Preiskategorien.

Multiple Trigger (engl.) Funktion in →monophonen →Synthesizern, die auch bei gebundener Spielweise (legato) jede Note neu startet (→Trigger). Gegenteil: →Single Trigger.

Multiplexer Allgemein: Eine Funktion, die verschiedene Signale oder Signalwege zu einem Übertragungsweg zusammenfaßt und aus diesem Übertragungsweg später die einzelnen Komponenten wieder herausfiltert. Ein Multiplexer speist beispielsweise die →Synthesizer- oder Samplerstimmen nacheinander in den Audiowandler ein, worauf sie nach der Wandlung wieder jeweils herausgefiltert werden und als separate →analoge →Audiosignale vorliegen. So wird nur ein →Wandler benötigt.

Multisample (engl.) Fertiger Samplersound bestehend aus den einzelnen Samples, ihren Tastenzuordnungen und gegebenenfalls den →Klangformungsparametern.

Multisession (engl.) Fähigkeit von →CD-Recordern, Daten auf einem Aufnahmemedium in mehreren, zeitlich voneinander getrennten Sitzungen (engl. Sessions) nacheinander aufzuzeichnen. Dabei können allerdings bereits aufgenommene Daten nicht überschrieben oder gelöscht werden, da es sich bei bespielbaren →CDs um Medien im →WORM-Format handelt. Bekanntes Beispiel für multi-

sessionfähige CDs sind die von der Firma Kodak entwickelten Foto-CDs.
Multisync-Monitor (engl.) →Monitor (Computerbildschirm), der mittels einer ausgefeilten Elektronik in der Lage ist, verschiedene →Pixel- und Farb- bzw. →Graustufen-Auflösungen darzustellen. Ein Multisync-Monitor ersetzt spezielle Monitore für verschiedene Anwendungen und →Videostandards.
Multitasking (engl.) Die scheinbar gleichzeitige Bearbeitung mehrerer →Anwendungen (→Tasks) durch eine →CPU. Da eine CPU allerdings nur einen Schritt zur Zeit abarbeiten kann, wechseln sich die →Programme ab. Durch die hohe Arbeitsgeschwindigkeit entsteht jedoch der Eindruck einer →parallelen Aktivität. So lassen sich auf einem →Computer gleichzeitig beispielsweise ein →Sequenzer, ein Sample-Editor und eine →Textverarbeitung betreiben. Im musikalischen Bereich sind insbesondere die Multitasking-Betriebssystem-Zusätze →Softlink (C-Lab) und →M*ROS (Steinberg) - beide für den →Atari ST - und der →Macintosh-→Finder mit →MIDI-Manager für →Apple-Macintosh-Computer verbreitet.
Multitimbral (engl.) Multi = viel, →Timbre = Stimme, →Sound: Fähigkeit eines →Klangerzeugers, mehrere, über →MIDI-Kanäle getrennt ansprechbare Klänge gleichzeitig erzeugen zu können. Der →Klangerzeuger simuliert damit mehrere separate Geräte in einer Einheit. Dies ist die Voraussetzung für das Arbeiten im MIDI-→Multi-Mode.
Multitrack (engl.) Mehrspur-, z. B. →Multitrack-Recorder.
Multitrack-Recorder (engl.) Cassettenrecorder in Mehrspurtechnik, beispielsweise Vier- oder Achtspur-Recorder.
Music-Workstation (engl.) →Workstation, →digitale Audio-Workstation.
Musical Instrument Digital Interface (engl.) Abgekürzt →MIDI.
Musikcomputer Weit gefaßter Begriff für →Computer, mit denen man Musik produzieren kann. Mindestvoraussetzung dafür ist heute, daß der Computer mit einem →MIDI-Interface ausgestattet ist. Dann kann man bereits, abhängig von der verfügbaren →MIDI-Software, damit Musik produzieren, diese in Notenschrift umwandeln oder über entsprechende →Programme, →Synthesizer und andere Geräte editieren und verwalten. Manche Musikcomputer verfügen serienmäßig oder per Zusatzsteckkarte über eine komplette interne →Klangerzeugung. So gibt es heute schon Steckkarten, auf denen komplette, professionelle →Synthesizer (z. B. E-mu Proteus) untergebracht sind. Die am häufigsten als Musikcomputer eingesetzten Geräte sind der →Apple →Macintosh, der →Atari ST und →IBM-kompatible →PCs. Auch der →Commodore Amiga und sein kleiner Bruder →C 64 - seinerzeit der populärste Musikcomputer - werden für diesen Zweck genutzt.
Ein speziell für die Musikanwendung entwickelter Computer ist der Yamaha C1. Hierbei handelt es sich um einen IBM-kompatiblen PC, der serienmäßig mit zwei →MIDI-Ins, einem →MIDI-Thru und acht getrennt ansprechbaren →MIDI-Outs sowie →SMPTE-→Interface ausgestattet ist.
In nächster Zeit werden wohl auch verstärkt leistungsstärkere Computer als Musikcomputer Anwendung finden. So bietet beispielsweise die Iris Indigo des amerikanischen Herstellers Silicon-Graphics, basierend auf einer Hochleistungs-→RISC-CPU und dem →Betriebssystem →UNIX, neben der Möglichkeit, Macintosh-Peripheriegeräte wie →MIDI-Interfaces etc. zu nutzen, einen eingebauten →DSP, →Digitale Audio-Schnittstellen, →A/D- und →D/A-Wandler.
Musikleistung →Ausgangsleistung.
Musique concrete (franz.) Musikrichtung, die in den 40er und 50er Jahren von den Franzosen Pierre Schaeffer und Pierre Henry geprägt wurde. Als „Instrumente" dienten →Tonbänder mit zuvor aufgezeichneten Versatzstücken, das „Spielen" bestand im Einstarten, Schneiden, Verfremden und Mischen

Musterabgleich

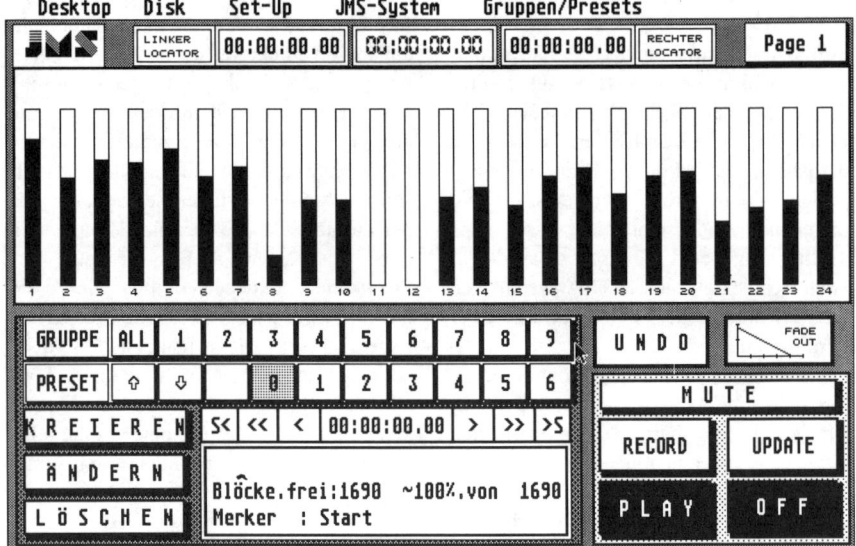

Am Bildschirm lassen sich Mute-Konstellationen speichern und abrufen

der verschiedenen Bandpassagen und war somit in gewisser Weise ein Vorreiter des modernen →Sampling.

Musterabgleich (engl. Pattern-Matching) ist ein Verfahren bei der →Computer-→Spracherkennung. Über →Mikrofon eingesprochene Wörter werden →digitalisiert und mit einer Bibliothek vorhandener Wörter verglichen. Die maximale Übereinstimmung wird vom Computer selektiert.

Mute (engl.) Stummschalteng. Am →Mischpult oder im →Sequenzer lassen sich einzelne Kanäle bzw. Spuren per Knopfdruck bzw. →Mausklick stummschalten. In →Sequenzern und automatisierten Mischpulten läßt sich diese Funktion auch vorprogrammieren und automatisch an bestimmten →Locator-Positionen durchführen.

Mute-Automation Vereinfachte Variante der →Mischpult-Automation, bei der lediglich die →Mutes der →Mischpultkanäle (Kanal ein/aus) automatisiert sind (meist über →MIDI), nicht jedoch die Bewegungen der →Fader. Eine Mute-Automation ist sinnvoll, um das →Bandrauschen momentan nicht belegter →Spuren zu unterdrücken oder Song-Beginn bzw. -Ende rauschfrei zu halten. Gerade in Verbindung mit einfachen →Bandmaschinen läßt sich die Abmischung auf diese Weise deutlich verbessern. Aufgrund des geringen technischen Aufwands findet man Mute-Automationen bereits serienmäßig in manchen →Homerecording-→Mischpulten.

MW (engl.) Abk. für Modulation-Wheel, →Modulationsrad.

N

Nachhall Auch →Hall (engl.: →Reverb).
Nachhallplatte Einrichtung zur Erzeugung von →Hall auf mechanischem Wege. Das Signal regt über eine Schwingspule eine in einen Rahmen eingespannte Platte oder Folie zu diffusen →Schwingungen an, die über Empfänger als Hallsignal abgenommen werden können. Der typische Plattenhall ist sehr höhenbetont, aber nicht sonderlich räumlich. Nachhallplatten werden nicht mehr gebaut und sind heute von →digitalen →Hallgeräten nahezu ersetzt. Plattenhall (Plate-Reverb) ist Bestandteil der Hallprogramme jedes digitalen Hallgerätes.
Nachhallspirale →Hallspirale.
Nachhallzeit Die Zeit, die in einem Raum zwischen dem Auftreten eines →Audiosignals und der Abnahme der Schallenergie um 60 →dB vergeht, wird Nachhallzeit genannt. Während die Nachhallzeiten in natürlichen Räumen relativ klein sind (Konzertsäle 1,5 - 2,5 Sekunden, Kirchen 3 - 8 Sekunden), lassen sich in teuren, →digitalen Hallgeräten Nachhallzeiten bis zu mehreren Minuten erzeugen.
Nachklingphase →Ausklingphase.
Nachklingzeit →Release-Time.
Nachsynchronisation Nachträgliche, zeit- oder bildgenaue Vertonung eines Films. Auch ältere →Mehrspuraufnahmen werden nachsynchronisiert, um die alten →Sounds gegen modernere auszutauschen oder das Arrangement komplett zu ändern (→Remix). Wurde das ursprüngliche Material bereits mit einem →Timecode - ganz gleich welchen Formats - produziert, so wird dieser zum →Synchronisieren des neuen →Equipments benutzt. Unter Umständen konvertiert ein →Synchronizer den alten Timecode in ein neues Format (z. B. →FSK-Sync in →SMPTE). Schwieriger wird es, wenn kein Timecode existiert. In diesem Falle gibt es mehrere Möglichkeiten, zeitgesteuerte Geräte wie z. B. →MIDI- →Sequenzer mit den alten Spuren in Einklang zu bringen. Wenn beispielsweise eine →analoge →Clock-Spur oder auch eine sauber gespielte HiHat- oder Snare-Spur existiert, kann ein →Drum-to-MIDI-Converter diese Signale in →MIDI-Noten umwandeln. Anhand derer kann ein entsprechender Synchronizer oder →Sequenzer das →Tempo berechnen und einen Timecode erzeugen. Der wird dann auf eine freie Bandspur aufgezeichnet. Wenn selbst diese Möglichkeit ausfällt, bleibt nur die manuelle Eingabe eines Tempos, indem jemand den Takt des Songs einem →Sequenzer eingibt (→Manual Sync), der nach dem oben beschriebenen Verfahren einen Timecode erzeugt. Selbstverständlich ist dieses manuelle Verfahren von der Genauigkeit her den oben beschriebenen weit unterlegen, bietet aber oft noch einen guten Kompromiß.
Nadeldrucker →Matrixdrucker.
Nadeltonverfahren →Schallspeicherung durch Schneiden von Vertiefungen in einen Träger (Walze, Scheibe) und Wiedergabe durch eine →Abtastnadel mit nachgeschaltetem →Verstärker. Das populärste Beispiel für das Nadeltonverfahren ist die Schallplatte.
Nahbesprechungseffekt Anhebung der Tiefenanteile bei einem Druckgradientenmikrofon, wenn die →Schallquelle maximal 1 m vom →Mikrofon entfernt ist. Der Nahbesprechungseffekt wird von Sängern dazu genutzt, das Stimmvolumen zu variieren. Ist der Effekt nicht erwünscht, so läßt er sich durch ein ins Mikrofon oder in den Mischpulteingang integriertes →Hochpaßfilter kompensieren.
Nahfeld-Monitore (engl.: Near-Field-Monitors) Kleine →Lautsprecherboxen, die meist auf der sogenannten Meter-Bridge mit den Anzeigeinstrumenten des →Mischpults plaziert werden und damit etwa 1 m Abstand zu den Ohren des Toningenieurs aufweisen. Sie lassen sich alternativ zu den großen Monitor-

Nahfeld-Monitore im Tonstudio

lautsprechern einschalten und bieten insbesondere den Vorteil eines direkteren →Klangbildes ohne die unweigerlich auftretenden Klangbeeinflussungen des Abhörraums. Außerdem ist ihr Wiedergabeverhalten dem von →HiFi-→Lautsprechern ähnlicher. Standard-Gerät in diesem Bereich ist das Modell Yamaha NS-10-M, das in zahllosen →Studios und Heimstudios als Referenzlautsprecher für die „kleine Abhöre" zum Einsatz kommt und die bis dahin verbreiteten Auratones ablöste.

NAK Abk. für Negative AcKnowledgement. Fehlermeldung, die der Empfänger an den →Sender übermittelt, wenn ein Datenblock nicht oder fehlerhaft übermittelt wurde, beispielsweise beim →MIDI-Sample-Dump. Der Sender versucht daraufhin eine erneute Übertragung.

Near-Field-Monitor (engl.) Nahfeld-Monitor (siehe dort).

NED Synclavier →Synclavier.

Nennbelastbarkeit Leistung (in Watt), die ein →Lautsprecher über einen längeren Zeitraum verarbeiten kann, ohne Schaden zu nehmen. Die Nennbelastbarkeit sollte auf die →Ausgangsleistung des →Verstärkers abgestimmt sein.

Nennleistung →Ausgangsleistung.

Netzbrumm Brummeinstreuungen, die durch den Netzstrom verursacht werden. Netzbrumm entsteht durch eine →Brummschleife oder eine ungenügende →Abschirmung.

Netzfrequenz →Frequenz der Wechselspannung im öffentlichen Stromnetz, hierzulande 50 →Hz, in den USA 60 Hz. Die Netzfrequenz kann die Laufgeschwindigkeit mechanischer →Laufwerke (Plattenspieler, →Tonbandgerät) unter Umständen beeinflussen, →digitale Geräte sind davon unabhängig. Bei fehlerhafter →Erdung eines Audiosystems kann sich die Netzfrequenz als →Brumm bemerkbar machen.

Netzteil Baugruppe, die entweder in ein Gerät integriert oder als eigenständiges Teil über Kabel verbunden wird und aus der Netzspannung die nötigen Versorgungsspannungen

Leistungsfähige Workstation von NeXT

für das betreffende Gerät gewinnt. Die Qualität des Netzteils ist ausschlaggebend für die Betriebssicherheit des Gerätes. Bei Audiogeräten müssen die Netzteile zudem die Anforderung erfüllen, eine störungsfreie Gleichspannung zu erzeugen, da Störungen unmittelbar ins →Audiosignal einstreuen könnten. Kleine Geräte werden deshalb bevorzugt mit Steckernetzteilen ausgerüstet, damit der →Trafo nicht unmittelbar ins Gerät eingebaut ist und dort elektromagnetische →Einstreuungen verursachen kann.

Netzwerk Verbundsystem aus mehreren →Computern und Peripheriegeräten. Ein Netzwerk kann beispielsweise aus mehreren geichberechtigten Computern bestehen, die Peripheriegeräte wie →Drucker oder →Festplatten gemeinsam benutzen, oder aus einem Zentralrechner mit mehreren →Terminals.

NeXT Computerfirma des ehemaligen →Apple-Mitbegründers Steven Jobs. Die NeXT-Workstation ist ein leistungsfähiger, in vielen Belangen mit den Apple-→Macintosh-Modellen der Oberklasse vergleichbares →Computersystem. Die →Workstation basiert auf einem 68040-→Prozessor und extrem schnellen Graphikbausteinen, die sogar die →Echtzeit-Digitalisierung- und Wiedergabe von →Videomaterial ermöglichen. Für musikalische Zwecke besonders interessant sind die serienmäßig integrierten →DSP-→Signalprozessoren von Motorola und die 16-Bit →Stereo-→D/A-Wandler, die eine qualitativ hochwertige Verarbeitung von Audiomaterial ohne Peripheriegeräte erlauben. Da die NeXT-Workstation relativ neu ist, demzufolge wenige Anwendungen existieren und das Gerät zudem in der oberen Preisklasse angesiedelt

ist, sind diese Computer nicht sehr verbreitet. Im Musikbereich findet man den NeXT derzeit in erster Linie in amerikanischen Computermusikzentren und Universitäten.
NF Abk. für Niederfrequenz- (beispielsweise -technik, -bereich, -gerät). Der NF-Bereich reicht von 0 →Hz bis zur Hörgrenze von 20 →kHz hinauf.
NF-Generator Veraltete Bezeichnung für →Tongenerator.
Nibble (engl.) Gruppe von vier →Bits bzw. ein halbes →Byte. Die Unterteilung in Nibbles erlaubt die Unterscheidung von zwei Worten innerhalb eines Bytes. Im →Statusbyte von →Channel-Voice-Messages beispielsweise repräsentiert das linke Nibble die Art der Nachricht, während das rechte Nibble den →MIDI-Kanal codiert.
Nichtdestruktives Editieren →Nondestructive Editing.
Nichtflüchtiger Speicher Ein →RAM, dessen Inhalt nach Abschalten der Haupt-Stromzufuhr erhalten bleibt. Die üblichen Soundspeicher in →Synthesizern beispielsweise sind dank →Backup-Batterie nichtflüchtige →Speicher.
Nichtlineare Verzerrungen →Verzerrungen.
Nichtperiodische Schwingung →Schwingung ohne erkennbare Regelmäßigkeit. Nichtperiodische Schwingungen werden nicht als →Ton, sondern als Geräusch (→Rauschen, Donner, Applaus) wahrgenommen. Sie sind allerdings als Nebengeräusche Bestandteil eines jeden akustischen Instrumentenklangs.
Niederfrequenzoszillator →LFO.
Niederwertiges Bit/Byte →LSB.
Nierencharakteristik Richtwirkung eines →Mikrofons in Form einer Niere. Die Nierencharakteristik ist unabhängig von der Bauweise des Mikrofons, wird also in →Kondensatormikrofonen ebenso realisiert wie in →dynamischen Mikrofonen. Gegenüber der Kugel- bzw. Achtercharakteristik rangiert die Niere in der praktischen Anwendung weit vorn.

Noise (engl.) Geräusch, →Rauschen (siehe dort).
Noise-Gate Dynamikprozessor zur Unterdrückung von Nebengeräuschen. Das Noise-Gate schaltet den Ausgang stumm, sobald das Eingangssignal einen bestimmten →Amplitudenwert (→Threshold = Schwelle) unterschritten hat. Ansonsten bleibt das Eingangssignal unbeeinflußt. Auf diese Weise läßt sich das Eigenrauschen von Signalquellen (→Tonband, Gitarrenverstärker) in Pausen wirksam unterdrücken. Noise-Gates bieten in der Regel noch einen →Attack- und →Release-→Parameter, mit denen sich der Schaltvorgang weicher gestalten läßt. Sinnvoll ist darüber hinaus noch ein →Hold-→Parameter, der die Release-Zeit erst kurz nach Unterschreiten des →Threshold einsetzen läßt.
Noise-Generator (engl.) →Rauschgenerator (siehe dort).
Noise-Limiter (engl.) →Rauschunterdrückungssystem (siehe dort).
Noise-Reduction (engl.) →Rauschunterdrückungssystem.
Non-Registered-→Parameter-Number (engl.) Abgekürzt NRPN. Spezieller →Parameterwert, der vom Hersteller eines MIDI-fähigen Gerätes definiert werden kann, um spezielle Funktionen dieses einen Gerätetyps zu steuern (ähnlich den →System-Exclusive-Daten). Dabei kann jeder Hersteller beliebig mögliche Non-Registered-→Parameter-Numbers verwenden und definieren, im Gegensatz zu den von der →MMA definierten →Registered-→Parameter-Numbers. Non-Registered-→Parameter-Numbers werden über MIDI-→Continuous-Controller-Messages adressiert, wobei die beiden →Controllernummern 98 und 99 (dezimal) die →Adresse, also die →Parameternummer, angeben, gefolgt von →Data-Entry, Data →Increment oder Data-Decrement-Controllern, die den eigentlichen →Parameterwert übertragen.
Nondestructive Editing Bearbeitung von Daten, ohne das Original zu zerstören. Der

Begriff kommt häufig in den →Feature-Listen von →Harddisk-Recordern und →Software vor. Nondestructive Editing arbeitet mit dem Prinzip von virtuellen Kopien, wobei das Original nicht tatsächlich physikalisch kopiert wird, sondern lediglich Anweisungen für eine spezifische Bearbeitung des Originals gegeben werden. Werden beispielsweise bei einem Harddisk-Recorder bestimmte Passagen weggeschnitten, so werden diese nicht wirklich gelöscht und das verbleibende Material entsprechend umkopiert, sondern der →Computer speichert lediglich eine Liste ab, in der steht, welcher Abschnitt der Originalaufnahme wann gespielt werden soll. Beim Abspielen fährt die →Festplatte dann die entsprechenden Stellen an und spielt sie ab. So sind auch etliche Wiederholungen desselben Materials vorstellbar, ohne daß es physikalisch kopiert werden müßte.

Nonlinear Distortion (engl.) 1. →Verzerrungen. 2. →Waveshaping.

Normalize (engl.) Sample-Bearbeitungsfunktion zur optimalen →digitalen →Aussteuerung des Samples nach der Aufzeichnung. Das Sample wird auf seinen Maximalwert durchsucht. Liegt dieser unterhalb der möglichen →Amplitude, so wird die entsprechende Differenz allen Samples aufaddiert. Mit Hilfe der Normalize-Funktion lassen sich alle Samples eines →Multisamples auf denselben Pegel bringen, außerdem wird der →Rundungsfehler bei internen Berechnungen minimiert. Die Normalize-Funktion - oft auch als →Optimize oder Maximize bezeichnet - findet sich in vielen →Samplern und Sample-Editoren sowie →Harddisk-Recording-Systemen.

Notationssoftware →Notendrucksoftware.

Notch-Filter (engl.) →Sperrpaßfilter.

Note-Event (engl.) Oberbegriff für die beiden →MIDI-Events →Note-On und →Note-Off, also beiden →MIDI-Befehle, die Noten übertragen. Der Begriff Note-Event ist häufig in →Sequenzern und →Datenfiltern anzutreffen, wenn es darum geht, Noten getrennt von anderen MIDI-Events zu bearbeiten.

Note-Number (engl.) →Notennummer.

Note-Off (engl.) →MIDI-Befehl aus der Gruppe der →Channel-Voice-Messages. Der →Note-Off schaltet eine Note aus, die zuvor mit einem →Note-On-Befehl gestartet wurde. Ein →Keyboard sendet den Note-Off bei Loslassen einer Taste. Im ersten →Datenbyte wird die →Notennummer übertragen. Das zweite Datenbyte steht für die →Release-Velocity zur Verfügung, wovon allerdings nur wenige Keyboards Gebrauch machen. Im Normalfall wird hier der Wert 64 gesendet. Die →MIDI-→Spezifikation sieht neben dem regulären Note-Off-Befehl auch einen Note-On-Befehl mit dem Velocity-Wert 0 als Note-Off vor.

Note-On (engl.) →MIDI-Befehl aus der Gruppe der →Channel-Voice-Messages. Der Note-On-Befehl schaltet eine Note ein. Ein →Keyboard sendet den Note-On beim Anschlagen einer Taste. Im ersten →Datenbyte wird die →Notennummer übertragen. Das zweite Datenbyte steht für die →Velocity (→Anschlagdynamik) zur Verfügung.

Note-On-Quantisierung →Quantisierungsverfahren im →Sequenzer, das nicht die kompletten →Note-Events (→Note-On und →Note-Off) sondern nur die Note-On-Events in das Zeitraster schiebt. Dabei werden die Notenlängen verändert, da sich der Abstand von Note-On zu Note-Off verschiebt.

Note-Priority (engl.) →Parameter in →Synthesizern, der in der →monophonen Betriebsart bestimmt, welche von zwei oder mehreren gleichzeitig angeschlagenen Noten gespielt wird. Die folgenden Möglichkeiten stehen in fast jedem →Synthesizer zur Auswahl: Lowest (tiefste Note), Highest (höchste Note), First (zuerst gespielte Note), Last (zuletzt gespielte Note), →Random (zufällig bestimmte Note). Einige →Keyboards bieten diesen →Parameter auch im →polyphonen Modus an. Hier bestimmt er dann entweder,

Note-Separator

- welche der momentan besetzten →Stimmen für eine neue Note bereitgestellt wird, wenn die Stimmenzahl ausgeschöpft ist, oder
- welche der gleichzeitig gespielten Noten hinsichtlich →Lautstärke oder →Klangfarbe betont wird.

Note-Separator (engl.) →MIDI-Peripheriegerät, das den Tonumfang empfangener →MIDI-Daten anhand von →Split-Punkten auf zwei oder mehrere Kanäle verteilt. So lassen sich →Keyboards nachträglich mit Keyboard-Split ausrüsten. Diese Funktion wird heutzutage meist von einem →MIDI-→Prozessor oder ähnlichem angeboten.

Noten-Editor Editorfenster im →Sequenzer, das die auf einer oder mehreren Spuren vor-

Professioneller Notenausdruck mit Coda Finale für den Macintosh

Notendrucksoftware

Beispiel für Notendrucksoftware: Notator SL von Emagic

handenen →MIDI-Events in konventioneller Musiknotation darstellt. Noten lassen sich hier mit der →Maus löschen, verschieben, transponieren oder kopieren bzw. einsetzen. In Notendruckprogrammen können zusätzliche Elemente des Notenbildes, wie Artikulationszeichen, Klammern, Notenschlüssel, Systembalken oder Text eingefügt und bearbeitet werden, um das Notenbild für den Ausdruck zu optimieren.

Notendrucksoftware →Software, die aus →MIDI-Daten oder anhand manueller Eingaben eine musikalische Notation erzeugt und diese auf einem angeschlossenen →Drucker ausgibt. Die Noten werden dabei entweder auf einem →MIDI-Keyboard eingespielt, mit der →Maus in das Notenbild eingesetzt, via →ASCII-Tastatur eingegeben oder von →Diskette geladen (z. B. im →MIDI-File-Standard). Anschließend werden die Informationen über →Tonhöhe, Position und Länge jeder Note ausgewertet und in eine Notendarstellung umgerechnet. In der Praxis kann das heißen: Man spielt auf einem MIDI-Keyboard in den →Sequenzer ein und kann diese Einspielung innerhalb weniger Minuten als Notenblatt in der Hand halten. Beispielsweise läßt sich im →Studio schnell ein Sax-Solo einspielen und dem Saxophonisten als zumindest lesbare Gedächtnisstütze in die Hand drücken.

Die Druckqualität erreicht mit entsprechender Software und Peripherie satzfertiges Niveau. Das Problem liegt bei dieser Vorgehensweise in der optimalen Interpretation des →MIDI-Noten-Materials. Zwar ist die von einem Notendruckprogramm erzeugte Darstellung rechnerisch korrekt, jedoch werden dabei nicht alle möglichen Aspekte der Notenschrift berücksichtigt und erfaßt. Beispielsweise geben die MIDI-Noten keinen bzw. nur wenig Aufschluß über →Dynamik (z. B. →Crescendo). Andererseits ergeben sich notentypographische Feinheiten und Vereinfachungen erst aus dem Gesamtbild des Musikstückes, was sich aus MIDI-Noten ebenfalls nicht ableiten läßt. Entsprechende Nachbearbeitung ist also nötig. Immerhin bieten die meisten →Programme eine Reihe von Interpretationshilfen (automatische Pausenkorrektur, -Vorzeichensetzung, Schlagzeugnotation) und zumeist einen großen Vorrat an graphischem Gestaltungsmaterial (Text, Artikulationszeichen, Notenschlüssel).

Die Problematik der Interpretation von gespieltem Material umgeht man, indem man die gewünschten Noten direkt via Maus oder Computertastatur eingibt und die Software so wie eine grandiose Notenschreibmaschine einsetzt. Man genießt immer noch den Vorteil all der möglichen Layout- und Notations-

Noteneingabe

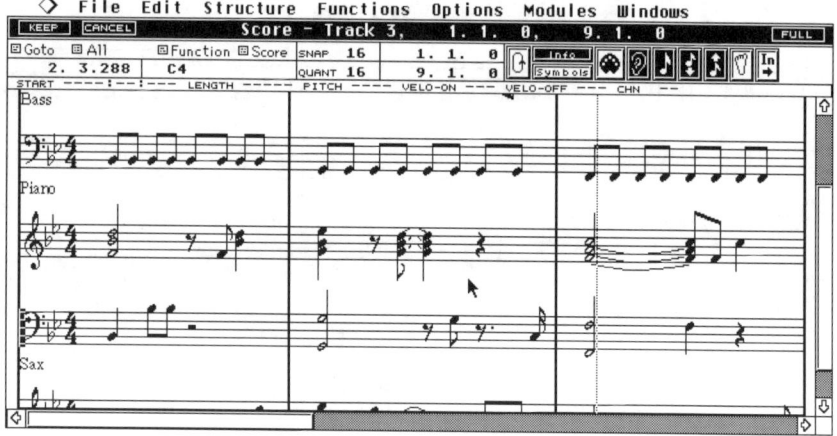

Noteneingabe: der Score-Editor in Cubase

features, und für bestimmte Musikstile dürfte dies die sinnvollste und wohl auch schnellste Art sein, zu einem Ergebnis zu gelangen.
So zeigt die Erfahrung, daß der große Vorteil der Anwendung von →Notendrucksoftware nicht so sehr in der Zeitersparnis gegenüber dem herkömmlichen Aufschreiben liegt, sondern in der Qualität des Ergebnisses und der einfachen Änderung von bereits eingegebenen Stücken.
In Anlehnung an →Desktop Publishing spricht man bei der computergestützten Notation gelegentlich auch von „Desktop Notation".
Notendrucksoftware gibt es heute in jeder Preisklasse und für jeden Anwendungszweck. Unterschieden wird meist zwischen →Programmen, die eine →Sequenzer-Software um Notationsfähigkeit ergänzen (z. B. C-Lab Notator, Steinberg Cubase), und reinen Notensatzprogrammen (Passport Score, Steinberg Masterscore, Coda Finale). Bei letzteren stellt die Analyse der MIDI-Daten nur einen Teilbereich der →Noteneingabe dar, der Schwerpunkt liegt auf den notentypographischen Funktionen und der Ausgabequalität. So ist z. B. Finale für den→Apple →Macintosh in der Lage, beliebige →PostScript-→Fonts für die Notendarstellung zu benutzen und diese direkt auf einem angeschlossenen →Satzbelichter druckfertig auszugeben.

Noteneingabe Zur Erstellung von Notenschrift in einem Notensatzprogramm oder zur Bearbeitung von →Sequenzerspuren gibt es verschiedene Möglichkeiten der Noteneingabe in den Computer: Einspielung über ein →MIDI-Keyboard, Einfügen, Kopieren, Verschieben und Löschen mit der Maus, Laden einer Spur oder eines Songs im →MIDI-File-Standard von →Diskette, Eingabe über die →Computertastatur. Jedes entsprechende aktuelle →Programm bietet zumindest einige dieser Möglichkeiten an.

Notenhänger Eine „ewig" klingende Note. Das Phänomen tritt bei der MIDI-Übertragung auf, wenn ein zu dem entsprechenden →Note-On gehörender →Note-Off-Befehl nicht empfangen wird. Abhilfe schafft hier das Senden des →All-Notes-Off-Befehls.

Notennummer Erstes →Datenbyte eines →MIDI-Note-Events (→Note-Off bzw. →Note-On), das die Note identifiziert. Jeder der 128 Noten des MIDI-Tonumfangs ist eine Nummer zugewiesen, wobei das eingestrichene C der Nummer 60 entspricht.

Novatron Nachfolgemodell des →Mellotron.
NR (engl.) Abk. für Noise-Reduction, →Rauschunterdrückungssystem.
NRPN (engl.) Abk. für →Non-Registered- →Parameter-Number.
NTSC (engl.) Abk. für National Television System Committee: entwickelte die gleichnamige, 1953 in den USA eingeführte amerikanische Farbnorm für den TV- und →Videobereich. Diese ist mit der europäischen →PAL-Norm nicht →kompatibel, weshalb amerikanische Videobänder nicht auf →PAL-Recordern abspielbar sind. Für den Musikbereich schlägt sich der Unterschied vor allem in der unterschiedlichen Anzahl der Halbbilder (→Frame-Rate) nieder, die insbesondere bei der Anpassung der →Timecodes bei der Nachsynchronisation von Bedeutung ist.
Nulldurchgang Der →Amplitudenwert einer →Schwingung, der keine Auslenkung besitzt und dessen Wert damit Null ist. Jede →periodische Schwingung besitzt grundsätzlich einen Nulldurchgang, da sie ähnlich einer Schaukel sowohl positive als auch negative Werte annimmt. Der Ruhepunkt, um den die Schwingung ausschwingt, ist der Nullpunkt oder Nulldurchgang. Auch im →Digital-Audiobereich finden sich dementsprechend Nulldurchgänge.

Die Nulldurchgänge eines Samples beispielsweise sind wichtige Hilfen für das Auffinden von →Loop-Punkten, denn beide Loop-Punkte müssen einen identischen Wert haben, damit Knackser vermieden werden.
Numerator (engl.) Zähler, hier für das Taktmaß.
Nur-Lese-Speicher →ROM.
Nutzdynamik (Siehe auch →Dynamik) Effektiv nutzbarer Pegelbereich eines Audiosystems, der nach unten durch das Eigenrauschen und nach oben hin durch denjenigen Pegel begrenzt wird, ab dem →Verzerrungen auftreten. Die Nutzdynamik eines →Magnetbandgerätes oder eines →Magnetbandes entspricht dem Rauschabstand. Aber auch →digitale Audiosysteme wie →Synthesizer, →Sampler oder →Effektgeräte besitzen eine Nutzdynamik, die wesentlich von der →Bit-Auflösung sowie der technischen Beschaffenheit des Systems abhängt.
Nutzmodulation Bezeichnung für das zu übertragende →Audiosignal, im Gegensatz zu Störfrequenzen oder →Rauschen. Der Begriff →Modulation steht dabei in diesem Falle für das Vorhandensein eines Signals, welches aufgenommen oder übertragen werden soll.
Nyquist-Theorem →Abtasttheorem.

O

Obermanual Abgekürzt OM: obere →Klaviatur einer (elektronischen) Orgel.
Oberton →Teilton innerhalb des →Obertonspektrums. Jeder Oberton ist eine →Sinusschwingung mit einer bestimmten →Frequenz und →Amplitude. Ist das Frequenzverhältnis des Obertons zum →Grundton ganzzahlig, spricht man von einer →Harmonischen (→harmonische Reihe). Nicht ganzzahlige Frequenzverhältnisse erzeugen nichtharmonische Obertöne, die z. B. sehr stark in metallischen →Sounds (Glocken, Becken) vertreten sind. Durch eine entsprechend ausgelegte →Fourieranalyse läßt sich eine →Schwingung in Grundton und Obertöne zerlegen. Bei der →Additiven oder →Fouriersynthese setzt der Programmierer den →Klang aus den einzelnen Obertönen zum Grundton zusammen. Zu beachten ist die unterschiedliche Zählweise von Obertönen zu Harmonischen: Dabei Obertönen der Grundton eine eigene Größe ist, entspricht der erste Oberton der zweiten Harmonischen, denn der Grundton ist dort die erste Harmonische.
Obertonreihe →Obertonspektrum.
Obertonspektrum Darstellung einer komplexen →Schwingung als Summe aus einem →Grundton und seinen Obertönen. Für jede Teilschwingung wird die →Amplitude separat angezeigt, oft durch eine entsprechende Balkendarstellung, in der die Höhe des Balkens die Amplitude des →Obertons repräsentiert. Besteht eine Schwingung nur aus ganzzahligen →Harmonischen, also ganzzahligen Vielfachen des Grundtons, so sind die Obertonabstände gleich. In der Regel besitzt der Grundton die größte Amplitude.
OCR (engl.) Abk. für Optical Character Recognition: optische Zeichenerkennung. Gedruckte Texte lassen sich mit dieser Technologie in →Textverarbeitungsprogramme übertragen und weiterverarbeiten. Die gescannten Bildpunkte werden dabei von einem →OCR-→Programm analysiert und die erkannten Zeichen als Textfile abgelegt.

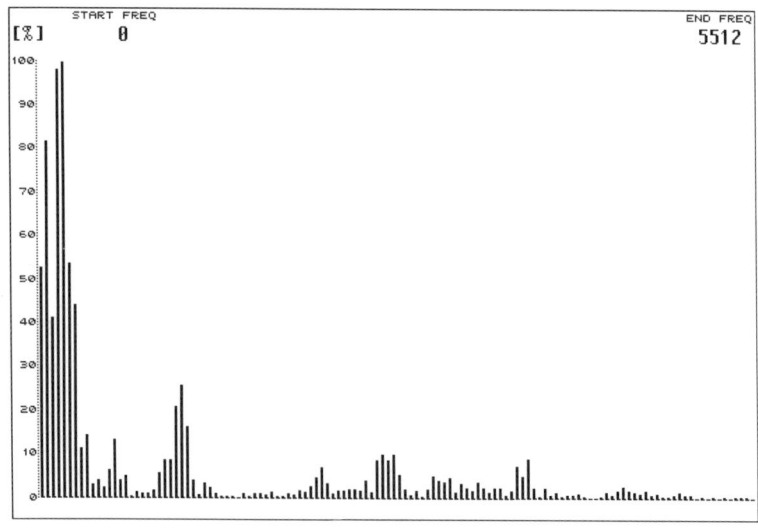

Obertonspektrum: die graphische Darstellung einer komplexen Schwingung

Octave (engl.) →Oktave. →Parameter zur Anwahl der Oktave des →Oszillators im →Synthesizer. Der Oktavparameter ist oftmals in →Fußlagen unterteilt.

Octaver (engl.) Effekt, der dem Eingangssignal durch einen →Frequenzteiler die darunterliegende →Oktave hinzufügt. Der Octaver wird vornehmlich für Baß- und Gitarrensounds eingesetzt.

OD (engl.) Abk. für →Optical Disc: optische →Speicherplatte, →optische →Speicher.

Off (engl.) Aus (-geschaltet).

Offenes →**Betriebssystem** →Betriebssystem, beispielsweise für einen →Sampler, das in wesentlichen Bestandteilen vom Datenträger in den →RAM geladen wird und dadurch jederzeit geändert bzw. auf den neuesten Stand gebracht werden kann. So läßt sich beispielsweise der Roland S-550-Sampler durch Laden eines anderen →Betriebssystems als →Sequenzer umfunktionieren, die Akai- →Sampler bekommen Fähigkeiten wie →Time-Correction oder →Sampling-Rate-Conversion erst nachträglich dank des offenen →Betriebssystems beigebracht. →Computer wie der →Apple →Macintosh besitzen ebenfalls ein offenes →Betriebssystem.

Oktalsystem Zahlensystem mit der Basis 8. Dieses Zahlensystem benutzt die Ziffern 0 - 7. Viele →Synthesizer und andere Geräte verwenden das Oktalsystem zur Numerierung ihrer →Soundprogramme. In der Regel ist der →Speicher in acht Bänke zu je acht →Programmen aufgeteilt. Die oktale Soundnummer 64 entspricht der dezimalen Nummer 52. Bei der Kopplung verschiedener Modelle kommt es oft zu Umrechnungsproblemen im Hinblick auf die →Program-Change-Steuerung. Die →Oktave ist ein →Intervall, das im Vergleich zum Ausgangston die doppelte bzw. halbe →Frequenz aufweist. Beispiel: Die Oktave über dem Stimmton a1 = 440 →Hz ist das a2 mit 880 Hz. Die Oktave wird in fast allen →Synthesizer-→Oszillatoren zur Einstellung der Tonlage benutzt. Bei der Angabe in →Fuß-lagen entspricht die Verdoppelung der Frequenz einer Halbierung der Fußzahl, bei der Angabe als Verhältnis zur Normalstimmung (z. B. 1.00 in →FM-Synthesizern) wird der →Parameterwert entsprechend verdoppelt oder halbiert.

Lage	Fuß	→Ratio
-2 Okt	32'	0.25
-1 Okt	16'	0.50
Normallage	8'	1.00
+1 Okt	4'	2.00
+2 Okt	2'	4.00

Oktavfilter →Bandpaßfilter mit einem Durchlaßbereich von einer →Oktave. Oktav- oder →Festfilterbänke wurden in größeren, →analogen →Modulsystemen und →Vocodern eingesetzt. Da sich die Breite der Durchlaßbereiche bei einer Kombination mehrerer benachbarter Oktavfilter nach oben hin verdoppelt, benötigt man für den gesamten →Hörbereich nur zehn →Filter (ca. →Frequenzen in →Hz: 20, 40, 80, 160, 320, 640, 1280, 2560, 5120, 10.240). Auch →graphische Equalizer sind teils als Oktavfilterbänke ausgeführt, allerdings werden Filter im Terzabstand (drei bzw. vier Filter pro Oktave) bevorzugt.

Oktavlage Oktavverhältnis von angeschlagener (→MIDI-) Note und tatsächlich erklingender →Tonhöhe. Die →MIDI-Spezifikation legt für das eingestrichene C die →Notennummer 60 und die Bezeichnung C3 fest, obwohl dieser →Ton im entsprechenden amerikanischen Oktavsystem als C4 bezeichnet wird. Folglich halten sich nicht alle Hersteller an diese Vorgabe. In Roland-Synthesizern beispielsweise erhält die Nummer 60 die - musiktheoretisch korrekte - Bezeichnung C4, was nun leider zur Verwirrung bei der Kombination verschiedener Fabrikate führen kann. In diesem Fall empfiehlt es sich, die Notennummer zum Vergleich heranzuziehen. Hinzu kommt noch, daß die Oktavlage durch →Transpositions-→Parameter im →Klangprogramm zusätzlich variiert werden kann.

OM Abk. für →Obermanual.

Omni-Mode (engl.) →MIDI-Betriebsart. Der Empfänger verarbeitet →MIDI-Events auf allen eingehenden Kanälen gleichzeitig und ohne Kanaltrennung, gibt jedoch nur einen →mono- bzw. →polyphonen Sound wieder. Der Omni-Mode ist in der Praxis nicht von Bedeutung, er dient lediglich Testzwecken. So schaltet man einen →Klangerzeuger kurzfristig in den Omni-Mode, um zu testen, ob er überhaupt →MIDI-Daten empfängt.

On (engl.) Ein (-geschaltet).

On-Board (engl.) Präfix für „eingebaut", „integriert". Z. B. ist ein On-Board-Sequenzer ein →Sequenzer, der in ein →Keyboard (→MIDI-Workstation) eingebaut ist.

One Shot (engl.) Normaler Abspielmodus für →Samples. Das Sample wird einmal von vorn bis hinten durchgespielt, eventuell gesetzte →Loop-Punkte werden ignoriert. Der One-Shot-Modus wird z. B. für Drumsounds und Geräusche benutzt.

One-Touch-Play (engl.) Bezeichnung für auf Knopfdruck abrufbare Komplettregistrierungen, die speziell in Technics-→Keyboards benutzt wird.

Online-Help (engl.) Hilfe-Funktion, die direkt in ein →Programm integriert ist und von dort aus abgerufen werden kann. Der Vorteil gegenüber dem Handbuch besteht darin, daß die Online-Help immer verfügbar und teilweise sogar „kontextsensitiv" ausgelegt ist. Das bedeutet, daß man ein Objekt oder einen →Menüpunkt auf dem →Bildschirm anklicken kann und sofort gezielte Hilfe zum Thema erhält. Online-Help-Funktionen finden sich in fast allen Musikprogrammen.

Open-Loop (engl.) 1. System zur Umsetzung der →Capstan-Drehung einer →Bandmaschine in eine konstante →Bandgeschwindigkeit. Das →Tonband wird mit der Andruckrolle gegen den Capstan gepreßt und dadurch mit konstanter Bandgeschwindigkeit an den Köpfen vorbeigezogen. 2. Modus bei der Übertragung →digitaler Daten (z. B. →MIDI-Sample-Dump) zwischen zwei Geräten. Die Geräte sind dabei nur in einer Richtung verbunden, vom Empfänger zum →Sender erfolgen keine Rückmeldungen. Diese Art der Übertragung ist bei größeren →Dumps fehlerträchtiger als der →Handshake-Modus und daher nicht zu empfehlen.

Open-Reel-Recorder (engl.) Spulenbandmaschine, die mit Spulen (→Reels) arbeitet, bei denen das Bandmaterial offen (open) liegt, insbesondere beim Betrieb mit →Wickelkernen oder Bobbys. Der Begriff wird im Gegensatz zu Cassetten-Geräten wie beispielsweise →DAT-Recordern verwendet.

Operating System (engl.) →Betriebssystem.

Operator (engl.) Klangbaustein eines →FM-Synthesizers. Ein Operator ist ein →digitaler →Sinusgenerator, bestehend aus einem →Oszillator und einem →Verstärker (→Amplifier). Der →Oszillator erzeugt die →Sinusschwingung mit einer einstell- und modulierbaren →Frequenz, der →Verstärker bestimmt deren →Amplitude (→Lautstärke) im Zeitverlauf. Wie die Abbildung zeigt, verfügt ein Operator

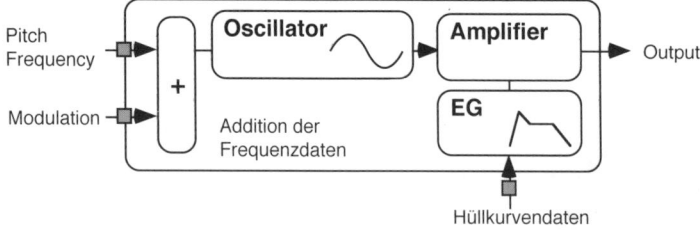

Schema eines FM-Operators

über einen Eingang zur Frequenzeinstellung (→Pitch →Coarse, -Fine) und einen Modulatoreingang, der mit dem Ausgangssignal eines weiteren Operators belegt werden kann. Letzterer moduliert damit die Frequenz des Operators, daher die Bezeichnung →Frequenzmodulation bzw. →FM-Synthese. Ein Operator kann zwei Funktionen erfüllen: die eines →Carriers (→Träger) oder eines →Modulators. Das Ausgangssignal des →Carriers wird in den →Digital/Analog-Wandler geschickt und hörbar gemacht. Ein Carrier trägt oder erzeugt also das eigentliche →Audiosignal. Das Ausgangssignal eines Modulators hingegen wird nur in den Frequenzmodulations-Eingang eines weiteren Modulators oder Carriers geschickt. Es trägt also in erster Linie zum →Klang des Gesamtsystems bei, wird selber aber üblicherweise nicht direkt gehört.

Optical Disk (engl.) →Optische →Speicher.

Optimize (engl.) →Normalize.

Optische Speicher Mit den Magnetspeichern gemeinsam haben optische Speichersysteme die rotierenden Scheiben. Allerdings werden die Daten hier nicht von einem Magnetkopf, sondern von einem stark gebündelten →Laserstrahl in die Platte eingebrannt. Das Lesen geschieht wiederum mit einem - allerdings wesentlich schwächeren - Laserstrahl. Rein optische →Speicher lassen sich nur einmal beschreiben, jedoch beliebig oft lesen (→WORM). Beispiele für optische Speicher sind die Musik-→CD, das →CD-ROM und →WORM-Laufwerke für →Computer. Im Vergleich zu magnetischen Speichern ist die Spurbreite sehr gering, wodurch die →Speicherkapazität wesentlich höher ausfällt. CD-ROMs z. B. erreichen Kapazitäten von bis zu 600 →MB. →Magneto-optische Speicher.

Optokoppler Bauelement zur Übertragung von Daten per Lichtimpuls. Die MIDI-Übertragung zum Beispiel erfolgt über einen solchen Optokoppler, die Geräte sind also nicht elektrisch miteinander verbunden. Dadurch werden →Brummschleifen vermieden.

Orchestron Das Orchestron, entwickelt in den späten 70er Jahren, war ein Vorläufer der heutigen →Sample-ROM Player, allerdings auf vollkommen anderer Technologie basierend. Die „Samples" waren in einer Art →Lichttonverfahren auf einer runden Folie aufgezeichnet und wurden mit photoelektrischen Wiederständen abgetastet. Die runde Folie gestattete eine kontinuierliche →Abtastung ähnlich von →Bandschleifen, besaß aber den Vorteil, daß alle Klänge auf einem einzigen, relativ schnell wechselbaren Medium gespeichert waren. Das Orchestron war dreioktavig, nicht anschlagdynamisch (obwohl ein entsprechender Prototyp existierte) und vergleichsweise kompakt. Es existierten zahlreiche Klänge, ähnlich dem artverwandten →Mellotron. Das Orchestron war eine Weiterentwicklung eines ursprünglichen Musikspielzeug-Instruments (Mattel) durch die amerikanische Firma Vako, erschien aber nur in einer äußerst kleinen Auflage.

Organ (engl.) (→Elektronische) Orgel.

Organ-to-MIDI (engl.) Bezeichnung für einen Einbausatz für ältere →elektronische Orgeln, der die Orgel um mehr oder weniger umfangreiche MIDI-Features erweitert. Fast alle, auch ältere Modelle lassen sich mit einem →MIDI-Out ausrüsten, manche zusätzlich mit einem →MIDI-In. Optional sind →Split-Funktionen und wählbare →MIDI-Kanäle für die →Manuale.

Orgel →Elektronische Orgel, →Hammond-Orgel.

Orgelexpander →MIDI-→Expander, der das Innenleben einer →elektronischen Orgel in einem kompakten Gehäuse, meist im →19"-Format, enthält. Von normalen →MIDI-Expandern unterscheidet sich ein Orgelexpander vor allem durch orgelspezifische →Features wie →Begleitautomatik und →Zugriegel. (Siehe nächste Seite.)

Original-Key (engl.) Im →Sampler die →Tonhöhe, mit der ein →Sample aufgezeichnet wurde. Original-Key dient also als Bezugston-

OS

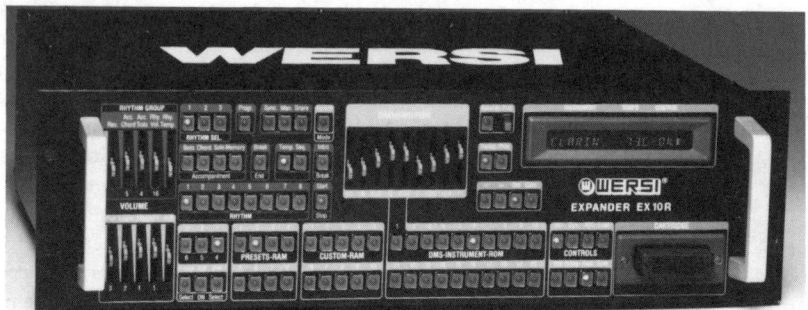

Orgel-Expander mit Begleitautomatik und Zugriegel-Ersatz

höhe für die Einstellung von →Transposition und Lage auf der →Tastatur.
OS (engl.) Abk. für Operating System, →Betriebssystem.
Oscillation (engl.) →Schwingung.
Oszillator Schwingungserzeuger, -generator. →Oszillatoren gibt es für die verschiedensten Anwendungszwecke. Den wichtigsten davon erfüllt der Audio-→Oszillator, das erste Glied in der →Klangerzeugungskette eines →Synthesizers oder eines anderen elektronischen Musikinstruments. Der Oszillator erzeugt die →Schwingungen, die in der nachfolgenden →Klangformung durch →Filter (→VCF, →DCF), →Hüllkurven (→ENV, →EG) und →Verstärker (→VCA, →DCA) bearbeitet werden. Die typischen →Synthesizer-Oszillatoren stammen aus den →analogen Synthesizern und hießen dort →VCO, später →DCO. Diese Schwingungsgeneratoren konnten entsprechend den eingegebenen →Steuerspannungen einige sterile, obertonreiche →Wellenformen erzeugen (→Sinus, →Sägezahn. →Rechteck, →Pulswelle), die erst in der weiteren →Klangformung zu unterschiedlichen, interessanten Klängen wurden.
Auch heute noch ist die Bezeichnung Oszillator gängig, auch wenn die →digitalen Schwingungserzeuger in modernen Synthesizern mit den →Oszillatoren von damals nicht mehr viel gemeinsam haben. →Digitale Oszillatoren sind

→Programme, die →Wellentabellen auslesen und die Ergebnisse an ein →digitales Filter oder einen →Wandler weiterleiten. Digitale Oszillatoren können nicht nur - wie ihre →analogen Kollegen - einfache, sterile Wellenformen erzeugen, sondern komplexe Klänge bis hin zu →Multisamples. In vielen →Syntheseverfahren wird die →Klangformung bereits im →Oszillator vorgenommen (→FM-Synthese, →PD-Synthese, →Additive Synthese).
Ein in jedem Synthesizer vorzufindender Spezialfall des →Oszillators ist der Niederfrequenzoszillator (→LFO), der Modulationsschwingungen erzeugt.
Oszillogramm Die Darstellung einer →Schwingung in Abhängigkeit von der Zeit. Ein Oszillogramm wird von einem Oszilloskop oder Oszillographen sichtbar gemacht. Die so dargestellte Schwingung befindet sich aber immer noch in der Zeitebene (als Achsen: →Amplitude und Zeit). Es wurde also keine →Fouriertransformation vorgenommen, um sie in die →Frequenz-Ebene (Achsen: Amplitude und →Frequenz) zu bringen.
Oszillograph Gerät, das →Schwingungsformen graphisch auf einem →Bildschirm als →Amplitudendarstellung über die Zeit sichtbar macht und gegebenenfalls auch ausdrucken kann. Dazu läßt sich bei entsprechender Einstellung eine →Periode auf dem Bildschirm fixieren. Mit Hilfe eines Oszillographen kann

man die →Wellenform einer Schwingung ansehen und beispielsweise feststellen, ob sie →periodisch oder →nichtperiodisch ist.
Out (engl.) Abk. für Ausgang, z. B. →Stereo-Out, →MIDI-Out.
Output (engl.) Ausgang, Ausgangssignal, Ausgangsdaten.
Output-Filter (engl.) →MIDI-Datenfilter, zumeist im →Sequenzer, der bestimmte →MIDI-Datenarten von der Ausgabe ausschließt. So kann man beispielsweise die →Controllerdaten und die Noten einer Spur blitzschnell auf zwei Spuren verteilen, indem man die Spur kopiert und einmal die →Note- und einmal die →Controller-Events im Output-Filter unterdrückt.
Overall-Pressure (engl.) Selten benutzte Bezeichnung für →Channel-Pressure (siehe dort). Der Begriff „Overall" steht dafür, daß der →Aftertouch über die gesamte →Klaviatur und nicht für jede einzelne Taste gemessen wird.
Overdrive (engl.) →Übersteuerung. Ursprünglich wurde mit Overdrive der typisch warme →Sound übersteuerter Röhren bezeichnet, der neben der obligatorischen Anwendung bei Gitarren auch zum →Hammond-Rock-Sound beitrug. Heute wird der Overdrive-Effekt vielfach →digital imitiert, jedoch meist ohne dieselbe klangliche Wärme zu erreichen.
Overdub (engl.) Überlagern. Die gängigste Technik der →Mehrspuraufnahme: Eine Spur wird aufgenommen, während die bereits bestehenden gleichzeitig hörbar sind, sie werden dabei „overdubbed". Ein typischer Overdub ist das Doppeln einer Leadstimme auf einer zweiten Spur oder der schrittweise Aufbau eines Rhythmus aus einzelnen Schlaginstrumenten. In →Sequenzern findet sich oft eine Overdub-Funktion, die es ermöglicht, den bereits auf der Spur befindlichen Daten die aktuell eingespielten zu überlagern, ohne diese auf eine andere Spur aufnehmen zu müssen.

Overflow (engl.) 1. Überlauf. Funktion in →MIDI-Klangerzeugern zur Erweiterung der →Polyphonie. Empfängt ein solcher →Klangerzeuger mehr Notenbefehle, als er →Stimmen zur Verfügung hat, so leitet er die überschüssigen Noten an einen zweiten →Klangerzeuger weiter. Auf diese Weise läßt sich ein sechsstimmiger →Synthesizer durch Kopplung mit einem baugleichen Gerät auf zwölf →Stimmen erweitern. 2. Überlaufanzeige eines →Programms oder einer →Schnittstelle. Diese Anzeige signalisiert, daß mehr Daten ankommen, als zur Zeit verarbeitet werden können (z. B. MIDI-Overflow in →Sequenzern).
Overhead Microphone Stützmikrofon, das über einer Klangquelle - meistens einem Schlagzeug - angebracht wird und zur Abnahme der nach oben gerichteten Signale (Becken beim Schlagzeug, Rauminformation) dient (siehe Abbildung auf der nächsten Seite).
Overload (engl.) →Übersteuerung (siehe dort).
Oversampling (engl.) →Überabtastung. Das →Oversampling wird in den Audiowandlern von →CD-Playern, →DAT-Recordern und anderen →digitalen Audiosystemen zur Verminderung des →Quantisierungsrauschens eingesetzt. Dabei werden zwischen den einzelnen →Sample-Stufen Zwischenwerte gebildet. Dies entlastet das nachgeschaltete →analoge →Tiefpaßfilter, da durch die entstehende höhere →Abtastrate das Quantisierungsrauschen gleichmäßiger verteilt und das →Aliasing in höhere Frequenzbereiche verlagert wird. Das →Oversampling stellt keine Signalverbesserung an sich dar. Entscheidend für die Qualität des →Oversampling ist der Faktor: Beim achtfachen →Oversampling beispielsweise werden pro →Sample-Schritt acht Zwischenwerte gebildet. Üblich ist heute bereits 64faches →Oversampling. Mit extremem →Oversampling arbeiten →1-Bit-Wandler.
Overtone (engl.) →Oberton.
Overwrite (engl.) Überschreiben. Siche-

Overhead-Mikrofone für die Abnahme von Drums

rungsvorgang, bei dem die Daten, die sich zuvor an der betreffenden Speicherstelle befanden, gelöscht werden.
Owner's Manual (engl.) Bedienungsanleitung. Benutzerhandbuch zu einem Gerät oder einer →Software. Oft wird das Manual in eine Einführung (→User Guide) und ein Nachschlagewerk (Reference Guide) aufgeteilt.
µP Abk. für →Mikroprozessor (siehe dort).

P

PA (engl.) Abk. für Public Address (System). Übertragungsanlage für Publikumsveranstaltungen in Sälen, Hallen oder Stadien.

Packen Verringerung des Datenbedarfs einer →Datei durch →Datenkompression. Durch eine entsprechende →Software verringert sich der Speicherbedarf beliebiger Dateien (Songs, Texte, →Sounds) auf →Festplatte oder →Diskette im Schnitt um 40% bis 50%. Um mit der Datei wieder arbeiten zu können, muß sie allerdings entpackt werden. Gebräuchlich ist das Packen von Dateien vor der Übertragung per →Modem und zur platzsparenden Archivierung.

Pad (engl.) 1. Bezeichnung für einen Flächensound, beispielsweise „Synth Pad" oder „String Pad". 2. Vordämpfung eines Eingangssignals am Mikrofoneingang bei →Mischpulten, meist um -20 →dB. Das Signal wird dabei vor der Vorverstärkung im Pegel reduziert, um →Übersteuerungen des →Vorverstärkers bei sehr lauten Signalen zu vermeiden. →Drum-Pad.

Page (engl.) Seite, Bildschirmseite. Die →Benutzeroberfläche von →Programmen und Geräten wird in Pages unterteilt, die zusammengehörige →Parameter auf einen Blick zusammenfassen. So ist beispielsweise die →Main-Page die Hauptseite eines Programms, die OSC-Page die Darstellung eines →Synthesizer-Displays, der die →Oszillator-→Parameter anzeigt.

Page-Preview (engl.) Seitenansicht. Funktion in →Textverarbeitungs-, Layout-, Graphik- und Notendruckprogrammen, die das druckfertige Layout einer Seite berechnet und auf dem →Bildschirm anzeigt. So kann der Druckvorgang am Bildschirm simuliert werden, ohne daß man Papier verschwenden müßte.

PAL (engl.) Abk. für Phase Alternation Line, zu deutsch: Phasenumschaltung per Zeile. Aus dem amerikanischen →NTSC-System

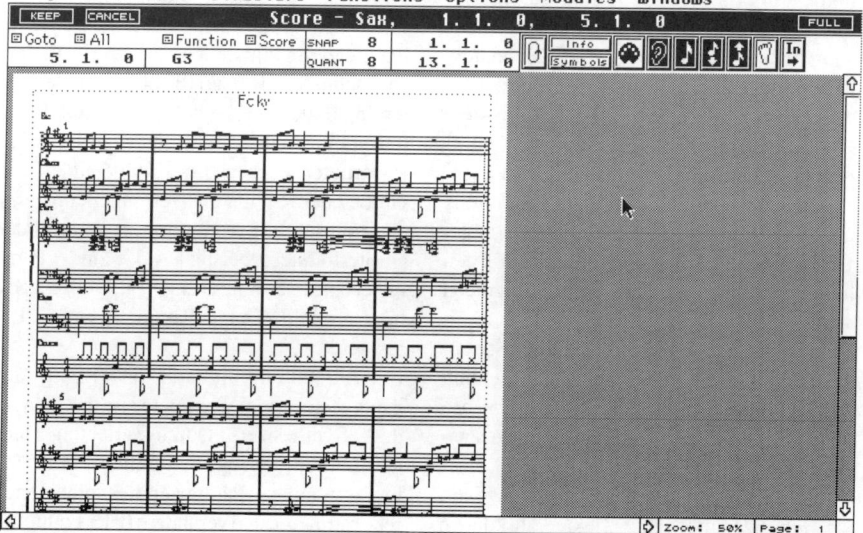

Page-Preview in Cubase

weiterentwickelter europäischer Fernseh- und →Videostandard. Das PAL-System zeichnet sich gegenüber dem amerikanischen →NTSC-Standard durch deutlich bessere Farbwiedergabe aus und wird in über 60 Ländern verwendet. Nach dem PAL-System, das mit 25 Halbbildern pro Sekunde (625 Bildzeilen bei 50 →Hz) arbeitet, wurde auch der →EBU-Timecode für die →Filmvertonung entwickelt. Der →SMPTE-Timecode richtet sich zwar nach der in Amerika gängigen NTSC-Norm mit 30 bzw. 29,97 Bildern/sec, ist aber bis auf die Anzahl der Halbbilder/sec (→Frame-Rate) grundsätzlich zum EBU-Timecode-Format →kompatibel.

PAM (engl.) Abk. für →Pulse-Amplitude-Modulation.

Pan (engl.) Abk. für →Panorama.

Pan-Pot (engl.) Abk. für →Panorama-→Potentiometer (-Regler).

Panel (engl.) Bedienfeld, Frontplatte. Auf dem Panel sind alle Bedienelemente wie Schalter, →Regler, Drehknöpfe, Soundtaster und das →Display untergebracht.

Panic-Function (engl.) →Panik-Taster.

Panik-Taster Allgemein übliche Bezeichnung für einen Taster an →MIDI-Keyboards, Peripheriegeräten, →Synthesizern oder →Masterkeyboards, der einen →MIDI-→All-Notes-Off-Befehl an alle angeschlossenen →Expander sendet, um →Notenhänger zu beenden. Zusätzlich senden manche Panik-Taster - teils auch auf Wunsch - jeweils separate →Note-Off-Befehle, falls der All-Notes-Off von den angeschlossenen Geräten nicht verstanden wird.

Panorama Position eines →Klangs im Stereobild. Jedes nicht →monophone →Mischpult verfügt über einen Panoramaregler pro →Kanal, der durch Pegelunterschiede zwischen den beiden Kanälen den Eindruck einer Verschiebung in der Stereobasis erzeugt. →Synthesizer und auch →Effektgeräte können komplexere Effekte erzeugen, indem das Panorama durch →Modulationsquellen wie →Anschlagdynamik, Tastennummer oder →LFO automatisch beeinflußt wird.

Papierkorb Symbol auf dem →Desktop eines →Computers. Man kann →Dateien oder andere Symbole in den Papierkorb bewegen, wo sie entweder sofort, beim nächsten Programmstart oder beim Ausschalten des Computers vom Datenträger (→Diskette, →Festplatte) gelöscht werden. Beim →Apple →Macintosh lassen sich Diskettensymbole zum Auswerfen der →Diskette auf den Papierkorb bewegen.

Papierkorb auf dem Desktop

Parallel Im Gegensatz zu →seriell: gleichzeitig, nebeneinander. →Parallele Schnittstelle.

Parallele Schnittstelle →Schnittstelle mit mehreren →parallelen Datenleitungen, beispielsweise →SCSI oder →DMA-Schnittstelle. Parallele →Schnittstellen sind um ein Vielfaches schneller als →serielle Schnittstellen, allerdings auch wesentlich teurer, anfälliger (→Kabel) und in der Kabellänge begrenzt.

Parameter Fachausdruck für veränderliche Größe oder regelbaren Wert innerhalb eines elektronischen Systems. →Oszillator- oder →Filterfrequenz beispielsweise sind →Parameter eines →Synthesizers, →Delay-Feedback oder →Reverb-Time →Parameter eines →Effektgerätes.

Der Aufbau eines komplexen →Klangs anhand gesteuerter →Parameter ist das Prinzip des →Synthesizers. Durch Zerlegung eines akustischen →Klangs in möglichst viele und repräsentative →Parameter läßt dieser sich rekonstruieren und verändern (→Resynthese).

Parametrische Klangregelung →Klangregelung, die nicht nur die Regelung der

Anhebung bzw. Absenkung der einzelnen Frequenzbänder ermöglicht, sondern auch die Veränderung der jeweiligen →Filterfrequenzen und -→Güten (→Q-Faktor). Dadurch läßt sich die Klangregelung optimal auf den →Frequenzgang des Signals abstimmen. Als Peripheriegeräte ausgeführte Equalizer sowie einige →Mischpulte im professionellen Bereich besitzen meist eine vollparametrische Klangregelung, d. h. jeder Bereich ist in →Amplitude, Filterfrequenz und Güte regelbar. Semiprofessionelle Mischpulte bieten in aller Regel eine semiparametrische Klangregelung, bei der zwar Amplitude und Filterfrequenz, nicht aber die Güte geregelt werden kann.

Parametrischer Equalizer →Entzerrer mit einer Anzahl variierbarer Frequenzbänder. Beim vollparametrischen Equalizer lassen sich

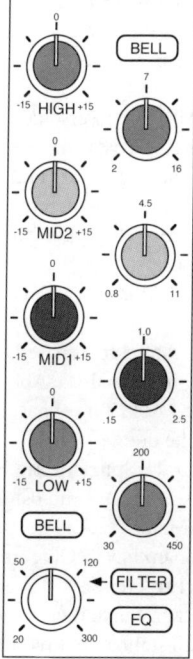

Parametrischer Equalizer in einem Mischpult-Kanal

alle möglichen Filterparameter unabhängig voneinander regeln. Das sind neben der Anhebung/Absenkung auch die Mittenfrequenz des Frequenzbereichs sowie der →Q-Faktor. So kann der →Entzerrer optimal auf das zu bearbeitende Signal abgestimmt werden. Daneben existieren sogenannte quasi-parametrische Typen, die nur die Regelung von Anhebung/Absenkung und Mittenfrequenz, nicht aber des →Q-Faktors, erlauben. Fast jede →Klangregelung in →Homerecording- und Studio- →Mischpulten ist als quasi-parametrischer Equalizer ausgelegt.

Parken Vorgang, bei dem die →Schreib-/Leseköpfe einer →Festplatte an den Rand gefahren werden, wo sie vor Erschütterungen (z. B. beim Transport) gesichert sind.

Part (engl.) Teil, Bestandteil. Ein Part kann beispielsweise ein Abschnitt eines →Sequenzer-Songs oder ein Teilsound in einem →Multimode-→Klangerzeuger (z. B. Roland-Synthesizer) sein.

Partialschwingung →Teilton, Bestandteil eines →Obertonspektrums. Jede Partialschwingung ist eine →Sinusschwingung mit eigenem →Frequenz-, →Amplituden- und →Phasenverlauf.

Partition (engl.) Teilbereich einer →Festplatte, der wie ein eigenes →Laufwerk behandelt wird. Die Partitionierung dient zur Verbesserung der Übersicht - man kann sich z. B. Partitionen für Texte, Graphik und Musik anlegen - und zur Beschleunigung des Zugriffs auf die →Festplatte.

Pascal Höhere Programmiersprache für →Personal Computer, die insbesondere in den 80er Jahren populär war. Pascal wird in der letzten Zeit zunehmend durch die leistungsfähigere Sprache →C ersetzt, in der das Gros an Musiksoftware geschrieben ist.

Passiver Dump Ein →MIDI-Dump - also eine Übertragung von →systemexklusiven Daten - die vom Empfänger per →Dump-Request angefordert werden muß und nicht am →Sender selbst ausgelöst wird.

Paste (engl.) Einfügen. Die Paste-Funktion fügt einen Datenblock (Text, Graphik, Noten, →Samples), der sich normalerweise in einer →Zwischenablage befindet, hinter den →Cursor in das auf dem →Bildschirm angezeigte Dokument ein.

Patch (engl.) Kabelverbindung. In →modularen →Synthesizern wurde ein →Klang im wesentlichen durch Stecken von Kabeln (→Patchcords) auf einem Steckfeld (→Patchbay) programmiert. Bis heute hat sich der Begriff Patch als Bezeichnung für ein Synthesizer-→Klangprogramm gehalten, wie er beispielsweise in Roland-Synthesizern verwendet wird.

Patch-Panel (engl.) →Steckfeld (siehe dort), →Patchbay.

Patchbay (engl.) Steckfeld. Zentrale Einrichtung mit zahlreichen Anschlüssen zur Verbindung aller Audiowege innerhalb des →Studios. Hier laufen die →Mischpultkanäle, die Bandspuren, die Effektwege, die Leitungen zwischen Regie- und →Aufnahmeraum und alle anderen Audioverbindungen zusammen und können per →Patchcord flexibel miteinander verbunden werden.
Neben diesen Audio-Patchbays gibt es auch elektronische bzw. →digitale Steckfelder, welche die Verbindungen auf elektronischem Wege vornehmen. Beispielsweise läßt sich mit einer →MIDI-Patchbay ein komplettes →MIDI-System auf Knopfdruck umkonfigurieren.
Grundsätzlich können alle Übertragungsdaten mit Hilfe einer Patchbay verbunden werden, z. B. auch Computerdaten.

Patchcord (engl.) 1. Verbindungskabel für ein→Steckfeld. Patchcords werden heute meist zum Stecken der Signalwege eines →Mischpults benutzt. Früher dienten sie in →analogen →Modulsynthesizern zur Verkabelung der einzelnen →Module und damit zur →Klangprogrammierung. 2. Bezeichnung für ein Werkzeug in einigen mausgesteuerten →Programmen: Das Patchcord kann mit der →Maus gezogen werden und übernimmt die Funktion eines Verbindungskabels.

Path (engl.) →Pfad.

Pattern (engl.) Muster, Block, Segment, das sich wiederholt. Im →Sequenzer oder →Drumcomputer ist das Pattern ein →Part des Arrangements, wie beispielsweise Strophe, Refrain, →Break. Der komplette Song wird durch Zusammenfügen von Patterns aufgebaut. Ein Grund für die Anwendung dieses Prinzips im Vergleich zu durchgängigen „Band"-Spuren ist der Vorteil, daß man sich wiederholende Parts nur einmal eingeben muß und anschließend mehrmals im Song aufrufen kann. Dadurch wird Speicherplatz und Arbeit gespart. Allerdings besteht auch die Gefahr der Monotonie.

Pattern-Matching →Musterabgleich.

Pause Funktion an →Bandmaschinen und →Sequenzern, die den →Bandlauf (Wiedergabe oder Aufnahme) stoppt und nach erneuter Betätigung an derselben Stelle wieder in Gang setzt.

PC (engl.) Abk. für →Personal →Computer. Die Abkürzung „PC" ist vom Hersteller→IBM als Warenzeichen geschützt und hat sich im allgemeinen Sprachgebrauch für Modelle aller Hersteller von →IBM-kompatiblen Computern durchgesetzt.

PCM (engl.) Abk. für →Pulse-Code-Modulation.

PD (engl.) 1. Abk. für →Phase Distortion. 2. Abk. für→Public Domain. 3. Abk.: →ProDigi.

PD-Synthese Abk. für →Phase-Distortion-Synthese (siehe dort).

Peak (engl.) 1. Spitzenwert, Pegelspitze, normalerweise eines →Audiosignals. Siehe auch →Peak-Meter. 2. Andere Bezeichnung für die→Resonanz bzw. →Güte eines →Filters.

Peak-Entzerrer (engl.) →Filter (z. B. im →Mischpult) zur Verstärkung oder →Dämpfung eines einstellbaren Frequenzbereichs. Einstellbar sind in der Regel Mittenfrequenz, Verstärkung bzw. Dämpfung und→Bandbreite. Letztere wird in Bruchteilen von→Oktaven

ausgedrückt. Alternativ zur Bandbreite wird oft auch der →Q-Faktor angegeben.
Peak-Entzerrer mit einem schmalbandigen →Q-Faktor, die lediglich dämpfen können, werden als →Notch-Filter (engl. Notch = Kerbe) bezeichnet. Solche Filter dienen zur gezielten Unterdrückung von Störfrequenzen (z. B. →Netzbrummen).

Peak-Hold (engl.) Funktion eines →Peak-Meters, die die größte Signalauslenkung (den höchsten Peak-Wert) speichert, entweder kurzzeitig jeweils den letzten Peak-Wert zur besseren Ablesbarkeit oder bis auf Widerruf, um den maximalen Peak-Wert eines Audiosignals bestimmen zu können.

Peak-Meter (engl.) Anzeigeinstrument für den Spitzenpegel eines Signals. Peak-Meter besitzen in der Regel →LED-Ketten oder eine Plasma-Anzeige und sind damit wesentlich reaktionsschneller und genauer als →VU-Meter. Dies trifft insbesondere auf kurze Signalspitzen zu.

Pedal-Switch (engl.) Andere Bezeichnung für →Fußschalter bzw. →Foot-Switch.

Pedale Zur Ausstattung eines jeden →Keyboards gehören Anschlüsse für Pedale und →Fußschalter zur Steuerung von Funktionen und →Klangparametern. Mindestens die Anschlüsse für ein →Sustain- und ein →Lautstärkepedal bietet jedes Keyboard. Dazu kommen je nach Modell Dämpfer- und →Sostenuto-Pedal, →Expression-Pedal (→Foot-Control), Schalter für →Portamento, →Effekt-Bypass und andere gerätespezifische Funktionen. →Digitale Keyboards erlauben meist, die Funktion eines oder mehrerer Schalter bzw. Pedale im →Klangprogramm frei zu wählen, um für jeden →Sound optimale Steuerungsmöglichkeiten zur Verfügung zu haben. Pedale lassen sich heute meist über →MIDI (→Control-Change) an angeschlossene →Klangerzeuger übertragen.

Percussion (engl.) Oberbegriff für alle Arten von Schlaginstrumenten. Genaugenommen zählt auch das Standard-Schlagzeuget (Bassdrum, Snare, Toms, HiHat, →Ride, Crash) dazu, auch wenn man unter Percussion meist die lateinamerikanischen, afrikanischen und orientalischen Instrumente versteht. Typische Perkussionsinstrumente in diesem Sinne sind Kuhglocke, Congas, Bongos, Cabasa, Guiro, Vibraslap oder Triangel.

Percussion-Synthesizer (engl.) →Analoger Synthesizer, der von →Klangerzeugung und -ansteuerung für die Realisation elektronischer →Percussion-Klänge optimiert ist. Um die unharmonischen und teils in der →Tonhöhe rapide schwankenden Spektren von Fellen und Becken zu erzeugen, sind →Rauschen, →Ringmodulator und Tonhöhenhüllkurve obligatorische Bestandteile der →Klangerzeugung.
Einige frühere Percussion-Synthesizer waren mit integrierten Schlagflächen (→Pads) zum Spielen der →Sounds ausgestattet, andere wurden über →Schlagmikrofone angesteuert.

Performance (engl.) Darbietung, Aufführung. 1. Im Zusammenhang mit (→Multimode) →Klangerzeugern ist eine Performance ein →Programm, das sämtliche Einstellungen des Gerätes speichert und auf Knopfdruck abruft. Dazu gehören die verschiedenen →Sounds, Effekte, →Spielhilfenbelegungen und →Keyboard-Splits. Eine andere, mehr aus dem →Homerecording-Bereich stammende Bezeichnung ist →Multi-Setup. 2. Anderer Ausdruck für die Leistungsfähigkeit eines Gerätes, z. B. die Performance eines →Computers oder einer →Festplatte.

Periode Einzelner Schwingungsdurchgang mit einer definierten Schwingungsdauer, deren Kehrwert (Reziprok) die →Frequenz ist. Beispiel: Eine →Schwingung von 1000 →Hz weist eine Schwingungsdauer von 1 →ms auf. Bei einer rein →periodischen Schwingung (z. B. →Oszillatorwellenform) ist die Periodendauer über den zeitlichen Verlauf konstant.

Periodische Schwingung Regelmäßig wiederkehrende →Schwingungsform mit erkennbarer →Frequenz, die vom Ohr als →Ton oder

Peripheral Device

→Klang wahrgenommen werden kann. Die meisten musikalischen Klänge sind oder bestehen zum größten Teil aus periodischen Schwingungen. Im Gegensatz dazu werden →nichtperiodische Schwingungsformen als Geräusch wahrgenommen.

Peripheral Device (engl.) →Peripheriegerät.

Peripheriegerät Externes Zusatzgerät, das über eine →Schnittstelle an ein Gerät, z. B. einen →Computer, ein MIDI-Instrument oder ein →Mischpult angeschlossen werden kann. Typische Peripheriegeräte sind im Computerbereich →Monitor, →Drucker, →Festplatte; im Studiosektor →Effektgeräte, →Dynamikprozessoren und →Analyzer.

Perkussion →Percussion.

Perkussiv Fachbegriff für ab- oder ausklingend. Sämtliche Saiten- und Schlaginstrumente liefern perkussive Klänge, im Gegensatz beispielsweise zu Orgeln oder Streichern.

Personal Computer (engl.) Abgekürzt →PC: Einzelplatz-System, das alle Bestandteile eines →Computers (z. B. →CPU, →Speichermedien, →Monitor, →Tastatur) in einem kompakten Gerät vereint. Obwohl Personal Computer autark arbeiten können, lassen sie sich per →Netzwerk oder →Modem mit anderen PCs zwecks →DFÜ oder gemeinsamer Benutzung von →Peripheriegeräten verkoppeln. Die Bezeichnung stammt ursprünglich von →IBM für deren Geräte, wobei die Abkürzung PC auch heute noch meist synonym für diese Familiengattung von →IBM-kompatiblen Rechnern verwendet wird. Der Begriff „Personal Computer" hingegen wird inzwischen meist universell verwendet.

Pfad Angabe der Position einer →Datei auf dem →Speichermedium. Der Pfad enthält die Informationen darüber, auf welchem →Laufwerk, in welcher Ebene (Schreibtisch, Ordner, Unterordner) sich die Datei befindet.

PFL (engl.) Abk. für →Pre-Fader-Listen. Andere Bezeichnung für die →Solo-Funktion (siehe dort) an →Mischpulten, wobei beim PFL das Signal immer unabhängig von der →Lautstärke des →Kanalfaders oder der Position des →Panoramareglers weitergeleitet wird.

PFM (engl.) Abk. für →Pre-Fader-→Monitor, identisch mit →PFL.

Phantom-Schallquelle Eine vom Ohr an einer Position im Stereobild oder im Raum wahrgenommene →Schallquelle, die in Wirklichkeit aus einer anderen Richtung abgestrahlt wird. Beispiel: Eine Gesangsstimme, die von einem →Stereo-Lautsprecherpaar mit gleicher →Intensität und Phasenlage abgestrahlt wird, nimmt ein in der Mitte zwischen beiden →Lautsprechern sitzender Hörer als von dort kommend wahr. Mit Hilfe spezieller Techniken gelingt es heute bereits, bei Stereo-Wiedergabe auch Wahrnehmungen von vorn, hinten, oben, unten oder von außerhalb des Lautsprecher-Abstandes zu erzielen.

Phantomspannung →Phantomspeisung.

Phantomspeisung Spannungsversorgung eines →Kondensatormikrofons mit einer Spannung von 42 - 52 V (üblich sind 48 V) auf beiden Adern der Mikrofonleitung. Der Name Phantomspeisung rührt daher, daß kein Potentialunterschied zwischen beiden Adern besteht.

Phase Lage einer →Schwingung innerhalb einer →Periode zu einem bestimmten Zeitpunkt (Wellenberg, Wellental). Eine →Sinusschwingung, deren Phase einer anderen, ebenfalls →periodischen Sinusschwingung um 90 Grad vorauseilt, weist zum Zeitpunkt des →Nulldurchgangs der Vergleichsschwingung ein positives Maximum auf.

Phase-Distortion-Synthese →Klangsynthese in den mittlerweile nicht mehr gebauten Casio CZ-Synthesizern, als erweiterte Interactive Phase →Distortion auch im Modell VZ-1: Eine von einem →DCO erzeugte Ausgangswelle (→Sinus, →Rechteck, →Sägezahn) wird in einem →DCW-Modul (Digitally Controlled Wave) phasenverzerrt, wodurch sich die →Wellenform ändert. Das Ausmaß der Änderung ist von der Stärke der Phasenverzerrung abhängig, die wiederum durch →Modulationen wie →Hüllkurve, →LFO oder →Anschlagdynamik steuerbar ist. Die Klangcharakteristik ähnelt ein wenig den →FM-Synthesizern, erreicht aber nicht ganz die Brillanz und Flexibilität. Da die →PD-Synthese relativ einfach zu realisieren ist, findet man sie oft in preiswerten →Soundchips für →Computer und →digitale →Klangerzeuger.

Phase-Shifter (engl.) Oft auch →Phaser abgekürzt: →Effektgerät, das →Phasing erzeugt. Besonders Mitte der 70er Jahre war dieser Effekt sehr populär (z. B. Musiktitel „Autobahn" von Kraftwerk), und es gab die verschiedensten Ausführungen vom Bodenpedal bis zum Studioeffektgerät. Heute gehört das Phasing zur Effektpalette →digitaler →Multieffektgeräte bzw. der Effektsektionen in digitalen →Keyboards und →Synthesizern. Allerdings klingen die →analogen Phase-Shifter meist wärmer und runder als ihre digitalen Kollegen.

Phasenauslöschung Gegenseitige Auslöschung zweier (identischer) Signale, deren Phase um 180° gegeneinander verschoben ist.

Phasenmodulation →Modulation des Phasenwinkels einer →Trägerschwingung, was Änderungen der →Wellenform oder - falls die Modulation nicht dieselbe →Frequenz hat wie die Trägerschwingung - auch Frequenzänderungen zur Folge hat. Die Phasenmodulation wird, als →Phase-Distortion bezeichnet, auch zur →Klangsynthese eingesetzt.

Phasenverschiebung →Phasing.

Phasenvibrato Unschön und nicht ganz korrekt eingedeutschte Bezeichnung für „Phasing".

Phaser (engl.) →Phase-Shifter.

Phasing (engl.) →Verzögerungseffekt. Das Originalsignal wird mit einem Effektsignal zusammengemischt, das um eine Anzahl von →Phasen (meist zwei oder vier) verschoben ist. Dadurch ergeben sich Frequenzbandauslöschungen. Das Phasing wird entweder →analog durch eine Verzögerungseinheit erzeugt oder mit →digitalen Filtern nachgebildet. →Phaser.

Phones (engl.) Abk. für Earphones: Kopfhöreranschluß z. B. eines →Klangerzeugers, →Mischpults oder →Verstärkers.

Photodiode Elektronisches Bauteil, dessen Ausgangsspannung von der Stärke des auftreffenden Lichts abhängig ist. Photodioden werden unter anderem in →Optokopplern (→MIDI-Schnittstelle) oder Geräten mit →Laserabtastung (→CD-Player) eingesetzt.

Physical Modelling (engl.) Syntheseart, bei der nicht der eigentliche →Klang eines akustischen Signals synthetisiert wird, sondern die Art, wie dieser →Klang entsteht. Auf diese

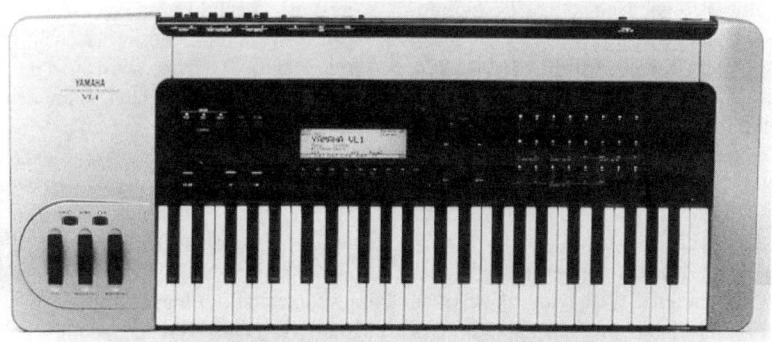

Eines der ersten Beispiele für Physical Modelling: Yamaha VL-1

Weise wird es möglich, einen kompletten →Klangerzeuger mit all seinen Eigenheiten und Nuancen über eine mathematische Beschreibung darzustellen. So lassen sich entsprechend alle Klangvariationen, die ein physikalisch realer Apparat hätte, erzeugen. Findet man beispielsweise das richtige Simulationsmodell für eine Geige, braucht man sich keine Gedanken mehr um die klangfarbliche Synthetisierung von Spieltechniken wie pizzicato, sul ponticello o. ä. zu machen, sondern diese einfach am Modell anzuwenden, worauf der entsprechende Klangeindruck entsteht. Physical Modelling befindet sich derzeitig noch im Anfangsstadium und bedarf je nach dem zu simulierenden Modell eines erheblichen Rechenaufwands. Dabei ist das klangliche Ergebnis zwar bereits sehr flexibel anwendbar, besitzt aber nur in Ausnahmefällen die Qualität akustischer Vorbilder. Das erste kommerzielle Instrument, das mit Physical Modelling arbeitet, wurde von der Firma Yamaha unter der Bezeichnung VL-1 Ende 1993 vorgestellt und simuliert eine Reihe von Blasinstrumenten (z. B. Saxophon, Trompete, Oboe). Es ist zu erwarten, daß Physical Modelling bei der Entwicklung zukünftiger Instrumente eine große Rolle spielen wird (→VA-Synthese).

Physiologische Lautstärkeregelung (engl.: →Loudness) Lautstärkeregelung unter Berücksichtigung der unterschiedlichen Empfindlichkeit des Gehörs für Höhen und Tiefen bei verschiedenen Pegeln. Fast alle →HiFi-→Verstärker verfügen über diese Funktion, die bei geringer →Lautstärke entsprechend den →Kurven gleicher Lautstärke die Tiefen und Höhen anhebt.

Piano-Modul →Digital-Piano in Form eines →MIDI-Expanders ohne →Klaviatur.

Piano-Pedal Korrekte Bezeichnung für das Soft-Pedal, das linke →Pedal eines akustischen oder →Digital-Pianos. Im Gegensatz zum akustischen Vorbild, wo beim Treten des Piano-Pedals entsprechend weniger Saiten angeschlagen bzw. wie beim Flügel die Hämmer näher an die Saiten geführt werden, wird beim →Digital-Piano meist nur die →Lautstärke abgesenkt, nicht aber der Klangeindruck verändert.

Pick-up (engl.) →Tonabnehmer. Gängige Bezeichnung für elektromagnetische →Wandler an Gitarren, Bässen, Flügeln und anderen elektromagnetischen bzw. akustischen Instrumenten.

Piezo-Effekt Entstehung von elektrischen Spannungen in einigen Kristallen, wenn diese Druckschwankungen ausgesetzt werden. Umgekehrt lassen sich diese Kristalle mit elektrischen Wechselspannungen in Bewegung versetzen. Der Piezo-Effekt wird bei piezoelektrischen →Mikrofonen und -Hochtonlautsprechern ausgenutzt, die sehr preisgünstig hergestellt werden können, aufgrund der etwas geringeren Qualität jedoch nicht im professionellen Bereich eingesetzt werden.

Pilotton Synchronisationston mit der →Frequenz des Kameraantriebs, der während der Filmaufnahme drahtlos an eine →Magnetbandmaschine übertragen und neben dem eigentlichen →Ton auf eine separate Spur aufgezeichnet wird. Auf Magnetfilm überspielt, lassen sich Bild und Ton später →synchronisieren.

Pin (engl.) Beinchen eines →ICs oder eines Steckers.

Ping-Pong-Verfahren →Track-Bouncing.

Pink Noise (engl.) →Rosa Rauschen.

Pitch (engl.) →Tonhöhe, wird auch für „Frequenz" gebraucht. Der Pitch-→Parameter an elektrischen und elektronischen →Klangerzeugern bzw. Klangbearbeitungsgeräten regelt stets die Tonhöhe des Ausgangs- oder Effektsignals. →Synthesizer verfügen beispielsweise in der Regel über einen →Pitch-EG (→Frequenzhüllkurve), →Pitch-Shifter transponieren das Eingangssignal.

Pitch-EG (engl.) →Frequenzhüllkurve.

Pitch-Envelope (engl.) →Frequenzhüllkurve.

Pitch-Follower (engl.) Genaueres unter

→Pitch-to-Voltage-Converter, →Pitch-to-MIDI-Converter.

Pitch-Rad →Pitch-Wheel.

Pitch-Shifter (engl.) →Verzögerungseffekt, der das stufenlose Transponieren eines beliebigen Eingangssignals in →Echtzeit um etwa ± 1 →Oktave ermöglicht. Durch zusätzliche Verzögerung und →Feedback lassen sich ausgefallenere Effekte erzielen. Der erste Pitch-Shifter war der →Harmonizer der Firma Eventide. Auch heute noch ist das geschützte Markenzeichen „Harmonizer" die gängigste Bezeichnung. Pitch-Shifter werden zur Dopplung bzw. Oktavierung von Gesang und Instrumentalsounds eingesetzt, aber auch zur Erzeugung des typischen „Schlumpf"-Effekts aus der menschlichen Sprache. Neben den üblichen Geräten mit fixen Einstellungen (+ 4 Halbtöne) gibt es bereits Geräte wie den „Vocalizer", der aufgrund von →MIDI-Noten bzw. der eingegebenen Tonart mehrere, harmonische, korrekt transponierte Effektsignale erzeugen kann. Damit lassen sich aus einer Solostimme Chöre oder aus →monophonen Instrumenten ganze Instrumental-Sätze erzeugen.

Pitch-to-MIDI-Converter (engl.) Gerät oder →Modul, das die →Tonhöhe (exakter: →Frequenz) eines Eingangssignals analysiert und daraus eine entsprechende →MIDI-Note oder eine →Pitchbend-Information erzeugt. In Verbindung mit einer →Trigger- und →Amplitudenanalyse läßt sich so aus einem akustischen Signal eine komplette MIDI-Note gewinnen. Pitch-to-MIDI-Converter sind die Grundlage für →MIDI-Gitarren, -Blas- und -Streichinstrumente. Sogar die menschliche Stimme läßt sich als Steuersignal benutzen. Pitch-to-MIDI-Converter sind die am einfachsten zu realisierende Variante der Midifizierung von Instrumenten, da prinzipiell jedes beliebige Instrument über ein →Mikrofon den →Converter ansteuern kann. Allerdings ist die Tonhöhenerkennung sehr von der jeweiligen Spielweise und dem →Klang abhängig und erweist sich in komplexeren Passagen oft als unzureichend. Außerdem können prinzipienbedingt nur einzelne Töne, nicht aber Akkorde erkannt werden. Für verbreitetere Instrumente wie Gitarren, Pianos oder Blasinstrumente gibt es besser arbeitende, spezielle MIDI-Anpassungen.

Pitch-to-Voltage-Converter (engl.) Gerät oder integriertes →Modul, das die →Tonhöhe eines →monophonen Eingangssignals analysiert und in eine proportionale →Steuerspannung umwandelt. Als Vorgänger des Pitch-to-MIDI-Converters wurde der Pitch-to-Voltage-Converter zur Ansteuerung →analoger Synthesizer durch akustische oder elektroakustische Instrumente (z. B. Blasinstrumente, Gitarre) benutzt. Analoge →Gitarrensynthesizer besitzen ein solches Modul für jede einzelne Gitarrensaite. Der Pitch-to-Voltage-Converter muß - genau wie der Pitch-to-MIDI-Converter - mit der Problematik fertig werden, eine →Tonhöhe schnell und zuverlässig zu erkennen. Prinzipienbedingt können nur Einzeltöne erkannt werden, nicht aber Akkorde.

Pitch-Wheel (engl.) Handrad am →Synthesizer zur Steuerung des →Pitchbendings. Das Pitch-Wheel ist im Unterschied zu den anderen →Controllern mittenzentriert und wird meist von einer Rückholfeder in die Ausgangsstellung zurückgebracht.

Pitchbending Oft unschön mit „Tonhöhenbeugung" eingedeutscht: stufenlose Veränderung der →Tonhöhe. Pitchbending ist in erster Linie eine Spieltechnik am →Synthesizer. Es wird dort mit Handrädern, →Joysticks oder anderen →Controllern gesteuert. Ursprünglich wurde das Pitchbending in Synthesizer implementiert, um das typische Saitenziehen an der Gitarre nachzuahmen. Pitchbending läßt sich über →MIDI übertragen. Dafür existiert ein eigener →MIDI-Befehl namens Pitch Bend.

Pits (engl.) Vertiefungen im Trägermaterial einer →CD. Ein Pit ist genau 0,5 µm breit und

Pixel

0,11 μm tief. Durch die Abwechselung von Pits und sogenannten Lands werden die →binären Zahlenfolgen auf der CD codiert.
Pixel (engl.) Abk. für Picture-Element: kleinster Bildpunkt eines Rasterbildes, z. B. auf dem Computerbildschirm (→Monitor) oder in einer Rastergraphik. Ein solcher Bildpunkt kann entweder schwarz oder weiß sein (→monochrom), eine von mehreren →Graustufen haben oder eine Farbe besitzen. Pixel werden auch als Maß für die Größe und →Auflösung eines Rasterbildschirms verwendet. Ein →19"-Doppelseitenmonitor besitzt z. B. allgemein eine Auflösung von 1024 x 768 Pixeln.
Pixelgraphik Graphikverfahren für Bildschirme und →Drucker, das eine Information (schwarz/weiß/Farbe) für jeden einzelnen Punkt (→Pixel) des Bildes speichert. Jeder Computer-→Monitor baut auf diese Weise sein Bild auf, auch Drucker aller Art rechnen ihr Druckbild letztendlich in eine Pixelgraphik um. Ein Unterschied besteht allerdings in der Bildverarbeitung. Pixelorientierte Graphikprogramme, auch Malprogramme genannt, bieten eine Reihe komfortabler Funktionen zur Bearbeitung dieser Bildpunkte an. In der Lupendarstellung läßt sich sogar jeder Punkt einzeln bearbeiten. Der Nachteil liegt darin, daß Kreise und Kurven bei niedriger →Auflösung oder nach Vergrößerung Zacken aufweisen. Bei einer →Auflösung von etwa 1000 →dpi lassen sich jedoch mit bloßem Auge keinerlei Zacken erkennen. Graphiksoftware, die mit Vektoren und →Beziérkurven arbeitet, bietet den Vorteil, daß sich Größe, Füllung und Form jedes Objektes jederzeit ändern lassen, bevor es zum Ausdruck in eine Pixelgraphik umgerechnet wird.
Platine Beschichtete Leiterplatte aus Epoxydharz, auf der elektronische →Schaltungen aufgebaut werden. Die Leiterbahnen werden in das Material eingeätzt oder auf andere Weise aufgebracht und verbinden die Bauteile (→ICs, Kondensatoren, Widerstände, Dioden usw.) miteinander. Eine Platine enthält meist eine in sich abgeschlossene Baugruppe (→Modul), beispielsweise das →Netzteil, den Hauptprozessor, eine →Videokarte oder ähnliches. Mehrere Platinen innerhalb eines Gerätes werden über Flachbandkabel und Steckerleisten miteinander verbunden.
Plattenhall →Nachhallplatte.
Play-List (engl.) Programmierbare Abspielreihenfolge in einem →Harddisk-Recording-System, die ein von der Aufzeichnungsreihenfolge unabhängige Wiedergabereihenfolge einzelner Passagen erlaubt. →Nondestructive Editing.
Playback (engl.) 1. Wiedergabe. 2. Gängig-

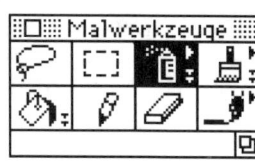
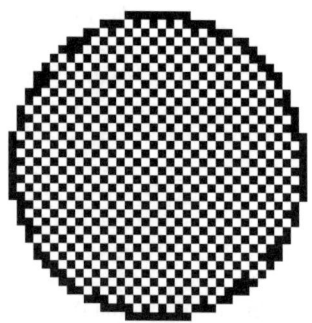

Pixelgraphik: Pixelwerkzeuge und Pixeldarstellung eines gefüllten Kreises. Aus der Entfernung ergibt sich eine glatte, graugefüllte Fläche.

ste Technik bei der →Mehrspuraufnahme von Rock- oder Pop-Produktionen. Die Spuren werden nicht gleichzeitig, sondern nacheinander bespielt. Der Instrumentalist oder Sänger hört beim Einspielen die bereits bespielten Spuren als Playback im →Kopfhörer. 3. →Mix eines Musiktitels, der ausschließlich die Instrumentalparts ohne den Gesang enthält.

PLM Abk. für →Pulslängenmodulation. Verfahren der Firma Sony zur →Digitalisierung von →Audiosignalen durch extremes →Oversampling, →Bitstream-Converter.

Plotter (engl.) Computergesteuertes Zeichengerät. Eine Anzahl von Stiften (pro Farbe einer) wird mechanisch, von einem →Programm gesteuert, über das Papier bewegt wird. Plotter arbeiten im Gegensatz zum →Drucker nicht mit einer Rastergraphik und eignen sich insbesondere zum Erstellen von Konstruktionszeichnungen und Graphik-Diagrammen, da sie meist auch sehr große Papierformate bearbeiten können. Auch zum Ausdruck von Notenschrift kann ein Plotter eingesetzt werden.

Poly-Mode (engl.) →MIDI-Betriebsart. Der Empfänger verarbeitet →MIDI-Events auf einem bestimmten oder vorzugsweise bestimmbaren Kanal und gibt die Noten →polyphon wieder. Der Poly-Mode ist die normale MIDI-Betriebsart eines →polyphonen →MIDI-Klangerzeugers.

Poly-Pressure (engl.) Andere Bezeichnung für →Key-Pressure (siehe dort).

Polyphon Mehrstimmig. Die →Polyphonie elektronischer →Klangerzeuger ist durch die →Stimmenzahl derselben begrenzt. Da jede einzelne Note einen eigenen Klangverlauf erhalten muß, ist jeweils eine →Synthesizer-→Stimme erforderlich. Ein →polyphoner Synthesizer ist heute eine Selbstverständlichkeit, da die Stimmen nur noch →digital berechnet werden. In →analogen Synthesizern war jede Stimme noch eine eigene Baugruppe, weshalb preiswerte →analoge Synthesizer in der Regel →monophon ausgelegt waren. Dazu kam das Problem der →Steuerspannung, d.h. die →Tastatur eines analogen Synthesizers mußte mehrere Steuerspannungen separat erzeugen können. Der erste erschwingliche, →polyphone Synthesizer war der Korg Polysix, der 1981 vorgestellt wurde und dessen Tastaturabfrage bereits ein →Mikroprozessor übernahm. Die durchschnittliche Stimmenzahl digitaler Klangerzeuger beträgt 16. Es existieren allerdings auch schon Geräte mit 24, 32 und mehr Stimmen.

Polyphonic Key-Pressure (engl.) →Key-Pressure.

Polyphonie Anzahl der →Stimmen, die ein →Klangerzeuger gleichzeitig wiedergeben kann. Ein achtstimmig →polyphoner Synthesizer beispielsweise kann acht Noten gleichzeitig wiedergeben. Wird eine neunte Note zusätzlich angeschlagen, so kann er diese nur wiedergeben, wenn er eine der „alten" Stimmen freigibt.

Pop-up-Menü (engl.) Auswahlbox, die meist Werkzeuge und graphische Symbole, seltener Texteinträge enthält. Ein Pop-up-Menü kann abhängig vom →Anwenderprogramm an einer beliebigen Stelle des Bildschirms aufgerufen werden, ohne daß man in die →Menüzeile fahren muß.

Port (engl.) Physischer Anschluß einer →Schnittstelle, →Steckplatz. →Computer besitzen z. B. einen →Drucker-Port, einen →Modem-Port oder einen →ROM-Port zum Einstecken einer Karte mit vorgefertigten Daten.

Portable (engl.) Tragbar, transportabel. Die Bezeichnung „Portable" wird alternativ zu →Laptop häufig für tragbare →Computer benutzt. →Portable Keyboards sind kleine, kompakte Tischkeyboards.

Portable Keyboard (engl.) Eingebürgerte Bezeichnung für →Keyboards, die ursprünglich elektronischen Orgeln entlehnt sind, sich allerdings durch kompakte Ausmaße und geringes Gewicht auszeichnen (Tischorgel). →Portable Keyboards sind einmanualig und bieten fast immer einen integrierten →Verstär-

Portamento 212

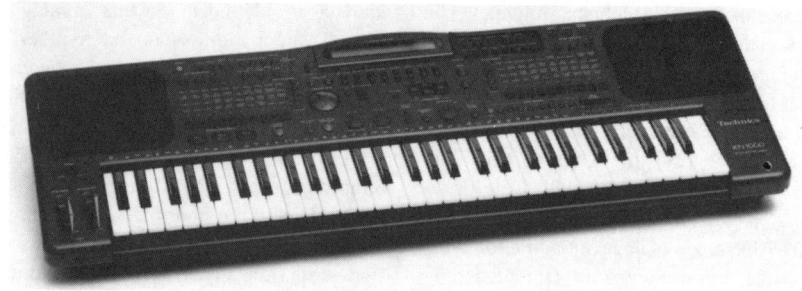

Portable Keyboard Technics KN1000

ker mit →Lautsprechern, →Begleitautomatik, →Split- und →Layer-Funktionen und meist einen oder mehrere Effekte (→Hall, →Chorus, →Tremolo). Neben →Klaviaturen in normaler Ausführung gibt es auch extrem kompakte Geräte mit Mid-Size-Keys (verkürzte Tasten mit Standardbreite) und Mini-Tastatur für Kinder.

Portamento Stufenloses Gleiten der →Tonhöhe zwischen zwei angeschlagenen Noten. Das →Portamento war ursprünglich zur Nachahmung des typischen Gleitens der Finger auf Geigen- oder Gitarrensaiten gedacht, hat sich allerdings schnell als eigenständiger Synthesizereffekt etabliert. Neben der →Portamento-Time, der Zeitdauer des Übergangs von einem →Ton zum anderen, läßt sich oft noch der Modus (z. B. nur bei Legato-Spielweise) programmieren.

Positional-Crossfade (engl.) Überblendung zwischen zwei →Tastaturzonen beim →Masterkeyboard, →Synthesizer oder →Sampler. Der Positional-Crossfade wird zur Erzeugung weicher Übergänge zwischen zwei Klängen oder →Samples eingesetzt. Dazu programmiert man beide Zonen so, daß sie sich teilweise überlappen. Im Überlappungsbereich wird die untere Zone nach oben hin ausgeblendet und umgekehrt. Speziell im →Sampler sorgt diese Funktion dafür, daß klangliche Sprünge zwischen zwei benachbarten Samples überdeckt werden.

Post-Fader (engl.) Abzweig im →Mischpult, der das →Kanalsignal hinter dem →Fader ab-

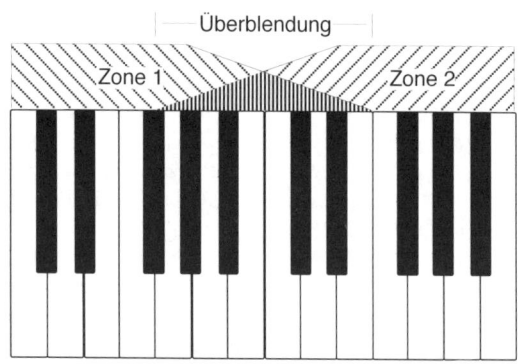

Positional-Crossfade zwischen zwei benachbarten Keyboardzonen

greift, um es beispielsweise auf einen →Aux-Weg zu leiten. Die Fadereinstellung beeinflußt dann auch das Effektsignal, d.h. wenn der Fader z. B. ganz geschlossen ist, gelangt auch kein Signal an den Aux-Weg. Gegenteil: →Pre-Fader.

Post-Production Bearbeitung einer Aufnahme nach der Produktion. Die Post-Production wird am →Master vorgenommen und erstreckt sich vor allem auf Schnitt, Pegelangleichung, →Klangregelung. Heute wird die Post-Production in erster Linie in →digitaler Form auf →Harddisk-Recording-Systemen durchgeführt. Da das Material während des gesamten Prozesses im digitalen Zustand bleibt, entstehen keinerlei Klangverluste durch Kopieren.

PostScript (engl.) Von der Firma Adobe Systems entwickelte →Seitenbeschreibungssprache für den professionellen DTP-Bereich. Auch für die Musiknotation gibt es eine Reihe von →Programmen, die →PostScript-Fonts unterstützen, so z. B. „Finale" auf dem →Apple →Macintosh. →PostScript beschreibt die Seite nicht als Punktmatrix, sondern speichert die Positionen, Kurvenverläufe und Skalierungen der einzelnen Objekte. Erst das Ausgabe-Gerät selbst errechnet daraus die Punktmatrix in der bestmöglichen Qualität. →PostScript-fähige →Drucker sind vor allem →Laserdrucker und →Laserbelichter.

Potentiometer Veränderlicher →Widerstand zur Regelung und Voreinstellung von Werten. Die meisten Hardware-Regler an elektronischen Geräten (Drehknöpfe, Schieberegler, Handräder, →Joysticks) basieren auf Potentiometern. Im engeren Sinne sind jedoch meist Drehregler gemeint, im Gegensatz zu →Schiebereglern oder →Fadern. Im Inneren der Geräte findet man zudem oft →Trim-Potentiometer, die mit einem Schraubenzieher eingestellt werden und zur Justierung und Voreinstellung dienen. Nicht verwechseln sollte man Potentiometer mit →Increment-Gebern, die zwar ähnliche Aufgaben erfüllen, aber technisch anders funktionieren.

Poti Abk. für →Potentiometer.

Power (engl.) (Elektrische) Leistung. Bezeichnung für den Netzschalter elektrischer Geräte.

Power-Amplifier (engl.) →Endstufe.

Power-Module (engl.) →Netzteil.

Power-Supply (engl.) →Netzteil.

ppq (engl.) Abk. für →Pulses per Quarter Note: →Impulse pro Viertelnote. Vergleichsgröße für die →Auflösung eines →Sequenzers bzw. eines →analogen Taktsignals (→Clock). Eine durchschnittliche →Auflösung für →MIDI-→Sequenzer beträgt 96 ppq, umgerechnet 1/384 (bezogen auf einen 4/4 Takt, die übliche Vergleichsgröße), die man bereits als →Echtzeit-Auflösung betrachten kann. Das bedeutet: Bei normalem →Tempo läßt sich keine hörbare →Quantisierung einer Echtzeit-Einspielung ausmachen. Je höher die →Auflösung, desto genauer arbeitet diese Echtzeit-wieder-gabe. Der Logic-Sequenzer (Emagic) bietet sogar 960 ppq an. Die analogen Synchronisationssignale, mit denen beispielsweise früher ein →Drumcomputer zum Band synchronisiert wurde, waren dagegen mit 24 oder 48 ppq vergleichsweise grob aufgelöst.

Präsenz Zusätzlicher Mittenregler einer →Klangregelung, der besonders die Sprachverständlichkeit beeinflußt.

Pre-Delay (engl.) 1. Vorverzögerung in einem →Hallgerät. Das in der Zeitdauer (→Delay-Time) einstellbare Pre-Delay verzögert den Einsatz des Hallsignals. 2. Funktion, die in →MIDI-→Sequenzern das Vorverzögern einer Spur oder eines Abschnitts erlaubt, so daß dessen →Events um den entsprechenden Betrag vor der gespeicherten Zeitposition ausgegeben werden.

Pre-Fader (engl.) Abzweig am →Mischpult, der das →Kanalsignal vor dem →Fader abgreift, um es beispielsweise auf einen →Aux-Weg zu leiten. Die Fadereinstellung beeinflußt dann nicht das Effektsignal. Gegenteil: →Post-Fader.

Pre-Trigger (engl.) →Samplerfunktion, die

Preamplifier 214

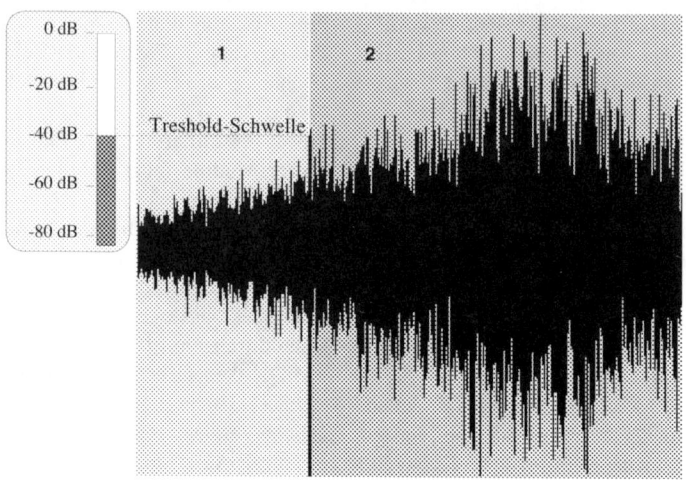

Die Pre-Trigger-Funkion erhält Attack-Phasen eines Samples

verhindert, daß →perkussive →Attack-Phasen im Audio-Trigger-Modus durch zu träges →Triggern verloren gehen. Die Pre-Trigger-Funktion sampelt in einer →Endlosschleife eine kurze Zeitspanne, ähnlich einem →Delay. Sobald der Audio-Trigger-Vorgang gestartet ist, wird der letzte Inhalt des Zwischenspeichers festgehalten und vor das →Sample „gehängt". Dadurch bleibt auch der Teil des →Toneinsatzes erhalten, der noch unter dem →Schwellwert (→Threshold) liegt. Je nach Material stellt man eine Pre-Trigger-Zeit von etwa 10 - 50 →ms ein. Besonders für →Drumsounds ist die Pre-Trigger-Funktion wichtig.
Preamplifier (engl.) →Vorverstärker (siehe dort).
Preemphasis (engl.) Spezielle Entzerrung vor dem →A/D-Wandler zur Verminderung des →Quantisierungsrauschens. Das ist speziell in niedrigpegligen Programmpassagen notwendig. Die Preemphasis arbeitet ähnlich dem →analogen →Rauschunterdrückungssystem. Das noch →analoge Signal wird durch ein →Filter geschickt, welches die hohen →Frequenzen anhebt. Bei der Wiedergabe stellt ein →Deemphasis-Filter den linearen →Frequenzgang durch Höhenabsenkung wieder her. Dabei wird auch gleichzeitig das Quantisierungsrauschen vermindert. Die Preemphasis findet man in professionellen →DAT-Recordern, →Harddisk-Recordern und →digitalen Mehrspurmaschinen.
Der Nutzen der Preemphasis-Funktion ist vom Programmaterial abhängig. Bei Material mit starkem Höhenanteil kann durch die Preemphasis eine Absenkung des Gesamtpegels um bis zu 5 →dB notwendig werden. Bei Jazz- und Rock-Produktionen verzichtet man auf den Dynamikgewinn in der Regel zugunsten einer höheren Wiedergabelautstärke.
Preferences (engl.) Voreinstellungen. Viele →Computerprogramme bieten ein Preferences-Fenster an, um die Anpassung des →Programms an die Vorlieben des Benutzers oder die Systemkonfiguration zu ermöglichen. Diese Voreinstellungen werden meist automatisch gespeichert.
Presampling (engl.) Funktion in →Samplern: Im →Record-Modus sampelt der →Wandler bereits vor dem eigentlichen →Sample-Start in einer →Endlosschleife das Eingangssignal. Die Presampling-Funktion läßt sich in der

Program-Change

Länge von 0 bis einigen 100 →ms einstellen. Wird das →Sampling gestartet, so bleibt dieses Stück am Anfang des Samples erhalten. Auf diese Art und Weise wird vermieden, daß bei stark →perkussivem Material (z. B. →Drums) ein Teil der →Attack-Phase verlorengeht. Die Presampling-Option ist besonders im Audio-Trigger-Modus sinnvoll, da der →Trigger zumeist mit einer gewissen →Verzögerung arbeitet, die so ausgeglichen wird. →Pre-Trigger.

Presence (engl.) →Präsenz.

Preset (engl.) Wörtlich: Voreinstellung. Presets sind unveränderliche, vom Hersteller erstellte →Programme, die sich im →ROM-Speicher eines Gerätes befinden. Dies sind beispielsweise →Sounds eines →Klangerzeugers (→Synthesizer, →Keyboard), Effektprogramme eines Effektprozessors, Konfigurationen eines automatisierten →Mischpults.

Preset-Synthesizer (engl.) Ein →Synthesizer mit einer Anzahl vorprogrammierter, unveränderlicher →Klangprogramme. Bevor es speicherbare, →analoge Synthesizer gab, waren Preset-Synthesizer die einzige Möglichkeit, mehrere →Sounds auf der Bühne per Knopfdruck abzurufen. Der wohl populärste Preset-Synthesizer war der →ARP Soloist. Heute werden Preset-Synthesizer vornehmlich im →Portable-Keyboard-Bereich gebaut.

Pressure (engl.) Druckstärke: →Aftertouch (siehe dort).

Pressure-Zone-Microphone (engl.) →Grenzflächenmikrofon, abgekürzt PZM.

Print (engl.) Drucken, Ausdruck. Der Print-Befehl veranlaßt den Ausdruck des gerade bearbeiteten Dokuments (Partitur, Text, Soundliste) auf einem angeschlossenen →Drucker.

Printer (engl.) →Drucker.

Prioritätengesteuertes Multitasking Intelligentes →Multitasking, das die „Dringlichkeit" der gleichzeitig abzuarbeitenden Aufgaben bei der Verteilung der Rechnerkapazität berücksichtigt. Das bedeutet in der Praxis beispielsweise, daß der Aufbau einer neuen Bildschirmseite im →Sequenzer warten muß, wenn dieser gerade →Synchronisations- oder →MIDI-Daten sendet. Damit wird eine einwandfreie Wiedergabe nach Möglichkeit gewährleistet.

Priority (engl.) Priorität, Funktion zur Notenauswahl bzw. Stimmenverteilung in →analogen oder →digitalen →Klangerzeugern. In →monophonen Klangerzeugern bestimmt der Priority-→Parameter, welche von zwei oder mehr gedrückten Tasten die gültige ist: „Low" steht für die unterste, „High" für die oberste Taste, „Last" für die zuletzt, „First" für die zuerst gedrückte. Bei der →dynamischen Stimmenzuordnung organisiert die Priority-Funktion die Rangfolge bei der Verteilung der →polyphonen Stimmen unter den →Sounds bzw. →MIDI-Kanälen innerhalb eines Klangerzeugers.

Processor (engl.) →Prozessor.

ProDigi Datenformat für →digitale →Mehrspurmaschinen, mit →PD abgekürzt. ProDigi-Maschinen arbeiten mit 1"-Band und bringen darauf derzeit maximal 32 Spuren unter. Neben →DASH etabliert sich ProDigi als Standard bei den Spulen-Digitalmaschinen. Pro-Digi-Maschinen werden unter anderem von Mitsubishi und Otari gebaut.

Program (engl.) 1. →Programm. 2. →Klang- oder Effektprogramm, →Sound im →Synthesizer, beispielsweise Baß oder →Strings, im →Sampler auch →Multisample, bzw. abgespeicherte →Hall- oder Effekteinstellungen.

Program-Change (engl.) →MIDI-Befehl aus der Gruppe der →Channel-Voice-Messages zur Übertragung und Fernsteuerung von Programmumschaltungen. Wird an einem →MIDI-Gerät ein bestimmtes Programm (→Sound, Effekt, Rhythmuspattern) angewählt, so sendet es einen entsprechenden Program-Change-Befehl. Im ersten und einzigen →Datenbyte wird die Programmnummer übertragen. Über →Program-Change-Tabellen, die viele MIDI-Geräte anbieten, lassen

Programm

Externer Programmer für einen Roland-Synthesizer

sich Program-Change-Befehle umadressieren, um zusammenpassende Programme gleichzeitig anzuwählen. So könnte beispielsweise das Programm 1 „Klavier" im →Synthesizer das Programm 54 „Piano Room" in einem →Effektgerät aufrufen.

Programm 1. Exakt: Eine Folge von Instruktionen, die von einem →Computer abgearbeitet werden und Abläufe innerhalb des Computers oder zwischen Computer und Außenwelt steuern. 2. Anderes Wort für →Software, →Anwendung. In sich abgeschlossene Anwendung für einen Computer, beispielsweise ein →Sequenzer-, →Textverarbeitungs- oder →Tabellenkalkulationsprogramm. 3. Zusammengehörige Gruppe von →Parametern, die eine bestimmte Einstellung eines Gerätes repräsentieren: z. B. →Klangprogramm im Synthesizer, Hallprogramm im →Effektgerät.

Programmable (engl.) Programmierbar. Präfix für →Parameter, die veränderbar sind und abgespeichert werden können, bzw. Geräte, die programmierbare →Parameter bieten.

Programmable Drawbars (engl.) Programmierbare →Zugriegel. Funktion in →elektronischen Orgeln, die das →Speichern und Abrufen von Zugriegel-Einstellungen erlaubt. So läßt sich blitzschnell zwischen Begleitung und Solo, Kirchenorgel- und Rocksound wechseln.

Programmabsturz →Absturz.

Programmer (engl.) 1. Programmierer, z. B. →Soundprogrammierer. 2. Zusätzliche Bedieneinheit zu einem →Synthesizer oder einem anderen Gerät, die den direkten Zugriff auf alle →Parameter per Schieberegler oder Drehknopf erlaubt. So lassen sich Synthesizer, deren →Benutzeroberfläche aus Platz- und Kostengründen auf wenige Taster, einen →Regler und ein →Display beschränkt ist, komfortabel programmieren. Der Programmer wird in der Regel über →MIDI angeschlossen (siehe Abbildung).

Programmwechsel →Program-Change.

PROM (engl.) Abk. für →Programmable Read Only →Memory: einmalig über ein spezielles Programmiergerät beschreibbarer →ROM-Speicherbaustein, dessen Inhalt

→nichtflüchtig ist, also auch beim Ausschalten des Gerätes nicht verlorengeht.
Protection-Circuit (engl.) Schutzschaltung, beispielsweise in einem →Netzteil oder einer →Lautsprecherbox, die ein Gerät (z. B. →Verstärker, →Computer) vor Zerstörung durch Spannungsspitzen, Kurzschlüssen oder anderen elektrischen Einflüssen schützt.
Prozessor Wörtlich „Verarbeiter", ein Gerät oder Modul, das Signale oder Daten in irgendeiner Weise verarbeitet. Computer arbeiten mit →Mikroprozessoren, die hauptsächlich als →CPU oder →Co-Prozessor eingesetzt werden. Siehe auch →Effekt-Prozessor, →MIDI-Prozessor, →RISC, →Signalprozessor.
Prozessortakt →Taktrate.
Prüfsumme →MIDI-→Byte, das einige Hersteller zum Testen einer fehlerfreien Übertragung in ihr →systemexklusives Datenformat einbauen. Die Prüfsumme wird nach verschiedenen, in der →MIDI-Implementation des Gerätes allerdings dokumentierten Verfahren berechnet und ergibt sich aus dem zu übertragenden Datenblock. Der Empfänger berechnet die Summe ebenfalls aus den empfangenen MIDI-Bytes und vergleicht sie mit der empfangenen Prüfsumme. Gibt es hier Unterschiede, wird die Übertragung wiederholt oder eine Fehlermeldung (→Checksum-Error) ausgegeben.
PS Abk. für →PostScript. Von Adobe Systems entwickelte →Seitenbeschreibungssprache für professionelles →Desktop-Publishing.
Psychoakustik Die Wissenschaft, die die Zusammenhänge von Schallereignissen und daraus resultierenden Wahrnehmungen durch das Gehör untersucht. Bekanntlich gibt es kaum physikalisch meßbare Kriterien für als „angenehm" oder „durchsichtig" empfundene Klänge, da die Wahrnehmung alles andere als linear ist. Psychoakustische Effekte erzeugen beispielsweise Raumwahrnehmung, Lebendigkeit oder Transparenz, indem sie den →Klang nach psychoakustischen Gesichtspunkten verändern, (siehe auch) →Exciter.
PU (engl.) Abk. für Pick-up, →Tonabnehmer.
Public-Domain-Software (engl.) Wörtlich etwa: im öffentlichen Besitz befindliche →Software. Kostenlose, nicht kopiergeschützte Software, die man weitergeben, aber nicht weiterverkaufen darf. →PD-Software wird ausdrücklich ohne finanzielles Interesse des Entwicklers weitergegeben. Gegen eine geringe Gebühr bieten viele PD-Entwickler →Updates an. Selbstverständlich darf man an PD-Software nicht dieselben Ansprüche stellen wie an kommerziell vertriebene →Programme. Trotzdem bieten einige PD-Programme erstaunlich professionelles Niveau. Das Gros der PD-Software machen Computerspiele aus, daneben gibt es Hilfsprogramme wie →RAM-Disks, →Pack-, →Virenschutz- oder Kopierprogramme. Im Musikbereich finden sich hier in erster Linie →universelle →Dump-Utilities, daneben aber auch Hilfsprogramme zur Verwaltung der →MIDI-Schnittstelle oder kleine →Sequenzer. PD-Software läßt sich über diverse PD-Service-Anbieter aus Kleinanzeigen, beim Händler oder von User-Clubs beziehen, die teilweise Kataloge mit zahllosen Programmen führen. Nicht verwechseln sollte man PD-Software mit →Shareware, die nicht Public Domain ist.
Puffer Zwischenspeicher. In einem Puffer werden Daten vorübergehend abgelegt, damit sie bearbeitet werden können. Von dort können sie dauerhaft auf einen Datenträger gesichert werden. Der Puffer ist ein Teil des →Arbeitsspeichers. Müssen größere Datenmengen untergebracht werden, legt der →Computer auch schon mal Pufferbereiche auf →Diskette oder →Festplatte ab. →MIDI-Geräte benutzen Puffer (sogenannte →Edit-Buffer) zur Verwaltung des aktuell bearbeiteten →Programms (→Sound, Effekt, Konfiguration). Von dort aus kann das Programm per →Write-Funktion in den →Speicher des Gerätes übernommen werden.
Pull-Down-Menü (engl.) Bestandteil der

Pulsamplitudenmodulation

graphischen →Benutzeroberfläche eines →Computers. Untermenü, das bei der Anwahl eines Haupteintrags aus der →Menüleiste heruntergezogen (to pull down) wird. Aus diesem →Menü lassen sich dann wiederum Einträge auswählen.

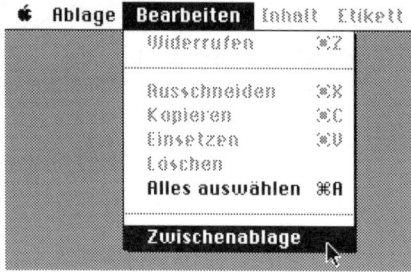

Pull-Down-Menü

Pulsamplitudenmodulation Siehe unter →Pulse-Amplitude-Modulation.

Pulsbreite Auch Impulsbreite oder →Tastverhältnis: Verhältnis der →Pulsdauer zu deren →Periode, in Prozent ausgedrückt. Bei einer Pulsbreite von 50% ergibt sich die →Rechteckwelle, der →Klang weist nur ungeradzahlige →Harmonische auf. Je entfernter die Pulsbreite davon ist, desto nasaler ist der →Klang und umso stärker enthält er zusätzliche geradzahlige Harmonische. Üblich ist auch die Beschreibung als Verhältnisgröße (das Tastverhältnis), wobei eine Pulsbreite von 50% dem Tastverhältnis 1 : 2 entspricht. Viele →analoge Synthesizer erlauben eine stufenlose Einstellung bzw. →Modulation der Pulsbreite, →digitale Synthesizer bieten in der Regel gesampelte →Pulswellen mit festen Pulsbreiten an. Die Pulsbreite kann nie 0% oder 100% erreichen, da sich dann eine Gleichspannung ergäbe.

Pulsbreitenmodulation Externe Beeinflussung der →Pulsbreite durch eine →Modulationsquelle. Bei starker, periodischer →Modulation (→LFO) ergibt sich ein →Schwebungs-

effekt. So ließe sich in →analogen Synthesizern mit nur einem →Oszillator der →Klang zweier schwebender →Oszillatorwellen imitieren.
Pulse (engl.) 1. →Pulswelle. 2. →Impuls.
Pulse-Amplitude-Modulation (engl.) Abgekürzt PAM: Vorstufe der →Pulse-Code-Modulation, einem Verfahren zur →Digitalisierung von →Audiosignalen. Als Pulse-Amplitude-Modulation bezeichnet man die Wandlung einer kontinuierlichen Eingangsspannung in →Impulse. Dies geschieht im →Analog/Digital-Wandler. Näheres unter →Pulse-Code-Modulation und →Sampling.
Pulse-Code-Modulation (engl.) Abgekürzt →PCM: Verfahren zur →Digitalisierung von Klängen. Dabei wird das Signal in gleichmäßigen Abständen abgetastet und so in Spannungsimpulse (Pulse) gewandelt. Dabei entsteht ein treppenförmiges, wenn auch noch →analoges Signal. Der Vorgang bis zu diesem Schritt wird →Pulse-Amplitude-Modulation, kurz →PAM, genannt.
In einer →Umsetzerstufe schließlich wird jeder Spannungsimpuls in einen →digitalen Wert umgerechnet. Das Signal befindet sich nun in digitalem Zustand, auch Code genannt. Näheres unter →Sampling.
Pulse-Width (engl.) →Pulsbreite.
Pulsewidth-Modulation (engl.) →Pulsbreitenmodulation.
Pulslängenmodulation →PLM.
Pulsweite →Pulsbreite.
Pulsweitenmodulation →Pulsbreitenmodulation.
Pulswelle →Wellenform mit rechtwinkeligen Flanken, deren →Klangfarbe vom →Tastverhältnis →Impuls : →Periode abhängt. Ist das Verhältnis gleich (1 : 2), spricht man von einer →Rechteckwelle. Aus dem Verhältnis, auch →Pulsbreite genannt, läßt sich die Zusammensetzung des →Obertonspektrums exakt berechnen. Bei einem Verhältnis von 1 : 3 fehlt jede dritte Harmonische, bei einem Verhältnis von 1 : 8 jede achte usw. Je größer der Abstand der beiden Werte, desto „nasaler" ist

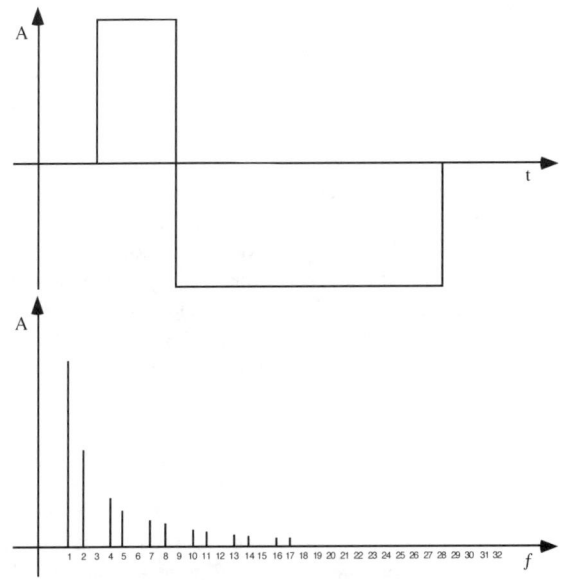

Pulswelle mit einem Impulsverhältnis von 1 : 3

die Klangfarbe der Pulswelle. Viele →analoge →Oszillatoren (→VCOs) erlauben eine Modulation der →Pulsbreite zur Nachbildung von →Schwebungen (→Pulsbreitenmodulation).
Pult →Mischpult.
Punch-In/Punch-Out (engl.) Ein- bzw. Aussteigen. Funktion an →Tonbandmaschinen und →Sequenzern, die es erlaubt, während der Wiedergabe in den Aufnahmemodus und zurück zu wechseln, um Stellen auszubessern oder zu löschen. Die Punch-Funktion wird über Taster, →Fußschalter oder - im Falle eines Sequenzerprogramms - über einen

→Tastaturbefehl oder →Mausklick ausgelöst. Viele Geräte bieten darüber hinaus eine →Autopunch-Funktion an, die das Vorprogrammieren der Ein- und Ausstiegspunkte erlaubt.
Push (engl.) Schieben, oftmals auch Betätigen. Push-→Button in einer englischen Bedienungsanleitung bedeutet „Betätigen Sie den Taster ...".
PWM (engl.) Pulse-Width-Modulation, →Pulsbreitenmodulation (siehe dort).
PZM (engl.) Abk. für Pressure-Zone-Microphone, →Grenzflächenmikrofon.

Q

Q-Faktor Größe für die →Bandbreite eines →Entzerrers, auch →Güte genannt. Der Q-Faktor wird durch Division der Mittenfrequenz durch die Bandbreite des Entzerrers ermittelt. Als Bandbreite wird der Bereich angesehen, in dem die Verstärkung bzw. →Dämpfung noch 3 →dB beträgt. Liegt die Mittenfrequenz beispielsweise bei 1000 Herz und die Bandbreite bei 232 →Hz (1/3 →Oktave), so beträgt der Q-Faktor 1000 Hz ÷ 232 Hz = 4,31.

Quadrophonie Erweiterung der →Stereophonie auf eine Rundumbeschallung aus vier →Lautsprechern, die in einigermaßen gleicher Entfernung in vier Raumecken aufgestellt werden. Die Quadrophonie wurde 1971 auf der Internationalen Funkausstellung in Berlin erstmals für den →HiFi-Bereich vorgestellt, konnte sich jedoch bis heute nicht durchsetzen. Das lag zum einen daran, daß es kein Verfahren gibt, quadrophonische Aufnahmen auch stereo- und →monokompatibel herzustellen, zum anderen gab und gibt es kaum Produktionen, die den durch die Quadrophonie bewirkten, räumlichen Effekt auch ausnutzen. Lediglich bei größeren Konzertveranstaltungen oder Klanginstallationen wird die Quadrophonie eingesetzt. Ein ähnliches Verfahren, daß vielleicht mehr Erfolg haben könnte (da es stereokompatibel ist) ist das →Surround-Sound-Verfahren von →Dolby.

Quantisierung 1. Zerlegung einer kontinuierlichen (→analogen) Kurve in eine Folge diskreter (abgestufter) Werte. Die Quantisierung beim →Sampling weist einer →analogen Eingangsspannung den am nächsten kommenden →digitalen Wert zu. Beim Sampling findet tatsächlich eine doppelte Quantisierung statt, nämlich auf der Zeitachse durch die →Abtastrate und auf der Amplitudenachse durch die →Auflösung in Datenworte. 2. →Sequenzer-Funktion, auch als Autokorrektur

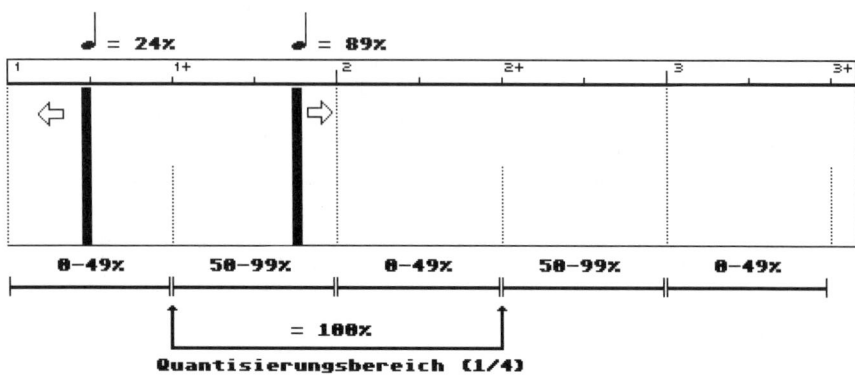

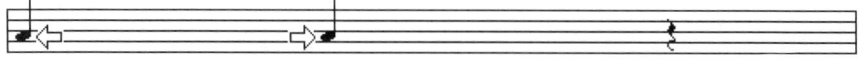

1/4-Quantisierung im Notator SL von Emagic

bezeichnet: Rasterung der stufenlosen Zeitachse in diskrete, tempoabhängige Abschnitte (z. B. →Ticks oder Notenbruchteile). Noten, die außerhalb des Rasters liegen, werden zum nächstliegenden Rasterpunkt gezogen. Dadurch wird die Einspielung zeitkorrigiert, d.h. die Noten werden auf den theoretisch richtigen Punkt gebracht. Je feiner das Raster gewählt wird, desto näher ist das Ergebnis der ursprünglichen Einspielung. Neben dem angelegten Raster ist auch das →Quantisierungsverfahren ausschlaggebend für das Ergebnis.

Quantisierungsfehler →Rundungsfehler, →Quantisierungsrauschen.

Quantisierungsraster Auflösung des Wertebereichs, die die Quantisierung als Grundlage heranzieht. Alle Werte, die bei der Quantisierung entstehen, liegen innerhalb des Quantisierungsrasters, z. B. →Sechzehntelnoten im →Sequenzer. Abgesehen vom →Quantisierungsverfahren ist das Quantisierungsraster der →Parameter, mit dem sich das Ergebnis der Quantisierung drastisch beeinflussen läßt.

Quantisierungsrauschen Signalverzerrung bei der →Digitalisierung, die dadurch entsteht, daß aufgrund der endlichen →Auflösung nicht jeder Zwischenwert exakt dargestellt werden kann. Wenn die →Amplitude des Signals bei der →Abtastung genau zwischen zwei Quantenschritten liegt, muß der Wert gerundet werden. Dieser →Rundungsfehler erzeugt eine →Verzerrung, die statistisch über den gesamten Frequenzbereich gleichmäßig verteilt ist. Je höher die →Abtastauflösung, desto geringer der Rundungsfehler und damit das Quantisierungsrauschen. Es gibt verschiedene Verfahren zur Verminderung des Quantisierungsrauschens, die bekanntesten sind →Pre-Emphasis, →Dithering und →Oversampling.

Quantisierungsverfahren →Algorithmus (Vorschrift), nach dem ein →Sequenzer die eingespielten Noten entsprechend dem angewählten Raster korrigiert. Jeder →Sequenzer bietet neben der exakten Quantisierung auf das angewählte Raster beispielsweise eine Humanize- oder Capture-Quantize-Funktion, welche die Noten nur zu einem bestimmbaren Prozentgrad zum Raster hinzieht. Andere Verfahren lassen die Notenlänge unbeeinflußt, quantisieren nur die →Note-On- oder nur die →Note-Off-Befehle. Spezielle Quantisierungsverfahren sind unter anderem die →Groove-Quantisierung und das →Adaptive-Groove-Design.

Quantize (engl.) Bezeichnung für die →Sequenzer-Funktion „Quantisieren", →Quantisierung. Das Anwählen der Quantize-Funktion löst die Zeitkorrektur der angewählten Spur aus.

Quarter-Note (engl.) Viertelnote.

Quasistationärer Klangabschnitt Abschnitt im Zeitverlauf eines →Klangs, der direkt dem →Einschwingvorgang folgt, und der in großem Maße für die →Lautstärkewahrnehmung verantwortlich ist. Er wird quasistationär genannt, weil zwar die →Klangfarbe sehr stabil, aber dennoch nicht statisch (also wirklich stationär) ist. Im quasistationären Klangabschnitt verlaufen auch →Schwebungen und →Modulationen wie →Vibrato.

Quit (engl.) Beenden, Verlassen (eines →Programms).

R

R-DAT (engl.) Gängige Abk. für →Rotary Head Digital Audio Tape. Format für →DAT-Recorder, das mit rotierenden Köpfen, einer →Auflösung von 16 →Bit und drei möglichen →Sampling-Rates (32, 44,1 und 48 →kHz) arbeitet. Die Kopftrommel besitzt meist zwei Köpfe. Einige professionelle →Recorder haben vier Köpfe, wobei die beiden zusätzlichen zur →Hinterbandkontrolle eingesetzt werden. Jeder Kopf hat nur während einer Viertelumdrehung Kontakt mit dem Band, was eine hohe Spulgeschwindigkeit erlaubt und Beschädigungen des Bands verhindert. Da die Köpfe nicht kontinuierlich lesen können, muß ein →digitaler Zwischenspeicher daraus ein durchgehendes Ein- bzw. Ausgangssignal erzeugen. DAT-Cassetten sind etwa halb so groß wie Compact-Cassetten. Darauf lassen sich neben den reinen →Audiodaten weitere Informationen aufzeichnen, darunter Start-→IDs. Sogar ein →SMPTE-Standard ist bereits festgelegt, wird allerdings bislang von nur wenigen DAT-Recordern unterstützt.

Rack (engl.) Rahmen oder Gehäuse für den Einbau von 19"-Expandern und -Geräten.

Radiergummi Mauswerkzeug in →Sequenzern, Notendruckprogrammen, →Sample-Editoren oder Graphikprogrammen. Wird der Radiergummi angewählt, so verwandelt sich der →Cursor in ein Radiergummi-Symbol. Damit lassen sich Objekte (→Events, Notensymbole, →Sample-Blöcke, Zeichenobjekte) anfahren und durch Drücken der Maustaste löschen.

Räumliches Hören Fähigkeit des Gehörs, neben der Position einer →Schallquelle auch deren Umgebung (Halle, kleiner Raum) anhand der Raumreflexionen wahrzunehmen. Der →Diffusschall-Anteil gibt dem Gehör Aufschluß über Größe und Oberflächenbeschaffenheit des Raums sowie die Entfernung der Klangquelle (Verhältnis von →Direkt- und →Diffusschall). Diese Eigenschaften werden bei Musikproduktionen entweder durch Aufnahme in einem entsprechenden Raum mit geeigneter Mikrofonplazierung oder durch Raumsimulation mit einem →Reverb-Prozessor erzeugt.

RAM (engl.) Abk. für →Random-Access-Memory: frei verfügbarer →Speicher, also →Schreib-/Lese-Speicher. Im Gegensatz zum →ROM-Speicher läßt sich das RAM beliebig überschreiben und löschen. Der →Arbeits-

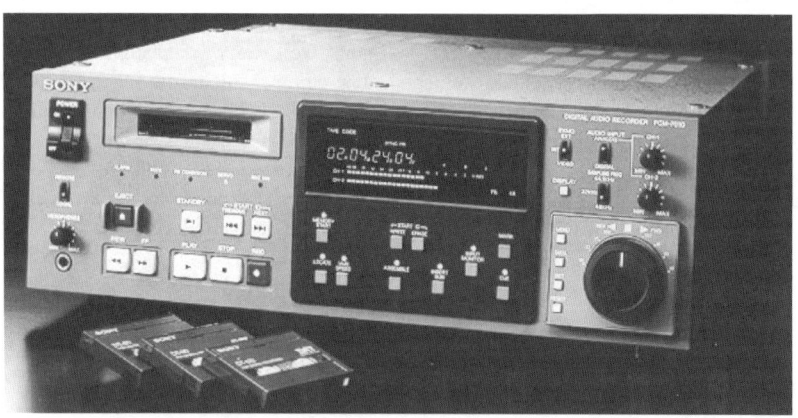

Professioneller DAT-Recorder PCM-7010 von Sony

speicher eines →Computers oder eines anderen →digitalen Gerätes ist stets ein RAM. Speicherbausteine wie →RAM-→Cards dienen zur Speicherung und Archivierung eigener →Programme. RAM sind in der Regel flüchtig, d.h. sie verlieren ihren Inhalt bei Abschalten der Stromzufuhr. Kleinere RAM-Bausteine, wie man sie in →Speicherkarten (→Cards) findet, lassen sich durch eine Batterie puffern. Der Inhalt eines größeren RAM, wie er in Computern verwendet wird, muß vor dem Abschalten des Gerätes auf einen Datenträger gesichert werden, da er sonst unwiederbringlich verlorengeht.

RAM-Disk (engl.) Hilfsprogramm, das einen Teil des →Hauptspeichers (→RAM) reserviert und damit ein →Diskettenlaufwerk simuliert. Die RAM-Disk läßt sich wie eine Diskette ansprechen. Aufgrund der viel höheren Datenverarbeitungsgeschwindigkeit beschleunigt die RAM-Disk das Kopieren von Diskette zu Diskette oder das Laden von dort installierten →Programmen oder →Dateien. Bei →Computern, die mit einer →Festplatte ausgerüstet sind, ist der Geschwindigkeitsunterschied nur noch minimal.

Ramp (engl.) Andere Bezeichnung für die →Sägezahnwelle z. B. in Oberheim-Synthesizern, wenn sie als →Modulationsquelle eingesetzt wird.

Random (engl.) →Zufall(swert).

Random-Access-Memory (engl.) Abgekürzt →RAM.

Random-Generator (engl.) 1. Zufallsgenerator. Funktion im →Computer, die Zufallszahlen erzeugt. Der Random-Generator dient beispielsweise in →Editorsoftware für →Synthesizer zur Erzeugung von →Zufallssounds, indem er den →Klangparametern zufällig berechnete Zahlen zuweist. 2. Zufallsgenerator im →Synthesizer oder →Sampler, der →Parameterwerte mit einer einstellbaren Geschwindigkeit bzw. →Intensität zufällig beeinflußt. In →analogen, modularen →Synthesizern wurde ein Random-Generator durch gefärbtes

stark gefiltertes →Rauschen realisiert. Dadurch erzielte man eine zufällige Ausgangsspannung. Später wurde die Random-Funktion direkt als →Wellenform im →LFO übernommen, was auch heute in →digitalen →Synthesizern noch der Fall ist. Der →LFO berechnet dort abhängig von der eingestellten →Rate eine Zufallszahl, mit der sich →Klangparameter wie →Tonhöhe, →Filterfrequenz oder →Lautstärke beeinflussen lassen.

Random-Pitch (engl.) Zufällige, leichte Variation der →Frequenz eines →Oszillators oder →Samples. Dadurch wird der →Klang lebendiger, insbesondere dann, wenn mehrere Klangquellen unterschiedlich beeinflußt werden. →Digitale Synthesizerklänge wirken „analoger", wenn die Frequenz eines →Oszillators zufällig schwankt, da dies den minimalen Frequenz- und →Phasenverschiebungen →analoger →Oszillatoren nahekommt.

Random-Voltage (engl.) →Zufallsspannung (siehe dort).

Random-Wave (engl.) Abgekürzt RND: →Zufallswellenform in →LFOs, die zur zufälligen Variation von →Klangparametern eingesetzt werden kann. Auf die →Oszillatorfrequenz angewendet, erzeugt die Random-Wave Zufallsmelodien.

Range (engl.) Bereich, Umfang. Ein Range-→Parameter erlaubt die Eingrenzung eines Bereiches, innerhalb dessen eine Funktion wirken kann. So bestimmt der →Pitchbend-Range das →Intervall, um das die →Tonhöhe in Extremstellung des →Pitch-Rads verändert wird. Ein Range-→Parameter in einem →Sequenzer legt meist einen Taktbereich fest, innerhalb dessen eine Bearbeitungsfunktion (→Quantize, →Delete) wirken soll.

Rate (engl.) Geschwindigkeit, z. B. einer Hüllkurvenphase oder einer →LFO-Modulation. In →Hüllkurven verhalten sich die Rate-Werte gegensätzlich zum →Time-→Parameter: Ein höherer Rate-Wert verkürzt die Zeitdauer.

Rate-Scaling (engl.) Beeinflussung der Hüllkurvengeschwindigkeiten (→Rates) durch die

→Tonhöhe (exakter: →Notennummer). Bei vielen akustischen Instrumenten (z. B. Klavier, Gitarre) wird die Tonlänge mit zunehmender Tonhöhe kürzer: Baßtöne klingen wesentlich länger als Diskanttöne. Diesen Effekt bildet das Rate-Scaling nach, indem es mit zunehmender Tonhöhe die Hüllkurvenzeiten verkürzt. Der Grad ist meist einstellbar, oftmals ist auch negatives Rate-Scaling möglich. Der Begriff Rate-Scaling stammt ursprünglich aus Yamahas →FM-Synthesizern, eine oft gebrauchte alternative Bezeichnung ist „Time-Key-Follow".

Ratio 1. (lat.) Verhältnis, Relation. In →FM-Synthesizern beispielsweise findet man einen Ratio-→Parameter, der die relative →Frequenz eines Schwingungsgenerators zum →Grundton angibt (beispielsweise 4.00 = 4 : 1). 2. (engl.) →Parameter eines →Compressors, der den sich ergebenden →Amplitudenanstieg des Ausgangssignals im Verhältnis zum Anstieg des Eingangssignals in →dB angibt. Eine Ratio von 3 : 1 bedeutet, daß ein Anstieg des Eingangssignals um 3 dB einen Anstieg des Ausgangssignals um 1 dB zur Folge hat (→Kompression). Umgekehrt bedeutet 1 : 3 eine Expansion des Signals.

Raubkopie Kopie einer →Software (→Programm, →Sounds, →Samples), die das Urheberrecht (Copyright) des Autors, Programmierers oder Herstellers verletzt. Eine →Sicherheitskopie für den Eigenbedarf ist keine Raubkopie. Wieviele Kopien für welchen Zweck erlaubt sind, regelt die Lizenzvereinbarung, die jeder Software beiliegt.

Raumsimulator Andere Bezeichnung für ein →digitales →Hallgerät, wobei hier besondere Beachtung der Simulation natürlicher Räume gewidmet ist.

Rauschen →Audiosignal, in dem alle →Frequenzen, statistisch gleichmäßig verteilt, enthalten sind. Rauschen tritt in Audiosystemen unter anderem aufgrund von Bauteiltoleranzen, Bandvormagnetisierung (→Bandrauschen), →Rundungsfehlern in →digitalen Systemen (→Quantisierungsrauschen) auf. Mit →Rauschunterdrückungssystemen kann das unvermeidliche Rauschen minimiert werden. Aber auch als Klangquelle in →Synthesizern wird Rauschen (beispielsweise Wind, Anblasgeräusche) eingesetzt, →Weißes und →Rosa Rauschen.

Rauschgenerator Gerät oder →Modul, das →Rauschen erzeugt. Dieses Rauschen wird im →Synthesizer als Klangquelle (Wind, Anblaseffekte) verwendet, im →Studio- oder im →PA-Bereich benutzt man einen Rauschgenerator in Verbindung mit einem →Mikrofon und einem Analyzer zum →Einmessen der →Lautsprecher-Wiedergabe.

Rauschunterdrückung →Rauschunterdrückungssystem.

Rauschunterdrückungssystem System zur Verbesserung des Rauschabstands in Audio-Übertragungssystemen. Es existieren unterschiedliche Verfahren, die abhängig von Aufgabe und Übertragungsweg eingesetzt werden:
1. Encoder/Decoder-System: Einrichtung meist in oder für →Magnetbandgeräte, die mit Hilfe von →Dynamikprozessoren das unvermeidliche →Bandrauschen auf ein Minimum reduziert, wobei das Signal bei der Aufnahme encodiert und entsprechend bei der Wiedergabe decodiert wird. Die gängigsten Verfahren sind →dbx im semiprofessionellen und →Dolby sowohl im Heim- (B, C, S) als auch im professionellen Bereich (A, SR).
2. →Single-Ended Systeme: Einrichtung, die jedes beliebige Eingangssignal bearbeiten kann und durch geeignete →Schaltungen oder Algorithmen, meist →Filter oder →Dynamik-Expander, →Rauschen entfernt.
3. →Digitale Systeme: Auf einem Rechner und →DSP laufende →Software, die theoretisch alle Nebengeräusche wie Rauschen, →Brummen oder sogar Klicks dank entsprechender Algorithmen entfernen kann. Bekanntester Vertreter ist das „No Noise"-System der Firma Sonic Solutions.

RC-Glied Einfachster Bestandteil eines →analogen →Tiefpaßfilters. Ein RC-Glied besteht aus einem →Widerstand (R) und einem Kondensator (C), deren Auslegung die →Cutoff-Frequenz bestimmt. Mit Hilfe einiger Zusatzbausteine läßt sich diese Cutoff-Frequenz variabel, z. B. durch eine Spannung, steuern (→VCF). Ein einfaches RC-Glied weist eine →Flankensteilheit von 6 →dB auf, die sich durch Kaskadierung mehrerer RC-Glieder additiv erhöhen läßt. Ein berühmtes Beispiel für ein 24-dB-→Tiefpaßfilter ist das →Moog-Kaskadenfilter, das beträchtlich zum charakteristischen →Sound von Moog-Synthesizern wie dem →Minimoog oder dem Moog Taurus beigetragen hat.

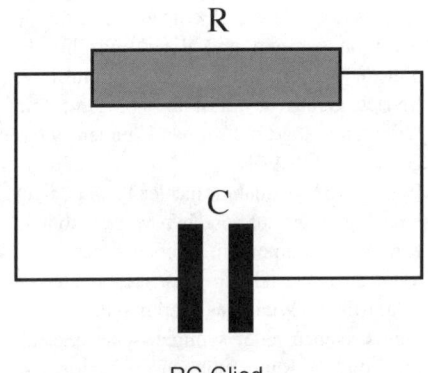

RC-Glied

RCA-Verbindung →Cinch.
Read (engl.) Lesen, Ablesen. Die Read-Funktion eines →Synchronizers beispielsweise bewirkt das Lesen des →Timecode von Band oder einer anderen Quelle.
Read Only Memory (engl.) Abgekürzt →ROM.
Realtime (engl.) →Echtzeit.
Realtime-Analyzer (engl.) →Analyzer.
Realtime-Recording (engl.) Aufzeichnung im →Sequenzer, die (scheinbar) nicht →quantisiert wird. Von wirklicher →Echtzeitaufnahme wie beim →Tonband kann man nicht sprechen, vielmehr arbeitet der →Sequenzer mit einer so hohen →Auflösung, daß eine Quantisierung nicht oder nur bei genauem Hinhören spürbar wird. Realtime-Recording ist das Gegenstück zum →Step-Recording und wurde erst in →digitalen bzw. →MIDI-→Sequenzern realisiert.
Rear (engl.) Rückseite (eines Gerätes).
Recall (engl.) →Edit-Recall.
Receive (engl.) Empfangen, Empfangs: Beispiel: Der →Receive-Channel ist der Empfangskanal eines →MIDI-Gerätes.
Receive-Channel (engl.) Empfangskanal. Der →MIDI-Kanal eines Gerätes, einer →Sequenzerspur oder eines →Sounds in einem →Multimode-→Klangerzeuger, auf dem →MIDI-Daten empfangen werden. Als →Parameter wird der Receive-Channel oft mit „RCV Ch" abgekürzt.
Receiver (engl.) Empfänger.
Rechner →Computer.
Rechteck →Pulswelle, deren →Pulsbreite genau 50% beträgt, d.h. An- und Aus-Zeit stehen in gleichem Verhältnis zueinander, das →Tastverhältnis von An-Zeit zur →Periode beträgt 1 : 2. Die Rechteckwelle enthält ausschließlich ungerade Obertöne der harmonischen →Obertonreihe. Die →Amplitude einer Harmonischen im Verhältnis zum →Grundton entspricht der Umkehrung ihrer Ordnungszahl. Die →Klangfarbe der Rechteckwelle kann man mit „hohl" beschreiben. Sie ähnelt der einer Klarinette. Die Rechteckwelle findet sich in so gut wie jedem →Synthesizer als →Oszillator- und →LFO-Wellenform.
Rechteckwelle →Rechteck.
Recognized (engl.) Bezeichnung für eine Spalte in der →MIDI-Implementation-Chart, die angibt, welche →MIDI-Daten ein →MIDI-Gerät empfangen und verarbeiten kann. Dazu gehört unter anderem der Tonumfang, die verarbeiteten →Controller oder die unterstützten →Synchronisationsbefehle. →MIDI-Implementation-Chart.
Record Taster oder Funktion an Aufnahmegeräten, die den Aufnahmemodus aktiviert

oder bei laufender Wiedergabe in die Aufnahme einsteigt.
Recorder (engl.) 1. Aufzeichnungsgerät. →Bandmaschine (→Open-Reel-Recorder), →DAT-Recorder, →Harddisk-Recording-System, →MIDI-Recorder. Im Umgangsjargon wird der Begriff vornehmlich für Geräte benutzt, die mit Cassettentonbändern arbeiten. 2. (engl.) Blockflöte, oft als →Sample oder →Synthesizer-→Sound anzutreffen.
Recording (engl.) 1. Aufnahme, Aufzeichnung. 2. Oberbegriff für den gesamten →Tonstudio-Sektor.
Recording-Software (engl.) →Sequenzer in Form eines →Computerprogramms, auch →Software-Sequenzer genannt.
Recover (engl.) Zurückgewinnen (gelöschter Daten). Beim Löschen einer →Datei auf einem Datenträger werden die eigentlichen Daten nicht sofort gelöscht, sondern die entsprechenden Sektoren lediglich als verfügbar gekennzeichnet. Die Recover-Funktion macht anhand erhaltener Rumpfdaten solche Dateien ausfindig und stellt sie wieder her, solange die Bereiche nicht überschrieben wurden.
Reed (Instrument) (engl.) Rohrblattinstrument (Oboe, Fagott).
Reel (engl.) (→Tonband-) Spule.
Reel-Rocking (engl.) →Shuttle-Funktion.
Refresh (engl.) Wiederauffrischen. Die Refresh-Funktion eines →Synchronizers beispielsweise verbessert einen qualitativ schlechten →Timecode (→Bandrauschen, Verschleifungen der Flanken, niedriger Pegel, Aussetzer) durch entsprechende elektronische Manipulationen, so daß er wieder gut lesbar ist. Ein Neuaufbau eines Monitorbildes wird ebenfalls als Refresh bezeichnet.
Regelverstärker Oberbegriff für Geräte, deren Verstärkungsgrad durch eine Steuerquelle beeinflußbar ist. Dazu gehören unter anderem →Noise-Gate, →Limiter, →Kompressor und →De-Esser. Ein Regelverstärker besteht normalerweise aus einem →VCA, dessen Verstärkung über eine Gleichspannung

steuerbar ist. Diese wird meist aus dem Eingangssignal gewonnen.
Regeneration (engl.) 1. Andere Bezeichnung für →Feedback, →Parameter in →Effektprozessoren, die mit →Verzögerung arbeiten. 2. Das Neuschreiben eines →Timecode in Abhängigkeit eines anliegenden Timecode. Im Gegensatz zum →Refresh, wo der vorhandene Timecode lediglich aufgearbeitet wird, wird bei der Regeneration tatsächlich ein vollkommen neuer Timecode geschrieben, so daß auf Wunsch sogar Offsetwerte addiert werden können.
Regieraum Steuerzentrale eines →Studios, in dem der Toningenieur die Aufnahme kontrolliert und später die Mischung produziert. Im Regieraum befinden sich das →Mischpult, →Peripheriegeräte, die Fernbedienung für die →Bandmaschinen und die Abhöreinrichtungen. Weitere Geräte sind aufgrund ihrer Betriebsgeräusche meist in separaten, dem Regieraum angeschlossenen Räumen untergebracht. Während der Aufnahme hat der Toningenieur vom Regieraum aus Sprech- bzw. Sichtkontakt zum →Aufnahmeraum. Neben einer ergonomischen Gestaltung ist insbesondere die →Akustik ein wichtiges Merkmal des Regieraums. Neben einer symmetrischen Gestaltung muß der Raum möglichst reflexionsarm sein, um an jedem Ort eine neutrale Abhörcharakteristik zu gewährleisten. Die Planung des Regieraums ist eine der wichtigsten Aufgaben beim Bau eines Studios.
Register 1. →Klangfarbe einer Orgel. Der Begriff stammt von der Pfeifenorgel, wo ein Registerzug oder -klappe eine bestimmte Orgelpfeife ein- oder ausschaltet. Eine Klangfarbe einer Orgel wird durch die Registrierung, also die Zusammenstellung der Orgelpfeifen, abgerufen. In den →Hammond-Orgeln und auch später in den elektronischen Orgeln wurde dieser Begriff zunächst übernommen. Heute hat sich die Bezeichnung →Sound eingebürgert, zumal moderne →digitale Orgeln eher

Regieraum: die Steuerzentrale eines jeden Tonstudios

mit dem →Synthesizer als der Orgel verwandt sind. 2. Speicherzelle in der →CPU, die als Zwischenspeicher für Informationen dient. Jedes Register hat eine →Adresse, anhand derer der →Prozessor es gezielt ansprechen und dessen Inhalt lesen oder überschreiben kann.

Registered-→Parameter-Number (engl.) Abgekürzt RPN, ein spezifischer →Parameter, der grundsätzlich von allen →MIDI-fähigen Geräten verstanden werden sollte (sofern sinnvoll). Registered-→Parameter-Numbers werden von der →MMA spezifiziert. Derzeitig gibt es die →Parameter →Bender-Range, →Coarse-Tuning und →Fine-Tuning (letztere jeweils als →Master-Tune gedacht). →Registered-Parameter-Numbers werden über →Continuous-Controllers adressiert, wobei die beiden →Controllernummern 100 und 101 (dezimal) die →Adresse angeben, gefolgt von Controllernummer 6 (und gegebenenfalls 38) zur Übermittlung des eigentlichen Wertes.

Regler Bedienelement zur Veränderung eines →Parameters. Regler sind →Potentiometer, also regelbare Spannungsteiler. Die Spannung beeinflußt entweder den Wert direkt (→analoger Regler) oder wird über einen →A/D-Wandler in einen proportionalen Zahlenwert umgerechnet (→digitaler Regler). Die gebräuchlichsten Regler sind Schieberegler (engl. →Slider oder →Fader), Drehregler (engl. Knobs), →Fußschweller, →Joystick und →Handräder. Im MIDI-Jargon werden Regler als →Continuous-Controllers bezeichnet.

Rehearsal (engl.) Probe. Tonbandfunktion für das automatische Ein- und Aussteigen (→Punch In/Out). Die →Bandmaschine fährt zwischen den vorgegebenen →Locator-Positionen hin- und her und steigt scheinbar in die Aufnahme ein und aus, ohne jedoch wirklich in den Aufnahmemodus zu schalten. So lassen sich die Ein- und Ausstiegspunkte leichter finden und das Ausbessern proben, bevor man die Bandpassage unwiderruflich überspielt.

Reine Stimmung →Stimmung.
Reiner Ton Andere Bezeichnung für →Sinuston, →Sinusschwingung. Ein reiner →Ton besteht aus nur einer einzigen →Frequenz und enthält keinerlei Obertöne. Ein reiner Ton kommt in der Natur nicht vor, selbst die Stimmgabel erzeugt noch Obertöne.
Rekonstruktionsfilter →Tiefpaßfilter am Ausgang eines →Digital/Analog-Wandlers, das →Frequenzen oberhalb der halben →Sampling-Rate abschneidet, die →analoge →Wellenform somit glättet und damit das Originalsignal im Idealfall wieder so herstellt, wie es vor der →Digitalisierung vorlag, also rekonstruiert. Ohne ein Rekonstruktionsfilter würden bei der →D/A-Wandlung, →analog zum →Aliasing bei der →A/D-Wandlung, Frequenzen auftreten, die im Originalsignal nicht enthalten waren.
Release (engl.) Freigeben, loslassen. Gemeint ist das Loslassen der Finger von den Tasten, über →MIDI werden dann die entsprechenden →Note-Off-Befehle gesendet. →Release-Time.
Release-Loop (engl.) →Sample-→Loop, die erst in der →Release-Phase (nach Loslassen der Taste bzw. →Note-Off) abgespielt wird. Dadurch lassen sich charakteristische Änderungen von Naturklängen (Cembalo, Chöre mit verschiedenen Vokalen) oder auch spezielle Effekte erzielen.
Release-Time (engl.) Die Release-Time bestimmt die Zeitdauer der Hüllkurvenphase, die nach Loslassen einer Taste bzw. nach einem eingegangenen →MIDI-Note-Off durchlaufen wird. Meist ist dies gleichbedeutend mit der Nachklingzeit, da die →ADSR →Hüllkurve beispielsweise nach Loslassen der Taste gegen Null verläuft.
Release-Velocity (engl.) Unschön eingedeutscht mit →Loslaßdynamik. →MIDI-Byte für die Geschwindigkeit, mit der eine Taste losgelassen wird. Die Release-Velocity läßt sich zur dynamischen Steuerung des Ausklingverhaltens von Synthesizersounds und →Samples einsetzen. Übertragen wird der Wert im zweiten →Datenbyte eines →Note-Off-Event. Release-Velocity wird nicht von allen →Keyboards erzeugt bzw. verarbeitet.
Remarks (engl.) Bezeichnung für eine Spal-

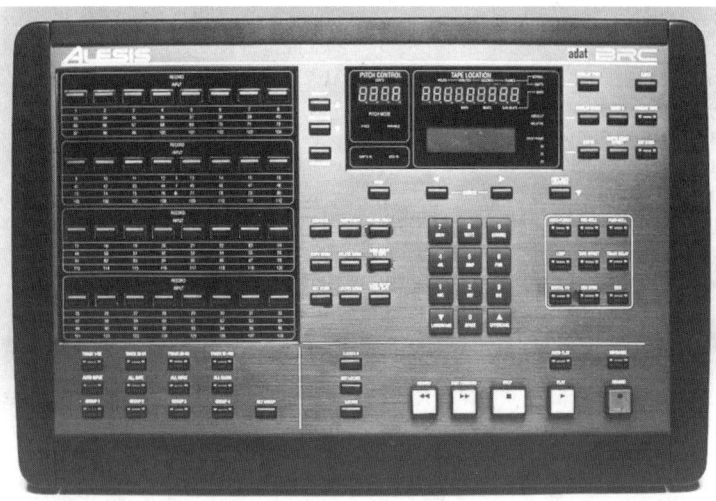

Remote-Control für Alesis ADAT

te in der →MIDI-Implementation-Chart, in der zusätzliche Kommentare bzw. Abweichungen vermerkt sind. Siehe auch →MIDI-Implementation-Chart.
Beispiel: Wenn der →Pitchbend-Befehl mit zwei →Bytes (14-Bit-Auflösung) gesendet oder verarbeitet wird, so wird dies in der Remarks-Spalte angegeben.
Remix (engl.) Produktion einer neuen Version eines Musiktitels. Ein reiner Remix beinhaltet lediglich eine neue →Abmischung des Mehrspurbands. In der Praxis wird allerdings dabei meist ein Teil der Spuren neu produziert bzw. mit neuen →Sounds versehen. Auch ein neuer Schnitt kann Teil eines Remix sein.
Remote-Control (engl.) Fernbedienung, Fernsteuerung (z. B. einer →Bandmaschine). Jede professionelle →Bandmaschine wird über eine solche Fernsteuerung bedient, da die Maschine in den seltensten Fällen im →Aufnahmeraum steht. Komfortable →Fernbedienung (BRC für Alesis →ADAT-Recorder).
Remote-Keyboard (engl.) Auf den Bühneneinsatz optimiertes Umhängekeyboard, das dem →Keyboarder mehr Bewegungsspielraum auf der Bühne gibt. Über ein entsprechend langes →MIDI-Kabel oder ein drahtloses MIDI-Übertragungssystem läßt sich das gesamte Keyboard-Setup zentral vom Remote-Keyboard fernsteuern. Dazu besitzen Remote-Keyboards neben der →Klaviatur und den in einem Griff untergebrachten →Controllern (→Wheels, Taster) auch Programmtaster und einige →Masterkeyboard-Funktionen. Remote-Keyboards gab es bereits in der Vor-MIDI-Ära für →analoge Synthesizer (Prophet V Remote Keyboard). Auch komplette →Synthesizer zum Umhängen wurden damals gebaut (→Moog Liberation).
Repeat (engl.) Wiederholung. Die Repeat-Funktion erzeugt in elektronischen Orgeln eine Art →Mandolineneffekt, d.h. ein repetierendes Anschlagen der Note. Derselbe Effekt läßt sich im →Synthesizer erzielen, wenn →Filter oder →Amplitude durch einen →LFO mit abfallendem →Sägezahn moduliert werden.
Repro-Kopf Eigener, vom →Aufnahmekopf getrennter →Wiedergabekopf bei professionellen →Bandmaschinen. Durch Verwendung eines getrennten Kopfes wird die Wiedergabequalität verbessert und eine →Hinterbandkontrolle ermöglicht.
Request (engl.) Anforderung. Ein Request wird von einem Gerät oder einem →Programm gesendet, wenn es vom Empfänger Daten anfordert, die dieser selbsttätig senden soll. Siehe auch →Dump-Request.
Resampling (engl.) Internes Konvertieren der →Sampling-Rate auf einen anderen Wert. Dazu wird das →Sample intern auf →digitalem Wege neu gesampelt (resampelt), →Sample-Rate-Conversion. 2. Generell das Erstellen eines neuen Samples durch Manipulation eines oder mehrerer bereits vorhandener Samples. So können einige →Sampler beispielsweise ein mit Effekten oder Nachbearbeitungs-→Parametern versehenes Sample intern ohne erneute Wandlung „resampeln".

Remote-Keyboard Axis von Roland

Reset (engl.) Wörtlich: zurücksetzen, auch als →Warmstart bezeichnet. Die Reset-Funktion eines →Computers versetzt diesen aus dem laufenden Betrieb heraus in den Einschaltzustand. Ein Reset ist erforderlich, wenn das System abgestürzt ist oder initialisiert werden muß. Das Aus- und wieder Einschalten des Systems (→Kaltstart) hätte dieselbe Wirkung wie der Reset, schadet allerdings dem →Netzteil und anderen Bauteilen mehr. Beim Reset gehen sämtliche im →Arbeitsspeicher befindlichen Daten verloren, sofern sie nicht auf →Datenträgern gesichert sind. Lediglich →Reset-feste →Dateien überstehen die →Initialisierung.

Reset-All-Controllers (engl.) →MIDI- →Channel-Mode-Message, bei deren Empfang alle →Control-Change-, →Pitchbend- und →Aftertouch-Werte in eine sinnvolle, neutrale Ausgangsposition gebracht werden sollen.

Reset-fest Eigenschaft eines →Programms, z. B. →RAM-Disk, auch nach einem →Reset des →Computers noch im →Arbeitsspeicher zu bleiben. Dadurch läßt sich oft der Verlust wertvoller Daten nach einem →Absturz vermeiden.

Resolution (engl.) →Auflösung.

Resonance (engl.) →Resonanz.

Resonanz 1. →Parameter in (→Synthesizer-) →Filtern, der die Obertöne im Bereich der →Cutoff-Frequenz anhebt. Bei vielen Filtern läßt sich die Resonanz bis zur Eigenschwingung des Filters übersteuern. In diesem Fall erzeugt das Filter eine →Sinusschwingung, deren →Frequenz der Cutoff-Frequenz entspricht. Diese Sinusschwingung überlagert die →Oszillatorschwingung und kann als zusätzliche Klangquelle (z. B. für Orgeln) eingesetzt werden. Eine hohe Resonanz erzeugt typische →analoge Synthesizersounds (→Wah-Wah, →Sweep). 2. In der →Akustik: das Mitschwingen eines Körpers (z. B. eines Instrumentenkorpus) mit einer →Schwingung, deren Frequenz mit der Eigenfrequenz des Körpers identisch ist. Der Grad der Resonanz ist von ihrer →Dämpfung abhängig. Der →Klang der menschlichen Stimme und akustischer Musikinstrumente wird im wesentlichen von solchen Resonanzen bestimmt. Ein Problem stellen Resonanzen in der Lautsprechertechnik dar, da sie den linearen →Frequenzgang des Lautsprechersystems verfälschen.

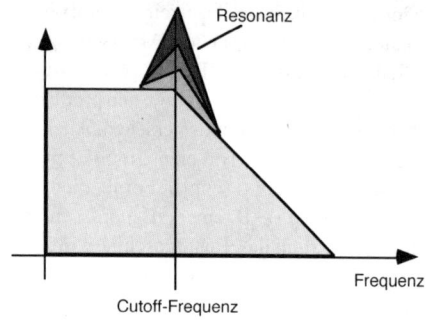

Resonanz

Resonanzfrequenz →Frequenz der durch →Selbstoszillation eines →Filters erzeugten →Schwingung, identisch mit der →Cutoff-Frequenz, →Resonanz.

Resonator Mittel zur akustischen Gestaltung von Räumen. Ein Resonator verstärkt die Reibung der Luftmoleküle und bewirkt dadurch eine Absorption eines engen Frequenzbands um die →Resonanzfrequenz.

Resource-Datei (engl.) Zu einem →Programm gehörende →Datei, in der Resourcen wie beispielsweise der Bildschirmaufbau, die →Menü-Belegungen, Fehlermeldungen, →Sounds und vieles andere abgelegt werden. Resource-Dateien sind entweder Bestandteil des Programms (z. B. →Macintosh-Betriebssystem) oder werden, wie beim →Atari ST, getrennt verwaltet. Fehlt die Resource-Datei, läuft das Programm nicht.

Response (engl.) Ansprech- oder Übertragungsverhalten, →Dynamic-Response, →Frequency-Response, →Transient-Response.

Rest (engl.) Pause, Pausenzeichen, z. B. in einer Notenpartitur oder im →Sequenzer.

Rest-Correction (engl.) Funktion eines →Noten-Editors bzw. Notendruckprogramms, welche die Notenlängen und Pausenwerte so umrechnet, daß die Notendarstellung bzw. der Druck musikalisch korrekt aussieht und leichter lesbar wird. Dazu werden beispielsweise im einfachsten Fall aufeinanderfolgende Pausen zu einer langen Pause zusammengefaßt.

Resynthese Die „Wieder-Zusammensetzung" eines →Klangs auf der Basis einer zuvor erfolgten Analyse. Dazu wird von einem →Klang ein →Sample erstellt und z. B. per →Fouriertransformation in eine →Parameterstruktur umgewandelt. Jeder einzelne →Oberton des Ursprungsklangs läßt sich in diesem Fall einzeln in →Frequenz- und →Amplitudenhüllkurve verändern. Anschließend wird der Klang wieder mit Hilfe Additiver bzw. →Fouriersynthese zusammengesetzt. Die Resynthese bietet die Möglichkeit, sehr komplexe Klänge - die mit einem →Synthesizer nicht ohne weiteres realisierbar wären, zu sampeln, in bestimmten Eigenschaften zu verändern und so wieder zu verwenden. Beispielsweise ließe sich die Obertonstruktur eines Klavierklangs ohne Änderung der restlichen Eigenschaften modifizieren. Oder: Durch Streckung der Amplitudenhüllkurven kann ein Klang beliebig verlängert werden.
Mit dem oben beschriebenen Verfahren lassen sich sämtliche harmonischen Klänge vollständig resynthetisieren. Probleme gibt es mit →nichtperiodischen Anteilen (Geräusche), da diese durch die →Fourieranalyse zwar grundsätzlich erfaßt werden, aber bei Manipulation der Analysedaten (z. B. Zeitkorrektur) oft nicht mehr korrekt wiedergegeben werden. Echtzeit-Resynthese-Systeme sind heute noch sehr selten und zudem ausgesprochen teuer, wie z. B. der Axcel Resynthesizer, das NED →Synclavier oder der →Fairlight CMI. Einige →Software-Pakete ermöglichen allerdings teilweise ähnliche Operationen, wenn auch nicht in →Echtzeit und nur auf die Berechnung eines Samples beschränkt.

Return (engl.) Auch Effect-Return, →Aux-Return: Rückweg eines Abzweiges, der das bearbeitete Signal z. B. aus einem →Effektgerät zurück zum →Mischpult führt.

Return-Taste (engl.) Zeilenschaltungstaste auf einer →Computertastatur, die auch zur positiven Bestätigung (ja, ok) einer →Dialogbox eingesetzt wird.

Return-to-Zero (engl.) Abgekürzt RTZ: →Transportfunktion an →Bandmaschinen, die das Band auf Knopfdruck zur Zählwerksposition 0 (engl. Zero) fahren läßt.

Reverb (engl.) →Hall.

Reverse-Loop (engl.) →Backward-Loop.

Reverse-Reverb (engl.) →Rückwärts-→Hall.

Revert (engl.) Zurückwandeln. Funktion in →Computerprogrammen, die die zuletzt gespeicherte Version eines bearbeiteten Dokuments (Text, Graphik, →Sample) vom Datenträger zurückholt. Im Gegensatz zur →Undo oder →Recall-Funktion, die bei →Synthesizern zu finden ist, arbeitet die Revert-Funktion nicht direkt im →Arbeitsspeicher, sondern lädt die zuletzt auf den →Massenspeicher geschriebene Version wieder dort hinein.

Rewind (engl.) Funktion für schnellen Rücklauf einer →Bandmaschine oder eines →Sequenzers.

RGB Abk. für Rot, Grün, Blau. Zusammensetzung eines Bildschirmsignals aus den drei Grundfarben. Viele →Videorecorder, Fernseher und →Farbmonitore für →Computer arbeiten mit der RGB-Norm.

Rhodes →Fender Rhodes.

Rhythm-Stick (engl.) →MIDI-→Controller mit einem gitarrenähnlichen Korpus, auf dem anschlagdynamische Schlagflächen angebracht sind. Der Rhythm-Stick wurde als gitarristische Alternative zum Schlagzeug konzipiert und kann beliebige →Drumcomputer und →Sampler über →MIDI ansteuern. Das Gerät hat sich aber nicht durchgesetzt.

Rhythmusgerät Vorläufer des →Drumcomputers in Form eines eigenständigen Gerätes oder als Bestandteil einer →elektronischen Orgel. Ein Rhythmusgerät bot seiner Zeit einige Dutzend feste Standard-Rhythmen an und war aufgrund seiner zunächst →analogen →Klangerzeugung keine Alternative zum echten Schlagzeug. In Orgeln wurden die Rhythmusgeräte oft mit einer →Begleitautomatik gekoppelt.

Ribbon-Controller (engl.) →Spielhilfe in Form eines meist mit einer Schutzschicht überzogenen Metallbands, das mit dem Finger niedergedrückt wird und dadurch einen Kontakt zu einem darunterliegenden →Widerstand herstellt. Früher versuchte man, den →Ribbon-Controller als →Klaviaturersatz einzusetzen. In →Moog-Synthesizern (Polymoog, Multimoog) wurde er als →Pitchbend-Controller verwendet, der im Vergleich zum Handrad den Vorteil bot, daß man auch an einer beliebigen Stelle abrupt einsetzen und zum Nullpunkt „fahren" konnte.

Richtcharakteristik Eigenschaft eines →Mikrofons, →Schall aus bestimmten Richtungen gezielt zu empfangen und den Schall aus anderen Richtungen zu unterdrücken. Die Richtcharakteristik eines Mikrofons ohne Richtwirkung ist die Kugel. Gebräuchliche Charakteristiken sind die Niere, Acht und Superniere. Die Richtcharakteristik läßt sich durch Bauweise und Kombination verschiedener Mikrofone für jeden Anwendungsbereich gezielt bestimmen.

Ride Cymbal (engl.) Ride-Becken oder das entsprechende →Sample im →Drumcomputer oder →Sampler. Man unterscheidet zwischen Ride, „Bell" (Glocke), normalem Ride und Ride „Edge" (Kante). Einfachere Drumcomputer bieten nur eines dieser Samples an.

Rig (engl.) Anderer Ausdruck für Gerätepark, →Setup oder →Equipment.

Rimshot (engl.) Kantenschlag auf eine Snare bzw. das entsprechende →Sample oder der Synthesizersound.

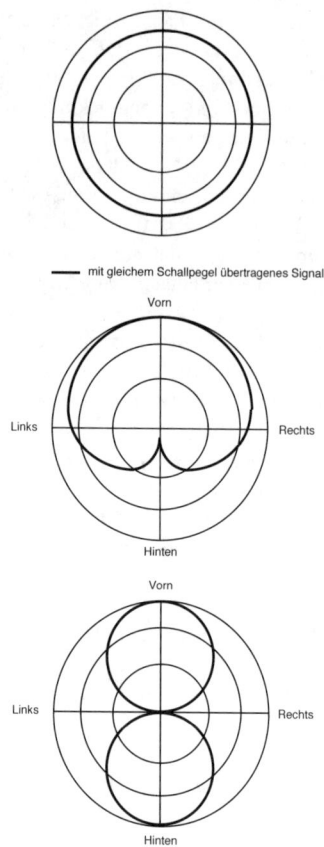

Beispiele für Richtcharakteristik

Ringmodulation Modulationsverfahren, das in →Synthesizern zur Erzeugung nichtharmonischer bzw. metallischer Klänge und Effekte eingesetzt wird: Das Ausgangssignal der Ringmodulation ist eine Mischung aus Summe und Differenz zweier Eingangsfrequenzen. Werden beispielsweise zwei →Oszillatorsignale mit 1000 →Hz und 600 Hz in den Ringmodulator geschickt, so liegen an dessen Ausgang die →Frequenzen 1000 Hz + 600 Hz = 1600 Hz und 1000 Hz - 600 Hz = 400 Hz an. Die Ringmodulation war in →analogen Synthesizern fast obligatorisch. Man findet sie in

→digitalen →Synthesizern jedoch ziemlich selten.

RISC Abk. für Reduced Instruction Set Computer. Ein RISC-→Prozessor verfügt über einen eingeschränkten Befehlssatz, auf dessen Abarbeitung er spezialisiert ist. RISC-Prozessoren sind deshalb um ein Vielfaches schneller als Standard-Prozessoren (→CISC). Sie werden beispielsweise in der →digitalen Audioverarbeitung oder schnellen Rechner-Workstations eingesetzt.

RM Abk. für →Ringmodulation.

RMS (engl.) Abk. für Root Mean Square: englische Bezeichnung für →Nennleistung.

Robinson-Dadson-Kurven →Kurven gleicher Lautstärke.

Roll (engl.) Wirbel (auf einer Snare), schnelle Folge von Anschlägen. Funktion in →Drumcomputern und →Begleitautomaten oder entsprechendes →Sample.

Roll-Bar (engl.) →Spielhilfe an einigen Yamaha-Heimorgeln. Eine unter der Tastatur angebrachte Rolle, die man auch während des Spielens mit dem Handballen bedienen und zur Steuerung von →Modulation oder →Pitchbending benutzen kann.

Rollbalken Grauer Balken unterhalb und rechts neben einem Bildschirmfenster, mit dem man den angezeigten Fensterausschnitt innerhalb des geöffneten Dokuments verändern kann. Dazu klickt man mit der →Maus auf ein weißes Feld, das innerhalb des Rollbalkens den aktuellen Ausschnitt anzeigt, und verschiebt dieses Feld in die gewünschte Richtung bzw. klickt auf einen der Richtungspfeile am Ende des Rollbalkens.

ROM (engl.) Abk. für Read Only →Memory: →Nur-Lese-Speicher, Festwertspeicher. Ein →ROM-Speicher wird vom Hersteller beschrieben und kann vom Anwender nicht mehr geändert werden. →ROM-Speicher werden in z. B. →Computern für das →Betriebssystem eingesetzt, in elektronischen Musikinstrumenten für →Preset- Sounds und -Samples (→Sample-Player). →ROM-Speicher sind vergleichsweise billig, so daß sich bereits in preiswerten →Synthesizern bzw. →Sample-Playern mehrere →MB an →ROM-Samples unterbringen lassen. Dasselbe gilt für →ROM-Cards mit fertigen Sounds oder →Samples.

ROM-Port (engl.) Anschluß eines →Computers, der →ROM-Einschübe mit fest eingebrannten →Programmen aufnehmen kann, die sich dann ohne Ladezeiten direkt verwenden lassen. Der →ROM-Port des →Atari ST beispielsweise war ursprünglich für Computerspiele gedacht, wird allerdings im Musikbereich für →Hardware-Erweiterungen wie →Kopierschutz-Keys oder zusätzliche MIDI-Ausgänge genutzt.

ROM-Sample-Player (engl.) →Sample-Player.

ROM-Sample-Synthese Synthese in →digitaler Form auf der Basis von vorgefertigten →Samples und →Multisamples, die im →ROM-Speicher des →Synthesizers untergebracht sind. Der →ROM-Speicher ist entsprechend großzügig bemessen (je nach Modell zwischen 4 →MB und 32 MB) und bietet meist eine Auswahl an üblichen Naturklängen in Kombination mit zahlreichen →Wellenformen, →Percussion-Samples und Effekten. Besitzt das Instrument entsprechende →Filter und Klangformungsbausteine, spricht man auch bei dieser Syntheseart von →Subtraktiver Synthese. Da andererseits viele Klänge mit diesen Synthesizern durch Aufeinanderschichten mehrerer Samples unter Verwendung entsprechender →Amplitudenhüllkurven erstellt werden, kann man bei dieser Syntheseart auch zusätzlich von einer Form der →Additiven Synthese sprechen. Neben ausgesprochenen →ROM-Sample-Synthesizern (Korg 01/W, Yamaha SY99, Kurzweil K 2000) arbeiten die meisten →MIDI-Workstations und →Sample-Player mit dieser Syntheseform.

ROM-Sounds (engl.) Andere Bezeichnung für →Presets.

Room (engl.) Raum. Bezeichnung der Raumsimulationseffekte in →Reverb-Geräten,

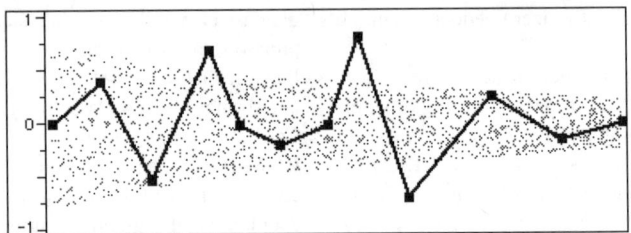

Rubberband für eine Sample-Hüllkurve

die die akustischen Charakteristiken normaler Räume simulieren, z. B. im Gegensatz zu denen großer Hallen oder Kirchen (→Reverb).
Rosa Rauschen →Rauschen, dessen →Amplitude nach oben hin um ca. 3 dB/Oct - anders ausgedrückt: um den Faktor 0,7 bei →Frequenzverdoppelung - abfällt. Rosa Rauschen klingt dunkler als →Weißes Rauschen. Das Attribut „Rosa" ist dem Spektralanteil rosafarbenen Lichts entlehnt.
Rotary Head Digital Audio Tape (engl.) Abgekürzt →R-DAT.
Rotary-Effect (engl.) Nachbildung des Rotorlautsprecher-Effekts, meist auf elektronischem Wege, der in erster Linie für Orgelsounds von Bedeutung ist, →Leslie.
Rotationskabinett →Leslie.
Rough-Mix (engl.) Vorabmischung einer Mehrspurproduktion, etwa als Zwischenergebnis oder als Übungsdemo für Mitmusiker.
Routing (engl.) Signalweg oder geschaltete Datenverbindungen in einem →Mischpult, einer →Patchbay, einem →Synthesizer.
RPN (engl.) Abk. für →Registered-→Parameter-Number.
RS-232 (engl.) Abk. für Recommended Standard No. 232: Schnittstellenstandard der EIA (Electronic Industries Association). RS-232 ist die verbreitetste →serielle →Schnittstelle für →Computer und Peripheriegeräte. Die →MIDI-Schnittstelle ähnelt bis auf die Übertragungsgeschwindigkeit der RS-232-Schnittstelle. RS-232 wird allgemein zur Datenübertragung und zum seriellen Anschluß von Peripheriegeräten (→Drucker, →Modem) eingesetzt. Eine ähnliche Schnittstelle ist die RS-422, die allerdings bedeutend höhere Übertragungsraten gestattet.
RTZ (engl.) Abk. für →Return-to-Zero.
Rubberband (engl.) Imitation eines Gummibands, das man zur Festlegung von Kurvenverläufen (→Hüllkurven, →Pitchbending, →Obertonverläufe) benutzen kann. Durch Klicken auf eine Stelle des Rubberband erzeugt man einen neuen Punkt. Ein Rubberband kann theoretisch beliebig viele Punkte enthalten, so daß sich auch komplexe Kurven einfach mit der →Maus zeichnen lassen. Rubberbands werden meist von →Sample-Editoren (Avalon, →Turbosynth) und →Synthesizer-Editoren benutzt.
Rückkopplung →Feedback.
Rückwärts-Hall (engl. Reverse-Reverb) ist ein Effekt, der ursprünglich aus der Arbeit mit →Bandmaschinen stammt, inzwischen aber auch in vielen →Reverb-→Prozessoren zu finden ist. Dabei wird beim echten Rückwärts-Hall der →Hall zeitverkehrt aufgezeichnet, indem vor der Aufnahme des Hallsignals das →Magnetband umgedreht wird. In Effektprozessoren wird dieser Effekt durch entsprechende langsam einschwingende →Lautstärkehüllkurven erzielt. Der Reverse-Reverb klingt entsprechend künstlich und wird meist für Effektsounds und →Drums eingesetzt.
Rundungsfehler Fehler, der entsteht, wenn →digitale Werte bearbeitet werden und Nachkommastellen auftreten müßten, die aber nicht

mehr darstellbar sind (z. B. weil das Datenformat nur ganze Zahlen zuläßt). Rundungsfehler entstehen bei fast allen Signalverarbeitungs-Algorithmen sowie bei der →A/D-Wandlung durch die →Quantisierung des Wertebereichs. Da beispielsweise dort das →analoge Eingangssignal stufenlos ist, der →Wandler aber daraus einen diskreten Wert innerhalb eines endlichen Wertebereichs erzeugen muß, ist der →Umsetzer zum Auf- oder Abrunden gezwungen. Der Rundungsfehler beträgt maximal die Hälfte einer Quantisierungsstufe. Da er über die gesamte →Sample-Länge statistisch gleichmäßig verteilt ist, macht er sich als →Quantisierungsrauschen bemerkbar.

Running-Status (engl.) →MIDI-Betriebsart zur Verringerung der zu übertragenden Daten. Im Running-Status braucht ein →Statusbyte nur einmal gesendet zu werden, wenn die darauffolgenden →Events vom selben Typ sind. Der Empfänger „denkt" sich das Statusbyte dazu. Das nächste Statusbyte wird also erst wieder bei einer Statusänderung gesendet. Fast alle →MIDI-Geräte und -→Programme arbeiten im Running-Status.

RX (engl.) Abk. für →Receive. Beispiel: „RX Channel =1" bedeutet: „Empfangskanal 1".

S

S&H (engl.) Abk. für →Sample & Hold.

S-DAT (engl.) Stationary Head Digital Audio Tape: →digitales Aufzeichnungsverfahren mit feststehenden Köpfen, das beispielsweise bei digitalen Mehrspurmaschinen (24/48 Spuren) angewandt wird.

S-VHS Aus der →VHS-Technologie weiterentwickelte →Video-Norm, die eine deutlich bessere Aufzeichnungsqualität bietet und damit auch im professionellen Bereich Fuß faßt, wo S-VHS-→Recorder teilweise bereits →U-matic-Recorder in bestimmten Bereichen ablösen.

S/N (engl.) Abk. für Signal-to-Noise-Ratio: →Geräuschspannungsabstand.

S/PDIF-Interface (engl.) Abk. für Sony/Philips-Digital →Interface: digitale →Schnittstelle zur Übertragung von →Audiodaten zwischen →CD-Playern, →Harddisk-Recording-Systemen, →Samplern, digitalen →Mischpulten und anderen digitalen Audiosystemen. Das S/PDIF-Interface ist die →Consumer-Version des →AES/EBU-Interface (siehe dort) und benutzt auch weitgehend dessen Datenformat. Aufgrund unterschiedlicher Statusinformationen ist es aber nicht wirklich →kompatibel. Die eigentliche →Sample-Übertragung ist allerdings in beiden Formaten gleich, weshalb beispielsweise ein →D/A-Wandler mit AES/EBU-Eingang die S/PDIF Daten wandeln, ein →Recorder diese jedoch nicht aufzeichnen kann. Das S/PDIF-Format arbeitet mit →Cinch-Buchsen und einem niedrigen Leitungspegel, die Übertragung erfolgt →unsymmetrisch. Einem S/PDIF-Interface begegnet man bei den meisten →DAT-Recordern und Harddisk-Recording-Systemen sowie bei einigen Samplern, CD-Playern und anderen digitalen Audiogeräten für den Heim- und →Homerecording-Sektor.

Sägezahn →Wellenform, die sämtliche Obertöne der harmonischen →Obertonreihe enthält. Die →Amplitude einer →Harmonischen

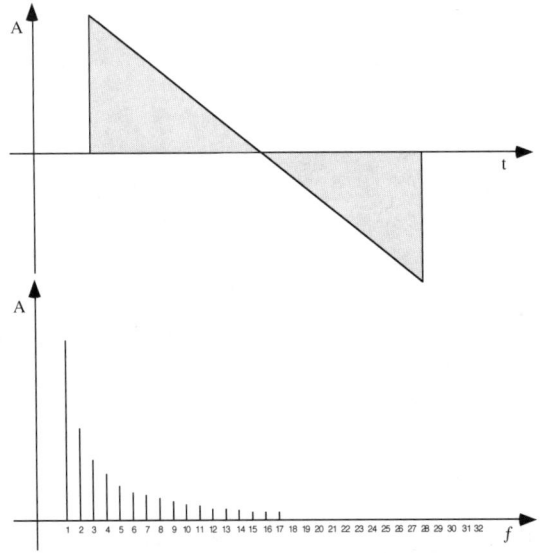

Sägezahnschwingung und Spektrum

im Verhältnis zum →Grundton entspricht der Umkehrung ihrer Ordnungszahl. Die zweite Harmonische ist nur noch halb so laut wie der Grundton, die dritte ein Drittel usw. Die Sägezahnschwingung klingt dementsprechend voll und obertonreich und wird im →Synthesizer beispielsweise für bläser- oder streicherähnliche Klänge benutzt.
Als Modulationswelle im →LFO eingesetzt, läßt sich die Sägezahnschwingung z. B. zur Erzeugung von →Repeat- (abfallender Sägezahn) oder „Rückwärts"-Effekten (ansteigender Sägezahn) benutzen.

Saitenwandler Eingedeutschte Bezeichnung für →Guitar-to-MIDI-Converter. Ein Gerät, das die →Tonhöhe der Gitarrensaiten in →MIDI-Noten umrechnet. So läßt sich ein beliebiger →MIDI-Synthesizer von der Gitarre ansteuern.

SAM 8905 (engl.) Auf musikalische Anwendungen hin optimierter →DSP-Chip, der abhängig vom Synthese-→Algorithmus bis zu 16 →Stimmen bei 44,1 →kHz und 16-Bit-→Auflösung erzeugen kann. Das →Klangerzeugungsprinzip ist grundsätzlich frei programmierbar, jedoch durch die maximale Rechengeschwindigkeit und Programmgröße teilweise deutlich eingeschränkt. Verschiedene Hersteller (Doepfer, Geerdes, Wersi) verwenden den von der französischen Firma Dreams entwickelten →Chip als Herzstück preiswerter →MIDI-Klangerzeuger.

Sample (engl.) 1. Wörtlich: Probe, Muster. Datenwort, das während der →Digitalisierung eines →Klangs bei jedem Abtastschritt entsteht. Der →Analog/Digital-Wandler entnimmt der Eingangsspannung in kurzen Abständen Proben, die dann in proportionale Zahlenwerte umgerechnet und als →Samples abgespeichert werden. 2. Auch der →digitalisierte Einzelklang wird als →Sample bezeichnet, beispielsweise ein Geräusch, eine Snare oder ein Klavierton. Umgangssprachlich wird dieser Begriff auch für einen kompletten, gesampelten Instrumentalsound (→Multisam-

ple) benutzt. Beispiel: ein Streicher-Sample.
Sample & Hold (engl.) 1. Abtasten und Halten: ein ursprünglich →analoges Synthesizermodul, das die Eingangsspannung bei jedem →Trigger abtastet. Diese Spannung wird bis zum nächsten →Trigger als Ausgangsspannung gehalten und am Ausgang abgegeben. Den Trigger liefert meist ein →LFO. Beispiel a) Wenn man als Eingangsspannung →Rosa Rauschen anlegt, ist das Ergebnis eine zufällig wechselnde Spannung, die beispielsweise die →Tonhöhe oder die →Filterfrequenz beeinflussen kann. Beispiel b) Wird als Eingangssignal eine →Sinuswelle benutzt und mit dem Ausgangssignal die →Oszillatorfrequenz gesteuert, so entsteht ein →Glissando. 2. →Modul in einem →Analog/Digital-Wandler, auch als →Halteglied bezeichnet. Dieses Modul hält die bei der Abtastung gewonnene Eingangsspannung bis zum nächsten Abtastschritt konstant, damit der →Umsetzer daraus den Zahlenwert ermitteln kann.

Sample-Ebene (engl.) Ebene im →Sampler, auf der das einzelne →Sample bearbeitet wird. Die Funktionen auf dieser Ebene umfassen die direkte Bearbeitung der Sample-Daten bzw. die Sample-→Parameter. Auf der Sample-Ebene befinden sich Sample-→Parameter wie →Original-Key, →Loop oder Sample-Name. Direkt in die Daten greifen Funktionen wie Schneiden (→Truncate), →Mergen, →Sample-Rate-Conversion oder →Time-Correction ein.

Sample-Editorsoftware (engl.) →Software zur Bearbeitung von →Samples im →Computer. Durch die im Vergleich zum →Sampler wesentlich höhere Rechenleistung des Computers und die komfortable →Benutzeroberfläche (→alphanumerische →Tastatur, →Maus, →Monitor) ergeben sich hier Möglichkeiten, die sonst größeren Samplern und →digitalen Audio-Workstations vorbehalten sind. Die →Samples werden dazu per →MIDI- oder →SCSI-Schnittstelle in den Computer transferiert und können auch auf dessen →Festplatte gespeichert werden.

Sample-Input

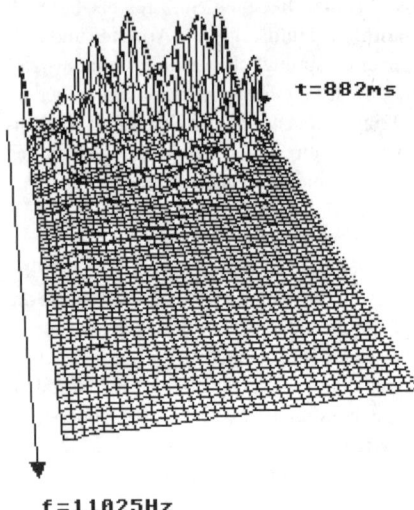

Resynthese im Steinberg Avalon

Alsdann bietet ein solcher Sample-Editor sämtliche von Samplern bekannten Funktionen wie Schneiden, Kopieren und Einfügen, Ein- und Ausblenden, Verschmelzen oder digitales →Filtern an. Noch interessanter sind jedoch komplexere Prozesse wie →Time-Correction, →Resynthese oder →Additive Synthese. Einige Sampler-Editoren, wie z. B. Steinberg Avalon, beherrschen darüber hinaus diverse digitale →Klangsynthese-Arten, andere wiederum integrieren Datenbanken zur Verwaltung der Samples. →Multisample-Einstellungen lassen sich allerdings nur in speziellen Sample-Editoren bearbeiten, die auf einen Sampler-Typ zugeschnitten sind.

Sample-Input (engl.) Analoger Audioeingang eines →Samplers, mit dem die zu sampelnde Klangquelle (z. B. →Mikrofon, →Synthesizer) verbunden wird.

Sample-Player (engl.) Ein →MIDI-Klangerzeuger, der zwar vom Aufbau her einem →Sampler ähnelt, jedoch keine →Sampling-Funktionen besitzt. So gibt es von einigen Samplern spezielle →Sample-Player-Modelle, die lediglich Sample-Disketten laden und die →Samples abspielen können. In der Regel lassen sich noch die →Klangformungs-→Parameter verändern. Ein solcher Sample-Player ist deutlich preiswerter als der Sampler selbst, da er auf →Analog/Digital-Wandler und die dazugehörigen Funktionen verzichten kann. Ein Beispiel dafür ist der Akai S-1000 PB (→Playback).

Eine deutlich größere Sparte von Sample-Playern greift auf einen fest integrierten Sample-ROM zu, der meist um 4 MB, manchmal bis zu 32 MB an fest eingebrannten Samples enthält. Diese liegen bereits als fertige →Multisamples vor. Ein solches Gerät eignet sich für Anwender, die selbst nicht sampeln bzw. programmieren wollen, trotzdem jedoch einen großen Vorrat an authentischen →Sounds benötigen. Die bekanntesten Sample-Player sind Rolands U-220 und der E-mu Proteus.

Sample-Playback-Rate (engl.) →Ausleserate.

Sample-Rate (engl.) →Sampling-Rate.

Sampling-Rate-Conversion (engl.) Funktion in →Samplern und →Sampler-Editoren zum nachträglichen Konvertieren der →Sampling-Rate. Dabei werden die Sample-Daten neu berechnet. Oft werden auch →digitale Fil-

Sample-Player Proteus von E-mu

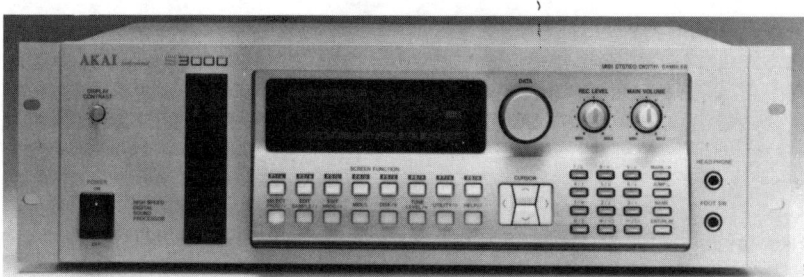

Akai S-3000 Sampler

ter eingesetzt, um das Auftreten von →Aliasing beim Herabsetzen der →Sampling-Rate zu vermeiden. Das Herabsetzen der Sampling-Rate spart Speicherplatz, kann aber die Klangqualität des →Samples beeinträchtigen. Ein Heraufsetzen der Sampling-Rate verbessert nicht die Klangqualität, kostet aber mehr Speicherplatz. Es wird daher nur benutzt, um Samples auf eine →kompatible →Rate zu konvertieren (z. B. 44,1 →kHz), um sie etwa zu einem →DAT-Recorder zu übertragen.

Sampler (engl.) Ein auf seine Aufgabe als Musikinstrument optimierter →Computer, der →analoge →Audiosignale →digitalisieren, speichern, bearbeiten und wiedergeben kann. Der Sampler ist im Grunde ein →MIDI-Klangerzeuger, der zusätzlich die Fähigkeit besitzt, Klänge aufzuzeichnen und als →digitale →Audiodaten (→Samples) in seinem →RAM zu verwalten.

Über einen oder zwei (→Stereo-) Sample-Eingänge gelangt das analoge Eingangssignal in den →A/D-Wandler und wird dort digitalisiert. Nach der Wandlung befindet sich das Signal im →Arbeitsspeicher (→RAM) des Samplers. Hier stehen diverse Bearbeitungsfunktionen zur Verfügung, z. B. Schneiden oder →Loopen (Bildung einer →Endlosschleife). Instrumentalklänge werden in der Regel auf mehreren →Tonhöhen gesampelt, um eine →Formantenverschiebung durch übermäßige →Transposition (→Mickey-Maus-Effekt) zu vermeiden. Diese verschiedenen →Samples lassen sich in einem →Multisample über den Klangbereich verteilen und mit einer subtraktiven →Klangformung (→Filter, →Hüllkurven, →Modulationen) nachbearbeiten. Um die Samples wieder hörbar zu machen, werden sie von einem →Digital/Analog-Wandler pro Ausgang in analoge Signale zurückgewandelt. Alle Sampler arbeiten →polyphon, d.h. sie können bis zu acht, 16 oder mehr →Stimmen gleichzeitig wiedergeben. Zur Archivierung von Samples besitzt jeder Sampler ein →Diskettenlaufwerk, die meisten Sampler können darüber hinaus mit einer internen oder externen →Festplatte ausgerüstet werden.

Zwischen dem ersten populären Sampler, dem „Emulator I" von E-mu Systems, der 1981 vorgestellt wurde und seinerzeit noch etwa 30.000 Mark kostete, und einem modernen Sampler liegen Welten. Technische Daten wie 16-Bit-Auflösung, →Stereosampling, zwei bis 32 →MB →RAM, →Sampling-Rates bis 48 →kHz, bis zu 24 Stimmen und maximal zehn separate Audioausgänge sind für Studiosampler eine Selbstverständlichkeit. Aus diesem Grunde werden Sampler heute nicht nur als Musikinstrument, sondern auch zur einfachen →Post-Production eingesetzt. Über →MIDI gesteuert, lassen sich nämlich mit einem Sampler beliebige Klangereignisse und Geräusche zu vorher festgelegten Positionen

Sampling

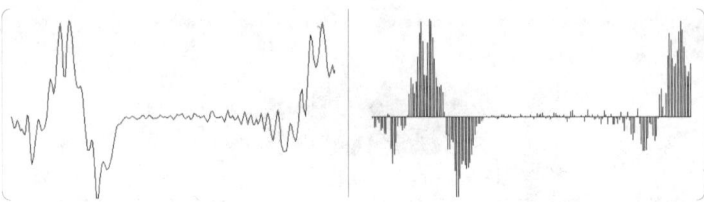

Links: analoges Eingangssignal, rechts: graphische Darstellung der Sample-Werte

abfahren, was insbesondere bei der →Filmvertonung ausgenutzt wird.
Sampling (engl.) Abtastung und →Digitalisierung eines →analogen →Audiosignals. Siehe auch →Sampler und →Analog/Digital-Wandler. Der Begriff Sampling hat sich umgangssprachlich für das Umwandeln von Klängen und Geräuschen in →Samples bzw. das Erstellen von Sampler-→Sounds eingebürgert.
Sampling Grand (engl.) Andere Bezeichnung für →Digital-Piano, als Produktbezeichnung von der Firma Korg eingeführt.
Sampling-CD (engl.) Eine CD, auf der sich Einzeltöne von Instrumenten oder Geräusche befinden. Diese Einzelsamples können vom Benutzer im →Sampler aufgezeichnet und gegebenenfalls zu fertigen Klängen verarbeitet werden. Der Vorteil einer solchen Sampling-CD im Vergleich zu →Sampler-→Disketten besteht darin, daß man vom Samplermodell unabhängig ist. Der Nachteil: Der Benutzer muß die →Sounds erst selbst absampeln und konfigurieren, bevor er sie in seinem Sampler verwenden kann. Sampling-CDs werden heutzutage meist als Geräuscharchive, weniger zum Sampeln von Instrumentalsounds benutzt.
Sampling-Frequenz →Sampling-Rate.
Sampling-Rate (engl.) →Abtastfrequenz beim →Sampling von Audiosignalen. Die Sampling-Rate gibt die Anzahl der Abtastschritte pro Sekunde an und wird in →Hertz ausgedrückt. Die Sampling-Rate beeinflußt zwei Eigenschaften eines →Samples: a) den maximalen →Frequenzgang: Der →CD-Standard sieht eine Sampling-Rate von 44,1 →kHz vor, um einen Frequenzgang bis 20 kHz zu erreichen, →Nyquist-Theorem, b) den Speicherbedarf eines →Samples, da bei jedem Abtastschritt ein Datenwort erzeugt wird. Bei einer Sampling-Rate von 8 kHz entstehen 8000 Datenworte pro Sekunde, bei 44,1 kHz bereits 44.100.
Satzbelichter Computersatzmaschine, die auch für den Notendruck in Satzqualität benutzt wird. Der Satzbelichter ist eine Art →Laserdrucker mit einem leistungsfähigen →Prozessor und einer sehr hohen →Auflösung (bis zu mehreren tausend Punkten pro Zoll). Das Gerät erzeugt aus den Daten, die ein Layout-, Text-, Graphik- oder Notendruckprogramm liefert, eine druckfertige Ausgabe auf Film oder Papier.
Save (engl.) Speichern, Sichern. Bei Aufrufen der Save-Funktion wird das im →Arbeitsspeicher befindliche Dokument (Song, Text, Graphik) auf Datenträger gesichert.
Saw (engl.) →Sägezahnwelle.
Sawtooth (engl.) →Sägezahnschwingung.
Scale (engl.) Skala, Kurve, Tonleiter.
Scanner (engl.) 1. Peripheriegerät für →Computer, das Bildvorlagen abtastet, →digitalisiert und als Rastergraphik ausgibt. Diese kann im Computer weiterverarbeitet und ausgedruckt werden. Scanner gibt es in den unterschiedlichsten Bauweisen (Hand-, Flachbett und Trommelscanner) und Qualitätsstufen (→Auflösung, Anzahl der →Graustufen bzw. Farben) für die unterschiedlichsten Anwendungsbereiche (Formulare, Strichzeichnungen, Schwarzweiß- bzw. Farbfotos, Text). In Ver-

bindung mit einem Texterkennungsprogramm kann ein Scanner zur Übertragung gedruckter Texte in den Computer eingesetzt werden. Auch die Erkennung von Notenschrift und deren Umsetzung in →MIDI-Daten ist bereits möglich. 2. Bauteil in →Hammond-Orgeln, das zur Erzeugung des elektrischen →Phasenvibratos eingesetzt wurde. Im Scanner befinden sich 16 Drehkondensatoren, die jeweils mit verschiedenen →Tiefpaßfiltern verbunden sind. Das Signal wird von einem Kondensator-Rotor über einen Schleifkontakt abgenommen. Das Phasenvibrato - oft auch Scanner-Vibrato genannt - wurde von John Hanert entwickelt und Anfang 1946 in die ersten Hammond-Orgeln eingebaut.

SCART-Anschluß (franz.) SCART = Syndicat des constructeurs d'appareils radio récepteurs et téléviseurs: Fachverband der französischen Rundfunk- und Fernsehgerätehersteller. Universelle, 21polige →Schnittstelle (Euro-AV) für Fernseh- und →Videogeräte, mit denen auch einige →Computerbildschirme bzw. →Computer ausgestattet sind. Mit einem SCART-Anschluß erzielt man eine sehr viel bessere Bildqualität als mit einem einfachen, zweipoligen HF-Antennenkabel, da die Geräte direkt und nicht über einen Modulator/Demodulator verbunden sind.

Schall Mechanische →Schwingungen innerhalb eines elastischen Mediums. Als Medien kommen Luft (Luftschall), Wasser (Wasserschall) oder ein fester Körper (Körperschall) in Betracht. Schall mit →Frequenzen von etwa 16 →Hz bis 20 →kHz kann vom menschlichen Gehör wahrgenommen werden, Schall unterhalb 16 Hz heißt →Infraschall, Schall oberhalb 20 kHz →Ultraschall. →Hyperschall schließlich liegt im Bereich oberhalb von 10 →Ghz.

Schallaufzeichnung →Schallspeicherung.

Schalldämmung Eigenschaft bzw. Fähigkeit von Materialien, →Schall zu absorbieren. Man unterscheidet dabei Luftschall und Körperschall (Vibrationen, Schritte). Die Schalldämmung ist ein wesentlicher Gesichtspunkt bei der Planung eines →Tonstudios, da z. B. Aufnahme- und →Regieraum idealerweise voneinander und vom Rest der Welt akustisch vollständig getrennt sein sollten.

Schalldruck Relative Luftdruckänderungen, die durch →Schall hervorgerufen werden, werden in Pascal (Pa) oder Newton (Nm) angegeben. Der durchschnittliche Schalldruck beträgt lediglich ein Millionstel des atmosphärischen Luftdrucks.

Schallfeld Der Bereich, der von →Schallwellen einer →Schallquelle erreicht wird.

Schallgeschwindigkeit Die Geschwindigkeit, mit der sich →Schallwellen in einem Medium ausbreiten. Die Schallgeschwindigkeit in Luft beträgt beispielsweise 331 m/sec oder ca. 1200 km/h, in Wasser bereits 1485 m/sec oder 5346 km/h, in Glas sogar 5000 m/sec oder 18.000 km/h.

Schallintensität Physikalisch korrekte Bezeichnung für →Lautstärke. Die Schallintensität, durch ein „I" ausgedrückt, ist die Schalleistung, die durch eine Flächeneinheit (z. B. das Trommelfell) senkrecht zur Fortpflanzungsrichtung hindurchtritt.

Schallpegel Logarithmische Vergleichsgröße für die →Schallintensität, die den Eigenschaften des menschlichen Gehörs Rechnung trägt: Der Schallpegel L ist der zehnfache Logarithmus vom Verhältnis der Schallintensität zur →Hörschwelle und wird in →dB angegeben. Die →Hörschwelle entspricht dabei L = 0 dB, die →Schmerzgrenze L = 120 dB.

Schallquelle Schallerzeuger, der aus einem anderen Material als Luft besteht. Akustische Instrumente, die menschlichen Stimmbänder oder →Lautsprecher sind mögliche Schallquellen.

Schallschwingung →Schwingung.

Schallspeicherung Aufzeichnung und Speicherung von →Schall, meist in elektrischer (→Magnetband) oder →digitaler (→CD, →DAT) Form. Die Schallspeicherung ist ein wesentlicher Bereich der →Tonstudiotechnik.

Schallwahrnehmung

Schallwahrnehmung →Hörereignis.

Schallwandler Ein Gerät oder Bauteil, das elektrische Spannungen in →Schall wandelt (→Lautsprecher) oder umgekehrt (→Mikrofon).

Schallwelle Ausbreitung einer →Schallschwingung in einem Medium, meistens Luft. →Schwingungen einer Saite, eines Fells oder eines Stimmbands. Beispielsweise regen Luftmoleküle zu Schwingungen an, die ihrerseits benachbarte Moleküle anstoßen. Diese sich fortpflanzende Erscheinung ist die Schallwelle. Ihre Eigenschaften sind →Frequenz, Ausbreitungsgeschwindigkeit, →Wellenlänge und →Amplitude.

Schaltung, elektronische Anordnung und Verbindung elektronischer Bauteile, die eine Funktionseinheit (→Modul, Bauteil, Gerät) ergibt. Elektronische Schaltungen werden auf →Platinen aufgebaut oder in →Chips eingebrannt (→IC).

Schirm Geflecht aus Kupfer oder Aluminium, das die signalführende(n) Ader(n) eines Kabels umhüllt. Da es einen Faraday'schen Käfig bildet, werden Störspannungen von außen abgehalten. Sie fließen zudem aufgrund der →Erdung des Schirms ab.

Schlagmikrofon →Mikrofon etwa von der Größe eines Fünfmarkstückes, das sich an Schlaginstrumenten und anderen Klangkörpern befestigen läßt und bei einem Schlag auf das Instrument einen dynamischen, elektrischen →Impuls abgibt. Diese Impulse können beispielsweise von einem →Drum-to-MIDI-Converter in →MIDI-Noten gewandelt werden, um die →Sounds eines →Drumcomputers oder →Samplers anzusteuern. Schlagmikrofone sind, da sie keinen →Klang übertragen müssen, sehr einfach aufgebaut.

Schmerzgrenze Der →Schalldruckpegel, der im Gehör Schmerzen hervorruft und unter Umständen zu dauerhaften Schädigungen führen kann. Die Schmerzgrenze liegt bei etwa 130 phon.

Schnittstelle Verbindung eines Gerätes mit der Außenwelt, also mit Peripheriegeräten

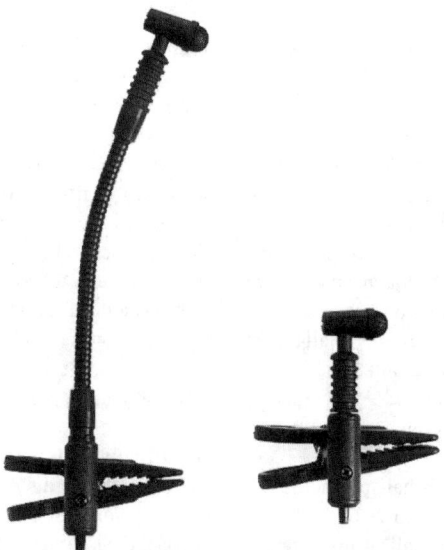

Schlagmikrofone wandeln Schläge auf Drums in elektrische Impulse

wie →Drucker (→Centronics, →RS-232), →Monitor (→Videokarte), anderen →Computern und →Festplatten (→SCSI), sowie Musikinstrumenten (→MIDI). Eine →Schnittstelle setzt sich aus →Hardware (Bauteile, Anschlußbuchsen) und einem →Übertragungsprotokoll zusammen. Dieses enthält Befehle und Datenformate, die →Sender und Empfänger zumindest zum Teil verstehen müssen. Bei der →MIDI-Schnittstelle setzt sich die Hardware aus einem →Optokoppler, dem →UART mit einigen umgebenden Bauteilen und den →MIDI-→DIN-Buchsen zusammen. Die →Software ist das →MIDI-Datenformat, in dem alle →MIDI-Befehle festgelegt sind. Dieses Datenformat wird von der →MMA in Gestalt der →MIDI-Spezifikation für alle Hersteller verbindlich vorgegeben.

Schreib-/Lese-Kopf Magnetkopf in einem →Laufwerk (→Diskettenlaufwerk, →Festplatte), der beim Schreibvorgang die Oberfläche des Datenträgers magnetisiert und beim Lesevorgang die Daten in Form wechselnder Magnetisierung registriert. Je nach Laufwerkausführung kann der Schreib-/Lese-Kopf auch aus zwei oder mehr Einzelköpfen bestehen (doppelseitige Laufwerke, →Festplatte). Berührt der Schreib-/Lese-Kopf z. B. aufgrund einer Erschütterung den Datenträger, so kann es zum berüchtigten →Headcrash kommen.

Schreibschutz Vorrichtung an Datenträgern, die das versehentliche Ändern oder Löschen von Daten durch →Überschreiben verhindert. 3,5"-Disketten beispielsweise besitzen einen kleinen Schieber am oberen, rechten Rand der →Diskette. Ist dieser geöffnet, dann läßt sich die Diskette zwar lesen, jedoch nicht beschreiben.

Schwebung Periodischer Wechsel zwischen Auslöschungen und Addition, der entsteht, wenn zwei →Schwingungen mit leicht unterschiedlicher →Frequenz gemischt werden. Die Frequenz der Schwebung entspricht dem Frequenzunterschied der beiden Schwingungen. Liegt dieser über 16 →Hz, so wird die Schwebung als eigener →Ton (Tartinischer Ton) wahrgenommen.
Schwebende Klänge werden als „lebendig", „voll" oder „breit" empfunden. So basiert der Klangeindruck eines Streichorchesters oder Chors auf den Schwebungen zwischen den einzelnen Instrumenten bzw. →Stimmungen. Bei der elektronischen →Klangerzeugung werden Schwebungen durch Mischung zweier oder mehrerer, leicht gegeneinander verstimmter Klangquellen (→Wellenformen, →Sounds) bzw. durch einen →Chorus-Effekt erzeugt.

Schwebungseffekt Klangeffekt, der durch modulierte →Verzögerung des Eingangssignals entsteht. Näheres unter →Schwebung, →Effektgerät, →Chorus, →Flanger.

Schweller Auch →Fußschweller: Bezeichnung für das Lautstärkepedal an Orgeln oder anderen →Keyboards. Der Schweller läßt sich über den →MIDI-→Controller →Foot-Control (→Adresse 4) übertragen.

Schwellpedal →Fußschweller, →Foot-Control.

Schwellwert →Threshold.

Schwingung Meist regelmäßig wiederkehrende Abweichung z. B. eines Körpers (Gitarrensaite), eines Mediums (Luft) oder einer Spannung von einem Ruhezustand. Eine Schwingung kann das Hin- und Herbewegen eines Pendels, ein Klavierton, aber auch ein Geräusch sein. In diesem Zusammenhang interessieren insbesondere Luftschwingungen, die als →Schall wahrgenommen werden können. Hier unterscheidet man zwischen →periodischen und →nichtperiodischen Schwingungen. Die wesentlichen Eigenschaften zur Beschreibung einer Schallschwingung sind →Periodendauer, →Wellenlänge, →Frequenz, →Amplitude und →Phasenlage, die sich teils gegenseitig bedingen. Schallschwingungen können in elektrischem (Spannungen), →digitalem (→Samples) und mechanischem Zustand (Luftschwingungen) vorkommen. Nur in letzterem Zustand sind sie vom Ohr wahrnehmbar.

Schwingungsdauer Auch als →Periode bezeichnet: zeitliche Dauer eines Schwingungsdurchgangs, Kehrwert der →Frequenz ($T = 1/f$). Da die Schwingungsdauer sich umgekehrt zur empfundenen →Tonhöhe verhält, wählt man meistens die Frequenz als Bezugsgröße.
Schwingungsdurchgang →Periode.
Schwingungsform →Wellenform.
SCMS (engl.) Abk. für Serial Copy Management System: Kopiersperre, die das Anfertigen einer einzigen →DAT-Kopie von einer →CD erlaubt, aber jede weitere Kopie verhindert. Dazu wird im Subcode der DAT-Kopie ein →Bit gesetzt. Dieses Verfahren wurde auf Drängen der Tonträgerindustrie entwickelt und soll verhindern, daß urheberrechtlich geschütztes Audiomaterial beliebig oft ohne Verlust kopiert werden kann.
Score (engl.) Partitur.
Score-Editor (engl.) →Noten-Editor.
Scorewriter (engl.) →Notendrucksoftware.
Scratching (engl.) Kratzen. Ein vor allem in der Rap-Musik beliebter Effekt, der durch das manuelle Bewegen einer Schallplatte auf einem Plattenspieler bei aufliegendem Tonarm entsteht. Ähnliche Effekte sind auch mit →digitalen Systemen möglich.
Bei →Harddisk-Recordern wird mit Scratching auch das Auffinden einer bestimmten Position durch langsames, manuelles Abspielen der jeweiligen Umgebung (ähnlich der →Shuttle-Funktion bezeichnet).
Screen (engl.) (→Computer-) Bildschirm, →Monitor.
Screen-Recording (engl.) Funktion, die Veränderungen aufzeichnet, die mit der →Maus auf dem →Bildschirm vorgenommen werden. Im →Sequenzer lassen sich so beispielsweise Tempoänderungen, Taktwechsel oder →Track-Muting aufzeichnen, damit der →Sequenzer sie anschließend automatisch abspielt.
Scrollbar (engl.) →Rollbalken.
Scrollen (engl. to scroll) Neudeutsch: Durchfahren von Bildschirmfenstern oder -seiten.

SCSI (engl.) Abk. für Small Computer Systems →Interface: →parallele Standardschnittstelle für kleinere →Computersysteme (bis →Mikrocomputer). →SCSI überträgt acht →Bits →parallel und erreicht damit ein Vielfaches der Übertragungsgeschwindigkeit →serieller →Schnittstellen. Die maximale Übertragungsgeschwindigkeit beträgt 5 →MB/sec, was allerdings nur von extrem schnellen Rechnern bewältigt werden kann. Schnelle Peripheriegeräte, allen voran →Speichermedien wie →Festplatten oder optische Speicher, werden über SCSI mit dem Computer verbunden. Einige →Sampler benutzen die SCSI-Schnittstelle auch zur →Sample-Übertragung. Bis zu acht Geräte lassen sich - über eine eindeutige SCSI →ID direkt adressierbar - miteinander verbinden. Als Anschlüsse fungieren →Centronics- oder 25polige-Anschlüsse. Die Geräte werden in →Kettenschaltung miteinander verbunden, wobei das letzte Gerät in der Kette mit einem sogenannten Terminator (Abschlußwiderstand) versehen sein muß. Der Nachteil der SCSI-Schnittstelle gegenüber seriellen Schnittstellen liegt in der eingeschränkten Leitungslänge von 6 m, die in der Signalverschlechterung durch Verschleifungen der →Impulse (→Tiefpaßfilter-Effekt) im Kabel begründet ist.
Eine Weiterentwicklung namens „(Wide) SCSI2" ermöglicht bei entsprechenden Rechnern und Peripheriegeräten eine Verdopplung der Übertragungsgeschwindigkeit und der Geräteanzahl. Sie ist allerdings noch nicht weit verbreitet.
SCSI-ID (engl.) Nummer bzw. →Adresse eines angeschlossenen Peripheriegerätes (z. B. →Festplatte), mit deren Hilfe ein Computer, Sampler oder ein anderes Gerät dieses gezielt ansprechen kann. Innerhalb eines SCSI-Systems können maximal acht →IDs vergeben werden, wobei jede ID nur ein einziges Mal auftauchen darf, da es sonst zu Fehlfunktionen bis hin zum Datenverlust kommt. Wird ein System von SCSI-Festplatten gestartet, wird

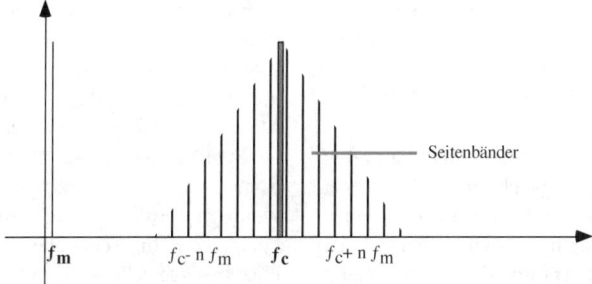

Beispiel für Seitenbänder

im Regelfall das →Betriebssystem vom SCSI-Gerät mit der niedrigsten ID geladen.
SDIF-2 (engl.) →Digitale Audioschnittstelle der Firma Sony, mit der insbesondere Geräte zum →Mastern von →CDs ausgestattet sind (z. B. Sony→PCM-1630 →Prozessor). Das SDIF-2 Format überträgt pro Kabel einen →Kanal, die Wordclock wird über ein separates Kabel geführt. Als Anschlußbuchsen werden BNC-Verbinder verwendet, die →unsymmetrische Übertragung sollte über ein koaxiales Kabel mit 75 Ohm Leitungswiderstand erfolgen. Das SDIF-2-Format gestattet eine →Wortbreite von bis zu 20 →Bits. Normalerweise werden aber nur 16 →Bits genutzt.
SDS (engl.) Abk. für →MIDI-Sample-Dump-Standard (siehe dort).
Search (engl.) Suchen, Suchfunktion. Die Search-Funktion an →Bandmaschinen fährt vorprogrammierte Bandstellen anhand der →Locator-Positionen direkt an. So lassen sich beispielsweise innerhalb eines Songs die Startzeiten von Strophen, Refrains und Soli in den →Locators speichern und ohne langwieriges Suchen auffinden.
Auch die →Betriebssysteme vieler →Computer oder entsprechende →Anwenderprogramme bieten Search-Funktionen an, mit deren Hilfe bestimmte →Dateien oder Daten gesucht werden können.
Section (engl.) 1. Abschnitt, Sektion. Funktionseinheit innerhalb eines Gerätes, z. B.

Effekt-Section, →Monitor-Section. 2. Im Musikerjargon Bezeichnung für eine Gruppe gleichartiger Instrumente, beispielsweise Brass- (Blechbläser) Section oder →Strings- (Streicher) Section.
Seitenbänder Durch Audiomodulation (z. B. →FM, →AM) entstandene →Partialtöne, deren →Frequenzen generell →symmetrisch um die →Trägerfrequenz liegen und durch Addition bzw. Subtraktion der Modulatorfrequenz von der Trägerfrequenz berechnet werden können. Bei einer Trägerfrequenz von 1000 →Hz und einer Modulatorfrequenz von 1 Hz entstehen Seitenbänder bei 1001, 1002, 1003 ... Hz bzw. bei 999, 998 ... Hz. Die Anzahl der entstehenden Seitenbänder hängt vom →Modulationsindex, also der Stärke der →Modulation, ab.
Seitenbeschreibungssprache Standard-Steuersprache zur Beschreibung eines Druckseitenaufbaus, die alle nötigen Befehle zur Plazierung und Skalierung von Text und Graphik zur Verfügung stellt. →Dateien werden vom Benutzer, einem Text-, Graphik-, Layout- oder Notensatzprogramm in dieser Sprache „verfaßt", gespeichert und zur Ausgabe an einen →Drucker oder →Satzbelichter übertragen. Die verbreitetste, professionelle Seitenbeschreibungssprache ist →PostScript.
Selbstoszillation →Eigenresonanz eines →Filters.
Select (engl.) Auswählen.

Semiconductor (engl.) →Halbleiter.

Send (engl.) Ausgang eines Abzweiges bzw. →Ausspielweges im →Mischpult, der in der Regel mit dem Eingang eines →Effektgerätes verbunden wird.

Sender Gerät, das Daten aktiv übermittelt. Meist ist der Sender gleichzeitig auch →Master. Allerdings kann auch ein →Slave zu einem bestimmten Zeitpunkt Daten senden (z. B. ein →Expander auf Anforderung seine →Klangdaten) und somit Sender, aber nicht der eigentliche →Master sein.

Sensitivity (engl.) Abgekürzt Sens, Empfindlichkeit, Empfänglichkeit. Der Sensitivity-→Parameter bestimmt, wie stark ein →Parameter oder eine Funktion auf einen Einfluß von außen reagiert. Beispiel: Mit „Filter Velocity Sens" kann man einstellen, wie stark die →Filterfrequenz eines →Synthesizers auf die →Anschlagdynamik reagiert.

Sensorbildschirm →Touch-Screen.

Sequencer (engl.) Mittlerweile eingedeutscht als →Sequenzer.

Sequential Circuits Amerikanischer Hersteller legendärer elektronischer und →digitaler Musikinstrumente, der 1987 Konkurs anmelden mußte. Aus den Sequential-Circuits-Labors stammen so berühmte Instrumente wie der →analoge Prophet V, der halbdigitale Prophet VS, der Prophet 2000 →Sampler oder der Drumtraks →Drumcomputer. Sequential Circuits hat wesentlich zur Entwicklung des →MIDI-Standards beigetragen. So war einer der beiden ersten →MIDI-Synthesizer der auf der NAMM-Show 1983 vorgestellte Prophet 600.

Sequenzer Elektronische bzw. →Computer-Realisation einer mit der Mehrspur-Bandmaschine weitgehend identischen Aufnahmegerätschaft, die normalerweise statt eigentlicher →Audiodaten die Steuerdaten zur Erzeugung dieser Audiodaten speichert.

Geschichte: Der Begriff Sequenzer ist heute nicht mehr ganz zutreffend, hat sich jedoch über die Jahrzehnte eingebürgert. Er stammt ursprünglich vom Analogsequenzer, der eine vorprogrammierbare Folge von →Steuerspannungen (Sequenz) an einen →Synthesizer abgeben konnte. Auf diese Weise ließen sich Melodie- oder Rhythmusmuster bzw. beliebige Steuersequenzen (z. B. Filtermanipulationen) automatisch erzeugen. Jeder Schritt wurde mit Hilfe eines oder mehrerer Drehknöpfe (z. B. für →Tonhöhe, →Filterfrequenz) einzeln eingestellt, wobei oft auch die Dauer, wie lange die eingestellte Steuerspannung des jeweiligen Schrittes gelten soll, einstellbar war (z. B. Tondauer). Reine Analogsequenzer waren etwa bis Anfang der 70er Jahre aktuell. Zeitgleich zu den →digital gesteuerten Synthesizern kamen auch die ersten digital gesteuerten Sequenzer auf den Markt. Dabei handelte es sich um Geräte, die zwar noch →analoge →Spannungen und →Triggerimpulse abgaben, diese jedoch schon digital speichern konnten. Jetzt ließen sich anstelle von nur wenigen Dutzend schon einige hundert Schritte programmieren. All diese Geräte waren →Hardware-Sequenzer, also eigenständige Geräte, die mit einem Synthesizer gekoppelt wurden. Einige Hersteller entwickelten für ihre eigenen Synthesizer auch schon Sequenzer, die Noten aufzeichnen konnten, was die umständliche Schritt-für-Schritt-Eingabe überflüssig machte. Außerdem arbeiteten einige Sequenzer schon →polyphon.

Den größten Schritt nach vorn machte die Sequenzerentwicklung allerdings erst mit Einführung der →MIDI-Schnittstelle. Damit war die Voraussetzung geschaffen, beliebige →Klangerzeuger auf mehreren Kanälen →polyphon anzusteuern und vor allem Noten und andere Eingaben des Benutzers in Form digitaler Daten aufzuzeichnen und zu bearbeiten. Hier vollzog sich der Schritt vom digital gesteuerten zum volldigitalen →MIDI-Recorder, wie wir ihn heute kennen. Jetzt teilte sich der Sequenzer-Sektor auf in →Software- und →Hardware-Sequenzer, da →MIDI-Daten digitaler Natur sind und somit von

Sequenzer

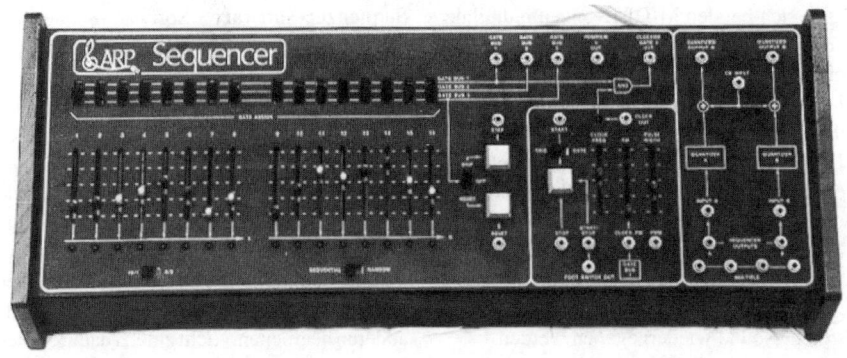

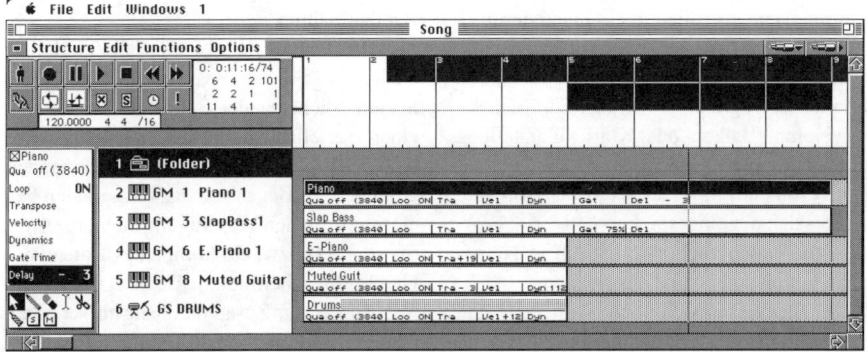

Oben: ARP Analogsequenzer, unten: Main-Page des Logic von Emagic

einem →Computer mit MIDI-Schnittstelle verarbeitet werden können. Eine Sequenzersoftware machte den Computer zum komfortablen Mehrspur-Aufnahmesystem, das die Rechnerleistung, den großen →Bildschirm und die →Tastatur bzw. →Maus des Computers nutzen konnte und damit Hardware-Sequenzern hinsichtlich Bedienkomfort und Funktionsvielfalt weit überlegen war. Letztere wiederum ließen sich leichter transportieren, wiesen spezifische Bedienelemente auf und hatten nach wie vor ihre Berechtigung unter anderem im Bühneneinsatz.

Mit Aufkommen der →MIDI-Workstations wurden Sequenzer schließlich auch als Funktionseinheiten in →Keyboards integriert.

„Funktionsweise: Ein →MIDI-→Sequenzer zeichnet →MIDI-Events (Noten, →Controller, →Soundwechsel) zu einem laufenden →Metronom in →Echtzeit auf eine Spur auf. →Software-Sequenzer bieten heute oft eine unbegrenzte Spurenanzahl. Jeder Spur kann ein →MIDI-Kanal zugewiesen werden. Nach der Aufzeichnung lassen sich die MIDI-Events wieder abspielen und steuern auf diese Weise den Klangerzeuger wieder an. Dieser erzeugt daraus hörbare Noten. Für die Aufzeichnung und Wiedergabe stehen die von der →Bandmaschine her bekannten →Transportfunktionen zur Verfügung (→Start, →Stop, →Pause, →Rewind, →Fast Forward, →Locator, →Autolocator, →Cycle).

Sequenzer-Software

Da es sich bei den MIDI-Events um digitale Daten handelt, die in jedem →Parameter bearbeitet werden können, ergeben sich im Vergleich zur Aufzeichnung von Audiodaten auf →Bandmaschine wesentliche Vorteile:
- Das →Tempo läßt sich nachträglich beliebig verändern, ohne daß die Tonhöhe beeinflußt wird.
- Der →Klang für die Wiedergabe läßt sich jederzeit ändern. So kann eine Spur mit einem Klaviersound aufgezeichnet und mit einem Streichersound wiedergegeben werden.
- Position, Tonhöhe und Länge von Noten lassen sich beliebig bearbeiten, das →Timing automatisch korrigieren (→Quantisierung). Noten können kopiert, verschoben oder gelöscht werden. Dazu stehen in fast allen Sequenzerprogrammen mehrere Editorfenster mit Noten-, Balken- oder Klartextdarstellung zur Verfügung.
- In Verbindung mit einer →Notensatzsoftware lassen sich die eingespielten und fertig bearbeiteten Noten auch automatisch in Notenschrift umwandeln und ausdrucken.

Sequenzer lassen sich über →Timecode und →Synchronizer mit →Bandmaschinen koppeln. So können →MIDI-Klangerzeuger mit →analogen Spuren (Gesang, Gitarre) kombiniert oder MIDI-Events (Filmmusik, Geräusche) bildgenau mit einen Film synchronisiert werden. Neuerdings werden auch →Harddisk-Recording-Systeme mit →Sequenzern kombiniert, so daß sowohl →MIDI- als auch Audiodaten gleichzeitig am Rechner bearbeitet werden können.

MIDI-Sequenzer haben mit diesen Möglichkeiten zweifellos die Art und Weise, Musik zu produzieren, vollständig revolutioniert - sieht man einmal von der klassischen Musik ab. Jeder hat heute theoretisch das Rüstzeug, um seine Musik mit perfektem Timing und hervorragenden →Sounds zu produzieren. Kaum ein Komponist, Arrangeur, Instrumentalist oder Tonstudio verzichtet heute noch auf die Möglichkeiten des →MIDI-Recordings.

Sequenzer-Software →Software-Sequenzer.
Sequenzerprogramm →Software-Sequenzer.
Sequenzersong →MIDI-Song.
Sequenzerspur Aufnahmespur eines →Sequenzers, einer →Bandmaschine nachempfunden. Jede Sequenzerspur verfügt über eigene →Parameter wie →MIDI-Kanal, →Quantisierung, →Transposition oder →Solo- bzw. →Mute-Funktionen. Die →Events in einer Sequenzerspur lassen sich getrennt von den anderen bearbeiten. Nicht zuletzt dadurch bietet die →Mehrspuraufnahme im Sequenzer noch weit vielfältigere Möglichkeiten als eine Bandaufnahme.
Serial Interface (engl.) →Serielle →Schnittstelle.
Seriell Nacheinander, Schritt für Schritt. Bei einer →seriellen Übertragung werden die einzelnen →Bits der →Datenworte nacheinander gesendet. Im Gegensatz dazu lassen sich bei einer →parallelen Übertragung mehrere →Bits (meist acht) bzw. ein komplettes Datenwort gleichzeitig übermitteln. Der Begriff taucht insbesondere im Zusammenhang mit seriellen →Schnittstellen (siehe dort) auf.
Server (engl.) Meist sehr leistungsfähiger Rechner in einem Mehrplatzsystem bzw. →Netzwerk, der die rechen- und speicherintensiven Aufgaben sowie die Verwaltung von Peripheriegeräten übernimmt und für die angeschlossenen →Terminals oder →PCs koordiniert.
Setup (engl.) 1. Geräteanordnung, z. B. Keyboard-Setup. 2. Allgemeine Bezeichnung für eine übergreifende (System-) Einstellung in →Programmen oder Geräten. Beispiele: →MIDI-Setup, Effekt-Setup, Kombination aus mehreren →Sounds auf verschiedenen →MIDI-Kanälen.
Shannon-Theorem →Abtasttheorem.
Shape (engl.) Form, Gestalt, Kurvenverlauf (einer →Wellenform oder →Hüllkurve).
Shareware (engl.) →Computersoftware, die frei weitergegeben, aber nicht kommerziell

verkauft werden darf. Im Unterschied zur →Public-Domain-Software verstößt man gegen das Urheberrecht, wenn man die Shareware behält und benutzt, ohne dem Autor einen (vergleichsweise geringen) Betrag zu überweisen. Die Idee hinter der Shareware besteht darin, daß sich viele Benutzer die Entwicklungskosten für ein →Programm teilen und so kostengünstiger als auf kommerziellem Wege an gute →Software kommen. Shareware ist in der Regel aufwendiger als Public-Domain-Software und erreicht teilweise bereits den Qualitätsstandard kommerzieller Programme.

Shelving-Entzerrer (engl.) →Entzerrer, der einen Bereich unter- bzw. oberhalb der →Cutoff-Frequenz anhebt bzw. abdämpft. Am weitesten verbreitet sind die Höhen- und Tiefenregler an →HiFi-Geräten. Die Cutoff-Frequenz ist nur bei professionellen Geräten einstellbar. Die →Dämpfung bzw. Verstärkung nach unten oder oben hin läßt sich dagegen immer regeln, und zwar in einem Bereich von meist ± 15 →dB.

Shift-Taste (engl.) Umschalttaste. Schaltet bei →alphanumerischen →Tastaturen auf Großbuchstaben um. Bei Tastern mit Doppelfunktionen z. B. bei →Synthesizern, wählt die Shift-Taste die Zweitfunktion an.

Shortcut (engl.) Kurzbefehl, →Tastaturkommando (siehe dort).

Shuttle-Funktion (engl.) →Transportfunktion einer →Bandmaschine, die meist über ein Rad bedient wird. Im Shuttle-Betrieb wird das Band →analog zur Bewegung des Rads in beiden Richtungen langsam am Kopf vorbeigefahren. So lassen sich Schnitte und Einstiegspunkte schneller und exakter auffinden. Auch →digitale →Recorder bieten in der Regel eine Shuttle-Funktion.

Sicherheitskopie Datenträger sind niemals absolut sicher. Es besteht immer die Gefahr, daß durch Bedienungsfehler (versehentliches Löschen oder →Formatieren) oder Materialfehler auf der Oberfläche solch eines Trägers Daten verlorengehen. Mitunter kann gar der gesamte Datenträger unbrauchbar werden. Der gefürchtete, allerdings seltene →Headcrash (→Absturz) einer →Festplatte beispielsweise vernichtet im Nu →Megabytes wertvoller Daten. Außerdem haben Datenträger nur eine bestimmte Lebensdauer, die allerdings meist Jahrzehnte umfaßt.

Deshalb ist es unerläßlich, von allen Daten, die man erstellt, Sicherheitskopien (→Backups) anzufertigen. →Disketten lassen sich recht schnell und einfach duplizieren. Daten auf →Festplatten sollten stets täglich auch auf Diskette kopiert werden. Einmal wöchentlich, mindestens jedoch einmal monatlich sollte ein →Backup der gesamten →Festplatte gemacht werden. Dafür gibt es spezielle →Backup-Programme, die die Daten möglichst ökonomisch auf eine entsprechende Anzahl Disketten verteilen, oder Backup-Medien wie →Streamer bzw. →Wechselplatten. Nach einem →Absturz der →Festplatte läßt sich ihr gesamter Inhalt oder Teile davon anhand der Sicherheitskopie wiederherstellen.

Signal-Routing (engl.) Gebräuchlicher Ausdruck für den Signalweg im →Mischpult.

Signal-to-Noise-Ratio (engl.) →Rauschabstand (siehe dort).

Signalprozessor Oft abgekürzt als →DSP (→digitaler Signalprozessor): →Mikroprozessor, der speziell für die Verarbeitung von →Audiodaten optimiert ist. Der verbreitetste Signalprozessor ist der Motorola 56001, der unter anderem in →NeXT-Workstations sowie vielen →Harddisk-Recording-Systemen, →Effektgeräten und auch einigen →Synthesizern und →Samplern eingesetzt wird. Ein solcher universeller →Prozessor kann, abhängig von der →Software und der Peripherie, als →Klangerzeuger, →Effektgerät, →digitales Filter, Sampler u.v.m. fungieren. Der Hauptvorteil der Signalprozessoren liegt in der optimierten Leistungsfähigkeit bei Multiplikations- und Akkumulations-Operationen, die insbesondere zur Realisierung digitaler Filter und bei der →Fouriertransformation wichtig sind. Signalprozessoren arbeiten in der Regel als →Coprozessoren mit der →CPU zusammen und können in viele Computermodelle nachträglich über →Erweiterungskarten eingebaut werden. Neben der Verarbeitung von →Audiosignalen in digitalen Musikinstrumenten und →HiFi-Geräten (→CD-Player, →DAT-Recorder) werden Signalprozessoren auch zur Hi-Speed-Telekommunikation, Bildverarbeitung und Sprachverarbeitung eingesetzt.

Signature (engl.) Eigentlich →Time-Signature.

SIMM (engl.) Abk. für Single Inline →Memory Module: ein Standard-→RAM-Baustein mit einer Kapazität von 256 →kB, 1 →MB, 4 MB oder mehr. SIMM-Karten werden in einen passenden Sockel auf der Hauptplatine des Gerätes eingesteckt und sind sofort einsatzbereit. Mit SIMMs, die relativ preisgünstig und darüber hinaus in jedem →Computerladen zu bekommen sind, läßt sich der →Arbeitsspeicher nahezu aller Computer und auch vieler →Sampler bzw. Sample-Synthesizer nach Bedarf erweitern. Unterschiede bestehen vor allem in der Art der Bestückung, der Speicheraufteilung sowie der Zugriffsgeschwindigkeit.

Simmons-Drums In den 80er Jahren populäre →Drumkits des gleichnamigen englischen Herstellers, die mit →Pads und →analoger →Klangerzeugung arbeiteten. Die Simmons-Drums boten Schlagzeugern erstmals die Möglichkeit, elektronische →Drums live einzusetzen. Der charakteristische Simmons-Sound ist auch heute noch in vielen →Klangerzeugern zu finden und gehört neben den →Sounds der Roland TR-808 zu den legendären Analog-Drumsounds. Später wurden die Simmons-Drums auch um →digitale Klangerzeugung erweitert, bekamen allerdings schnell Konkurrenz und werden heute nicht mehr gebaut.

Simultanverdeckung →Verdeckungseffekt, der auftritt, wenn zwei unterschiedliche Töne sich überlagern. Beispielsweise wird ein hoher leiser →Ton (z. B. Klavier) vom Gehör kaum mehr wahrgenommen, wenn gleichzeitig ein lauter tiefer Ton (etwa Kontrabaß) erklingt. Die Simultanverdeckung ist unter anderem dafür verantwortlich, daß Spuren einer →Mehrspuraufnahme, wenn sie einzeln abgehört werden, anders klingen als im Gesamtarrangement.

Sine-Wave (engl.) →Sinuswelle.

Single (engl.) Präfix: Einzel. Ein Single-→Sound in einem →Synthesizer ist ein einzelner Sound. Mehrere Singles lassen sich zu einem Combi- oder Multisound kombinieren.

Single Finger (engl.) →Begleitautomatik für Keyboard-Anfänger, die aus einer oder zwei gedrückten Tasten einen vollständigen Akkord erzeugt. Die erste Taste bestimmt dabei die Grundtonart, die zweite schaltet um auf Moll, Septakkorde oder Moll-Septakkorde.

Single-Ended Noise-Reduction (engl.) →Rauschunterdrückungssystem für die →Homerecording/→Studio-Anwendung, das am Ende der Übertragungskette eingesetzt wird. Da eine Single-Ended Noise-Reduction nicht auf die Unterdrückung von Bandrauschen spezialisiert ist, sondern mit jedem beliebigen Signal fertig werden muß, ist die technische Realisierung anders als bei einem System zur Unterdrückung von Bandrauschen (→dbx, →Dolby). In →analogen Systemen werden üblicherweise steuerbare →Tiefpaßfilter eingesetzt, deren →Frequenz abhängig vom Eingangssignal variiert, so daß z. B. bei Signalen mit wenig Höhenanteilen die →Cutoff-Frequenz des →Filters entsprechend tiefer einsetzt. →Digitale Systeme arbeiten nach unterschiedlichen Prinzipien, oftmals mit sehr speziellen und komplexen Algorithmen. Die Bedienung eines solchen Systems stellt entsprechend hohe Anforderungen an den Toningenieur.

Single-Trigger (engl.) Funktion in →monophonen →Synthesizern bzw. im →monophonen Modus eines →polyphonen →Klangerzeugers.

Ist der Single-Trigger eingestellt, so löst beim Legato-Spiel nur die erste angeschlagene Taste einen →Triggerimpuls zur Aktivierung der →Hüllkurven aus, alle weiteren Tasten bewirken nur Tonhöhen- und Klangfarbenänderungen. Gegenteil: →Multiple-Trigger.

Sinus →Sinuswelle.

Sinus-Sound In diesem Fall nicht der →Klang einer →Sinuswelle, sondern der typische →Sound einer →Hammond- oder prinzipiell vergleichbaren Orgel, der durch das Zusammenwirken mehrerer Sinustöne verschiedener →Fußlagen entsteht. Dazu gehört auch der obligatorische →Rotoreffekt eines →Leslie- →Kabinetts. Das Original - der Hammond-Sound - wird bis heute von keiner elektronischen Nachbildung ganz erreicht.

Sinusleistung →Ausgangsleistung.

Sinusoszillator →Operator.

Sinusschwingung →Sinuswelle, →Schwingung.

Sinuston →Sinuswelle.

Sinuswelle Schwingungsform, deren Verlauf durch die Sinusfunktion bestimmt wird. Die Sinuswelle ist eine reine Schwingung und neben Rauschanteilen Grundlage aller →komplexen Klänge. Sie hat keine →Obertöne, vielmehr sind die Obertöne selbst Sinusschwingungen. Die reine Sinuswelle kommt in der Natur nicht vor und kann auf mechanischem Wege nicht erzeugt werden. Einer der ersten Sinusgeneratoren in Musikinstrumenten war der elektromagnetische →Tongenerator der →Hammond-Orgel. →Synthesizer erzeugen eine Sinuswelle auf →analogem Wege meist durch Filterung einer →Dreieckwelle oder →Selbstoszillation eines →Filters und auf →digitalem Wege durch eine Sinustabelle.

Size (engl.) Größe, Ausmaß.

Skip (engl.) Überspringen, auslassen. Die Skip-Funktion an →CD-Playern oder →DAT-Recordern fährt automatisch zum Anfang des nächsten oder vorherigen Titels.

Slave (engl.) Bezeichnung für ein Gerät, das von einem →Master gesteuert wird, beispielsweise ein →MIDI-Empfänger oder eine über einen →Timecode synchronisierte →Bandmaschine.

Slew-Limiter (engl.) →Modul in →analogen →Synthesizern, das zur Abrundung abrupter Spannungsänderungen (schneller →Hüllkurvenanstieg, →Rechteckwelle) eingesetzt werden kann. Ein typischer Slew-Limiter ist ein →Tiefpaßfilter.

Slew-Rate (engl.) 1. Generell: Anstiegszeit eines →Verstärkers. Je größer die Slew-Rate ist, desto besser wird ein schnell ansteigendes oder →perkussives Signal, z. B. eine →Pulswelle, vom →Verstärkerbaustein verarbeitet. 2. →Parameter zur Einstellung der Reaktions-

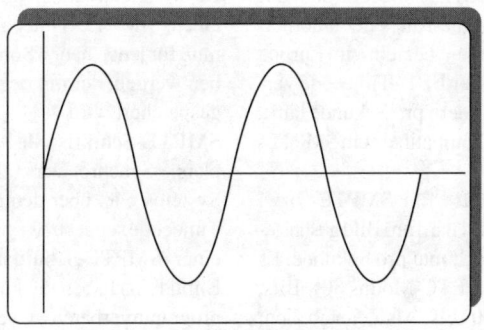

Beispiel für eine Sinuswelle

Slider

bzw. Anstiegszeit eines →Kompressors, →Limiters oder →Noise-Gates.
Slider (engl.) Schieberegler.
Slope (engl.) Anstieg/Abfall einer Kurve (→Hüllkurve).
Slot (engl.) Einschubschacht, →Steckplatz, z. B. für Sound-→Cards oder Speichererweiterungen.
Slur (engl.) Bezeichnung für einen Phrasierungsbogen in der Notenschrift, die in den meisten Notensatzprogrammen verwendet wird. Zu unterscheiden ist der Slur vom →Tie, einem Binde- oder Haltebogen.
Small Computer System Interface (engl.) Abgekürzt als →SCSI.
SMDL (engl.) Abk. für Standard Music Document Language: Eine einheitliche Beschreibungssprache für Songdateien, die vom →ANSI bearbeitet wird und noch nicht vollständig definiert ist.
Smoothing (engl.) Glätten. In →Samplern eine andere Bezeichnung für →Loop-Crossfade (siehe dort).
SMPTE (engl.) 1. Abk. für Society of Motion Picture and Television Engineers: die amerikanische Vereinigung der Ton- und Bildtechniker. 2. Kürzel für das von der SMPTE festgelegte Datenformat für die →Synchronisation von Bild und →Ton, →SMPTE-Datenformat, das üblicherweise als Synonym für den Begriff →Timecode steht. Dieser ist universeller, da der SMPTE-Timecode sich auf die spezifischen →Frame-Rates der amerikanischen Fernsehnormen bezieht. In Europa wird normalerweise der EBU-Timecode verwendet, der mit 25 Bildern pro Sekunde läuft, ansonsten aber voll →kompatibel zum SMPTE-Timecode ist.
SMPTE-Datenformat Ein SMPTE- bzw. →Timecode-Datenwort wird pro Bild geschrieben, hierzulande also 25mal pro Sekunde. Es enthält im gängigen →LTC-Modus 80 →Bits, im →VITC-Modus 90 Bits. Als Zeitstab dient die Einteilung in Stunden, Minuten, Sekunden, Bilder (→Frames) und Bits. Ein SMPTE-Wort sieht also folgendermaßen aus:
Hours Minutes Seconds Frames Bits
HH MM SS FF BB
Mit 80 bzw. 90 Bits kann ein SMPTE-Wort zehnmal so viele Informationen aufnehmen wie ein →MIDI-Byte. Die Zeitangabe benötigt davon lediglich 26 Bits. In 32 weiteren User-Bits lassen sich →alphanumerische Zeichen im →ASCII-Format codieren. Die restlichen Bits werden für Kontrollfunktionen und das Synchronwort (16 Bits) benutzt, anhand dessen ein →Synchronizer die Laufrichtung erkennen kann. SMPTE-Darstellung im →Event-Editor eines →Sequenzers.
SMPTE-Offset Relative Verschiebung eines SMPTE-gesteuerten Gerätes zur absoluten SMPTE-Zeit. Der Offset wird als SMPTE-Zeitpunkt oder -Differenz eingegeben. So lassen sich Geräte, →Bandmaschinen und oder →Videorecorder mit verschiedenen SMPTE-Timecodes bildgenau synchronisieren. Beispiel: Eine Mehrspurmaschine spielt eine Filmmusik zu einem Video ab. Die Musik startet, wenn der →Timecode der Maschine 1:25:00:00 erreicht, der Timecode des Videos zeigt zum selben Punkt jedoch 1:00:00. In diesem Fall gibt man in den →Synchronizer einen Offset von -25:00:00 für den Videorecorder ein, Film und Musik starten dann zeitgleich. Auch →Sequenzersongs lassen sich mit einem Offset an eine bestimmte Bandstelle „heranziehen". Da Mehrspurbänder meist durchgängig mit einem SMPTE-Timecode bespielt werden, muß für jeden neuen Song ein Offset eingegeben werden, der mit dem Sequenzersong abgespeichert wird.
SMPTE-Schnittstelle Anschluß eines →Samplers, →Synchronizers, →Harddisk-Recording-Systems o.ä., über den das Gerät →SMPTE-Timecode sendet bzw. empfängt. Sampler mit einer SMPTE-Schnittstelle (Akai S-1100, E-mu EIII) haben die Fähigkeit, mittels einer programmierbaren →Cue-Liste ihre →Samples zu bestimmten SMPTE-Zeiten abzuspielen. Diese Möglichkeit wird bei der →Filmver-

tonung genutzt. Die SMPTE-Schnittstelle ist meist als →Klinkenbuchse, oft auch als →XLR-Buchse ausgeführt.

SMPTE-Spur Spur auf einer Mehrspurmaschine, die den →SMPTE-Timecode enthält. Auf diese Spur wird vor Produktionsbeginn einmalig und über die gesamte Bandlänge durchgehend der SMPTE-Timecode in →analoger Form aufgezeichnet, meist durch einen →Synchronizer. Durch Lesen dieser SMPTE-Spur lassen sich anschließend weitere →Bandmaschinen, →Videorecorder und →MIDI-→Sequenzer zum Band synchronisieren.

SMPTE-Synchronisation →Synchronisation innerhalb eines Systems (→Bandmaschinen, →Videorecorder, →Sequenzer) auf der Basis des →SMPTE-→Timecode.

Snapshot (engl.) Speicherung einer Mischpulteinstellung bei automatisierten- bzw. →Computermischpulten. Je nach Modell werden die →Faderstellungen oder sogar →Klangregelung, →Aux-Wege oder sonstige Einstellungen mitgespeichert. Auf Knopfdruck kann die Einstellung wieder abgerufen werden. Auch einige →Software-Sequenzer bieten eine entsprechende Funktion zum Abspeichern bestimmter, per →Software erzeugter →Regler oder Einstellungen an.

Softlink (engl.) →Multitasking-→Betriebssystem der Firma Emagic, das es in Abhängigkeit vom verfügbaren →RAM erlaubt, mehrere (MIDI-) →Anwendungen gleichzeitig ablaufen zu lassen, wobei →MIDI-Programme intern synchronisier- und fernsteuerbar sind. Softlink läuft auf →Atari-ST-Computern.

Softsynth →Software der amerikanischen

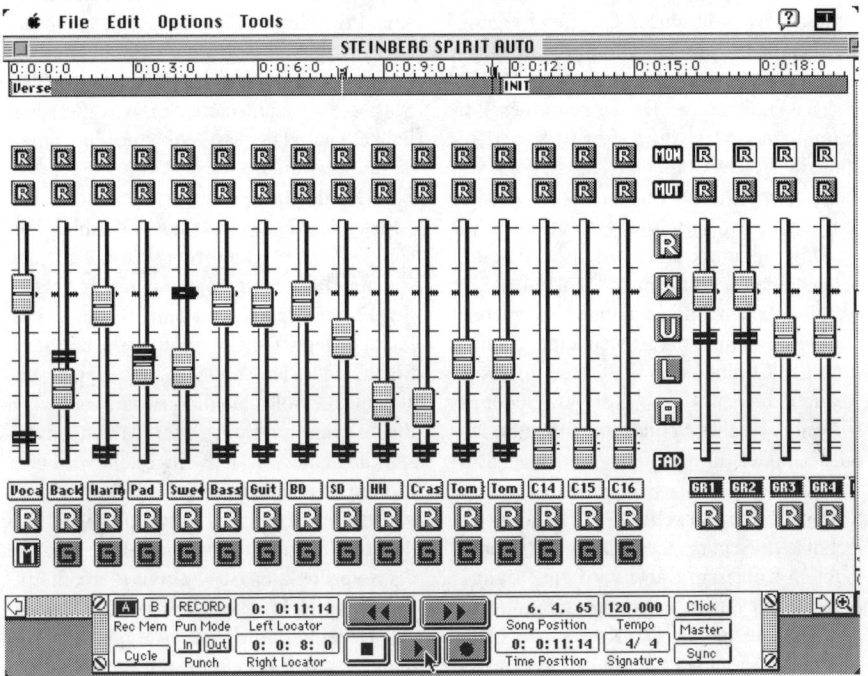

Snapshot einer Mischpulteinstellung

Firma Digidesign. Softsynth läuft auf einem →Apple-→Macintosh- bzw. →Atari-ST-Computer in Verbindung mit einem beliebigen →Sampler und realisiert einen additiven →Synthesizer im →Computer. Softsynth erlaubt die Konstruktion von Klängen aus 32 einzelnen, stimmbaren Obertönen, wobei sich für jeden →Oberton eine unabhängige →Amplituden- und →Frequenzhüllkurve über →Rubberband programmieren läßt. →Makros für Obertongehalt, Feinverstimmung und →Hüllkurven erleichtern bzw. beschleunigen die Eingabe. Softsynth berechnet aus den Einstellungen ein →Sample und sendet es an den angeschlossenen Sampler. Als Zugabe bietet Softsynth noch eine leistungsfähige →FM-Synthese mit freier Verknüpfung der einzelnen →Sinustöne untereinander.

Software (engl.) Oberbegriff für die →Programme und Daten, die einen →Computer steuern bzw. von einem Computer erzeugt und bearbeitet werden. Die Software ist im Gegensatz zur →Hardware (physische Bauteile) das Ergebnis der Denkarbeit eines Programmierers oder Anwenders bzw. der Rechenarbeit eines Computers, das in Form von Daten gespeichert wird. Zur Software gehören neben dem →Betriebssystem die →Anwenderprogramme und die - teils vom Benutzer erstellten - →Dateien und Dokumente. Im alltäglichen Sprachgebrauch bezeichnet man mit Software die Anwenderprogramme für einen Computer, z. B. →MIDI-Software, →Notendrucksoftware, →Textverarbeitungssoftware. Auch →Sounds für →Synthesizer oder Samples für →Sampler werden als Software bezeichnet.

Software-Kopierschutz Programmiertechnischer Schutz einer →Diskette vor unerlaubtem Kopieren. Dabei wird die Originaldiskette mit einem Zusatzprogramm versehen. Die meisten dieser →Kopierschutz-Einrichtungen erlauben allerdings das Anfertigen einer Kopie auf einer →Harddisk. Ein sehr ausgeklügelter Software-Kopierschutz registriert die erlaubte Kopie auf der Originaldiskette und läßt weiteres Kopieren nicht zu. Es existieren die verschiedensten Programmiertricks, um Disketten vor →Raubkopierern zu schützen. Trotzdem schaffen es spezielle Kopierprogramme und Hacker immer wieder, einen solchen Kopierschutz zu knacken. Die einzige annähernd sichere Lösung ist ein - vor allem für den Benutzer - teurer und lästiger →Hardware-Kopierschutz.

Software-Sequenzer →MIDI-Software, die den →Computer in einen leistungsfähigen →Sequenzer verwandelt. Eine solche Software kann im Gegensatz zum →Hardware-Sequenzer auf die komfortable Bedieneroberfläche (→Bildschirm, →Maus), den größeren →Arbeitsspeicher und die höhere Rechenleistung des →Computers zurückgreifen, weshalb professionelle Software-Sequenzer ihren →Hardware-Pendants meist überlegen sind. Im →Multitasking-Betrieb kann ein solcher →Sequenzer sogar mit →Editorsoftware, Notendruckprogrammen und anderer MIDI-Software zusammenarbeiten, was die Möglichkeiten und den Bedienkomfort nochmals deutlich erweitert.

Solo-Funktion (engl.) 1. Schaltet einen →Mischpultkanal direkt auf die Abhörlautsprecher und →Aussteuerungsinstrumente, alle anderen Kanäle werden stummgeschaltet. Das Signal wird zudem vor dem →Fader (→Pre-Fade) abgegriffen, die →Lautstärke des Solo-Signals läßt sich an einem Solo-Regler einstellen. Die Solo-Funktion ist sinnvoll, wenn die →Klangregelung oder Mikrofonverstärkung eines →Kanals eingestellt wird oder Störungen zu lokalisieren sind. Das Gesamtsignal am Ausgang des Mischpults bleibt von der Solo-Funktion unbeeinflußt. Eine Variante der Solo-Funktion ist →Solo-in-Place. 2. Entsprechung der Mischpultfunktion im →Sequenzer. Dabei wird die MIDI-Ausgabe aller Sequenzerspuren bis auf die der Solo-Spur abgeschaltet.

Solo-in-Place (engl.) Erweiterte →Solo-Funktion in größeren →Mischpulten, die auch die →Fader-, →Panorama- und Effekteinstellungen des →Kanals auf die Abhörlautsprecher schaltet. Im Gegensatz zur normalen Solo-Funktion darf Solo-in-Place nicht bei laufender Aufnahme aktiviert werden.

Sondertasten Tasten auf der →Computertastatur, die zusammen mit einer oder mehreren weiteren Tasten ein Sonderzeichen oder einen →Tastaturbefehl auslösen. Die meisten Tastaturen verfügen über folgende Sondertasten: →Shift (→Umschalttaste), Caps-Lock (Großbuchstaben), →Control und Option/Alternate.

Song-Position-Pointer Abgekürzt als SPP: MIDI-Zähler aus der Gruppe der →System-Common-Messages, der bei →MIDI-Clock-Synchronisation die aktuelle Songposition auf eine 16tel-Note genau angibt. Der Pointer wird bei Songstart auf 0 gesetzt und zählt alle sechs →MIDI-Clocks um einen Wert hoch. Der Vorteil besteht sarin: Stoppt man das System an einer beliebigen Songstelle, so fährt es anhand der SPP-Angaben an derselben Stelle wieder fort.

Song-Select (engl.) →MIDI-Befehl aus der Gruppe der →System-Common-Messages. Der Song-Select ermöglicht es, über →MIDI eine bestimmte Songnummer eines →Sequenzers oder →Drumcomputers abzurufen. Damit lassen sich Songwechsel innerhalb eines →MIDI-Systems automatisieren.

Sonogramm Zweidimensionale Klangdarstellung der →Frequenz in Abhängigkeit von der Zeit, wobei als dritte Dimension der Pegel durch unterschiedlichen Schwärzungsgrad sichtbar gemacht wird. Ein Sonogramm, früher nach dem sogenannten →„Visible-Speech-Verfahren" von einem Sonographen erstellt, läßt sich heute durch Software-Analyse auch von →digitalen Klängen direkt im →Computer erstellen. Der universelle →Sample-Editor „Avalon" von Steinberg beispielsweise erzeugt eine solche Darstellung aus einem →Sample.

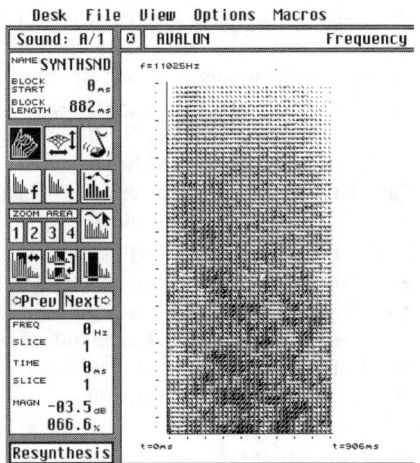

Sonogramm

Sony/Philips Digital Interface (engl.) Abk. für →S/PDIF-Interface.

Sostenuto-Pedal Tonhaltepedal, mittleres →Pedal eines akustischen Pianos, das seine elektronische Entsprechung in einem →Fußschalter findet, der sich an ein →Digital-Piano, einen →Synthesizer oder ein anderes →Keyboard anschließen läßt. Das Sostenuto-Pedal hält nur diejenigen Töne, die bereits bei Betätigung des Pedals gedrückt waren, und läßt alle nachher gespielten Noten unbeeinflußt. Das Sostenuto-Pedal läßt sich über →MIDI übertragen. Die dafür vorgesehene →Controller-Nr. ist 66 (dezimal).

Sound (engl.) →Klang. Der Begriff Sound wird in vielen Zusammenhängen benutzt. Im Zusammenhang mit elektronischen →Klangerzeugern bzw. Studiogeräten bedeutet Sound in den meisten Fällen ein →Klangprogramm (etwa Piano, Brass) oder die Klangcharakteristik (z. B. voller, warmer Sound). Auch ein Musikstil wird als Sound bezeichnet, beispielsweise „im typischen Sound der 60er".

Sound Designer →Universeller Sample-Editor der Firma Digidesign, erstes →Programm seiner Art. Ursprünglich für den →Apple

→Macintosh vorgestellt, wurde der Sound Designer auch auf den →Atari ST portiert und hat sich seither zu einer Art Standard entwickelt. Mit dem Sound Designer konnte erstmals jeder →Samples auf dem →Bildschirm graphisch darstellen und bearbeiten.
Sound-Editor (engl.) Andere Bezeichnung für →Editor-Software (siehe dort).
Sound-Library (engl.) Klangbibliothek.
Sound-Manager (engl.) →Librarian.
Sound-Sampler (engl.) →Sampler.
Sound-Synthesis (engl.) →Klangsynthese.
Soundchip (engl.) Spezieller →Prozessor in einem →Home- oder →Personal Computer zur Erzeugung synthetischer Klänge. Der Soundchip hat in erster Linie die Aufgabe, Geräusche und Musik für Computerspiele und →Multimedia-→Anwendungen sowie Warntöne zu erzeugen. Je nach Auslegung ist der Soundchip ein billiger, drei- bis vierstimmiger →Wellenform-→Synthesizer. Beim →Apple →Macintosh z. B. kann der Soundchip →Stereo-Samples wiedergeben. Beim →NeXT-Computer kommt gar ein Motorola-→Signalprozessor zum Einsatz.
Sounddaten →Klangdaten.
Soundfile (engl.) →Datei auf einem Datenträger (→Festplatte, →Diskette), die ein →Sample oder →Synthesizersound bzw. eine Soundbank enthält.
Soundgenerator →Oszillator.
Soundlibrary (engl.) Klangbibliothek, →Library, siehe auch →Librarian.
Soundtrack (engl.) Filmmusik oder Tonspur eines Films.
Soundwechsel →Program-Change.
Source (engl.) Quelle. Der Begriff Source wird in der Regel für Signal- oder →Modulationsquellen sowie →Sender benutzt. Programmiert man eine →Modulation in einem →Synthesizer, so könnte beispielsweise ein →LFO als Source fungieren und die →Tonhöhe des →Oszillators modulieren.
Space-Taste Leertaste auf einer →alphanumerischen →Tastatur.

Spannungssteuerung Von Dr. Robert →Moog in den 60er Jahren eingeführtes Prinzip zur Steuerung der →Parameter →analoger Synthesizer. Der Grundgedanke besteht darin, daß möglichst jeder →Klangparameter durch eine →Steuerspannung beeinflußbar ist, die von einem anderen →Modul innerhalb des →Synthesizers oder von einer externen Spannungsquelle erzeugt wird. Durch Kompatibilität der Steuerspannungen innerhalb des Systems kann jedes Modul jedes andere steuern, wodurch sich komplexe Klangverläufe automatisieren lassen. Die wichtigsten Spannungsquellen innerhalb eines →analogen Synthesizers sind →Klaviatur, →Hüllkurvengenerator, →LFO und →Spielhilfen. Diese Elemente beeinflussen →Tonhöhe (→Oszillatorfrequenz), →Klangfarbe (→Filterfrequenz) und →Lautstärke (→VCA-→Amplitude). In größeren Systemen lassen sich neben weiteren →Parametern der klangerzeugenden Bausteine (z. B. →Wellenform, →Filterresonanz) die Spannungsquellen ebenfalls spannungssteuern, so etwa die LFO-Frequenz oder die Hüllkurvenzeiten. Das Prinzip der Spannungssteuerung begründete die Entwicklung des Synthesizers und ist bis heute - wenn auch durch →digitale →Parameter ersetzt - prinzipiell in digitalen Synthesizern gültig.
Speaker (engl.) Hier: →Lautsprecher.
Spectral-Synthesis-System (engl.) Kombination aus →Hardware (Karte mit →Signalprozessoren und Audioanschlüssen) und →Software, die einen →IBM-kompatiblen →PC in eine →digitale Audioworkstation verwandelt. Schwerpunkt dieses Systems ist das →Harddisk-Recording. Außerdem gibt es für das Spectral-Synthesis-System auch Steckkarten, die als →Sampler, →Mischpult oder Effektprozessoren eingesetzt werden können.
Spectrum-Analyzer (engl.) →Analyzer.
Spectrum-Synthese Andere Bezeichnung für die →Time-Slice-Synthese in den Emax-→Samplern der Firma E-mu Systems.
Speech (engl.) Sprache, Sprachsignal.

Speicherkapazität

Speech-Synthesis (engl.) Sprachsynthese.

Speed (engl.) Geschwindigkeit, beispielsweise Rotorgeschwindigkeit (→Leslie-Speed), Modulationsgeschwindigkeit (→LFO-Speed).

Speicher →Arbeitsspeicher, →RAM, →ROM, →Massenspeicher.

Speicherauszug Etwas angestaubte, aber korrekte Übersetzung für →Dump.

Speichererweiterung Steckbare, mit →RAM-Bausteinen bestückte Karte zur Erweiterung des →Arbeitsspeichers von →Computern, →Samplern und anderen Geräten mit großem →RAM-Bedarf. →ROM-Sample-Player gestatten oft auch eine Erweiterung des →Sample-ROM-Speichers.

Speicherkapazität Die Kapazität eines →RAM- bzw. →ROM-Speichers oder eines Datenträgers, die eine wesentliche Rolle hinsichtlich der Leistungsfähigkeit eines Systems darstellt. Gerade Geräte, die mit großen Datenmengen arbeiten. Im Musikbereich sind dies neben →Computern vor allem →Sampler und →Harddisk-Recording-Systeme sowie deren →Speichermedien (→Festplatten, →optische Speicher). Ein →Mono-Sample in →CD-Qualität (16 →Bit, 44,1 →kHz) nimmt pro Sekunde etwa 86 →kB an Speicherkapazität in Anspruch. Ein →Sampler mit 2 →MB →RAM kann also gerade 23 Sekunden an →Sample-Zeit aufnehmen, eine →Festplatte mit 80 MB Speicherkapazität etwa 15 Minuten. Mit der Leistungsfähigkeit der →Prozessoren und →Anwendungen steigt auch der Speicherbedarf der Geräte immens. Kamen die frühen →MS-DOS-PCs noch mit 640 kB →Arbeitsspeicher aus, so lassen sich moderne Modelle bereits bis zu 256 MB aufrüsten. Auch bei den →Massenspeichern hat sich einiges getan: Eine →HD-Diskette faßt mittlerweile etwa 1,4 →MB, →Festplatten gibt es in Größen bis zu

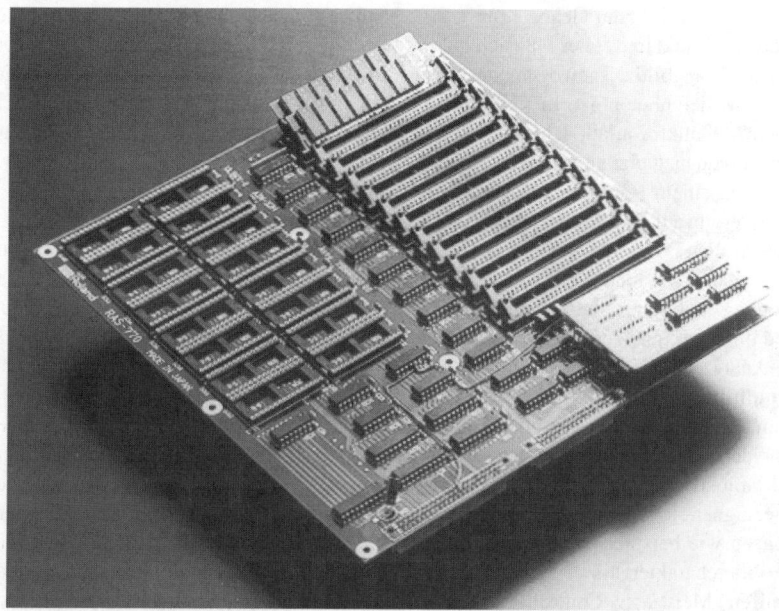

Standard-Speichererweiterungskarte für Computer und Sampler mit zwei SIMMs (schräggestellt)

mehreren →GB, und optische Speichermedien können pro Datenträger etwa 600 MB aufnehmen.

Speichermedium Oberbegriff für magnetische oder optische Medien, auf denen sich Daten dauerhaft ablegen lassen, z. B. →Wechselplatte oder →Diskette.

Speicherplatte Oberbegriff für magnetisch beschichtete oder lichtempfindliche Platten, die als Datenträger verwendet werden können: →Diskette, →Festplatte, →optische Speicher.

Spektralanalyse →Fourieranalyse.

Spektrogramm →Sonogramm.

Spektrum →Obertonspektrum.

Spektrum-Analyzer Anzeigeinstrument, das den Pegel eines Signals für verschiedene Frequenzbereiche getrennt mißt und mit Hilfe von →LED-Ketten oder einem →Bildschirm anzeigt. Dadurch läßt sich das →Klangbild optisch darstellen. Der Analyzer dient im →Studio - ergänzend zum Gehör - zur Kontrolle des Gesamtklangs. Hier läßt sich ablesen, ob das Klangbild ausgewogen oder eher höhen- bzw. tiefenbetont ist. In Verbindung mit einem Meßmikrofon läßt sich ein Analyzer auch zur Frequenzgangkontrolle von →Lautsprechern in einem Raum benutzen. →Rosa Rauschen ergibt auf dem Analyzer identische Anzeige in allen Frequenzbereichen. Anhand dieses Signals kann man die Frequenzbandabweichung am Ort des Meßmikrofons ablesen und durch →Equalizer korrigieren. Siehe auch →Analyzer.

Sperrpaßfilter →Filter, das nur die →Frequenzen im Bereich der →Cutoff-Frequenz beschneidet und die Frequenzbereiche darunter und darüber durchläßt. Steilflankige Sperrpaßfilter eignen sich zum Ausfiltern von Störfrequenzen wie beispielsweise →Netzbrummen. →Filtercharakteristik

Spielhilfen Meist als →Controller bezeichnet: Steuerelemente eines →Keyboards zur Klangbeeinflussung während des Spielens, z. B. →Handräder, →Aftertouch, →Blaswandler oder →Pedale. Näheres siehe unter →Controller.

Spielhilfen

Spiralhall →Hallspirale.

Splice (engl.) 1. Andere Bezeichnung für die →Merge-Funktion (siehe dort) in →Samplern. Mit Hilfe der Splice-Funktion lassen sich zwei →Samples zu einem verschmelzen. 2. Aneinanderschneiden, von →Magnetbändern, Samples etc.

Split (engl.) →Keyboard-Split.

Split-Point (engl.) →Splitpunkt.

Split-Pult (engl.) Bauweise von →Mischpulten, bei der das Pult in eine Eingangssektion (linke Hälfte) sowie eine →Monitor- und Ausgangssektion aufgeteilt wird. Die Idee dahinter: Ein beliebiges Eingangssignal läßt sich einer beliebigen Bandspur zuordnen, so daß der Signalweg bei der Aufnahme sehr übersichtlich ist und lästiges Umstecken entfällt. Allerdings gibt es auch gravierende Nachteile: So benötigt ein Split-Pult mit vielen Kanälen entsprechend viel Platz. Außerdem ist der Einsatz der →Monitormodule bei der →Abmischung eingeschränkt. Das Split-Konzept wird wegen des geringeren technischen Aufwands (vergleiche →Inline-Pult) im →Homerecording-Sektor fast ausschließlich, im professionellen Bereich seltener eingesetzt.

Split-Punkt (engl.) Eine Klaviaturtaste, die die Grenze zwischen zwei Klaviaturzonen beim →Keyboard-Split bestimmt. Während beim einfachen Keyboard-Split der Split-Punkt die Grenze zwischen unterem (→Lower) und oberem (→Upper) Klaviaturbereich bestimmt, erlauben →Masterkeyboards bis zu acht, sich gegebenenfalls überlappende Bereiche.

Splitten (engl. to split) Aufteilen der →Klaviatur in zwei oder mehr Zonen, →Keyboard-Split.

SPP (engl.) Abk. für →Song-Position-Pointer.

Sprachanalyse →Spracherkennung.

Spracherkennung Computerverfahren zur Erkennung gesprochener Worte und deren Umsetzung in Text oder zur Kommunikation mit dem →Computer. Die Sprache des Benutzers wird von einem →Mikrofon aufgenommen, →digitalisiert und in →Echtzeit analysiert. Per →Musterabgleich werden die digitalisierten Laute mit einer Bibliothek vordefinierter Sprachelemente verglichen und die größte Übereinstimmung ausgewählt. Viele →Programme erlauben das spezielle Trainieren der Sprache eines bestimmten Benutzers. Die Spracherkennung wird häufig zur Bedienung des Computers durch Behinderte genutzt. Die Entwicklung steckt momentan noch in den Kinderschuhen. Das bekannteste kommerzielle Spracherkennungsprogramm ist der Voice Navigator (Articulate Systems) für →Apple-→Macintosh-Modelle, mit dessen Hard- und →Software ein Macintosh komplett bedient werden kann.

Sprachsynthese Die Erzeugung von Sprache auf synthetischem Wege. Die Sprachsynthese wird heutzutage fast nur noch auf →digitalem Wege realisiert. Beim Konkatenationssynthesizer wird eine Reihe von Phonemen als →Samples abgespeichert und bei der Ausgabe entsprechend den eingegebenen Worten aneinandergereiht (wird z. B. bei telefonischen Durchsagediensten eingesetzt). Bei der →Formant-Synthese hingegen werden die durch Bewegungen von Lippen, Zunge und Mundhöhle erzeugten Spektren mit ihren charakteristischen Formanten zunächst per →Fouriertransformation analysiert und später wieder in der durch Buchstaben, Wörter oder Phrasen vorgegebenen Reihenfolge synthetisiert.
Ein demgegenüber verbessertes Prinzip ist das Linear-Predictive-Coding. Dabei wird mit einem periodischen (stimmhaft) und einem →nichtperiodischen Sample (stimmlos) gearbeitet. Mit Hilfe des LPC werden dann Samples aufgrund der vorangegangenen Samples vorausberechnet, wobei als →Parameter →Grundfrequenz, →Formanten und →Spektrum dienen. Diese →Parameter steuern die Vorgaben für ein →digitales Filter, dessen Ausgabe in einen →Digital/Analog-Wandler geschickt wird. Der →Macin-Talk-Sprachsynthesizer für →Apple-→Macintosh-Computer arbeitet nach diesem Verfahren. Sprachsynthesizer, die nach dem LPC-Verfahren arbeiten, werden auch als Artikulationssynthesizer bezeichnet.

Square-Wave (engl.) →Rechteckschwingung.

Stacking (engl.) Andere Bezeichnung für →Layer.

Staff (engl.) Notensystem.

Stage-Box (engl.) →DI-Box.

Stand-Alone (engl.) Präfix für eigenständig. Ein →Hardware-Sequenzer wird oft auch als Stand-Alone-Gerät bezeichnet.

Standard Music Document Language (engl.) Abgekürzt als →SMDL.

Standard-MIDI-File (engl.) →MIDI-Standard-File.

Start (engl.) →MIDI-Byte, das einen →Sequenzer oder ein anderes taktgesteuertes Geräts auf den Songbeginn zurücksetzt und die Wiedergabe startet.

Start-Bit (engl.) →MIDI-Bit, das vor den Beginn jedes →MIDI-→Bytes gesetzt wird und zur →Synchronisation des Datenstroms dient.

Das Start-Bit ist, wie das →Stop-Bit, stets gelöscht (0).

Stationary Head Digital Audio Tape (engl.) Abgekürzt als →S-DAT.

Statusbyte Erstes →Byte innerhalb eines →MIDI-Events. Das Statusbyte identifiziert den Typ der MIDI-Nachricht. Das erste →Bit des Statusbytes ist zur Unterscheidung von einem →Datenbyte stets gesetzt. Sind alle vier Bits des linken →Nibble gesetzt, so handelt es sich um eine →Systemnachricht. In diesem Fall wird der Typ durch das rechte →Nibble codiert. Bei kanalabhängigen Nachrichten wird der →MIDI-Kanal im rechten Nibble des Statusbytes codiert. Abhängig von der Art des MIDI-Events folgen dem Statusbyte gegebenenfalls ein oder zwei →Datenbytes, die die numerischen Werte für das →Event enthalten. Näheres siehe Anhang.

Stave (engl.) Notensystem.

Steckfeld Gängiger: →Patchbay (siehe dort).

Steckplatz Schacht auf der Hauptplatine eines Gerätes, der zur Aufnahme zusätzlicher →Platinen mit Programm- oder Speicherbausteinen dient. Je mehr Steckplätze ein →Computer anbietet, desto flexibler läßt er sich erweitern und an individuelle Anforderungen anpassen. Fast jeder →PC verfügt heute über eine Anzahl Standard-Steckplätze für Zusatzkarten des Herstellers oder von Drittanbietern: →SIMMs (→Speichererweiterung), →Coprozessoren (Beschleunigung), →Videokarten (Verwaltung externer Bildschirme), →DSP-Karten (Verarbeitung von →Audiosignalen), Soundkarten (z. B. →Synthesizer).

Ein Standard-PC läßt sich über solche Steckplätze zu einem kompletten →Harddisk-Recording-System ausbauen oder um einen integrierten, professionellen →Synthesizer (z. B. E-mu Proteus) erweitern.

Stem (engl.) Notenhals.

Step-Recording (engl.) Schrittweise →Noteneingabe in den →Sequenzer. Diese Technik stammt noch von den →analogen Sequenzern, wo man für jeden Schritt →Tonhöhe und Länge einzeln eingeben mußte. Das Step-Recording wurde in →MIDI-→Sequenzern übernommen, weil viele Musiker diese Technik zur Erzeugung gleichförmiger Muster (Arpeggien, Rhythmuspatterns) bevorzugen. In den meisten Fällen arbeitet man heutzutage allerdings im →Realtime-Recording-Modus, der einer Bandaufnahme am nächsten kommt.

Stereo Zweikanalige Wiedergabe oder Aufnahme von →Audiosignalen. Stereo ermöglicht das →räumliche Hören, da hier auch →Lautstärke- und →Laufzeitunterschiede beider Kanäle berücksichtigt werden, die durch die Links-Rechts-Position der Klangquelle im Raum entstehen. Diese beiden Eigenschaften kommen allerdings fast ausschließlich bei akustischen Klangquellen vor. Elektronische Klangquellen werden über eine →Panorama-Funktion im →Klangerzeuger selbst oder im →Mischpult räumlich verteilt, die ausschließlich mit →Intensitäts-Stereophonie arbeitet.

Stereomikrofon →Mikrofon mit zwei getrennten, gegeneinander drehbaren Kapseln, wobei die →Richtcharakteristik beider Kapseln getrennt umschaltbar ist. Ein Stereo-

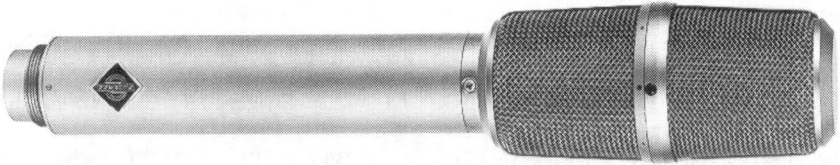

Stereomikrofon mit getrennten Kapseln

mikrofon läßt sich ausschließlich für →Intensitätsstereophonie einsetzen.

Stereosampling (engl.) Gleichzeitige, phasengetreue Aufzeichnung zweier →Samples aus einem Stereo-Eingangssignal. Dazu ist ein Stereosampler nötig, der mit zwei →Analog/Digital-Wandlern ausgestattet ist. Stereosampler bieten neben dem Stereosampling auch die Möglichkeit, Sample-Bearbeitungen wie Schneiden, →Loopen oder →Time-Correction →parallel auf beide oder getrennt für jedes einzelne Sample anzuwenden. Stereosampling ist vor allem dann sinnvoll, wenn Stereo-Musikpassagen, räumliche Signale (Geräusche, Atmosphären, verhallte →Sounds, →Panorama-Effekte) oder Stereo-Klangkörper (Chor, Orchester) originalgetreu wiedergegeben werden sollen.

Stereosichtgerät Alternative Bauform eines →Korrelationsgradmessers mit einer runden Mattscheibe, auf der die →Phasenlage des Eingangssignals als Elektronenstrahl abgebildet wird.

Sternschaltung →MIDI-System, in dem die →Slaves über eine →MIDI-Patchbay →parallel mit dem →Master verbunden sind. Ein kleiner Vorteil im Vergleich zur →Kettenschaltung besteht darin, daß alle Slaves ihre Daten garantiert gleichzeitig erhalten, vor allem aber ist von Vorteil, daß jedes Gerät einzeln vom →Master ansprechbar ist und bei Ausfall eines die Übertragung an die anderen Geräte weiterhin reibungslos funktioniert.

Steuerspannung Auch →Control-Voltage, →CV. Spannungen, die im →analogen Synthesizer von den Steuermodulen (→Tastatur, →Spielhilfen, →Hüllkurvengenerator, →LFO) erzeugt werden und die →Parameter der klangverarbeitenden →Module (→Oszillator, →Filter, →Verstärker) steuern. Ein vollanaloges Synthesizersystem arbeitet ausschließlich mit Steuerspannungen.

Steuerzeichen Sonderzeichen, die der →Computer zur →Formatierung der Ausgabe oder zur Einstellung spezifischer →Parameter (wie beispielsweise der Druckgröße) an einen →Drucker oder ein anderes Ausgabegerät, beispielsweise einen →Terminal-→Bildschirm, sendet. Ein Notendruck- oder →Textverarbeitungsprogramm bzw. dessen →Druckertreiber erzeugt heute diese Steuerzeichen selbst. In nicht graphisch orientierten Textverarbeitungssystemen müssen diese Zeichen mühselig vom Benutzer eingegeben werden. Dank

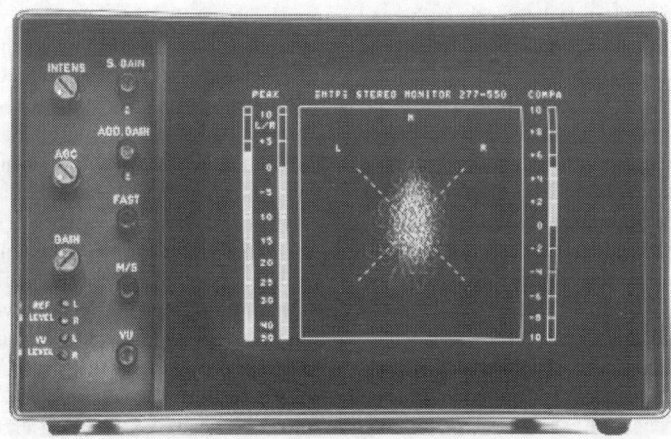

Anzeige eines Stereosichtgeräts

des heute verbreiteten →WYSIWYG-Standards ist dies nicht mehr nötig.
Stimme →Voice.
Stimmenzahl →Polyphonie.
Stimmenzuordnung Die Art und Weise, wie ein →Klangerzeuger seine →polyphonen Stimmen auf die →MIDI-Kanäle bzw. die beteiligten →Sounds verteilt. Die Stimmenzuordnung wird erst im →MIDI-→Multi-Mode interessant, da nur hier mehrere →polyphone Sounds gleichzeitig zu verarbeiten sind. Bei einer festen Stimmenzuordnung wird jedem Sound eine feste Anzahl an Stimmen zugeordnet. Eine →dynamische Stimmenzuordnung dagegen verteilt die freien Stimmen laufend dorthin, wo sie gerade benötigt werden. Fast alle Klangerzeuger verfügen heute über die →dynamische Stimmenzuordnung.
Stimmgerät Ein Gerät, welches die Frequenzabweichung eines Eingangssignals von einem Sollwert anzeigt und zum Stimmen von akustischen Instrumenten und elektromagnetischen oder →analogen →Keyboards benutzt wird. Einfache Stimmgeräte überprüfen lediglich den Grundton a1, wobei die Grundstimmung im Bereich von 440 →Hz einstellbar ist. Chromatische Stimmgeräte können die →Stimmung in Halbtonabständen prüfen und auch selbst den Halbton erkennen, sind aber entsprechend teurer. Neben Gitarren und Bässen müssen auch →analoge Synthesizer, elektromagnetische Pianos (z. B. →Wurlitzer, →Fender Rhodes) oder akustische Pianos von Zeit zu Zeit gestimmt werden. Für →digitale →Klangerzeuger ist ein Stimmgerät nicht nötig, da deren Stimmung absolut konstant ist.
Stimmung Frequenzverhältnis der Halbtöne einer →Oktave, das einem Instrument zugrundeliegt.
In der abendländischen Musik ist die →temperierte Stimmung die gebräuchliche Skala für die →Frequenzen der Halbtöne, die mit gleichbleibenden Abständen der Halbtöne (anders als die →reine Stimmung) arbeitet. Bei der temperierten Stimmung schweben die Quinten, im Gegensatz zur reinen Stimmung, wo sie schwebungsfrei sind (eben „rein"), um so das pythagoräische Komma (die Differenz zwischen der ersten und letzten Quinte des Quintenzirkels) auszugleichen. Nach einmaligem Durchwandern des Quintenzirkels und damit aller zwölf chromatischen Töne wird damit wieder exakt der Ausgangspunkt erreicht. Nur so läßt sich ein Instrument in sämtlichen Tonarten spielen. Die Quinten ergeben in der temperierten Stimmung entsprechend einen geschlossenen Zirkel (c-g-d-a-e-h-fis/ges-des-as-es-b-f-c), während sich in der reinen Stimmung eine nicht schließende Spirale ergäbe. Es gibt viele Theorien und Untersuchungen zum Phänomen der reinen Stimmung, die ja eigentlich den Ausgangspunkt bildet, von dem die temperierte Stimmung lediglich die praktikable Abwandlung ist. Tatsächlich musizieren fast alle akustischen Ensembles und Chöre in der reinen Stimmung. Eine echte reine Stimmung ist bei Tasteninstrumenten eigentlich bauartbedingt nicht möglich. Allerdings gibt es entsprechende Möglichkeiten für elektronische Instrumente, die exakte Stimmung eines →Intervalls oder Akkordes in →Echtzeit zu berechnen. Ein entsprechendes System ist das Hermode-Tuning-System, das bislang nur in Geräten der Firma Waldorf implementiert ist. Viele elektronische →Klangerzeuger erlauben neben der bei Tasteninstrumenten üblichen temperierten Stimmung zusätzlich die Programmierung davon abweichender Stimmungen, z. B. Vierteltonskala, ältere Stimmungen (Werckmeister, Kirnberger) oder vom Anwender definierbare Stimmungen. Die Funktion dazu heißt →Microtuning.
Störspannungsabstand Eines →Mikrofons: Abstand zwischen der Ruhespannung, die das →Mikrofon abgibt, und der Spannung, die es bei einem Bezugsschalldruck von 1 Pa und einer →Frequenz von 1 →kHz erzeugt. Der Störspannungsabstand ist genormt und liegt etwas niedriger als die →Nutzdynamik. →Kon-

densatormikrofone erzielen einen Störspannungsabstand von etwa 65 - 70 →dB.

Stop (engl.) →MIDI-Befehl aus der Gruppe der →System-Realtime-Messages. Der Stop-Befehl entspricht der gleichnamigen Tonbandfunktion, er stoppt die Wiedergabe eines →MIDI-Songs.

Stop-Bit (engl.) →MIDI-Bit, das jedem →Byte angehängt wird und zur →Synchronisation des Datenstroms dient. Das Stop-Bit ist, wie das →Start-Bit, stets gelöscht (0).

Storage (engl.) →Speicher.

Store (engl.) Andere Bezeichnung für die →Write-Funktion zum Speichern eines veränderten →Programms (→Sound, Effekt).

Streamer (engl.) Professionelles →Backup-Medium nach dem Schema eines Cassettenrecorders. Der Streamer zeichnet die von der →Festplatte kommenden Daten sequentiell auf einer →Magnetbandcassette auf, ist also nicht als →Festplattenersatz einsetzbar. Für das regelmäßige Sichern sehr großer Datenmengen (mehrere 100 →MB) ist der Streamer das geeignetste Medium.

String 1. (engl.) Zeichenkette. Eine Folge von Zeichen - z. B. Text - wird im →Computerjargon String genannt. Im MIDI-Bereich hat man mit Strings zu tun, wenn man eigene →MIDI-Befehle erzeugt oder →systemexklusive Nachrichten bearbeitet. Hier wird ein String beispielsweise zur Darstellung eines Soundnamens benutzt. 2. (engl.) Saite.

Strings (engl.) Streichinstrumente, Streichorchester. Allgemeine Bezeichnung für akustische oder elektronisch nachgebildete Streichersounds. Ein →Sample eines Orchesters wird ebenso mit „Strings" bezeichnet wie ein →analoger, streicherähnlicher Synthesizersound oder den →Sound eines →Strings-Synthesizers.

Strom, elektrischer Durch eine Spannung angeregter Fluß elektrischer Teilchen durch einen Leiter. Die Stromstärke wird in Ampere (A) gemessen.

Studio →Tonstudio.

Studiosynthesizer Andere Bezeichnung für einen →Modulsynthesizer. Ein →analoges, modular aufgebautes →Synthesizersystem, dessen Größe und technischer Aufwand das Einsatzgebiet auf →Studios beschränkt.

Stummelpedal Verkürztes Orgelpedal (→Klaviatur), das es mit einer (13 Tasten) bzw. zwei →Oktaven (25 Tasten) gibt. Im Gegensatz zum →Vollpedal eignet es sich eher zur Interpretation von Unterhaltungsmusik, klassische Orgelwerke erfordern einen größeren Tonumfang.

Style (engl.) In elektronischen Orgeln oder →Portable Keyboards: Schlagzeugrhythmus mit einem dazugehörigen Begleitarrangement, z. B. Tango, Bigband. Durch Selektion eines Style werden neben dem Rhythmus auch die →Sounds blitzschnell umgeschaltet.

Subgroup (engl.) →Subgruppe.

Subgruppe Zusammenfassung einer Anzahl von →Mischpultkanälen auf einen →Fader bzw. Signalweg. Durch Bildung von Subgruppen lassen sich mehrere Kanäle mit nur einem →Regler steuern bzw. auf Band aufnehmen. So faßt man beispielsweise die Schlagzeugsektion auf zwei Subgruppen zusammen, um sie stereo abzumischen und mit nur zwei Fadern regeln zu können. Auch läßt sich z. B. ein Chor, der sich auf 16 Bandspuren befindet, zu einer →Stereo-Subgruppe zusammenfassen, gemeinsam bearbeiten und auf zwei Bandspuren überspielen.

Suboszillator →Oszillator, dessen Schwingung durch einen →Frequenzteiler aus der Schwingung des eigentlichen →Oszillators gewonnen wird. Der zuschalt-, aber meist nicht regelbare Suboszillator addiert zum →Oszillatorsignal eine um ein bis drei →Oktaven tiefere Schwingung hinzu. Dadurch lassen sich Solo- und Baßsounds „tiefer" und „fetter" gestalten.

Substatus Gerätekennung bei der →systemexklusiven Datenübertragung. Der Substatus wird vom Hersteller einem bestimmten Modell zugewiesen. Nur wenn der Substatus kor-

Subtraktive Synthese

rekt ist, akzeptiert ein Gerät einen →Dump. Stimmt zwar die Herstellerkennung, nicht aber der Substatus, so ist dieser Dump für ein anderes Modell desselben Herstellers bestimmt.

Subtraktive Synthese Klangsyntheseverfahren sämtlicher →analoger und vieler →digitaler →Synthesizer. Das Prinzip: Eine →Wellenform mit hohem Obertongehalt und hoher →Amplitude wird durch eine →Klangformung geschickt, die gezielt Obertöne und Amplitude subtrahiert. Die obertonreichen Wellenformen werden von einem →Oszillator (→VCO, →DCO) erzeugt. Für die Klangformung in Gestalt der Subtraktion bzw. Beschneidung von Obertönen wird ein →Filter (→VCF, →DCF, →TVF) eingesetzt. Ein steuerbarer →Verstärker kontrolliert die Amplitude. Die Klangerzeugungs- bzw. Klangformungsbausteine →Oszillator, Filter und →Verstärker sind dynamisch steuerbar. Zur Erzeugung von Verläufen und →Modulationen werden Steuerbausteine eingesetzt. Dies sind →Hüllkurven, →LFO, →Klaviatur, →Spielhilfen und externe Steuerelemente.

Suchattribut →Attribut.

Suchlauf Auch →Cueing genannt: Schneller Vor- oder Rücklauf einer →Bandmaschine bei gleichzeitigem Mithören. Auch →MIDI-→Sequenzer bieten eine Suchlauf-Funktion, allerdings werden hier →MIDI-Daten mit höherem →Tempo ausgegeben. Das bewirkt im Gegensatz zum →Tonband keine Tonhöhenveränderungen.

Summe Stereoausgang eines →Mischpults, an dem das zweikanalige Mischsignal anliegt. An die Summe werden die Abhörverstärker (je nach →Monitor-Einstellung) und die →Mastermaschine angeschlossen.

Surround-Sound (engl.) Verfahren zur Mehrkanalbeschallung in Kinosälen, das inzwischen auch im Heimbereich für den Videoton sowie auf →CDs Verwendung findet und von der amerikanischen Firma →Dolby entwickelt wurde. Beim Surround-Sound werden zunächst vier Kanäle verwendet: Left, Right, Center und Surround. Der zusätzliche Center →Kanal dient vor allem bei größeren Kinos der Erzeugung einer echten Mitteninformation und wird meist für Dialog eingesetzt, während der Surround-Kanal aus mehreren →Lautsprechern um den Hörer herum abgestrahlt wird und für Effekte und Raumwirkungen benutzt wird. Inzwischen gibt es für das Heimformat weitere Verfeinerungen, wie z. B. einen separaten Tieftonkanal etc. Im Surround-Sound-Verfahren aufgenommene →Videos oder CDs sind →mono- und stereokompatibel. Erst ein spezieller Decoder erzeugt aus den beiden →Stereo-Kanälen die entsprechenden Surround-Sound-Kanäle.

Sustain (engl.) Aushalten, ausklingen. Als

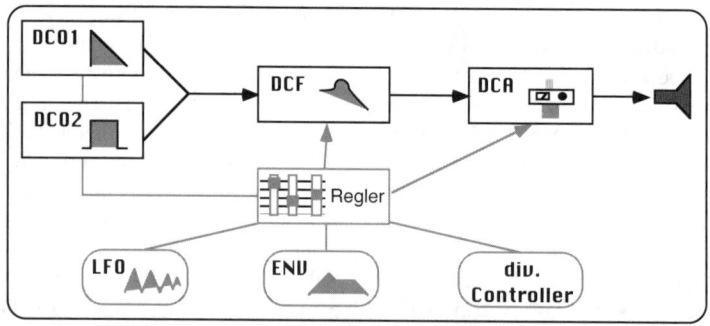

Module eines subtraktiven Synthesizers

Sustain bezeichnet man das Ausklingverhalten →perkussiver Instrumente (Gitarren, Bässe). Eine Sustain-Funktion in elektronischen →Klangerzeugern simuliert das →Forte-Pedal eines Klaviers.
Sustain-Level (engl.) Haltepegel. Hüllkurvenphase in einer →ADSR- oder davon abgeleiteten →Hüllkurve. Das Sustain-Level wird bei gedrückter Taste nach Durchlaufen der →Attack- und →Decay-Phase erreicht und so lange gehalten, bis die Taste losgelassen bzw. ein →Note-Off-Befehl empfangen wird. Ist das Sustain-Level auf Null gesetzt, so klingt der →Sound bei gedrückter Taste aus.
Sustain-Loop (engl.) →Loop-Modus im →Sampler: Die Sustain-Loop ist nur bei gedrückter Taste aktiv und stoppt nach dem →Note-Off. Danach klingt das →Sample aus, oder es wird die →Release-Loop aktiviert.
Sustain-Pedal (engl.) Haltepedal. Entsprechung des →Forte-Pedals akustischer Klaviere für elektronische →Keyboards. Der entsprechende →MIDI-→Controller besitzt die Nummer 64 (dezimal).
Swap (engl.) Austauschen. Die Swap-Funktion in einer →Editorsoftware vertauscht beispielsweise die Speicherplätze zweier →Sounds.
Sweep-Effekt Wah-Wah-ähnlicher Effekt, der durch ein →Tiefpaßfilter mit hoher →Resonanz entsteht, wenn die →Cut-Off-Frequenz in weiten Bereichen variiert wird, etwa durch eine →Hüllkurve oder einen →LFO.
Sweep-EQ (engl.) →Parametrischer Equalizer.
Swing →Parameter in →Sequenzern und →Drumcomputern, der eine einstellbare Abweichung von der starren →Quantisierung einer Spur zuläßt, um diese „lebendiger" klingen zu lassen. Das Gerät bzw. →Programm berechnet dabei eine Abweichung der Off-Beat-Noten - üblicherweise also jeder zweiten Achtelnote - vom eingestellten Raster, so daß zunehmend ein ternäres Timing entsteht. Der Swing-Faktor wird in der Regel in Prozent angegeben. Ein Swing-Faktor von 50% entspricht der regulären Quantisierung, während 66,6% die jeweilige Off-Beat-Note an die dritte triolische Position verschiebt. Sequenzerprogramme bieten auch intelligente Verfahren zu Erzeugung abwechslungsreicher Swing-Quantisierungen an: →Groove-Quantisierung, →Adaptive Groove Design, →Analytic Quantize.
Switch (engl.) Schalter. Schalter bzw. Schalterfunktionen können im Gegensatz zum →Regler nur vordefinierte, meist zwei Zustände (an oder aus) einnehmen.
Switch-Box (engl.) Andere Bezeichnung für eine einfache →MIDI-Patchbay, die das →parallele Verteilen eines →MIDI-In auf mehrere →MIDI-Out-Anschlüsse erlaubt.
Switch-Controller (engl.) →MIDI-Controller, die für die Übertragung von Schaltern zuständig sind und nur die Werte aus (→MIDI-Wert kleiner 64) und an (MIDI-Wert größer/gleich 64) einnehmen können. Für die Switch-Controller sind die →Controller-Adressen 64 bis 96 reserviert (die allerdings auch kontinuierliche →Controller beinhalten). Beispiele für Switch-Controller (→Controllernummer in Klammern): →Sustain (64), →Sostenuto (66), →Portamento On/Off (96).
Symmetrierung Wandlung eines →unsymmetrischen Signals in ein →symmetrisches. Die Symmetrierung ist notwendig, da fast alle Geräte intern mit unsymmetrischen Leitungen arbeiten, die Verbindung der Geräte untereinander aber auf symmetrischem Wege geschehen soll. Die Symmetrierung kann entweder mit →Übertragern oder auf elektronischem Wege durch Operationsverstärker geschehen. Der letzte Weg ist kostengünstiger, Operationsverstärker arbeiten auch linearer als Übertrager, allerdings besteht hierbei keine galvanische Trennung der Geräte und somit kein Schutz vor Gleichströmen und Störungen zwischen ihnen.
Symmetrisch(e Leitung) (engl.: →Balanced) Audioverbindung mit zwei Tonadern und ei-

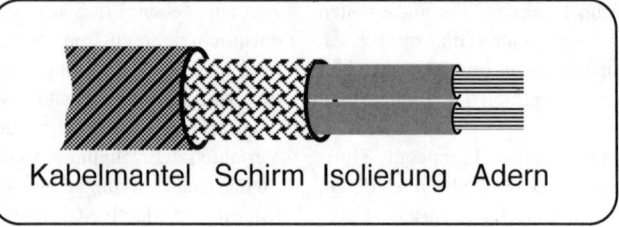

Kabelmantel   Schirm   Isolierung   Adern

Symmetrische Leitung

nem gemeinsamen →Schirm. Die Tonadern führen dabei dasselbe Signal, allerdings um 180º phasenverdreht. In einem symmetrischen Audioeingang wird die →Phase der Ader b wieder invertiert, die Summe beider Signale bildet das Tonsignal. Der Vorteil: Störungen, die entlang der Leitung eingestreut werden, wirken auf beide Adern gleich stark und in der gleichen Phase. Bei der Summierung der beiden Signale im Eingang löschen sich diese Signale jedoch vollständig aus. Daher lassen sich mit einer symmetrischen Leitung auch Signale mit niedrigem Pegel (z. B. →Mikrofon) über lange Strecken störsicher übertragen. Symmetrische Leitungen werden in allen professionellen Anwendungsgebieten (→Studio, →PA) eingesetzt.

Alle professionellen Audiogeräte bieten entsprechend symmetrische Anschlüsse, die üblicherweise mit →XLR-Verbindern ausgeführt werden.

Sync Abk. für →Synchronisation. „In Sync" ist ein Gerät, wenn es korrekt synchronisiert wird.

Sync-Delay (engl.) Programmierbare, zeitliche Verschiebung eines taktgesteuerten Gerätes - z. B. eines →Sequenzers oder einer →Bandmaschine - zum →Timecode (→Sync). Dadurch können unter anderem →Sounds eines →Klangerzeugers zeitlich an die Bandspuren angepaßt werden. Für langsam einschwingende Sounds (Streicher, Sphärenklänge) benutzt man ein negatives Sync- →Delay.

Sync-Kopf Magnetkopf einer semiprofessionellen →Mehrspur-Bandmaschine, der →Aufnahme- und →Wiedergabekopf in sich vereint. Dieser Kopf kann, da die Spalten für die einzelnen Spuren übereinanderliegen, Spuren abspielen und gleichzeitig andere aufzeichnen. Diese sind aufgrund der exakt übereinanderliegenden Spalten synchronisiert. Daher die Bezeichnung. Im Unterschied dazu arbeiten professionelle →Bandmaschinen mit voneinander versetzten →Aufnahme- und →Wiedergabeköpfen. Dabei fungiert der →Aufnahmekopf auch gleichzeitig als Sync-Kopf, um perfekte Synchronität von nacheinander aufgenommenen Spuren zu gewährleisten. Der physikalische Abstand zwischen Aufnahme- und →Wiedergabekopf würde andernfalls zu einer →Verzögerung der jeweils nachträglich aufgenommenen Spur führen.

Sync-Referenz Datensatz mit den relativen Zeit- und →Tempoangaben, der erforderlich ist, um die relative Zeit- und Tempoachse eines zu synchronisierenden Gerätes (meist →MIDI-Clocks und →SPP) an die absoluten Zeitinformationen des SMPTE-Timecode anzupassen. Bestandteile der Sync-Referenz sind der →SMPTE-Offset und das Tempo bzw. programmierte Tempoänderungen im Song. Eine Sync-Referenz kann im Synchronizer oder im SMPTE-fähigen →Sequenzer erstellt und mit dem Song abgespeichert werden.

Sync-to-Tape (engl.) →FSK.

Synchron-Signal Häufig benutzte Bezeichnung für →Timecode. Meist ist ein →analoges →FSK-Signal gemeint.

Synchronisation Parallele Steuerung eines oder mehrerer taktabhängiger Geräte (→Sequenzer, →Drumcomputer) oder →Bandmaschinen (→Mehrspurmaschine, →Videorecorder) durch ein Synchronisationssignal (→Timecode), das entweder →digitaler (→MIDI-Daten) oder →analoger Natur (→Timecode auf Band) sein kann.
Die wichtigste Anwendung ist zweifellos die →Filmvertonung, wo das Bild und die zugehörige Vertonung exakt →parallel laufen müssen. Werden →digital gesteuerte Geräte (→Computer, →MIDI-Klangerzeuger) gekoppelt, so läuft die Synchronisation über eine MIDI-Leitung. Als Synchronisationssignale fungieren →MIDI-Clock oder, in professionellen Geräten, →MIDI-Timecode. Ist eine →Bandmaschine Bestandteil des Systems, so muß auf einer Spur dieser →Bandmaschine ein analoger Timecode aufgezeichnet werden. Bei der Wiedergabe wird diese Spur gelesen, von einem Synchronizer in digitale Daten übersetzt und an die Empfänger übermittelt.
Im semiprofessionellen Bereich wird die →FSK-Synchronisation benutzt, im professionellen Bereich die →SMPTE-Synchronisation.
Geräte mit verschiedenen Synchronisationsformaten lassen sich über einen →Synchronizer koppeln, der zwischen allen Formaten übersetzen und die Positionen der Geräte anpassen kann. Bei der bildgenauen Synchronisation in Verbindung mit einem Videorecorder unterscheidet man noch den →VITC- und den →LTC-Timecode. Der technisch aufwendigere →VITC, der in die Austastlücken des Bildsignals eingefügt wird, ermöglicht die Ausgabe eines Timecode-Signals auch bei sehr langsamen Abspielgeschwindigkeiten und sogar im Standbild, was für →Videovertonungen von großem Vorteil ist.

Synchronisationsreferenz →Sync-Referenz.

Synchronizer (engl.) Gerät zur zentralen Steuerung mehrerer synchronisierter Geräte. Der Synchronizer wandelt das Synchronsignal in verschiedene Formate (z. B. →FSK, →MIDI-Clock, →MTC, →SMPTE), setzt Zeitverschiebungen (→Offsets), erzeugt Tempoänderungen und sorgt damit dafür, daß alle Geräte des Systems →parallel laufen. Während einfache →MIDI-Synchronizer lediglich ein →analoges Bandsignal in →MIDI-Clock wandeln können, muß ein professioneller Studio-Synchronizer unter anderem den →Bandlauf einer analogen Mehrspurmaschine entsprechend dem →Timecode steuern, wozu beispielsweise der Adam Smith Zeta Three nicht weniger als 96 →Parameter verwendet. Synchronizer werden in Heim- und professionellen →Studios eingesetzt, wobei der Einsatzbereich von der einfachen Synchronisation eines →Vierspur-Recorders zu einem →MIDI-→Sequenzer bis hin zur zentralen Steuerung des ganzen Studio-→Equipments bei der →Filmvertonung reicht.

Synclavier (engl.) →Digitale Audio-Workstation der amerikanischen Firma New England Digital - das teuerste und aufwendigste Audiosystem seiner Art. Das Synclavier I, 1981 erstmals vorgestellt, begnügte sich noch mit Additiver und →FM-Synthese und einem 16-Spur-Sequenzer. Das heutige Flaggschiff, das Synclavier 9600, basiert auf einem Minicomputer als →CPU und einem →Apple →Macintosh II als Bedieneinheit. Es setzt voll ausgebaut in seinen Leistungsdaten Maßstäbe: 200-Spur-MIDI-Sequenzer mit angekoppeltem 32-Spur-→Harddisk-Recording und →SMPTE-Synchronisation, →Synthesizer mit FM, Additiver Synthese, →Resynthese, 96stimmig; →Stereosampling bis zu einer →Sampling-Rate von 100 →kHz (64 Stereo-Ausgänge) und einem →Arbeitsspeicher mit 196 →MB, Datenbank zur Verwaltung der →Samples, hervorragende Klangbibliotheken auf →Optical-Disks; Notendruck und eine um-

SynthAxe

State-of-the-Art Audio-Workstation Synclavier 9600

fangreiche →MIDI-Patchbay. Dieses State-of-the-Art-System kostet in voller Ausbaustufe über eine Million Mark und ist damit ausschließlich professionellen Anwendern und größeren Firmen vorbehalten. Das Synclavier wird von Musikern, →Tonstudios, Rundfunksendern und Film-Companies in erster Linie zur Musikproduktion und →Filmvertonung eingesetzt.
Trotz all dieser technologischen Traumausstattungen erging es New England Digital wie so vielen anderen Firmen in der Audio-Branche: Mißmanagement und verfehlte Produktpolitik führten 1992 zum Ende der Firma.
SynthAxe (engl.) State-of-the-Art MIDI-Gitarre mit futuristischem Design. Die SynthAxe arbeitet mit Sensoren an Bünden und teilt die Saiten in sechs Schlagsaiten (→Trigger-→Strings) und sechs Griffsaiten (→Pitch-→Strings) auf. Die Schlagsaiten liefern die →Note-On- und →Velocity-Information, die elektrisch leitenden →Pitch-→Strings übermitteln die →Tonhöhe und das →Pitchbending. Dazu kommen umfangreiche, masterkeyboardähnliche Programmiermöglichkeiten und →Spielhilfen. Der Preis der SynthAxe liegt bei weit über 10.000 Mark.
Syntheseverfahren →Klangsynthese.
Synthese-Software →Software, die im →Computer ein oder mehrere →Klangsyntheseverfahren realisiert und Klänge in Form von →Samples ausgeben kann. Näheres siehe auch unter →Softsynth, →Turbosynth, →Avalon, →Sample-Editoren.
Synthesizer (engl.: to synthesize = zusammenfügen, verbinden) Im wörtlichen Sinne ein →Klangerzeuger, der komplexe Klänge durch Verknüpfung einer Vielzahl von klangerzeugenden und -verarbeitenden Bausteinen produziert. Die elektronische →Klangerzeugung gab es bereits lange vor Einführung des

Synthesizer

Polyphoner Analogsynthesizer Korg PS 3100 (1976)

Begriffs Synthesizer. Die wichtigsten Vorläufer des Synthesizers sind unter anderem das →Theremin (1920), das →Trautonium (1930), die →Hammond-Orgel (1934) und Oskar Salas →Mixturtrautonium (1952). Der erste Synthesizer, der diese Bezeichnung trug, war ein Koloß aus →Sägezahnoszillatoren, →Rauschgenerator und →Filtern, der per Lochstreifen gesteuert wurde und von der amerikanischen Firma RCA entwickelt worden war. Die Entwicklung des Synthesizers, wie wir ihn heute kennen, wurde jedoch erst 1964 durch Robert →Moog mit der Einführung des Prinzips der →Spannungssteuerung begründet, auf dem sämtliche →analogen Synthesizer basierten. Diese →analogen Synthesizer kannten hauptsächlich ein einziges Syntheseprinzip, nämlich die →Subtraktive Synthese mit →Oszillator, →Filter und →Verstärker sowie einer Reihe von Steuermodulen (→LFO, →Hüllkurven). Während die ersten Systeme modular aufgebaut, äußerst teuer und damit wenigen professionellen Anwendern vorbehalten waren, hielt ab 1970 mit dem →Minimoog der erste kompakte und für jeden erschwingliche Synthesizer Einzug in →Studios und Bühnen. Dieser war, wie fast alle Synthesizer, mit einer →Klaviatur zur →Tonhöhen-Eingabe ausgestattet. In den nächsten Jahren änderte sich hinsichtlich der Klangerzeugung wenig. Mit der Einführung von →Prozessoren wurden lediglich analoge Steuerbauteile durch →digitale Funktionen ersetzt. So hießen →VCOs, →VCFs und →VCAs fortan →DCOs, etc., wobei das „D" für →Digitally stand. Darüber hinaus ließen sich nun →Klangprogramme speichern und auf Knopfdruck abrufen. Bald gab es auch Synthesizer mit digitaler Klangerzeugung, beispielsweise der PPG Wave, der als erster kommerzieller Synthesizer mit Additiver Synthese aufwarten konnte.

Korg Wavestation SR (1992)

Der nächste Schritt war die Einführung der →MIDI-Schnittstelle, die ursprünglich für Synthesizer entwickelt worden war. Nun ließen sich Synthesizer untereinander koppeln, ihre →Klangparameter im →Computer verwalten und bearbeiten und mehrere Geräte platzsparend in ein →Rack einbauen. Die Vorstellung des →Yamaha DX7 im Jahre 1984 war - bezogen auf den Synthesizer - ein ähnlicher Meilenstein wie die MIDI-Schnittstelle. Kein Synthesizer davor oder danach wurde vergleichbar berühmt. Die natürlichen, lebendigen Klänge der →FM-Synthese waren vorher nie dagewesen und lassen sich bis heute auf keinem anderen Wege erzeugen. Der DX7 war auch der Katalysator für die Entwicklung volldigitaler Synthesizer, die bis auf die Ausgangswandler (→Digital/Analog-Wandler) keine analogen Klangbausteine mehr enthielten. Da bei der digitalen Synthese die Komplexität der Klänge keine ausschließliche →Hardwarefrage mehr war, sondern in erster Linie von der →Software abhing, konnten nun theoretisch beliebige →Klangsyntheseformen verwirklicht werden. Daß diesem Wunsch allerdings die Rechneranforderungen im Wege standen, erkennt man an der Tatsache, daß seit der FM kein wirklich neues Syntheseprinzip mehr auf den Markt gebracht wurde.

Die wichtigsten Fortschritte machten die Synthesizer nicht auf dem Gebiet der Klangerzeugung, sondern hinsichtlich der Funktionsvielfalt: Mit der Korg M1 beispielsweise wurde die →MIDI-Workstation ins Leben gerufen. Ein Synthesizer besitzt heute nach diesem Vorbild neben einer vollen →MIDI-Implementation mit →Multi-Mode fast immer eine Effektsektion, oft auch einen →Sequenzer und ist damit als MIDI-Produktionswerkzeug autark.

Eine der wichtigsten Errungenschaften der →Digitaltechnik auf dem Synthesizersektor besteht denn auch darin, daß ein Synthesizer der mittleren Preisklasse immer noch ein Vielfaches der Klangvielfalt und Möglichkeiten bietet, für die man noch vor zehn Jahren 10.000 Mark und mehr ausgeben mußte.

So verwundert es nicht, daß die Expanderversion der Korg Wavestation mit einem Vorfahren von 1976 neben der Größe auch sonst nichts mehr gemeinsam hat, bis auf die Bezeichnung: Synthesizer.

Synthesizerstimme →Stimme.

Synthie Manchmal auch „Synthy" oder „Synthi": eingedeutschtes Kürzel von →Synthesizer.

Synthophone Zum →MIDI-→Controller umgebautes Saxophon, entwickelt von dem Schweizer Martin Hurni und seiner Firma Synthophone. In die Klappen des Saxophons sind Kontakte eingebaut. Eine Elektronik im Mundstück registriert die Aktionen des Spielers und sendet Informationen an einen externen Konverter, der daraus →MIDI-Daten erzeugt.

Synthophone

System-Common-Messages (engl.) Allgemeine MIDI-Systemnachrichten, die ohne Kanalkennung übertragen und an alle Geräte

innerhalb eines →MIDI-Systems adressiert werden. Dazu gehören die →Events →Song-Position-Pointer, →MTC-Quarter-Frame-Message, →Song-Select, →Tune-Request und →EOX.
System-Crash (engl.) →Absturz.
System-Exclusive-Messages (engl.) Oft abgekürzt als SysEx: →MIDI-Datenformat zur Übertragung gerätespezifischer Daten (Einstellungen, Speicherinhalte, Klänge, →Programme), die nur von baugleichen oder kompatiblen Geräten akzeptiert werden. Der Inhalt einer System-Exclusive-Message wird in der →MIDI-Spezifikation bis auf ein →Statusbyte und einige Informationsbytes nicht vorgegeben, sondern vom Hersteller für ein Gerät festgelegt. Damit lassen sich beliebige Arten von Daten übertragen. Jede SysEx-Nachricht enthält eine Herstellerkennung (Manufacturer's →ID) und eine Modellkennung. Dadurch wird vermieden, daß Geräte Daten empfangen, die für ein anderes Modell bestimmt sind, was unter ungünstigen Umständen zur Zerstörung von Daten führen kann.
Nur dank der Existenz von SysEx-Daten können →Synthesizer, →Sampler, →Effektgeräte und andere →MIDI-Geräte vom Computer aus editiert und verwaltet werden. Außerdem wird hiermit eine preiswerte Archivierungsmöglichkeit per →Dump-Utility geschaffen. Als Spezialfälle der SysEx-Daten, sogenannte →Universal-System-Exclusive-Messages, sind der →Sample-Dump-Standard und das →MIDI-Standard-File-Format eingeführt worden, zwei Standards für die Übertragung von →Samples bzw. →Sequenzersongs, die grundsätzlich alle kompatiblen Geräte verstehen können und somit dem Datenaustausch unter Geräten verschiedener Hersteller dienen. Datenformat: →Anhang.
System-Messages (engl.) Oberbegriff für alle →MIDI-Systemnachrichten.
System-Realtime-Messages (engl.) →MIDI-Befehle zur →Synchronisation von →MIDI-Geräten per →MIDI-Clock, dazu gehören auch die →Start-, →Stop- und →Continue-Befehle sowie die →Active-Sensing-Message.
System-Reset (engl.) 1. →Reset. 2. →MIDI-Befehl, der den Empfänger in den Einschaltzustand versetzt. Der System-Reset gehört zu den →System-Realtime-Messages. Er war bereits Bestandteil der →MIDI-Spezifikation 1.0, wird allerdings in der Praxis sehr selten angewendet.
Systemexklusive Nachrichten →System-Exclusive-Messages.
Systemnachrichten →System-Messages.

T

Tabellenkalkulation →Software mit einem Rechenblatt (Tabelle) als →Benutzeroberfläche, innerhalb dessen beliebige Berechnungen durchgeführt und in Zahlenform ausgegeben werden können. So lassen sich z. B. Formulare automatisch berechnen und Statistiken aufstellen. Viele Tabellenkalkulationsprogramme ermöglichen zusätzlich eine Darstellung der Ergebnisse in Form von Graphiken (Kurven, Balken-, Tortendiagramme).

Table (engl.) Tabelle. Umrechnungstabelle, die in →Synthesizern oder →Programmen zur Skalierung oder Umadressierung von →Parametern benutzt wird. Beispiele: →Program-Change-Table, →Microtuning-Table.

Tachoscheibe Scheibe auf der Achse des Bandantriebsmotors (→Capstan) einer professionellen →Bandmaschine, anhand derer die →Bandgeschwindigkeit gemessen und an die elektronische Steuerung weitergegeben werden kann. Diese Steuerung regelt die Geschwindigkeit nach. Bei der →Synchronisation der →Bandmaschine über einen →Timecode-Synchronizer registriert letzterer die Tachoscheibenimpulse zusammen mit dem →Timecode auf Band, um die →Bandmaschine beispielsweise dem →MIDI-→Sequenzer folgend an eine bestimmte Stelle zu fahren.

Taktrate Anzahl der Rechenschritte einer →CPU pro Sekunde, angegeben in →Hertz. Die Taktrate, auch als →Clock oder →Prozessortakt bezeichnet, wird von einem schwingenden Quarz erzeugt. Sie ist ein wichtiger Faktor bei der Bemessung der Arbeitsgeschwindigkeit eines Rechners. Gängige →Personal Computer arbeiten mit Taktraten von 8 bis 66 →MHz und mehr.

Talkback (engl.) Signalweg im →Mischpult zur Kommunikation zwischen Regie- und →Aufnahmeraum. Sobald eine Talkback-Taste gedrückt wird, kann der Toningenieur oder Produzent über ein →Mikrofon im Pult mit einem oder mehreren Instrumentalisten oder Sängern im Aufnahmeraum sprechen. Das Talkback-Signal wird in den →Kopfhörer oder einen →Lautsprecher im Aufnahmeraum eingespielt.

Tap-Count-In (engl.) Sequenzer-Funktion, mit deren Hilfe man den →Sequenzer manuell einzählen kann. Dazu werden ein oder zwei Takte lang Viertelschläge auf einer MIDI-Taste oder der Tab-Taste des →Computers geschlagen. Der →Sequenzer errechnet daraus das →Tempo und startet korrekt ein. Siehe auch →Manual-Sync.

Tape (engl.) Band, →Tonband, →Magnetband.

Tape-Echo (engl.) →Bandecho (siehe dort).

Tape-Return (engl.) Mischpulteingänge für die →Bandmaschinenspuren. Am Tape-Return liegt das Bandsignal jeder einzelnen Spur an.

Tape-Streamer (engl.) →Streamer.

Tape-Sync (engl.) →FSK.

Taper (engl.) Andere Bezeichnung für die →Samplerfunktion →Fade-In/Out, die das →Sample innerhalb einer programmierbaren Zeitdauer ein- bzw. ausblendet.

Task (engl.) Aufgabe. Bezeichnung für eine →Anwendung innerhalb eines →Multitasking-Systems.

Tastatur 1. Oft - etwas ungenau - benutzt für →Klaviatur, →Keyboard. 2. →Alphanumerisches Eingabegerät eines →Computers, in der Regel bestehend aus Schreibmaschinentastatur und →Zehnertastatur.

Tastaturkommando Kombination einer Sondertaste (→Alternate, →Shift, →Command) mit einer oder mehreren →alphanumerischen Tasten auf der Computertastatur, die eine bestimmte Funktion des →Programms auslöst. Tastaturkommandos ersetzen meist die Anwahl eines →Menüpunkts mit der →Maus oder fassen mehrere Bedienvorgänge zusammen. In der →Benutzeroberfläche des →Apple →Macintosh sind beispielsweise die Tastaturkommandos für Sichern, Öffnen, Kopieren oder Einfügen für alle Anwendungen verbindlich festgelegt. In den MIDI-→Multitasking-Systemen →M*ROS und →Softlink sind die Tastaturkommandos für →Start, →Stop, →Record ebenfalls für alle Programme einheitlich.

Tastaturzonen Teilbereiche auf einer →Klaviatur, die mit einem bestimmten →Sound oder →MIDI-Kanal belegt sind. Ein einfacher →Keyboard-Split beispielsweise teilt die Klaviatur in zwei Zonen mit jeweils einem eigenen Sound auf. Größere →Sampler erlauben bis zu 99 Klaviaturzonen, wobei jede mit einem eigenen →Sample belegt werden kann. →Masterkeyboards arbeiten ebenfalls mit Zonen, die hinsichtlich MIDI-Kanal, →Velocity-Kurve, Programmnummer und anderen →Parametern getrennt sind und sich oft sogar überlappen können.

Tastenkombination →Tastaturkommando.

Tastverhältnis →Pulsbreite.

Tauchspulenmikrofon →Dynamisches Mikrofon.

Technichord Bezeichnung für die Harmonisierungsfunktion in →Keyboards der Firma Technics.

Teilton Andere Bezeichnung für →Oberton (siehe dort).

Teiltonspektrum Andere Bezeichnung für →Obertonspektrum (siehe dort).

Telharmonium Mittlerweile historisches Instrument, das 1903 von Thaddeus Cahill entwickelt wurde. Es wurde über eine Konsole gespielt und arbeitete mit schweren Elektromotoren, die über Zahnräder die →Tongeneratoren betrieben. Mischtransformatoren erlaubten das Hinzumischen von Obertönen. Das Gerät besaß acht Motoren, von denen jeder einen →Ton in verschiedenen →Fußlagen erzeugen konnte. Die vom Telharmonium erzeugten Signale ließen sich per Telefonleitung (daher der Name) abhören.

Temperierte Stimmung →Stimmung.

Tempo Geschwindigkeit eines Musikstücks, ausgedrückt in Taktschlägen in Relation zur Zeitdauer. Das Tempo wird meistens in Viertelschlägen pro Minute angegeben (→bpm). Bei einem Tempo von 120 →bpm dauert ein 4/4-Takt exakt zwei Sekunden. In vielen →digitalen Systemen läßt sich die bpm-Einteilung noch weiter unterteilen. Einige →Software-Sequenzer erlauben eine Einstellung des Tempos auf 1000stel →bpm genau, was aber nur bei der →Synchronisation (Nachsynchronisation, →Filmvertonung) von Bedeutung ist.

Tempo-Interpreter (engl.) →Sequenzer-Funktion, die aus manuell oder über einen Audio-to-MIDI-Converter eingegebenen

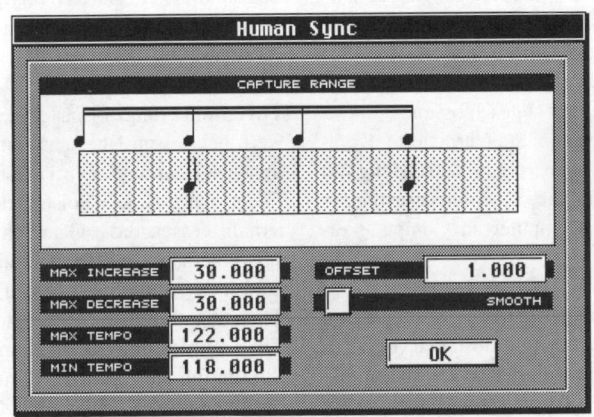

Tempo-Interpreter-Dialogbox in Cubase

Taktschlägen das →Tempo berechnet. Mit Hilfe eines Tempo-Interpreter und einer Metronom- bzw. einer anderen auf Band aufgenommenen Taktspur läßt sich ein →Sequenzer nachträglich auch dann noch zu einer Bandaufnahme synchronisieren, wenn kein →Synchronisationssignal mehr vorhanden ist.

Tempo-Map (engl.) Liste im →Sequenzer, in die an bestimmten Songpositionen Tempi eingetragen werden, die bei der Wiedergabe automatisch abgerufen werden. So lassen sich Tempowechsel oder Ritardandi bzw. Accelerandi vorprogrammieren.

Tempo-Recording (engl.) Aufzeichnung von Tempoänderungen für die Wiedergabe. Dabei werden Änderungen des Tempo-→Parameters, die mit der →Maus oder per →Tastatur eingegeben werden, aufgezeichnet und können bei der nächsten Wiedergabe automatisch nachvollzogen werden. Die meisten →Sequenzer speichern diese Werte entweder in einer →Tempo-Map oder als Sonder-Events in einer →Sequenzerspur. Dort können die Tempoänderungen nachträglich auch bearbeitet werden. Das Tempo-Recording ist unter anderem die intuitivste Methode zur Realisation fließender Tempoänderungen (ritardando, accelerando).

Terminal Bildschirmarbeitsplatz, bestehend aus einer Computertastatur und einem →Monitor. Das Terminal selbst besitzt keine eigene →CPU, sondern ist über ein →Netzwerk an einen Hauptrechner angeschlossen.

Terminalsoftware Standardisierte Kommunikationssoftware, die in Verbindung mit einem →Modem die Datenfernübertragung (→DFÜ) von →Computer zu Computer ermöglicht.

Textfont →Font.

Textverarbeitungssoftware →Software zum Erfassen, Bearbeiten und Gestalten von Text. Hauptmerkmale einer Textverarbeitungssoftware sind Funktionen zur Unterstützung der Texteingabe und -strukturierung (Schriftgestaltung, Gliederung, Textbausteine, Rechtschreibhilfe, Fußnotenverwaltung, automatische Erstellung von Inhalts- und Stichwortverzeichnis, Trennung). Darüber hinaus bieten immer mehr Textverarbeitungsprogramme Layoutfunktionen an (Seitenansicht, Graphikeinbindung, Druckformate). Professionelle Textverarbeitungssoftware wie etwa das Standardpaket „Microsoft Word" bewältigen alle denkbaren Aufgaben vom Schreiben der Korrespondenz über die Serienbriefverwaltung bis hin zur Produktion ganzer Bücher inklusive belichtungsfertigem Layout.

Theremin Bekannt nach seinem Erfinder, dem Russen Lew Thermen (der 1993 gestorben ist), wurde dieses Gerät 1926 als eines der ersten elektronischen Musikinstrumente vorgestellt. Es gilt Nach wie vor als Urahn des →Synthesizers. Das Theremin ist ein elektroakustisches Instrument, dessen →Tonhöhe durch die Handstellung zu einer Antenne gesteuert wird. Heute besitzt das Theremin nur noch historische Bedeutung. Sein charakteristisches Pfeifen wurde durch den Titel „Good Vibrations" von den Beach Boys bekannt.

Thermodrucker (engl.) Ein →Drucker, der mit wärmeempfindlichem Papier arbeitet und die Schwärzung durch Erhitzen der Bildpunkte erzielt. Die meisten Faxgeräte sind spezielle Thermodrucker. Da das verwendete Papier relativ teuer ist, sind Thermodrucker von →Tintenstrahl- und →Laserdruckern schon fast abgelöst worden.

Threshold (engl.) Einstellbarer →Schwellwert, bei dessen Überschreitung eine Funktion ausgelöst wird. Die Threshold-Funktion findet sich z. B. in →Noise-Gates (Pegel, unterhalb dessen das →Gate schließt) oder in →Samplern, wo das Überschreiten des Thresholds den →Sampling-Vorgang auslöst.

Thru-Box (engl.) →MIDI-Patchbay.

Thru-Funktion (Von engl. through = durch) Simulation des →MIDI-Thru in →MIDI-→Anwendungen. Die am →MIDI-In des →Computers empfangenen Daten werden über dessen →MIDI-Out wieder gesendet. Die meisten →Sequenzer berücksichtigen dabei auch die Abspielparameter bzw. bieten spezielle Thru-→Parameter an, so daß sich die Eingangsdaten auf einem anderen →MIDI-Kanal, mit →Transposition oder einer anderen →Velocity-Kurve durchschleifen lassen.

Tick (engl.) Kleinste Zeiteinteilung eines →Sequenzers. Die Notenlänge eines Ticks hängt von der maximalen →Auflösung ab. Wird der Takt beispielsweise in 768 Schritte aufgelöst, so entspricht ein Tick einer 768tel-Note, eine Sechzehntelnote entspräche dann 48 Ticks.

Tie (engl.) Binde- bzw. Haltebogen. Zeichen in der Notenschrift, das die beiden so angebundenen Notenlängen zu einer gemeinsamen Dauer verbindet. Nicht verwechseln sollte man den Tie mit einem Phrasierungsbogen (→Slur).

Tiefpaßfilter →Filter, das die →Frequenzen oberhalb der →Cutoff-Frequenz beschneidet. Das Tiefpaßfilter ist die am häufigsten eingesetzte Filterart. Die Filter in der →Klangformung eines →Synthesizers sind in der Regel Tiefpaßfilter und können bestenfalls optional auf eine andere Charakteristik umgeschaltet werden.
Bei der Klangdigitalisierung (→Sampling) sind Tiefpaßfilter von besonderer Bedeutung, da sie im Eingang des →Analog/Digital-Wandlers unerwünschte Frequenzen oberhalb des zu wandelnden →Frequenzspektrums ausfiltern und bei der Rückwandlung die →Impulse aus dem →Digital/Analog-Wandler zu einer stufenlosen Schwingung glätten.

Tieftöner →Lautsprecher, der speziell für die Wiedergabe tieffrequenter →Audiosignale geschaffen ist und entsprechende Übertragungsmerkmale aufweist. →Tieftöner werden normalerweise in einem Mehrweg-Lautsprecher-System eingesetzt, in dem dann wenigstens noch ein →Hochtöner seinen Dienst tut.

TIFF (engl.) Abk. für Tag Image File Format. Standardformat für Bilddateien im →Computer. Das TIFF-Format speichert eine Bilddatei als Punktmatrix in verschiedenen →Bit-Tiefen (z. B. 8 Bits für 256 Farben) ab und wird hauptsächlich für gescannte Bilder (z. B. Fotos) verwendet. Einige professionelle Notensatzsysteme arbeiten mit dem TIFF-Format zur Ablage berechneter Notenseiten für den →Satzbelichter.

Timbre (franz. u. engl.) →Klangfarbe. In Korg-Synthesizern wird der Begriff auch für einen →Sound innerhalb eines →Multimode-Setups (Combination) benutzt.

Time (engl.) Zeit, Zeitdauer. Die →Time-→Parameter in →Hüllkurven bestimmen die Zeitdauer des Übergangs von einer Hüllkurvenphase zur anderen. Ein höherer Time-Wert bedeutet dabei eine länge Zeitdauer (im Gegensatz zu →Rate-→Parametern).

Time-Correction (engl.) Veränderung der Dauer einer →digitalen Aufzeichnung ohne Veränderung der →Tonhöhe. Zur Verlängerung des →Samples werden Schwingungsperioden kopiert und eingefügt, zur Verkürzung des Samples ausgeschnitten. Die Verfahren zum Analysieren und Erzeugen der Schwingungen sind äußerst kompliziert und teilweise sehr rechenintensiv. Es existiert aber sogar ein →Echtzeitverfahren. Die Time-Correction wird insbesondere in →Harddisk-Recordern zur Tempoänderung eines fertigen →Mix und zur Angleichung vorgegebener Längen - z. B. für Werbespots - eingesetzt. Auch professionelle →Sampler sowie →universelle Sample-Editoren bieten Time-Correction an.

Time-Domain (dt. Begriff) →Zeit-Ebene. Ebene zur Betrachtung und Bearbeitung →digitaler →Audiodaten. In der Zeitebene werden die einzelnen →Samples mit ihrer Zeitposition dargestellt und bearbeitet. Hier lassen sich einfache Bearbeitungen (Schneiden, →Loopen, Pegeländerungen, →Filtern) durchführen. Durch →Fouriertransformation kann ein Sample in die →Frequenz-Ebene (→Frequency-Domain) überführt werden, wo sich unter anderem einzelne Teilschwingungen detailliert bearbeiten lassen.

Time-Key-Follow

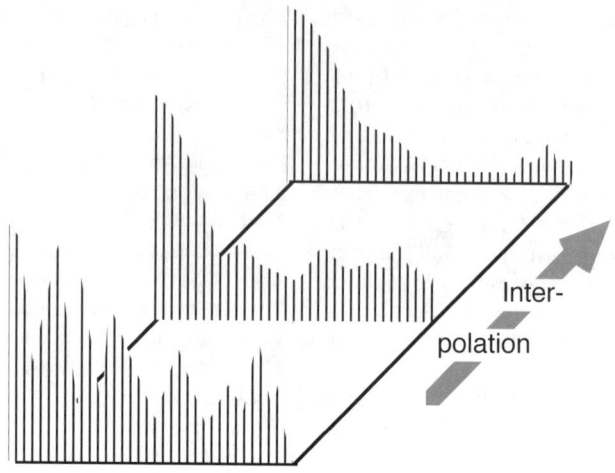

Klangverlauf bei der Time-Slice-Synthese

Time-Key-Follow (engl.) →Rate-Scaling.
Time-Scaling (engl.) 1. →Time-Correction. 2. Andere Bezeichnung für →Rate-Scaling. Je nach Auslegung der →Hüllkurve werden die Übergangsspannen als →Times (Zeitabschnitte) oder →Rates (Geschwindigkeiten) angegeben. Die Auswirkung des Time-Scaling ist jedoch dieselbe wie beim Rate-Scaling.
Time-Signature (engl.) Taktmaß, Taktangabe (z. B. 4/4, 3/4, 6/8), etwa im →Drumcomputer, →Sequenzer oder Notendruckprogramm.
Time-Slice-Synthese (engl.) Spezialform der →Additiven Synthese. Der Klangverlauf wird hier in →Zeitscheiben (Time Slices) unterteilt. Jede Zeitscheibe wird durch ein programmierbares →Obertonspektrum definiert. Beim Berechnen des →Klangs werden die Zeitscheiben durchfahren und dabei überblendet, wodurch ein kontinuierlicher Obertonverlauf entsteht. Die Time-Slice-Synthese wird unter anderem im E-mu →Sampler Emax SE eingesetzt, arbeitet aber nicht in →Echtzeit, sondern berechnet anhand der Vorgaben ein entsprechendes →Sample.
Time-Stretching (engl.) →Time-Correction.

Timecode (engl.) Steuersignal, das die Informationen über die aktuelle Position eines Bands oder eines taktgesteuerten Gerätes enthält. Über den Timecode lassen sich mehrere Geräte innerhalb eines Systems synchron miteinander verkoppeln. Der Timecode ist in der Regel ein →analoges Signal, das auf eine Bandspur aufgenommen wird. Ursprünglich wurde er zur Angabe der einzelnen Bilder eines Videobands verwendet, dient heute aber generell der →Synchronisation unterschiedlicher Gerätschaften und Medien.
Im Wiedergabebetrieb wird der Timecode von einem →Synchronizer gelesen, der wiederum die weiteren Geräte des Systems daran „anhängt", so daß diese vollkommen synchron zum →Master mitlaufen. Dabei wandelt der →Synchronizer das Timecode-Signal gegebenenfalls auch in die verschiedenen Formate um. Ein →MIDI-→Sequenzer beispielsweise erhält →MIDI-Realtime-Messages, ein →Harddisk-Recording-System dagegen das →SMPTE-Format. Der Timecode adressiert die Bandpositionen in Stunden, Minuten, Sekunden und Bildern (→SMPTE). Näheres siehe unter →SMPTE-Datenformat, →MTC.

Timecode-Synchronizer (engl.) →Synchronizer.

Timer (engl.) Funktion oder Baustein zur Erzeugung eines relativen oder absoluten Zeittakts. Der Timer wird in den meisten →Programmen als Zähler eingesetzt. Im →Software-Sequenzer wird das relative Songtempo vom Timer abgeleitet.

Timing (engl.) Zeitliche Genauigkeit im Vergleich zum absoluten Metrum. Das Timing einer Einspielung läßt sich im →Sequenzer durch die →Quantisierung (Autokorrektur) korrigieren oder durch spezielle Verfahren (→Groove-Quantisierung) ändern. Der Begriff „Timing" wird auch herangezogen, wenn es um die Reaktionszeit von Geräten - etwa auf empfangene →MIDI-Daten - geht, z. B. das Timing eines →Synthesizers oder →Samplers.

Tintenstrahldrucker Preiswerte Alternative zum →Laserdrucker. Beim Tintenstrahldrucker wird ein Druckkopf mit einer Anzahl Düsen über das Papier geführt. Diese Düsen produzieren kleine Tintenbläschen, die auf dem Papier zerplatzen und schwarze Punkte hinterlassen. Die Druckqualität ist vom verwendeten Papier abhängig, da die Tinte sofort einziehen muß und nicht verlaufen darf. Tintenstrahldrucker erreichen dieselbe →Auflösung wie →Laserdrucker, allerdings nicht ganz deren Arbeitsgeschwindigkeit. Fast jedes Notendruckprogramm unterstützt auch eine Reihe von Tintenstrahldruckern.

Ton Hier: →Sinuston, →reiner Ton ohne Obertöne.

Tonabnehmer (engl.) →Pick-up.

Tonaderspeisung Speisung eines →Kondensatormikrofons durch eine 12-V-Spannung, die über die beiden Tonadern übertragen wird und nur bei →symmetrischer Leitung reali-

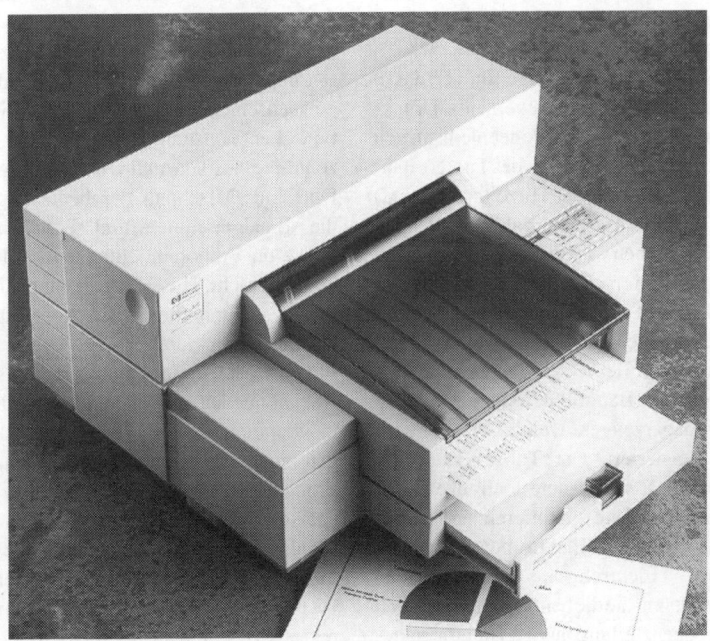

Tintenstrahldrucker HP Deskwriter 550 C von Hewlett Packard

sierbar ist. Dynamische oder andere →Mikrofone können beim Anschluß an eine Tonaderspeisung zerstört werden. Die inzwischen veraltete Tonaderspeisung ist weitgehend von der →Phantomspeisung abgelöst worden.
Tonband →Magnetband.
Tonbandmaschine →Bandmaschine.
Tone (engl.) →Ton, →Klang oder →Klangfarbe. Ein Tone im →Synthesizer (z. B. Roland-Modelle) bezeichnet einen einfachen Klang mit einem →Oszillator, ein kompletter →Sound wird aus ein bis vier Tones zusammengesetzt. Der Unterschied zum einfachen, →subtraktiven Prinzip besteht darin, daß für jeden →Oszillator eine komplette Klangformung zur Verfügung steht. Da Tones in der Regel getrennt von den Sounds (→Patches) verwaltet werden, läßt sich ein neuer Sound blitzschnell aus vorgefertigten Tones zusammenstellen.
Tone-Wheel (engl.) Zahnrad im →Tongenerator einer elektromagnetischen →Hammond-Orgel.
Toner Schwarzes oder farbiges Pulver, das in Kopierern und →Laserdruckern als Druckfarbe eingesetzt wird. Der Toner bleibt an den elektrisch geladenen Stellen des Papiers hängen und wird mit großer Hitze (ca. 200° C) festgebrannt. Die Tatsache, daß dabei Ozon in die Luft abgegeben wird und Tonerkartuschen noch zu selten recyclebar sind, hat den →Laserdruckern einen Malus hinsichtlich der Umweltfreundlichkeit eingebracht.
Tonerzeugung Besser: →Klangerzeugung.
Tongenerator Baugruppe oder →Modul in einem Klangerzeuger, welche die Schwingungen →generiert. Der Tongenerator der →Hammond-Orgel arbeitete noch auf elektromagnetischem Wege mit rotierenden Zahnrädern, die von einem Elektromotor angetrieben wurden. Elektronische Orgeln besaßen Tongeneratoren, die die benötigten →Fußlagen durch Frequenzteilung aus 12 Halbtönen gewannen (→Frequenzteiler). Solche Tongeneratoren waren in der →Polyphonie unbegrenzt,

konnten allerdings auch keine einzelnen →Hüllkurven für jede Note realisieren. Dagegen arbeiten →analoge Synthesizer und →digitale →Klangerzeuger mit einem →Oszillator pro →Stimme. Oft wird der Begriff Tongenerator auch für einen →MIDI-Expander oder einen →Oszillator benutzt.
Tonhalte-Pedal →Sustain-Pedal (siehe dort).
Tonhöhe Die Wahrnehmung, die das Gehör aus der Anzahl der Schwingungen pro Sekunde (→Frequenz) ableitet. Eine höhere Frequenz wird als höherer →Ton wahrgenommen.
Tonkopf Allgemeine Bezeichnung für einen Magnetkopf eines Bandgerätes. Dabei handelt es sich um den →Aufnahme-/→Wiedergabekopf, der die →Audiosignale auf Band aufzeichnet bzw. anschließend wiedergibt.
Tonstudio Im gängigen Sprachgebrauch mit →Studio abgekürzt: Einrichtung zur Produktion von Musik- oder Sprachaufnahmen. Die Aufgabenbereiche eines Tonstudios sind in den letzten Jahren mit dem Einzug von →Computern und der →Digitaltechnik rapide gewachsen, so daß man kaum noch von dem typischen Tonstudio sprechen kann. Schaltzentrale eines Tonstudios ist der →Regieraum. Dort sind →Mischpult, Fernbedienung(en) für die →Bandmaschine(n) und →Peripheriegeräte sowie die Abhöreinrichtungen (→Monitore) untergebracht. Hier sitzen Toningenieur und Produzent und führen die Aufnahme bzw. →Abmischung durch.
Für die optimale Abnahme akustischer →Schallquellen existiert mindestens ein →Aufnahmeraum, der vom →Regieraum akustisch getrennt ist. Größere Studios besitzen pro Einheit oft mehrere Aufnahmeräume, die für spezielle Zwecke eigens ausgerüstet sind (Schlagzeugkabine, Sprecherkabine). Elektrische oder elektronische Schallquellen wie →Keyboards oder E-Gitarre werden meist direkt ans Mischpult angeschlossen, der Studiomusiker sitzt zusammen mit Toningenieur und Produzent im Regieraum.

Mit zunehmender Spezialisierung der Aufgabenbereiche bzw. steigenden Anforderungen gibt es neben Tonstudios, in denen alle Stufen der Produktion durchgeführt werden, immer mehr reine Aufnahme- bzw. Mischstudios, die für ihre Aufgabe optimal ausgelegt sind. Andere Studios wiederum sind ausschließlich für →Video- und →Filmvertonung ausgelegt.

Tonstudiotechnik Technische Anlagen zur Aufnahme und Bearbeitung professioneller Tonproduktionen jeglicher Art. Dazu gehören neben räumlichen Einrichtungen (Sprecherkabinen, Aufnahmeräume) in erster Linie →Mikrofone, →Mischpulte, →Bandmaschinen, →Effektgeräte und →Dynamikprozessoren. Zu den Grundlagen der Tonstudiotechnik zählen →Akustik/Akustikbau, Hörpsychologie, Meßtechnik, Signalbearbeitung und →Schallspeicherung.

Das Gebiet der Tonstudiotechnik wurde in den letzten Jahren um →digitale Audiotechnik und Computertechnik wesentlich erweitert, die beispielsweise in Gestalt von →MIDI- →Equipment, automatisierten Mischpulten (→Mischpult-Automation) oder →digitalen →Bandmaschinen selbstverständliche Bestandteile eines jeden professionellen →Studios geworden sind.

Tonträger →Schall oder →Audiodaten speicherndes Medium, über das Musik- und andere Tonproduktionen vervielfältigt und verbreitet werden. Die gängigen →analogen Tonträger sind die - mittlerweile so gut wie nicht mehr produzierte - →Schallplatte und die →Compact-Cassette. Als →digitale Tonträger ist die Compact-Disk mit Abstand am weitesten verbreitet, dazu kommen digitale Magnetbänder wie →DAT, →DCC und beschreibbare →Disks (z. B. Sony →Mini-Disk).

Tool (engl.) Werkzeug, Hilfsmittel. →Programme mit einer graphischen →Benutzeroberfläche bieten oft eine →Toolbox an, aus der man mit der →Maus ein Werkzeug auswählen kann. So verwandelt sich der →Mauspfeil in eine Einfügemarke für Text, einen Stift zum Zeichnen oder auch eine Schere zum Schneiden von →Sequenzerspuren.

Toolbox (engl.) Kleines Fenster in Computerprogrammen, in dem sich mit der →Maus Werkzeuge anwählen lassen. Eine Toolbox im →Sequenzer enthält beispielsweise einen Pfeil zum Verschieben oder eine Schere zum Schneiden von Spuren sowie einen Stift zum Einfügen und ein →Radiergummi zum Löschen einzelner Noten.

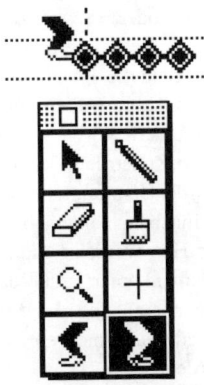

Toolbox in einem Sequenzer

TOS (engl.) Abk. für The →Operating System, →Betriebssystem der →Atari-ST- und STE-Modelle. Zwar kann der ST direkt unter TOS bedient werden, normalerweise sitzt aber auf dem TOS die graphische Oberfläche →GEM auf, die weitgehend das Erscheinungsbild des →Atari geprägt hat.

Touch-Control (engl.) Gelegentlich benutzte, nicht korrekte Bezeichnung für →Anschlagdynamik.

Touch-Screen (engl.) Berührungsempfindliche, durchsichtige Scheibe, die auf einem Computer-→Monitor angebracht wird und als →Mausersatz einsetzbar ist. Bei Berührung wird die Position des Fingers ermittelt und an die →Software weitergegeben. Der Benutzer hat den Eindruck, die Objekte auf dem →Bild-

schirm zu berühren und direkt mit den Fingern manipulieren zu können.
Touch-Sensitive (engl.) Berührungsempfindlich. Die Eigenschaft einer →Klaviatur, →Anschlagdynamik oder →Aftertouch erzeugen zu können.
Track (engl.) 1. Spur eines →Magnetbands oder eines →Sequenzers. 2. Im Jargon oft benutzt für „Musikstück". Auch auf →CDs werden einzelne Stücke als Tracks bezeichnet.
Track-Bouncing (engl.) Zusammenmischen mehrerer Band- oder →Sequenzerspuren auf eine oder zwei (→Stereo-) Spuren. Bei →Bandmaschinen werden die →Audiosignale direkt zusammengemischt. Dabei entstehen bei →analogen Bändern hörbare Klangverluste (2. Generation). Zudem läßt sich die Mischung nach Löschen der Ursprungsspuren nicht mehr rückgängig machen. Anders beim →MIDI-→Sequenzer: Hier werden lediglich →MIDI-Daten zusammenkopiert, außerdem können die Daten später anhand der MIDI-Kanaltrennung wieder auf mehrere Spuren aufgetrennt werden.
Track-Delay (engl.) →Verzögerung einer Spur gegenüber den anderen im →Sequenzer. Dadurch lassen sich →MIDI-Echos erzeugen oder Verzögerungen zwischen den →Klangerzeugern ausgleichen. Das Track-→Delay wird meist in Notenwerten oder →Ticks angegeben.
Track-Muting (engl.) Funktion zum Stummschalten einer →Sequenzerspur. Während das Muting einer Bandspur erst im →Mischpult erfolgt, unterdrückt das Track-Muting im →Sequenzer von vornherein die Ausgabe der →MIDI-Daten. In vielen →Sequenzern lassen sich →Mute-Konfigurationen speichern und auf Knopfdruck abrufen, um blitzschnell im Song das Arrangement zu ändern.
Trackball (engl.) Eingabegerät für →Computer, das die →Maus ersetzt. Der Trackball ist eine etwa Ping-Pongball-große Kugel in einem feststehenden kleinen Gehäuse. Diese Kugel wird mit dem Handballen bewegt. Gleichzeitig stehen die üblichen Maustasten zur Verfügung. Der Vorteil des Trackballs gegenüber der →Maus besteht im geringeren Platzbedarf, ein Trackball kann beispielsweise auch auf einer freien Stelle des →Masterkeyboard-Panels plaziert werden.
Träger →Carrier.
Trafo →Transformator.
Transfer (engl.) Übertragung. Wird oft in →MIDI-Geräten als Alternative zum Begriff →Transmit (siehe dort) benutzt.
Transient-Response (engl.) →Impulsverhalten.
Transients (engl.) Bezeichnung für →Impulse. Im →Sampler oder Sample-Synthesizer sind Transients kurze →Samples, die lediglich die Einsatzphase des →Klangs enthalten (Anstrich, Anschlag). Sie werden zur Bildung eines vollständigen Klangs mit →Wellenformen gekoppelt. Dadurch läßt sich im Vergleich zum vollständigen Sample Speicherplatz einsparen, allerdings muß man zumindest bei der Nachbildung natürlicher →Sounds Abstriche in Kauf nehmen.
Transistor Elektronisches Halbleiterbauteil, das seit seiner Entwicklung 1948 die Elektronenröhre ersetzt hat und heute Grundlage jedes elektronischen Gerätes ist. In einer einzigen →integrierten →Schaltung sind Zehntausende von Transistoren untergebracht, die Schalt-, Regel- und →Verstärkerfunktionen übernehmen. Lediglich Gitarrenverstärker (und Geräte für spezielle →Hi-End-Enthusiasten) werden zum Teil noch mit Röhren gebaut, weil sich der typische →Sound, der durch →Übersteuerung einer Röhre entsteht, mit Transistortechnik nur annähernd nachbilden läßt.
Transmit (engl.) Senden, übertragen. Die Transmit-Funktion löst am →Sender eine Datenübertragung - z. B. einen →MIDI-Dump - zu einem anderen Gerät aus.
Transmit-Channel (engl.) Sendekanal. Der →Transmit-Channel bestimmt, auf welchem

Kanal ein →Sender, z. B. ein →MIDI-Keyboard, eine →Sequenzerspur oder ein →Klangerzeuger, →MIDI-Daten über den →MIDI-Out sendet. Der Transmit-Channel muß mit dem Empfangskanal des Empfängers übereinstimmen.

Transmitted (engl.) Bezeichnung für eine Spalte in der →MIDI-Implementation-Chart, die angibt, welche →MIDI-Daten ein →MIDI-Gerät selbst erzeugen und über den →MIDI-Out senden kann. Dazu gehört unter anderem der Tonumfang, die verarbeiteten →Controller oder die unterstützten →Synchronisations-Befehle. Siehe dazu auch →MIDI-Implementation-Chart.

Transportfunktionen Sammelbegriff für die Funktionen einer →Bandmaschine, die den →Bandlauf bzw. den Wiedergabe/Aufnahme-Modus steuern: →Stop, →Start, →Pause, << (→Rewind), >> (→Fast Forward), →Shuttle, →Record, →Punch In/Out. →Sequenzer bieten entsprechende Funktionen, um eine tonbandähnliche und damit gewohnte Bedienung zu ermöglichen. Hier kommt noch die →Continue-Funktion hinzu, die nach einem →Stop an derselben Stelle fortfährt.

Transpose (engl.) Transponierung. Funktion in →Klangerzeugern, →Sequenzern und anderen →MIDI-Geräten, mit der ein →Sound oder eine Spur in Halbtonschritten transponiert werden kann. In Notensatzprogrammen läßt sich die Notendarstellung bei automatischer Vorzeichensetzung in eine andere Tonart transponieren.

Transposition →Transpose.

Trautonium Historischer →monophoner →Klangerzeuger, von seinem Entwickler Dr. Friedrich Trautwein erstmals 1930 vorgestellt.

Das Trautonium benutzte zur Klangerzeugung Glimmlampen, die tonfrequente →Kippschwingungen (→Sägezahn) erzeugten. Ihr sägezahnförmiger Grundklang ließ sich durch zwei →Filter mit →Formanten anreichern. Gespielt wurde das Trautonium über ein Bandmanual, eine Saite, die über eine Metallschiene gespannt wurde. Bei Berührung entstand je nach Druckpunkt ein →Ton bestimmter →Tonhöhe (wobei →Portamento-Effekte möglich waren), über die Druckstärke ließ sich die →Dynamik variieren. Das Trautonium wurde unter anderem von Komponisten wie Paul Hindemith - mit dem Trautwein eng zusammenarbeitete - R. Strauss und W. Egk eingesetzt. Eine Weiterentwicklung, das →Mixturtrautonium, brachte seinem Entwickler und weltweit einzigen Virtuosen, dem Hindemith-Schüler Oskar Sala, Weltruhm ein.

Treble (engl.) Höhen (einer →Klangregelung), Hochtonregler.

Tremolo Periodische Schwankung der →Lautstärke, auch - etwas unkorrekt - Lautstärkenvibrato genannt. Das Tremolo wurde besonders in den 70er Jahren oft für →E-Pianos und Gitarren eingesetzt. Im →Synthesizer wird es durch eine →LFO-Modulation des →VCA (→DCA) realisiert.

Tri (engl.) Abk. für Triangle-Wave: →Dreieck.

Triangle (engl.) →Dreieck.

Trigger (engl.) Auslöser. Steuersignal, das eine Funktion oder einen Vorgang auslöst. In →analogen Synthesizern wird bei Niederdrücken einer Taste ein Triggerimpuls erzeugt, der die →Hüllkurve startet. Ein weiteres Beispiel ist der Audio-Trigger in →Samplern oder →Drum-to-MIDI-Convertern, der bei Überschreiten einer Pegelschwelle eine →MIDI-

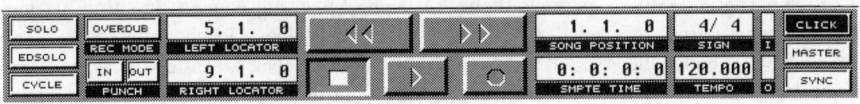

Transportfunktionen im Cubase-Sequenzer

Trim

Note erzeugt bzw. den →Sampling-Vorgang startet.
Trim (engl.) Andere Bezeichnung für →Truncate (siehe dort): Schneidefunktion im →Sampler.
Trim-Potentiometer (engl.) →Potentiometer zur Voreinstellung von Spannungen (→Abgleich).
Trimmer →Trim-Potentiometer.
Trittschall →Schall, hervorgerufen durch Schritte oder Tritte, der in Form von Körperschall an das →Mikrofon weitergeleitet wird und sich dort störend, normalerweise als tieffrequentes Rumpeln, bemerkbar macht. Zur →Dämpfung von Trittschall werden mechanische (Schwingmetall, Gummihalterung) oder elektronische Trittschallfilter eingesetzt.
Trouble-Shooting (engl.) Fehlersuche, Fehlerbehebung. Bedienungsanleitungen sollten ein Trouble-Shooting-Kapitel enthalten.
True-Voice (engl.) Feld in der →MIDI-Implementation, in dem angegeben wird, welchen Notenumfang ein Gerät korrekt wiedergeben kann. Beispiel: Wenn ein →Klangerzeuger zwar die →Notennummern 0 - 127 akzeptiert, unter True-Voice allerdings 13 - 114 steht, so bedeutet dies, daß das Gerät Noten außerhalb des True-Voice-Umfangs (0 - 12 und 115 - 127) um eine →Oktave nach oben bzw. unten transponieren muß.
Truncate (engl.) Schneidefunktion im →Sampler, mit deren Hilfe man überschüssige Abschnitte am Anfang bzw. Ende des →Samples löschen kann. Dadurch wird der Speicherplatz optimal genutzt. Dazu legt man einen Sample-Start- und Endpunkt fest. Bereiche außerhalb dieser Punkte werden abgeschnitten. Entsprechende Funktionen finden sich auch in →Harddisk-Recording-Systemen.
TTL-Pegel Im →Studio gebräuchlicher Leitungspegel von rund 5 V, mit dem z. B. die →AES/EBU-Schnittstelle arbeitet.
Tube Distortion (engl.) Röhrenverzerrung: →Overdrive.
Tufnel-Theorem Funktion in →Verzerrern und Gitarrenverstärkern, benannt nach dem amerikanischen Gitarristen Nigel Tufnel, Mitglied der englischen Band „Spinal Tap". Das Tufnel-Theorem, wörtlich „Put it on eleven", fordert, daß die Lautstärkeregler von →Gitarrenverstärkern und →Verzerrern einen um 1 erweiterten Wertebereich aufweisen müssen, um einen optimalen →Sound zu erzielen. Es wurde auf →digitalem Wege unter anderem im Ensoniq-Synthesizer SQ-R verwirklicht, dessen →Distortion-Regler einen Wertebereich von 0 - 11 überstreicht.
Tune (engl.) Stimmfunktion bzw. Stimmknopf an →analogen Synthesizern, mit dem die Grundstimmung (→Master-Tune) eingestellt oder ein →Oszillator in einem engen Bereich verstimmt werden kann (→Fine-Tune). Einige →analoge Synthesizer verfügen über eine →Auto-Tune-Funktion zum Durchstimmen der →Oszillatoren. Einige →digitale Synthesizer und viele andere →Keyboards besitzen ebenfalls einen Tune-Knopf auf der Rückseite. Präziser ist allerdings die Einstellung über ein →Display mit →Hertz-Anzeige, wie es die meisten digitalen →Klangzeuger bieten. →Master-Tune.
Tune-Request (engl.) →MIDI-→Byte aus der Gruppe der →System-Common-Messages, das →analoge Synthesizer zum Durchstimmen der →Oszillatoren veranlaßt. Dadurch lassen sich in größeren →MIDI-Systemen auf Knopfdruck alle →analogen Komponenten „in Stimmung" bringen. Bei →digitalen →Synthesizern ist dieser Befehl überflüssig.
Turbosynth Synthese-→Software (Digidesign) für →Apple →Macintosh und →Atari ST nach dem Vorbild eines modularen →Synthesizers. Mit der →Maus können →Module wie →Oszillator, →Sample, →Filter, →Hüllkurve oder →Mixer auf dem →Bildschirm plaziert und mittels eines →Patchcord-→Tools verkabelt werden. Nach Einstellung der →Parameter in den einzelnen Modulen errechnet Turbosynth den →Klang in Form eines Samples, das über eine spezielle Anpassung oder

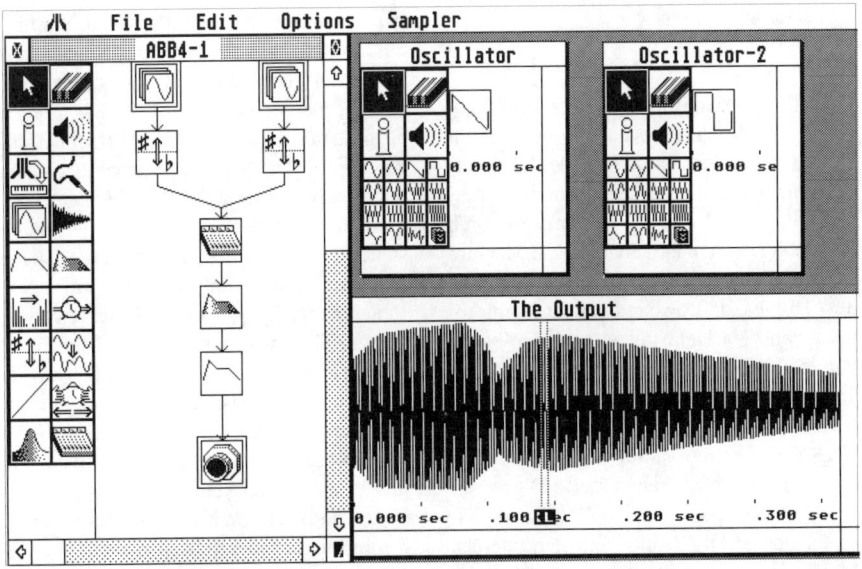

Ein in Turbosynth nachgebildeter analoger Synthesizer

im →SDS-Format an jeden →Sampler geschickt werden kann. Die Synthesizerkonfigurationen lassen sich abspeichern, so kann sich jeder einen virtuellen Gerätepark aufbauen.

TVA (engl.) Abk. für Time Variant →Amplifier: spezifische Bezeichnung der Firma Roland für einen voll →digitalen →DCA in →Synthesizern und →Samplern wie D-50 oder JD-800, S-770.

TVF (engl.) Abk. für Time Variant Filter: spezifische Bezeichnung der Firma Roland für ein voll →digitales Filter mit Resonanz, das in Roland-Synthesizern und →Samplern arbeitet. Das TVF war das erste in einem →Keyboard eingebaute resonanzfähige →Echtzeit-Digitalfilter.

Tweeter (engl.) Bezeichnung für →Hochtöner.
TX (engl.) Abk. für →Transmit. Beispiel: „TX Channel = 1" bedeutet: „Sendekanal 1".
Typenraddrucker Diese →Drucker sind im Prinzip ferngesteuerte Schreibmaschinen. Im Gegensatz zu allen anderen Druckern, die das Druckbild punktweise ausgeben, arbeiten diese Drucker mit einem sehr schnell drehbaren Typenrad, auf dem sich ein begrenzter Zeichenvorrat befindet. Die Vorteile von Typenraddruckern sind das gestochen scharfe Schriftbild und die Durchschlagfähigkeit. Aufgrund des Nachteils, daß Typenraddrucker nicht graphikfähig sind, werden sie im Musikbereich kaum eingesetzt.

U

U-matic Von Sony entwickeltes, professionelles →Studio-Videosystem mit einer →Bandbreite von 3/4 Zoll, das in den 80er Jahren als Standard galt und mittlerweile durch das bessere →Betacam-System, vor allem aber durch den →S-VHS-Standard abgelöst ist. Man unterscheidet hier zwischen U-matic Lowband und Highband. Lowband ist die semiprofessionelle Variante mit einer →Auflösung von etwa 3 →MHz, Highband das professionelle Format mit einer →Auflösung von 3,5 →MHz.

UART (engl.) Abk. für Universal Asynchronous Receiver/Transmitter: →Prozessor, der die Übertragung der →MIDI-Daten zwischen der MIDI-Leitung und der internen Steuerung eines →MIDI-Gerätes regelt, häufig wird als UART der Motorola-Chip 6850 eingesetzt. Der UART ist das →Hardware-Kernstück des →MIDI-Interface und wird lediglich von einigen einfachen Bauteilen ergänzt.

Überabtastung →Oversampling.

Überlauf →Overflow.

Überspielkabel →Diodenkabel.

Übersprechen Ungewollte Übertragung eines →Audiosignals auf einen benachbarten Empfänger durch mangelnde akustische, elektrische oder magnetische Trennung. Das Übersprechen kann zwischen benachbarten →Mikrofonen, Signalleitungen oder Bandspuren auftreten. Wird auf eine Bandspur ein hochfrequentes Signal mit hohem Pegel aufgenommen (z. B. HiHat), so kann dieses Signal auf eine benachbarte Spur überspringen. Toningenieure berücksichtigen dies bei der Aufteilung der Spuren. Wie stark dieser Effekt bei einem Gerät im Regelfall auftritt, gibt die Übersprechdämpfung an, die in →dB ausgedrückt wird.

Übersteuerung 1. →Aussteuerung eines Audiosystems (→Tonband, →Wandler, Eingangskanal) über die →Vollaussteuerung hinaus, so daß →Verzerrungen des Signals auftreten. Zur Vermeidung von Übersteuerungen sind die meisten Geräte mit →Peak-Anzeigen ausgestattet, die Pegelspitzen blitzschnell anzeigen. Bei Magnetbändern macht sich eine leichte Übersteuerung noch nicht negativ bemerkbar, da diese Pegelspitzen in der →Aussteuerungsreserve liegen. →Digitale Systeme reagieren weitaus empfindlicher auf Übersteuerungen, da es hier keine Reserve gibt. 2. Die gezielte Übersteuerung einer Röhre oder eines →Transistors produziert →Verzerrungen des Eingangssignals, die unter anderem den charakteristischen Gitarrensound in Rock- und Pop-Produktionen ausmachen. Die Erzeugung und Steuerung der klanglich richtigen Übersteuerung ist eine Wissenschaft für sich und damit Grundlage der Konzeption von Gitarrenverstärkern.

Übersteuerungsreserve Auch →Aussteuerungsreserve: Bereich zwischen Arbeitspegel und →Vollaussteuerung bei der →analogen →Schallaufzeichnung. Signale innerhalb dieser Reserve werden noch erfaßt, ohne einen zugelassenen →Klirrfaktor zu überschreiten.

Übertragungsprotokoll Die Art und Weise, wie die →Hardware einer →Schnittstelle Daten vom →Sender an den Empfänger überträgt. In der →MIDI-Norm entsprechen Befehle wie →Note-On, →Note-Off oder →Program-Change einem spezifischen Übertragungsprotokoll, so daß deren Bedeutungen von den angeschlossenen Geräten verstanden werden können.

Ultraschall →Schallschwingungen, deren →Frequenz über der Hörgrenze (ca. 20 →kHz) liegt. Oberhalb von 10 →Gigahertz spricht man von Hyperschall.

UM Abk. für →Untermanual: untere →Klaviatur einer Orgel.

Umsetzer Baustein eines →Analog/Digital-Wandlers, der die am →Halteglied anliegende Spannung in einen proportionalen Zahlenwert umsetzt.

Unbalanced (engl.) →Unsymmetrisch, →symmetrische Leitung.

Undo (engl.) Rückgängig machen. Die Undo-Funktion ermöglicht es, den jeweils letzten Bedienschritt rückgängig zu machen. Sie bewahrt damit vor versehentlichem Löschen von Daten während des Arbeitens. Dazu ist ein Zwischenspeicher nötig, der den Zustand vor der letzten Änderung behält. Die →Recall-Funktion vieler →MIDI-Klangerzeuger ist ebenfalls prinzipiell eine Undo-Funktion.

Unisono (ital.) Ein-Klang. Funktion in →Synthesizern, die alle oder eine Anzahl von →Stimmen →monophon übereinanderlegt. Durch die Kopplung mehrerer Stimmen und deren leichte Verstimmung gegeneinander wird ein besonders fetter, breiter →Sound erzeugt.

Universal-Dump-Utility (engl.) Ein →Programm oder eine Funktion, die beliebige →MIDI-Dumps empfangen und auf einem Datenträger verwalten kann. Dump-Utilities existieren in Form eigenständiger →MIDI-Programme (oft →Public-Domain), als Funktionen innerhalb größerer MIDI-Programme (→Sequenzer, →Editoren) oder in →Keyboards mit →Diskettenlaufwerk, die einen entsprechenden Zwischenspeicher für die →MIDI-Daten (mindestens 16 →kB) besitzen, z. B. →MIDI-Workstations. Der Vorteil eines Universal-Dump-Utility im Vergleich zu einem Editorprogramm besteht darin, daß sich damit die Daten beliebiger Geräte archivieren lassen. Der Nachteil: Die Daten lassen sich nicht oder nur sehr mühsam (→Byte für Byte) bearbeiten.

Universal-System-Exclusive-Messages siehe dazu →MIDI-File-Standard, →MIDI-Sample-Dump-Standard, →System-Exclusive-Messages.

Universeller Editor Universelles →MIDI-Programm, das sich über Anpassungsmodule grundsätzlich an jeden →Synthesizer oder anderen →Klangerzeuger anpassen läßt. Ein solches Programm wird bereits mit einer Anzahl an →Modulen geliefert. Dazu gibt es in der Regel ein frei programmierbares Modul zur Erstellung eigener Anpassungen. Hier kann der Benutzer Bedienelemente wie Schieberegler, Taster oder Drehknöpfe frei auf dem →Bildschirm zusammenstellen, benennen und den entsprechenden MIDI-→Adressen des Ge-

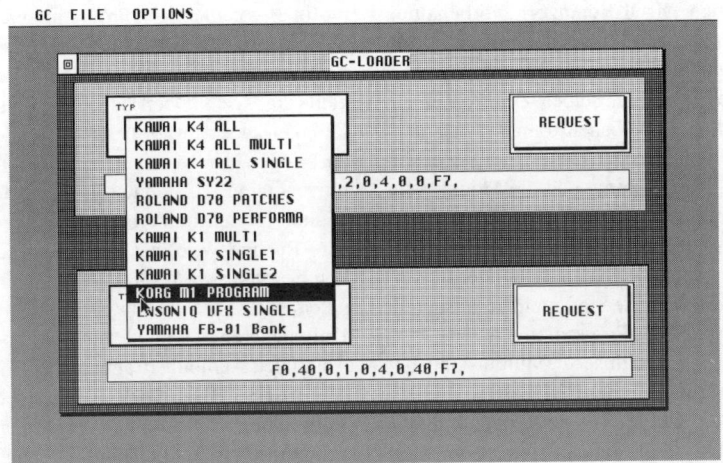

Der GC Bankloader ist eine Universal-Dump-Utility

UNIX

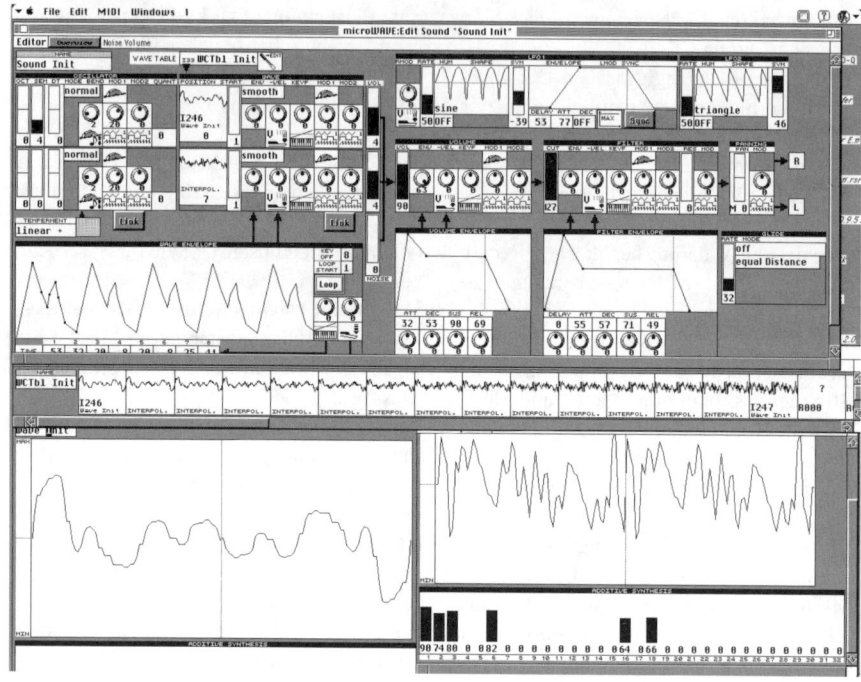

Universeller Editor SoundDiver von Emagic

rätes zuweisen. Dies bleibt allerdings fortgeschrittenen MIDI-Benutzern vorbehalten. Weniger versierte Anwender profitieren von einem universellen →Editor insofern, als sie mehrere Geräte zur selben Zeit von einem Bildschirm aus bedienen können. Außerdem ist die →Benutzeroberfläche in der Regel einheitlich. Dazu kommt, daß die Module sehr viel presigünstiger sind als ein spezieller Editor, so daß sich die Anschaffung schnell bezahlt macht. Der Nachteil einiger universeller Editoren: Sie sind nicht so ausgefeilt wie ein spezielles Programm.

UNIX Ein →Multiuser-/→Multitasking-Betriebssystem, das in den Bell-Labs von AT&T entwickelt wurde. Es stellt derzeitig den →Betriebssystem-Standard für →Computer-Workstations dar und ist unter anderem Grundlage der →Betriebsysteme von →NeXT und Silicon Graphics. UNIX ist sehr mächtig, wofür es vor allem von Programmierern und Systemverwaltern geschätzt wird, allerdings nicht sonderlich intuitiv. Jedoch helfen spezielle graphische Oberflächen, die Leistungsfähigkeit auch dem normalen Anwender nahe zu bringen. UNIX hat derzeit lediglich im universitären →Computermusik-Sektor Bedeutung. Durch die Verbreitung entsprechender →Rechner wird aber zunehmend auch der kommerzielle Musiksoftware-Bereich UNIX unterstützen.

Unlock (engl.) Fehlermeldung bei der →digitalen Audioübertragung über →S/PDIF oder →AES/EBU. Unlock signalisiert, daß die Verbindung nicht zustande gekommen ist.

Unsymmetrisch(e Leitung) Leitung aus einer signalführenden Ader und einem →Schirm, die einfachste Audioverbindung zweier Geräte. Unsymmetrische Leitungen werden mit →Klinken- oder →Cinch-Verbindungen ausgeführt und eignen sich in erster Linie für Geräte mit Studiopegel. Da sie für →Einstreuungen sehr anfällig sind, eignen sie sich nur eingeschränkt als Mikrofonleitungen. Außerdem werden die Mikrofonsignale und damit die Einstreuungen meist erheblich verstärkt. Hier benutzt man →symmetrische Leitungen.

Untermanual Untere →Klaviatur einer elektronischen Orgel, die von der linken Hand bedient wird und in der Regel auf der linken Hälfte die →Begleitautomatik steuert.

Unterrichtsprogramme →Lernsoftware.

Unvoiced (engl.) Stimmlos(er Laut). Gegenteil: →Voiced. →Monophone Einzelstimme eines →Synthesizers. Die Anzahl der →Voices eines Synthesizers entspricht dessen →Polyphonie. Pro →Stimme muß jeder Bestandteil der →Klangerzeugung einmal vorhanden sein, damit jede Note einen separaten Klangverlauf erhalten kann.

Up (engl.) Aufwärts. Taster zur →Cursorsteuerung, meist zusätzlich mit einem Aufwärtspfeil gekennzeichnet.

Upbeat (engl.) Auftakt. Mit Hilfe der Upbeat-Funktion in →Sequenzern können Noten vor der musikalischen Eins eingegeben werden.

Update (engl.) Überarbeitete Nachfolgeversion einer →Software oder eines →Betriebssystems auf →Diskette oder →E-PROM. Software-Hersteller überarbeiten ständig die →Programme, →Hardware-Hersteller die Betriebssoftware ihrer Geräte, um die Funktionsvielfalt zu erweitern, Fehler zu beheben und die Bedienung zu erleichtern. Diese Verbesserungen werden in Form von Updates an die Benutzer weitergegeben, mal kostenlos, mal gegen einen Unkostenbeitrag. Updates größerer Programme (→Betriebssystem, →Textverarbeitung) umfassen oft auch ein neues Handbuch. Anhand der Versionsnummer erkennt man den aktuellen Stand eines Programms bzw. eines Gerätes (z. B. V 2.3).

Upgrade (engl.) Sehr ähnlich dem →Update, umfaßt aber normalerweise eine starke Erweiterung des Funktionsumfangs der entsprechenden →Software. Oft werden auch Upgrades von einer Anfängerversion auf eine Vollversion angeboten.

Upload Übertragen und Ablegen von →Dateien per →Modem oder →Netzwerk (→DFÜ), z.B. in eine →Mailbox. Gegenteil: →Download.

Upper (engl.) Oberer Bereich einer →Klaviatur (oberhalb des →Split-Punkts).

User-Interface (engl.) →Benutzeroberfläche (siehe dort).

User-Manual (engl.) Bedienungsanleitung.

Utilities (engl.) Hilfsprogramme, die die Arbeit mit dem →Computer erleichtern und zusätzliche Möglichkeiten bieten, die in großen →Programmen nicht vorhanden sind. Typische Beispiele sind Kopierprogramme für →Disketten, Terminkalender, Taschenrechner, elektronischer Notizblock, aber auch kleinere →MIDI-→Anwendungen (→Patchbay, →MIDI-Monitor, →Arpeggiator). Die meisten Utilities sind Schreibtischprogramme, die über das Desk- (→Atari ST) oder Apfel-Menü (→Apple →Macintosh) aufgerufen werden können. Außerdem ist ein großer Teil →Public-Domain-Software.

V

Variations (engl.) Variationen des Grundrhythmus bzw. -arrangements in einer →Begleitautomatik, die ein abwechslungsreicheres Spielen ermöglichen. Die typischen Variationen sind Intro, →Break und Ending.

Variophon Elektronisches Blasinstrument mit →analoger →Klangerzeugung. Gespielt wurde das Variophon wahlweise über einen flötenähnlichen →Controller oder über ein entsprechend nachgerüstetes →Keyboard und einen →Blaswandler. Deutlich vor den ersten →Samplern erzielte das Variophon dabei eine recht authentische Imitation von Blasinstrumenten.

Varispeed (engl.) Funktion einer →Tonbandmaschine, mit der man die →Bandgeschwindigkeit stufenlos variieren kann. Die Varispeed-Funktion hat in der Regel einen Bereich von ± 12,5 % und findet sich auch in →digitalen Maschinen.

Mit Varispeed läßt sich beispielsweise die →Gesamtstimmung eines Titels leicht verändern, wenn ein Piano mit einer davon abweichenden →Stimmung aufgenommen werden soll oder der Sänger eine Tonlage nicht ganz erreicht.

VC (engl.) Abk. für →Voltage-Control: →Spannungssteuerung (siehe dort).

VCA (engl.) Voltage-Controlled-→Amplifier: spannungsgesteuerter →Verstärker in einem →analogen Synthesizer. Der VCA dient zur dynamischen Steuerung der →Lautstärke, indem er abhängig von einer →Steuerspannung die →Amplitude des Eingangssignals absenkt oder verstärkt. Wird diese →Steuerspannung von einem →Hüllkurvengenerator geliefert, so ergibt sich ein zeitlicher →Lautstärkeverlauf, stammt sie von einem →LFO, so lassen sich periodische Änderungen der Lautstärke (→Tremolo, →Repeat-Effekt) erzielen.

VCAs werden darüber hinaus in fast allen →analogen →Dynamikprozessoren eingesetzt, wobei die jeweilige Steuerspannung meist aus dem Eingangssignal abgeleitet wird.

VCF (engl.) Abk. für Voltage-Controlled-Filter: spannungsgesteuertes →Filter - z. B. in einem →Synthesizer - dessen →Cutoff-Frequenz durch eine Eingangsspannung steuerbar ist. Diese kann unter anderem von einem →Hüllkurvengenerator, einem →LFO oder der →Klaviatur geliefert werden. Das VCF ist das →Modul im →subtraktiven Synthesizer, das durch Beschneidung der obertonreichen →Wellenformen die →Klangfarbe beeinflußt.

VCO (engl.) Abk. für Voltage-Controlled-Oscillator: spannungsgesteuerter →Oszillator in einem →Synthesizer. Ein VCO kann eine

VCO-Modul eines modularen Synthesizers

Anzahl synthetischer, teils obertonreicher →Wellenformen (→Sinus, →Dreieck, Sägezahn, →Rechteck, →Pulswelle, →Rauschen) erzeugen, die erst in der nachfolgenden →Klangformung zu einem fertigen →Klang werden. Die →Tonhöhe der VCO-Schwingung wird durch eine →Steuerspannung bestimmt, die unter anderem vom →Keyboard und vom →LFO erzeugt werden kann. Viele VCOs - insbesondere die modularer Synthesizer - erlauben auch die →Spannungssteuerung der →Pulsbreite (→Pulsbreitenmodulation) und anderer →Parameter.

Aufgrund von Bauteiltoleranzen und Temperaturschwankungen sind VCOs nicht absolut stimmstabil, was einerseits den Klang lebendiger erscheinen läßt, andererseits auch zu Stimmungsproblemen führen kann. VCOs wurden bereits Ende der 70er Jahre durch die stimmstabileren →DCOs ersetzt.

Vector-Synthese Ein Syntheseprinzip, das erstmals und sehr erfolgreich im →Sequential Circuits Prophet VS realisiert wurde und in der Korg Wavestation und im Yamaha SY22 eine Renaissance erlebte. Die Vector-Synthese basiert auf der →Subtraktiven Synthese und arbeitet mit vier →digitalen →Oszillatoren, deren Lautstärkebalance durch einen Vektor bestimmt wird. Dieser Vektor läßt sich über →Modulationsquellen (→Hüllkurve, →LFO, →Velocity) in →Echtzeit steuern und beeinflußt damit das →Klangspektrum. Je unterschiedlicher die →Wellenformen der vier →Oszillatoren ausfallen, desto drastischer macht sich eine Verschiebung des Vektors im →Klang bemerkbar. Vektor-Synthesizer bieten in erster Linie lebendige und sehr interessante elektronische →Klangfarben. Für die Nachahmung von Natursounds sind sie weniger geeignet.

Velocity (engl.) 1. Geschwindigkeit, hier: →Anschlagdynamik (siehe dort). 2. Zweites →Datenbyte eines →Note-Event, das die →Anschlagdynamik der Note in einem Wertebereich von 0 - 127 überträgt. Ein Velocitywert 0 wird per Definition als →Note-Off des vorausgegangenen →Note-On-Befehls verwendet, was zwar für eine bessere Ausnutzung des →Running-Status sorgt, jedoch die Möglichkeit der →Release-Velocity vernachlässigt.

Velocity-Crossfade (engl.) Überblendung zwischen zwei oder mehreren Klängen per →Anschlagdynamik. Im →Sampler lassen sich realistischere →Sounds erzielen, indem Samples unterschiedlicher Dynamikabstufung per →Anschlagdynamik von leise nach laut überblendet werden.

Velocity-Kurve Programmierbare oder vorwählbare Kurvenfunktion in einem →MIDI-Keyboard oder →Klangerzeuger, mit dem die Auswirkung der →Anschlagdynamik auf den Klang beeinflußt werden kann. Typische Beispiele sind lineare, aber umgekehrte oder abgeschwächte Kurven oder exponentielle Kurven. In Synthesizern finden sich jedoch auch oft weitere Velocity-Kurven, mit denen sich →Velocity-Switch oder →Velocity-Crossfade erzeugen lassen. Mit Velocity-Kurven können auch Digital-Pianos oder Masterkeyboards auf das Anschlagverhalten des Spielers angepaßt werden.

Velocity-Switch (engl.) Umschalten zwischen zwei oder mehreren →Sounds oder →Samples per →Anschlagdynamik. Dazu wird

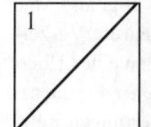 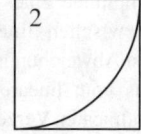 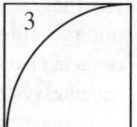 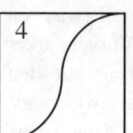 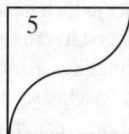 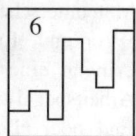

Velocity-Kurven beeinflussen die Auswirkung der Anschlagdynamik auf den Klang

für zwei oder mehrere Sounds ein Dynamikbereich (Velocity-Fenster) programmiert, innerhalb dessen der Sound erklingt. Durch Velocity-Switching lassen sich klanglich unterschiedliche Samples (z. B. Klavierton mit weichem und hartem Anschlag) anschlaggesteuert umschalten, um mehr Authentizität oder Effekte zu erzielen.

Velocity-Window (engl.) Dynamikfenster. Bereich zwischen zwei Grenzwerten (→Low/High), innerhalb dessen die →MIDI-Velocity liegen muß, damit ein →Klang aktiviert wird. Velocity-Windows werden beim →Velocity-Switching oder →Velocity-Crossfading eingesetzt. Bei entsprechend programmierten →Windows läßt sich oft zwischen bis zu acht Klängen per →Anschlagdynamik umschalten.

Velocity-Zone (engl.) →Velocity-Window.

Verdeckungseffekt Subjektive Wahrnehmung des Gehörs, die durch dessen begrenzte zeitliche und spektrale →Auflösung bedingt ist, ähnlich der begrenzten →Auflösung bewegter Bilder durch das Auge. Dabei werden bestimmte, meist leisere Signale durch entsprechend geartete, meist lautere Signale verdeckt und für das menschliche Gehör unhörbar. Diesen Verdeckungseffekt macht man sich z. B. bei der →Datenkompression von →digitalen →Audiosignalen zunutze, indem man lediglich die subjektiv wahrnehmbaren Spektralanteile überträgt. Dadurch läßt sich mit Hilfe technisch aufwendiger Verfahren der Datenbedarf auf bis zu 20% des Originalsignals reduzieren.

Verstärker Gerät oder →Modul, das eine Eingangsspannung um einen bestimmten Faktor verstärkt. Im Audiobereich gibt es eine unüberschaubare Anzahl von Verstärkertypen. Man unterscheidet jedoch generell zwischen →Vor- und →Endverstärkern. →Vorverstärker bringen eine Eingangsspannung auf den Arbeitspegel eines nachgeschalteten Gerätes. End- oder →Leistungsverstärker dagegen erzeugen die hohen Leistungen, die zum Betrieb von →Lautsprechern erforderlich sind.

Diese Verstärker sollten möglichst linear und mit einem festen bzw. fest einstellbaren Verstärkungsfaktor arbeiten. Anders die →Regelverstärker: Bei diesen Geräten hängt der Verstärkungsgrad von einer Eingangsspannung ab. Beispiele für Regelverstärker sind alle →Dynamikprozessoren sowie die Verstärker in →Synthesizern (→VCA, →DCA), deren Verstärkungsgrad mit Hilfe von →Hüllkurven oder anderen →Modulationen steuerbar ist.

Vertical-Interval-Time-Code (engl.) Abgekürzt als →VITC.

Vertikale →Auflösung Dynamik-→Auflösung beim →Digitalisieren von →Audiosignalen.

Very Large Scale Integration (engl.) →IC.

Verzerrer (engl.: →Distortion, →Overdrive) Gerät zur Erzeugung →nichtlinearer, harmonischer Verzerrungen, wie sie beispielsweise den typischen Rock-Gitarrensound ausmachen. Das Angebot der Geräte reicht vom einfachen Bodeneffekt bis zum 19"-→Rack-Gerät. Weiterhin ist ein Verzerrer oft in →Multieffektgeräten sowie in den Effektsektionen von →Keyboards zu finden. Man unterscheidet zwischen zwei Richtungen: Der →Overdrive ist die von einer Röhre erzeugte, warme →Übersteuerung, die mit →Transistoren nur annähernd nachgebildet werden kann. →Distortion nennt man die härter und direkter klingende Transistorverzerrung. Neben dem Haupteinsatzgebiet Gitarre benutzen Keyboarder einen Verzerrereffekt oft zur Erzeugung von Rock-Orgelsounds und speziellen Synthesizereffekten.

Verzerrungen →Frequenzabhängige Veränderung der Ausgangsamplitude im Verhältnis zur Eingangsamplitude eines Signals. Man unterscheidet zwischen linearen Verzerrungen, also den Abweichungen eines Übertragungssystems vom linearen →Frequenzgang, und →nichtlinearen Verzerrungen. Letztere sind Schwingungen, die am Ausgang eines Übertragungssystems auftauchen, am

Eingang jedoch nicht vorhanden waren. Dazu gehören auch die von Gitarrenverstärkern oder entsprechenden →Effektgeräten erzeugten Verzerrungen, die zum typischen →Overdrive- oder →Distortion-Sound führen.
Verzögerer →Delay.
Verzögerungseffekt Oberbegriff für →Effektgeräte oder Effektsektionen in →Klangerzeugern, die das Eingangssignal verzögern und dadurch Effekte erzeugen: →Chorus, →Delay, →Exciter, →Flanger.
Verzögerungszeit (engl. Delay-Time) 1. →Parameter an →Effektgeräten auf Verzögerungsbasis (→Delay, →Chorus, →Flanger), der die Zeit bestimmt, um die das Ausgangssignal gegenüber dem Eingangssignal verzögert wird. Die Verzögerungszeit läßt sich in der Regel in Millisekunden einstellen und über interne oder externe →Modulationsquellen modulieren. 2. Abweichung eines Gerätes (z. B. →Klangerzeuger, →Schnittstelle) von der →Echtzeit-Verarbeitung, die durch Rechenvorgänge oder Übertragungszeiten entsteht. Die unterschiedlichen Verzögerungszeiten von →MIDI-Klangerzeugern beispielsweise stören das theoretisch perfekte Timing. Sie entstehen vor allem durch:
- Rechenzeit für die Berechnung der →Samples aus den →Klangparametern,
- ständig variierende Stimmenauslastung,
- unterschiedliche Auslastung der →MIDI-Schnittstelle, Verzögerung bei stark belasteten →MIDI-Thru-Ketten bzw. langsam arbeitender →Thru-Funktion (extrem selten).
Diese Verzögerungszeiten lassen sich durch →Vorverzögerung (→Pre-Delay), Verteilung der Stimmenauslastung auf mehrere →Klangerzeuger, einzelne Aufzeichnung jeder →Sequenzerspur auf Band und andere Maßnahmen zumindest teilweise ausgleichen.
VHS (engl.) Abk. für Video Home System: Von JVC entwickelt, ist VHS bereits seit 1980 das im Heim- und Amateursektor verbreitetste →Videosystem. Die Breite des Bandes beträgt hier 0,5 Zoll. Durch die relativ großen Cassetten und die niedrige →Bandgeschwindigkeit von 2,34 cm/s lassen sich Aufnahmezeiten von bis zu fünf Stunden auf einer Cassette realisieren. →HiFi-Videorecorder im VHS-System waren bis zum Erscheinen →digitaler Systeme (→DAT) aufgrund ihres →Frequenzgangs von 20 →Hz - 20 →kHz auch als →Mastermaschinen im →Studio interessant.
Vibrato Tonhöhenmodulation, die im →Synthesizer durch eine →LFO-Modulation mit einer →Sinus- oder →Dreieckwelle einer →Frequenz von etwa 6 bis 10 →Hz (→Frequenzvibrato) erzeugt wird.
Natürliches Vibrato dagegen ist meist ein Gemisch unterschiedlicher →Modulationen, die auch auf andere →Parameter wie →Lautstärke oder →Klangfarbe wirken und zudem spiel- und lagenabhängig sind.
Video (lat.: Ich sehe) Oberbegriff für die optisch-elektronische Aufzeichnungs- und Wiedergabetechnik für →Ton und Bild, →VHS, →Video 8, →Betacam.
Video 8 Norm für Videorecorder (z. B. Camcorder) mit einem speziellen Cassettenformat und →digitaler →Stereo-Tonaufzeichnung mit 8-→Bit-→Auflösung und 31- →kHz-→Abtastrate. Video-8-Cassetten werden auch in der →digitalen 12-Spur-Maschine →A-DAM von Akai verwendet, allerdings unterscheidet sich das Aufzeichnungsformat von der Video-8-Norm.
Video-RAM Pufferbereich im →Computer oder auf einer Videokarte, der den aktuellen Bildschirminhalt enthält.
VideoHarp (engl.) →MIDI-→Controller in Form einer Harfe. Ein Lichtstrahl wird von den Fingern unterbrochen, was wiederum durch einen Sensor erkannt wird. Die Video-Harp erzeugt daraus →MIDI-Daten nach verschiedenen Schemen. So läßt sich das Instrument wie ein →Keyboard spielen, d.h. eine Unterbrechung des Lichtstrahls erzeugt auch eine Note. Eine andere Möglichkeit ist das „Greifen" der Noten mit der rechten und das

MIDI-Controller VideoHarp

„Streichen" der Harfe mit der linken Hand. Die VideoHarp ist einer der exotischen, interessanten MIDI-Controller, dürfte aber, allein schon wegen des Anschaffungspreises von ca. DM 20.000, wenigen Anwendern vorbehalten sein.

Videorecorder Aufzeichnungs- und Wiedergabegerät für Bild- und Tonsignale auf →Magnetbandcassetten. Videorecorder werden auf dem Musiksektor als semiprofessionelle →Mastermaschine (→HiFi-Video-Recorder) und bei der →Filmvertonung eingesetzt. Die gängigen Videoformate sind →VHS und →Video 8 im Heim- und semiprofessionellen Bereich sowie →U-matic und →Betacam II im professionellen Sektor.

Videovertonung →Filmvertonung.

Vierspur-Recorder Kleines Heimstudio bestehend aus einem Cassettenrecorder mit Vierspur-Tonkopf und einem einfachen →Mischpult mit vier bis acht Kanälen.

Virenschutzprogramm Ein →Utility-Programm, das meist im Hintergrund arbeitet und →Disketten, →Festplatten oder über →Netzwerk empfangene →Dateien auf Virenbefall untersucht. Dazu werden bestimmte Segmente der Dateien mit bekannten Viren verglichen, bei Entdeckung einer Ähnlichkeit gibt das →Programm eine Warnmeldung aus. Die meisten Virenprogramme sind lernfähig, d.h. sie können mit weiteren Vergleichsdaten gefüttert werden. Mindestens ein Virenschutzprogramm sollte in jedem →Personal Computer installiert sein, um wirksam die Zerstörung wertvoller Daten zu verhindern. →Computervirus.

Virtual Keyboard (engl.) →Bildschirmklaviatur.

Virtual Reality (engl.) Illusion einer Realität, die vom →Computer erzeugt wird. Der Mensch kommuniziert mit dem Computer über Sensoren (z. B. Datenhandschuhe), die dem Computer Bewegungen und Orientierung anzeigen. Der Computer reagiert auf Bewegungen und Sprache und erzeugt in einem Helm mit einer Monitorbrille und einem →Kopfhörer eine virtuelle Welt aus der Sicht des Menschen, die mittels animierter 3-D-Graphik und räumlicher Audiosphäre realisiert wird.

Die Virtual Reality wird bereits in Flugsimulatoren und aufwendigen Computerspielen eingesetzt. Mit der steigenden Leistungsfähigkeit von Hard- und →Software ist allerdings in nicht allzuferner Zukunft eine Nutzung dieser Technologie für die verschiedensten Lern- und Trainingszwecke denkbar.

Virtuelle Spur Ein →Audiosignal - oder eben eine Spur - eines →Synthesizers oder anderen →Klangerzeugers, das nicht auf einer →Mehrspur-Bandmaschine aufgenommen wurde, sondern bei der →Abmischung direkt aus einem →Sequenzer gespielt wird.

Virtuelle Tastatur →Bildschirmklaviatur.

Virus →Computervirus.

VITC (engl.) Abk. für Vertical Interval Time Code: Aufzeichnungsverfahren für →SMPTE-

Vocoder VC-10 von Korg

Timecode, wobei das →Timecode-Signal in die Austastlücken des Videobildes integriert wird. Der Vorteil besteht darin, daß VITC-Timecode auch im →Shuttle-Betrieb, bei sehr langsamen Geschwindigkeiten und selbst bei einem Standbild exakt gelesen werden kann. Verfahrensbedingt kann VITC nur im Zusammenhang mit →Videorecordern als →Master verwendet werden.

Vocoder (engl.) Abk. für →Voice Coder: Ein Gerät, das ein selbst erzeugtes oder extern zugeführtes →Trägersignal mit Sprache oder beliebigen anderen →Audiosignalen modulieren kann, die über ein →Mikrofon eingegeben werden. Der Vocoder kann also eine Gitarre, Orgel, eine Roboterstimme oder beliebige andere Signale sprechen lassen oder die Artikulation eines bestimmten Instruments auf ein anderes aufstülpen. Der erste Vocoder, der 1939 entwickelt wurde, sowie erste Versuche von EMS und Sennheiser dienten Forschungszwecken. In den 70er Jahren wurden kompaktere Vocoder wie der Korg VC-10 oder der Roland SVC-350 populär. Analoge Vocoder benutzen zur →Sprachanalyse eine Anzahl von →Bandpaßfiltern, die die →Amplitude eines jeden Frequenzbereichs der Sprache analysieren. Das Trägersignal wird entsprechend durch eine Anzahl von →Bandpaßfiltern geschickt, die die Filterkonstellation rekonstruieren. Dadurch werden die gesprochenen Laute dem Trägersignal aufgeprägt. Heutige Vocoder arbeiten meist mit →digitalen Filtern.

Voice (engl.) 1. →Stimme, Sprech- oder Singstimme. 2. Bezeichnung für einen einzelnen Synthesizersound, z. B. in Yamaha-Synthesizern. 3. →Monophone Einzelstimme eines →Synthesizers. Die Anzahl der Voices eines Synthesizers entspricht dessen →Polyphonie. Pro →Stimme muß jeder Bestandteil der →Klangerzeugung mindestens einmal vorhanden sein, damit jede Note einen separaten Klangverlauf erhalten kann. In den meisten Klangerzeugern besteht die Möglichkeit, mehrere Klänge oder Klangbestandteile zu kombinieren. In diesem Fall werden jeder Note mehr als eine Voice zugewiesen, was die Polyphonie entsprechend einschränkt.

Voice-Box (engl.) →Effektgerät, das die Beeinflussung von Klängen durch den Resonanzraum der Mundhöhle erlaubt. Das Signal wird über einen kleinen →Lautsprecher in den Mund abgestrahlt und von einem →Mikrofon wieder abgenommen. Die Voice-Box wird vornehmlich für Gitarre eingesetzt, grundsätzlich kann man damit allerdings alle Instrumente „sprechen lassen".

Voice-Memory (engl.) →Speicher für →Sounds im →Synthesizer.

Voice-Separation (engl.) →Sequenzer-Funktion, die aus einer →Sequenzer-Spur mit →polyphoner Stimmführung die Einzelstimmen (→Voices) extrahiert und auf mehrere Spuren verteilt. Anschließend können die →Stimmen einzeln bearbeitet, in einem Notendruckprogramm ausgedruckt oder mit verschiedenen →Sounds versehen werden.

Voice-Stealing (engl.) →Dynamische Stimmenzuordnung.

Voiced (engl.) Stimmhaft(er Laut). Bei der →Sprachanalyse im →Vocoder trennt ein spezieller Baustein (Voiced/Unvoiced-Detector) die stimmhaften Laute von den stimmlosen, für die bei der Synthese meist ein →Rauschgenerator ein- bzw. ausgeschaltet wird.

Voicetracker (engl.) Von der australischen Firma →Fairlight entwickeltes System, das Mikrofonsignale in →MIDI-Noten umwandelt. Siehe auch →Pitch-to-MIDI-Converter.

Vollaussteuerung Bezugsgröße für Magnetbänder und Audiowandler, die den maximal zugelassenen Pegel angibt, den das System erfassen kann, ohne einen festgelegten →Klirrfaktor (meist 1%) zu überschreiten. Pegelspitzen knapp jenseits der Vollaussteuerung liegen bei →analoger →Schallaufzeichnung in der →Aussteuerungsreserve, können also noch erfaßt werden. Anders bei →digitaler Schallverarbeitung: Hier wird die Vollaussteuerung durch den maximalen Wertebereich des →Wandlers fixiert. Ein Wert darüber kann nicht mehr erfaßt werden und führt sofort zu →Verzerrungen des Signals. Aus diesem Grunde ist die Aussteuerung digitaler Systeme sehr viel schwieriger als die analoger Systeme.

Vollpedal Orgelpedal, das besonders für sakrale bzw. klassische Musik eingesetzt wird. Dieses →Pedal nimmt die gesamte Breite der Orgel ein und kann bis zu drei →Oktaven umfassen. Die Pedale reichen bis zur Sitzbankkante und sind leicht sternförmig angeordnet, vergleiche auch →Stummelpedal.

Volt/Octave-Characteristic (engl.) Festlegung der Relation von →Steuerspannung und →Oszillatorfrequenz in →analogen Synthesizern. Pro →Volt erhöht sich hier die →Frequenz des →Oszillators um eine →Oktave (Verdopplung), was einer exponentiellen Steuercharakteristik entspricht. Dieses System wurde unter anderem bei →Moog- und Roland-Synthesizern angewendet. Andere →Synthesizer arbeiteten mit dem linearen →Hz/Volt-System.

Voltage (engl.) Elektrische Spannung, gemessen in →Volt, abgekürzt V.

Voltage-Control (engl.) →Spannungssteuerung.

Voltage-Controlled-Amplifier (engl.) Abgekürzt als →VCA.

Voltage-Controlled-Filter (engl.) Abgekürzt als →VCF.

Voltage-Controlled-Oscillator (engl.) Abgekürzt als →VCO.

Volume (engl.) 1. →Lautstärke, Pegel. 2. →Laufwerk, →Partition auf einer →Festplatte.

Volume-Pedal (engl.) →Parameter- oder Anschlußbezeichnung für das →Lautstärkepedal, →Schweller. Fast alle →Keyboards sind mit einem Anschluß für ein solches →Pedal ausgestattet. Die damit erzeugten Werte können auch über den →Volume-Controller (Nr. 7) bzw. →Foot-Controller (Nr. 4) über →MIDI gesendet werden.

Vorbandkontrolle Funktion zur Hörkontrolle des aufzuzeichnenden Bandsignals während der Aufnahme auf einen →Recorder oder eine →Bandmaschine.

Vorlaufband Farbig gekennzeichnetes Band, das vor ein →Magnetband geschnitten wird

und zum Einfädeln des Bandes dient. Die farbliche Kennzeichnung richtet sich danach, ob es sich um eine →Mono- oder →Stereoaufnahme handelt und gibt außerdem Aufschluß über die →Bandgeschwindigkeit.
Vorverstärker →Verstärker, der Eingangssignale verschiedenster Art auf den Arbeitspegel der →Endstufe bringt. Bestandteile eines Vorverstärkers sind meist ein Signalwahlschalter und eine →Klangregelung.
VU-Meter (VU: Abk. für →Volume Unit) Zeigerinstrument zur Kontrolle der →Lautstärke, wird hauptsächlich in →Bandmaschinen und →Mischpulten verwendet. Die Anzeigecharakteristik ist dem menschlichen Gehör angepaßt und damit recht unpräzise. VU-Meter werden deshalb zusehens durch die präziseren →Peak-Meter abgelöst.

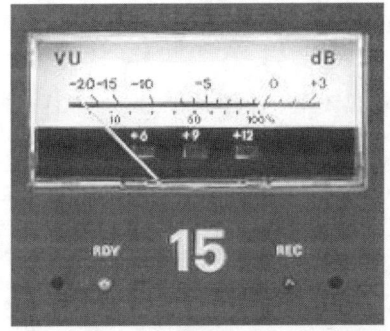

VU-Meter

W

Wah-Wah (engl.) Effekt, der den Klangeindruck von mit dem Kehlkopf gebildeten Wah-Wah-Lauten erweckt. Der Wah-Wah-Effekt wird mit Band- oder →Tiefpaßfiltern mit mittlerer →Resonanz erzeugt. Jeder →Synthesizer kann einen Wah-Wah-Effekt produzieren. Typisch allerdings ist dieser Effekt im Kontext mit E-Gitarren. Der Gitarrist bedient dazu ein →Pedal, das die →Filterfrequenz steuert.

Walking-Bass (engl.) Funktion in →Begleitautomaten, die eine an der gewählten Tonleiter orientierte Baßfigur erzeugt.

Wandler (engl. →Converter) Im Musikbereich gibt es die verschiedensten Arten von Wandlern, die beispielsweise →analoge →Audiosignale →digitalisieren (→Analog/Digital-Wandler) oder umgekehrt (→Digital/Analog-Wandler), oder anhand von analogen Audioimpulsen und Tönen →MIDI-Noten erzeugen (→Drum-to-MIDI-Converter, →Pitch-to-MIDI-Converter). Auch →Mikrofone und →Lautsprecher gehören dazu, wobei erstere Luftbewegungen in elektrische Schwingungen umwandeln, letztere für den umgekehrten Prozess konzipiert sind (→Schallwandler).

Warmstart →Reset.

Wave (engl.) →Welle, →Wellenform.

Wave-Drawing (engl.) Funktion in →Sampler-Editoren und einigen →Samplern, die es erlaubt, eine →Wellenform mit der →Maus oder einem Schieberegler (Korg DSS-1) zu zeichnen. Eine bestimmte →Klangfarbe läßt sich zwar kaum gezielt zeichnen, jedoch eignet sich diese Methode sehr gut, um auf experimentellem Wege neue Wellenformen zu erzeugen.

Wave-Table (engl.) Tabelle, die die →digitalen Werte für eine Schwingungsperiode enthält. Ein digitaler →Oszillator liest diese →Wellentabelle aus und erzeugt daraus in Abhängigkeit von der →Frequenz die Schwingung. Der Waldorf Microwave benutzt für die Darstellung einer Schwingungsperiode 127 Werte. Stellt man die Werte der Wellentabelle graphisch dar, so ergibt sich die Schwingungsform (z. B. Sägezahn). Darüber hinaus gestattet er, bis zu 64 solcher Schwingungsperioden zu einem komplexen Wavetable zusammenzustellen, der durch verschiedene →Modulationsquellen (→Hüllkurve, →LFO) zeitlich durchfahren werden kann und so eine sukzessive Klangveränderung gestattet.

Waveform (engl.) →Wellenform (siehe dort).

Waveguide-Filter-Simulation (engl.) →Syntheseverfahren, das auf →Computermodellen akustischer Instrumente basiert. Die Besonderheit dieses Verfahrens liegt darin, daß sich die Klangeigenschaften mit der →Tonhöhe gleichermaßen ändern, daß das Instrument folglich wie ein akustisches Instrument reagiert. Die Waveguide-Filter-Simulation wurde aufgrund des hohen Rechenaufwands bisher ausschließlich in größeren Computern realisiert.

Waveshaping (engl.) →Klangsynthese-Verfahren auf der Basis →nichtlinearer →Verzerrungen, das zu komplexen, nicht vorhersehbaren Ergebnissen führt. Der →Wellentabelle eines →Oszillators wird ein →Sample entnommen, dessen →Adresse durch die Ausgangswellenform eines zweiten →Oszillators bestimmt wird. Je komplexer die verwendeten →Wellenformen sind, desto komplexer und obertonreicher bzw. auch unharmonischer fällt das Ergebnis aus. Ein Waveshaper-Modul findet sich beispielsweise im →Programm →Turbosynth (Digidesign), eine Wave-Shaing-Synthesefunktion in der Korg 01/W →Workstation.

Wavetable (engl.) →Wellentabelle. Tabelle im →RAM oder →ROM eines →Synthesizers, die eine →digitalisierte →Wellenform enthält. Wavetables benötigen relativ wenig Daten, da nur ein einziger Schwingungsdurchgang gespeichert wird. Während in den ersten →digitalen →Synthesizern die Wavetables fest

88-MB-Wechselplatte mit austauschbaren Cartridges

eingespeichert waren (PPG Wave, Korg DW-8000), ließen schon bald viele Synthesizer die Erstellung eigener Wavetables per →Additiver Synthese zu (→Sequential Circuits Prophet VS, Kawai K5, Wersi MK1). Das ist heute in Synthesizern wie dem Waldorf Wave eine Selbstverständlichkeit.

Wavetable-Synthese (engl.) →Digitale Erweiterung der →Subtraktiven Synthese. Als Klangmaterial für den →Oszillator dient dabei eine Tabelle, in der 64 verschiedene Wellensätze enthalten sind, in denen wiederum die Einzelsamples eines Schwingungsdurchgangs abgelegt sind. Diese Wellentabellen sind entweder fest vorgegeben oder können vom Benutzer auf der →Zeit-Ebene (→Samples) oder der →Frequenz-Ebene (→additives →Obertonspektrum) bearbeitet werden. Prominenteste Vertreter der Wavetable-Synthese sind der PPG Wave 2.3 und dessen neue Version Waldorf Microwave.

Wechselplatte Oft etwas unkorrekt auch als Wechselfestplatte bezeichnet: Magnetplattenlaufwerk mit auswechselbaren →Cartridges. Wechselplatten verbinden die Kapazität und Geschwindigkeit einer mittleren →Festplatte mit der Auswechselbarkeit einer →Diskette. Die Vorteile gegenüber →Festplatten:
a) Das →Speichermedium läßt sich - ähnlich einer Diskette - schnell austauschen, so daß man per Wechselplatte beispielsweise das →Betriebssystem oder die Klangbibliothek im Handumdrehen austauschen kann.

b) Die Cartridge befindet sich während des Transports nicht im →Laufwerk, was einen →Headcrash wirksam verhindert.

c) Große Datenmengen lassen sich einfach auf Cartridges austauschen. Nahezu alle Wechselplatten arbeiten mit dem Syquest SQ-555 Laufwerk. Hier enthält eine Cartridge einen Datenträger mit etwa 44 →MB bzw. 88 MB →Speicherkapazität. Wer größere Datenmengen im direkten Zugriff benötigt, muß allerdings auf eine →Festplatte oder eine Kombination aus Fest- und Wechselplatte in einem Gehäuse zurückgreifen oder →optische →Speicherplatten verwenden.

Weißes Rauschen Rauschsignal, in dem sämtliche Frequenzanteile des →Spektrums gleichmäßig verteilt sind. Die Bezeichnung ist Weißem Licht entlehnt, das sämtliche Spektralanteile des Lichts enthält. Das Weiße Rauschen gehört zu den obligatorischen →Oszillatorwellenformen und wird hauptsächlich zur Beimischung von Anblasgeräuschen, zur Erzeugung von Naturgeräuschen (Wind, Donner, Wellen) und als Eingangssignal zur Erzeugung von →Zufallswellen eingesetzt.

Welle Eine Schwingung, die sich in einem Medium (z. B. Luft, Wasser) ausbreitet. Die häufigste Form einer Welle ist die →Schallwelle.

Wellenform Schwingungsverlauf einer einzelnen, →periodischen Schwingung. Die Wellenform bestimmt die →Klangfarbe und wird daher auch als Anhaltspunkt für die

Wellenform-Synthese

Beschreibung von Klängen benutzt. Die bekanntesten synthetischen Wellenformen sind →Sägezahn, →Rechteck und →Sinus.

Wellenform-Synthese →Wavetable-Synthese.

Wellenlänge Entfernung zweier Punkte mit gleicher →Amplitude (bzw. →Phasenlage) entlang der Ausbreitungsrichtung einer Welle. Die Wellenlänge wird mit dem griechischen Buchstaben λ angegeben und in Metern ausgedrückt.

Wellentabelle →Wavetable.

Werkssounds Andere Bezeichnung für →Presets (siehe dort).

Wheel (engl.) Handrad. Wheels sind typische →Synthesizer-→Spielhilfen und wurden nach Vorbild des populären →Minimoog in zahllose →Synthesizermodelle eingebaut. Die typische Kombination besteht aus einem mittenzentrierten →Pitch-Wheel und einem unipolaren →Mod-Wheel (→Modulationsrad). Einige Synthesizer und →Masterkeyboards bieten auch drei Räder an. Das dritte ist meist frei programmierbar.

White Noise (engl.) →Weißes Rauschen.

Wickelkern →Bobby.

Widerstand Elektrisches Bauteil, das die Stromstärke bei einer angelegten Spannung begrenzt. Neben Festwiderständen mit einem unveränderlichen Wert werden regelbare Widerstände (→Potentiometer) zur Einstellung von Werten (z. B. →Lautstärke, →Klangparameter) eingesetzt. Der elektrische Widerstand wird in Ohm (W) angegeben.

Width (engl.) Breite. Ein Width-→Parameter regelt die Auslenkung eines Effektes (→Chorus, →Flanger) oder die Breite z. B. der Pulse einer →Pulswelle (→Pulse-Width).

Wiedergabekopf Magnetkopf einer →Bandmaschine, der die Stärke des auf dem Band gespeicherten Magnetfeldes in eine proportionale Spannung wandelt. Der Wiedergabekopf ist in Form einer Ringkernspule aufgebaut, in deren Inneren das Magnetfeld durch Induktion einen Strom hervorruft. Mehrspurmaschinen benutzen einen Wiedergabekopf mit einem separaten Spalt pro Spur, der zur Vermeidung von →Phasenunterschieden ex-

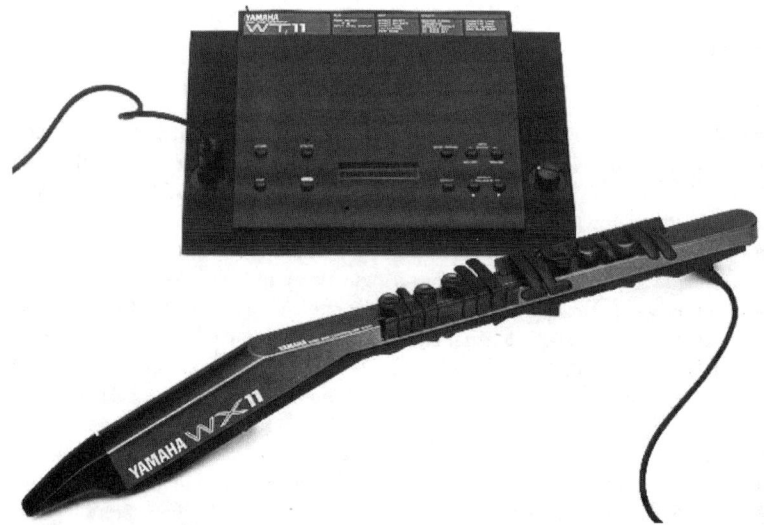

Wind-Controller Yamaha WT11 mit Steuereinheit WX11

akt im gleichen Winkel justiert sein muß, wie der →Aufnahmekopf. Bei kleineren Bandgeräten, die keine →Hinterbandkontrolle bieten, werden →Aufnahme- und Wiedergabekopf zusammengefaßt zu einem →Sync-Kopf.
Winchester-Platte (engl.) Frühere Bezeichnung für →Festplatte.
Wind-Controller (engl.) →MIDI-Blasinstrument. Elektronisches Steuerinstrument mit einem →Blaswandler und Klappen oder Tasten mit Kontakten, das über →MIDI mit einem beliebigen →Klangerzeuger gekoppelt werden kann. Die meisten Wind-Controller sind von der Bau- und Spielweise einer Klarinette oder einem Saxophon (→Synthophone) nachempfunden.
Window (engl.) →Fenster.
Windows Graphisch orientiertes →Betriebssystem für →IBM-kompatible →Personal Computer, das von der US-Softwarefirma Microsoft vertrieben wird und sich mittlerweile als Standard etabliert hat. Windows ähnelt sehr stark der →Macintosh-→Benutzeroberfläche und erlaubt die Bedienung eines →PCs mit Hilfe einer graphischen →Benutzeroberfläche und der →Maus.
Woofer (engl.) Bezeichnung für →Tieftöner.
Word (engl.) Datenwort, bestehend aus der Anzahl von →Bytes, die die →Wortbreite des Rechnersystems ausmachen. Bei →Samplern und heute üblichen →Computern sind das meist zwei Bytes, entsprechend 16 →Bits. Die →Speicherkapazität von 16-Bit-→Samplern wird oft in Words angegeben. Dabei entsprechen zwei MegaWords genau vier →MB. Diese Zählweise bietet sich an, da ein Word einem Sample entspricht und bei der Angabe von Start-, End- oder →Loop-Punkten ebenfalls benutzt wird.
Word-Processor (engl.) →Textverarbeitung.
Workstation (engl.) Integrierter Arbeitsplatz aus mehreren, normalerweise separaten Geräten. Im Musikbereich unterscheidet man die →MIDI-Workstation und die →digitale →Audio-Workstation (siehe jeweils dort). Im Computerbereich versteht man unter Workstation einen leistungsfähigen Arbeitsplatz auf der Basis eines Minicomputers, wie er beispielsweise zur professionellen Bildverarbeitung eingesetzt wird.
WORM (engl.) Abk. für →Write Once, →Read Many (Multiple): eine →optische →Speicherplatte, die einmalig beschrieben, aber beliebig oft gelesen werden kann. Dazu läßt sich die Oberflächenbeschaffenheit einer speziell beschichteten Platte einmalig mit einem starken →Laserstrahl verändern (einbrennen). Die dadurch erzeugten Reflexionen werden von einem weitaus schwächeren Laserstrahl wieder beliebig oft gelesen. WORM-Laufwerke besitzen eine sehr hohe →Speicherkapazität (etwa 500 →MB pro Seite). Ein weiterer Vorteil ist die Datensicherheit, da versehentliches Löschen unmöglich ist. Mit einem entsprechenden →Laufwerk lassen sich WORM-Platten auch zur Speicherung von →digitalisierter Stereomusik (→Master) einsetzen.
Wortbreite Die Anzahl der →Bits, aus der sich ein komplettes Datenwort zusammensetzt. →MIDI beispielsweise arbeitet mit einer Wortbreite von 8 Bits, ein 16-Bit-→Sampler entsprechend mit 16 Bits pro →Sample-Wert.
Write (engl.) Schreiben. Speicherfunktion, die →Sounds oder andere →Programme elektronischer Geräte (→Synthesizer, →Effektgeräte, →Drumcomputer) aus dem Zwischenspeicher (→Edit-Buffer) in den internen →Speicher schreibt, damit sie auch nach dem Ausschalten erhalten bleiben. Im Vergleich dazu speichert die →Save-Funktion auf →Datenträger.
Write-Protect (engl.) →Schreibschutz.
Wurlitzer-Piano Elektromagnetisches Piano des amerikanischen Instrumenten- und Music-Box-Herstellers Wurlitzer mit der - selten gebrauchten - Bezeichnung A-200. Das Wurlitzer-Piano besitzt 64 Tasten, eine Hammermechanik und Klangzungen mit elektromagnetischen →Pick-ups. Ein →Verstärker und →Lautsprecher sind ebenfalls eingebaut. Ur-

WYSIWYG 300

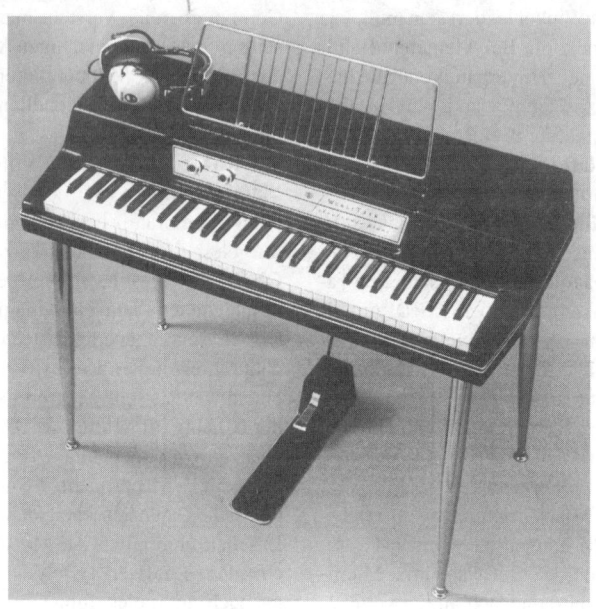

Elektromagnetisches Piano Wurlitzer A-200

sprünglich als Kinder-Übungsklavier für beengte Wohn- und Finanzverhältnisse gedacht, wurde das kleine Piano aufgrund seines charakteristischen →Sounds besonders im Rock- und Pop-Sektor berühmt, wo es beispielsweise den Sound der Band „Supertramp" prägte. In so mancher →Synthesizer-Soundbank setzt sich die Tradition des Wurlitzer-Sounds noch heute fort.

WYSIWYG (engl.) Abk. für What You See Is What You Get: Eigenschaft eines →Textverarbeitungs-, Graphik-Layout-, oder Notendruckprogramms, das Dokument auf dem →Bildschirm bereits so darzustellen, wie es später im Ausdruck aussehen wird. Dazu gehört beispielsweise die Darstellung von Schriftschnitten wie fett, kursiv oder unterstrichen, die Bildschirmdarstellung der →Fonts Helvetica, Avant Garde und Times und deren Größe. Auch Formatierungen wie Zeilenumbruch, Trennung und Blocksatz werden angezeigt. Bei Notendruckprogrammen bedeutet WYSIWYG die korrekte Darstellung der Notation mit Text, Formatierungen und Artikulationszeichen auf dem Bildschirm. Siehe auch →Seitenansicht.

X

X-Y-Controller (engl.) Andere Bezeichnung für →Joystick (siehe dort).

X-Y-Mikrofonverfahren Mikrofonierungsverfahren bei Stereoaufnahmen. Die →Mikrofone werden dabei im entgegengesetzten Winkel zur Mittelachse gedreht. Da die X-Y-Stereophonie im Vergleich zu der →M-S-Stereophonie unter anderem mit Höhenverlusten behaftet ist, wird das letztere Verfahren bevorzugt.

XLR Meist dreipolige, professionelle Steckverbindung mit stabilen, arretierbaren Steckern. XLR-Kabel werden hauptsächlich als Mikrofonkabel und für alle →symmetrischen Audioverbindungen im →Studio und auf der Bühne eingesetzt. Spezielle Ausführungen existieren beispielsweise für den Anschluß externer →Netzteile.

XMIT (engl.) Abk. für →Transmit.

XT (engl.) Abk. für eXtended Technology: →IBM-Modell der früheren →PC-Serie, mittlerweile durch die →AT-Serie fast vollständig abgelöst. Die XT-Computer sind mit den Intel- →Prozessoren 8086 oder 8088 ausgestattet, besitzen ein →Diskettenlaufwerk, eine →Festplatte und wenigstens 256 →kB →RAM. Sie arbeiten ausschließlich mit dem →Betriebssystem →MS-DOS.

Y

Yamaha Digital Audio Interface (engl.) →Digital-Cascade.

Yamaha DX7 Yamahas DX7 ist der unbestritten populärste →Synthesizer aller Zeiten. Er wurde 1984 vorgestellt. Seine damals neuartige Synthese, die →Frequenzmodulation, revolutionierte die Vorstellung vom elektronischen Synthesizersound. Sechs →Sinusoszillatoren, sogenannte →Operatoren, konnten in 32 Konstellationen (→Algorithmen) kombiniert werden. (Näheres siehe unter Frequenzmodulation.) Der DX7 ist nach heutigen Maßstäben ein einfaches Instrument: 16 →Stimmen, 10-Bit-Auflösung, 32 Soundspeicher, MIDI →Poly-Mode ohne Local-Off, kein →Keyboard-Split. Noch heute kommt kaum eine Studioproduktion ohne den charakteristisch natürlichen, lebendigen →FM-Sound aus, den der DX7 seinerzeit geprägt hat und der heute in seinen zahlreichen Nachfolgern und Ablegern (→DX7 II, SY77, SY99) weiterlebt. Hierzulande wurden etwa 40.000 Geräte der DX7-Familie verkauft, weltweit etwa 150.000. Solche Verkaufszahlen hat noch kein anderer Synthesizer erreicht.

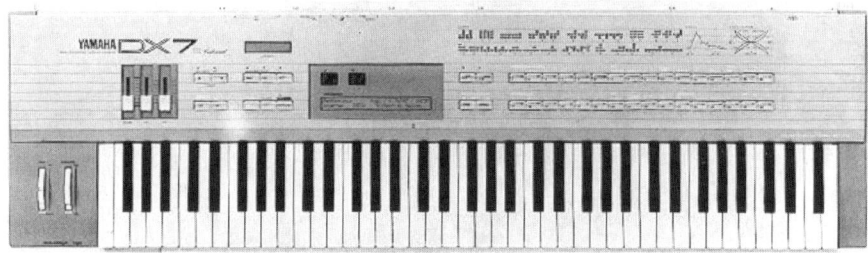

Oben: Yamaha DX7, der populärste Syntheser aller Zeiten, unten: das Sondermodell DX7-II Centennial

Z

Zehnertastatur Bezeichnung für den Tastenblock auf der rechten Seite einer Computertastatur, der die zehn Ziffern, die Tasten [=], [/], [*], [+], [-], [,] eine →Enter- und eine Löschtaste enthält. Die Zehnertastatur wird je nach Anwendung für numerische Rechenfunktionen oder Sonderfunktionen herangezogen. Viele →Sequenzer beispielsweise greifen auf die Zehnertastatur für die →Transportfunktionen (→Stop, →Start, Vor- und Zurückspulen usw.) zurück.

Zeichenprogramm →Graphikprogramm.
Zeichensatz →Font.
Zeit-Ebene →Time Domain.
Zeitkompression →Time-Correction.
Zeitscheibe →Time-Slice-Synthese.
Zentraleinheit →CPU.
Zero-Crossing (engl.) →Nulldurchgang (siehe dort).
Zero-Loop-Bandtransport (engl.) Bandführung in einer →Tonbandmaschine, die ohne →Capstan arbeitet. Das Band wird über zwei Rollen links und rechts der →Tonköpfe geführt, deren Geschwindigkeit ständig gemessen und von einem →Mikroprozessor mit dem Sollwert verglichen wird. Der Mikroprozessor steuert dementsprechend die Wickelmotoren.

Zoom (engl.) Vergleichbar mit der gleichnamigen Funktion in Kameras, vergrößert die Zoom-Funktion in graphischen Oberflächen (→Sample-Editor, Graphikprogramm) den Bildausschnitt. →Samples werden beispielsweise mit einem extremen Zoomfaktor dargestellt, um →Wellenformen mit dem Zeichenstift ausbessern oder →Nulldurchgänge exakt auffinden zu können.

Zufallsfunktion Funktion in →Editorsoftware oder →Synthesizern, die zufällige Werte erzeugt. Ein Editorprogramm benutzt die Zufallsfunktion zur gezielten Erstellung von →Zufallssounds durch den →Computer. Im →Synthesizer läßt sich die Zufallsfunktion als →Modulationsquelle für →Klang- oder Frequenzänderungen einsetzen.

Zufallssound Synthesizersound, der durch Erzeugung zufälliger →Parameterwerte von einer Editorsoftware oder einem →Synthesizer erstellt wurde. Läßt man den Zufall unkontrolliert arbeiten, so ist das Ergebnis selten als fertiger →Sound brauchbar, eignet sich oft jedoch als Ausgangsmaterial zur Weiterbearbeitung. Bereits der →Sequential Circuits Prophet VS bot 1986 eine solche Zufallsfunktion an. Editorprogramme für Synthesizer bieten oft die Möglichkeit, die Auswirkung des Zufalls auf bestimmte →Parameter oder innerhalb sinnvoller Grenzen zu beschränken, um bestehende Sounds leicht zu variieren oder die Ausbeute an brauchbaren Sounds zu erhöhen.

Zufallsspannung Zufällig variierende →Steuerspannung in →analogen Synthesizern, die zur →Modulation von →Klangparametern (z. B. →Tonhöhe, →Filter) einsetzbar ist. Die Zufallsspannung wird durch ein →Sample-&-Hold-Modul erzeugt, wenn sie quantisiert, also abgestuft sein soll, oder durch tieffrequent gefiltertes →Rauschen, wenn die Veränderungen gleitend sein sollen.

Zufallswellenform →Random.

Zugriegel Schieberegler einer →Hammond- oder elektronischen Orgel, die der Spieler zur Lautstärkeregelung (ursprünglich in zehn Stufen, heute meist sehr viel feiner gerastert) der einzelnen →Fußlagen einsetzt. Die perfekte Beherrschung der Zugriegel gehört zu den spieltechnischen Ausdrucksmitteln eines guten Hammond-Organisten, da sich hiermit gezielte →Klangfarbenvariationen erzielen lassen.
Eine übliche Ausstattung einer Orgel sind fünf Zugriegel (16', 8', 5 1/3', 4', 2 2/3') für das →Untermanual und neun Zugriegel (zusätzlich 2', 1 3/5', 1 1/1', 1') für das →Obermanual. Fast jede Zugriegel-Orgel bietet eine Reihe von →Presets bzw. speicherbaren Zugriegel-

Zweierkomplement

Zugriegel als spieltechnisches Ausdrucksmittel für Organisten

einstellungen für den schnellen Klangfarbenwechsel.

Zweierkomplement Umkehrung des →binären Werts eines →Bits. Das Zweierkomplement wird zur Darstellung negativer →Binärzahlen benutzt. Dazu wird das linke →Bit (→MSB) auf 1 gesetzt, alle anderen Bits werden in ihr Zweierkomplement umgewandelt: Aus einer Null wird eine Eins und umgekehrt.

Zwischenablage (engl. Clipboard) Ein reservierter Bereich im →Arbeitsspeicher eines →Computers, in dem Datenblöcke vorübergehend abgelegt werden, die mit der →Copy- oder →Cut-Funktion kopiert wurden, um sie anschließend wieder beliebig oft (an anderer Stelle) einfügen zu können. Der Inhalt der Zwischenablage wird bei jedem Kopiervorgang ersetzt. Einige →Betriebssysteme bieten auch eine Zwischenablage, die auf einem Datenträger verwaltet wird, um größere Datenblöcke (gescannte Bilder, →Samples) bearbeiten zu können.

Anhang

Die MIDI-Spezifikation

Technische Daten:

Übertragungsrate	31.250 Baud, asynchron,
Format	Startbit, acht Datenbits (D0 - D7), Stopbit,
Übertragung	5mA-Stromschleife, Optokoppler,
Anschlüsse	DIN-Buchsen, 5polig, Pin 1 und 3 ungenutzt,
Leitungslänge	< 15 m.

Das MIDI-Datenformat:

Channel-Voice-Messages

Bezeichnung	Statusbyte binär	hex	1. Dbyte	Bereich	2. Dbyte	Bereich
Note Off	1000nnnn	8n	Note-Nr.	0 - 127	Velocity	0 - 127
Note On	1001nnnn	9n	Note-Nr.	0 - 127	Velocity	0 - 127
Key Pressure	1010nnnn	An	Note	0 - 127	Druckst.	0 - 127
Contr Change	1011nnnn	Bn	Cont.-Nr.	0 - 121*	Wert	0 - 127
Prog Change	1100nnnn	Cn	Prog.-Nr.	0 - 127		
Chn Pressure	1101nnnn	Dn	Druckst.	0 - 127		
Pitch Bend	1110	En	LSB	0 - 127	MSB	0 - 127

n   MIDI-Channel
*   122 - 127 sind für Mode-Messages reserviert.

Control No.   Bezeichnung

Regler (Continuous-Controller)
0   Bank Select   Auswahl einer Bank (z. B. Internal, Card)
1   Modulation   Modulationsrad
2   Breath Control   Blaswandler

3	Nicht definiert	
4	Foot Control	Fußpedal
5	Portamento Time	Portamento-Zeit (Glide)
6	Data Entry	Regler für Parameteränderung (auch als „Value" bezeichnet)
7	Volume	Lautstärkeregler
8	Balance	Mischungsverhältnis (etwa zweier Sounds im Dual-Modus)
10	Panorama	Stereoposition
11	Expression	Pedal zur zusätzlichen Steuerung der Klangfarbe (z. B. Brillanz)
16	User Ctrl. 1	anwenderdefinierbare
17	User Ctrl. 2	Controller
18	User Ctrl. 3	(LSB)
19	User Ctrl. 4	
32	LSB Ctrl. 0	zweites Datenbyte für Controller 0 (s.o.)
33	LSB Ctrl. 1	dto., Controller 1
...	...	
63	LSB Ctrl. 31	dto., Controller 31

Schalter (Switches)

64	Sustain	Haltepedal
65	Portamento	
66	Sostenuto	
67	Soft Pedal	Dämpferpedal
68	Nicht definiert	
69	Hold 2	Hold-Pedal (nur Synthesizer)
80	User Ctrl 5	anwenderdefinierbare
81	User Ctrl 6	Controller
82	User Ctrl 7	(MSB)
83	User Ctrl 8	
91	Effect Depth	Effektanteil (Dry : FX)
92	Tremolo Depth	Tremolo-Tiefe
93	Chorus Depth	Chorus-Tiefe
94	Celeste Depth	Celeste-Tiefe (Leslie)
95	Phaser Depth	Phaser-Tiefe
96	Increment	[Plus/Yes]-Taster
97	Decrement	[Minus/No]-Taster
98	Non-Reg. LSB	herstellerdefinierbarer Klangparameter (LSB)
99	Non-Reg. MSB	dto., MSB für 14-Bit-Auflösung
100	Registered LSB	allgemein definierter Klangparameter (LSB)

101	Registered MSB	dto., MSB für 14-Bit-Auflösung
121	Controller Reset	Zurücksetzen aller Controller in Neutralstellung
122 - 127	siehe Channel-Mode-Messages	

Channel-Mode-Messages

Bezeichnung	Bedeutung	Contr. Nr.	2. Datenbyte	Wert
Local On	Kopplung ein	122		1 - 127
Local Off	Kopplung aus	122		0
All Notes Off	Alle Noten aus	123		0
Omni Off		124		0
Omni On	Omni-Mode	125		0
Mono On/Poly Off	Mono-Mode	126	Anzahl Kanäle	(1 - 16)
Mono Off/Poly On	Poly Mode	127		

System-Common-Messages (Systemnachrichten)

Bezeichnung	Bedeutung	Statusbyte binär	hex	1. Datenbyte	2. Datenbyte
MIDI-Timecode		1111 0001	F1	0nnnzzzz*	
Song-Position-Pointer		1111 0010	F2	LSB	MSB
Song-Select	Song-Auswahl	1111 0011	F3	Song-Nummer	-
Nicht definiert		1111 0100	F4		
Nicht definiert		1111 0101	F5		
Tune Request	Tuning-Befehl	1111 0110	F6	-	-
EOX	**	1111 0111	F7	-	-

* nnn = fortlaufende Nummer 0 - 7, zzzz = Zeitzähler
** Die EOX-Message schließt eine System-Exclusive-Message ab

MIDI-Timecode (MTC)

$F1 $0z, $F1 $1z, $F1 $2z, $F1 $3z, $F1 $4z, $F1 $5z, $F1 $6z, $F1 $7z
Die Numerierung des Datenbytes (nnn) identifiziert den Datenwert wie folgt:

n	Datenwert					
0	Bild	LS-Nibble		0	Minute	LS-Nibble
1	Bild	MS-Nibble		1	Minute	MS-Nibble
0	Sekunde	LS-Nibble		0	Stunde	LS-Nibble
1	Sekunde	MS-Nibble		1	Stunde	MS-Nibble

System-Realtime-Messages (Echtzeitnachrichten)

Bezeichnung	Statusbyte	
	binär	hex
MIDI Clock	1111 1000	F8
Nicht definiert	1111 1001	F9
Start	1111 1010	FA
Continue	1111 1011	FB
Stop	1111 1100	FC
Nicht definiert	1111 1101	FD
Active-Sensing	1111 1110	FE
System-Reset	1111 1111	FF

System-Exclusive-Messages

Statusbyte	Hersteller-ID	beliebige Anzahl Datenbytes	EOX
1111 1000	($F0) 0iii iiii	0*** **** ..... 0*** ****	1111 0111 ($F7)

Literaturverzeichnis

Die unten aufgeführten Publikationen wurden bei den Recherchen zu diesem Lexikon herangezogen:

Klangsynthese/Digitale Audiotechnik/Sampling:
Ackermann, Computer & Musik, Springer Verlag Wien/New York, ISBN 3-211-82291-7
Chowning/Bristow, FM Theory & Applications, Yamaha Music Foundation, ISBN 4-636-17482-8
Gorges, Das große Sampler-Praxisbuch, GC Carstensen Verlag, ISBN 3-910098-00-2
Rossing, The Science of Sound, Addison-Wesley, ISBN 0-201-15727-6
Rumsey, Digital Audio Operations, Focal Press, ISBN 0-240-51311-8

Synthesizer/MIDI/Sequenzer:
Becker/Stork(Fotos), Synthesizer von gestern, Musik-Media-Verlag, ISBN 3-927954-00-4
Gorges/Merck, Keyboards, MIDI, Homerecording, GC Carstensen Verlag, ISBN 3-9802026-3-1
Gorges, Das komplette DX7 Handbuch, GC Carstensen Verlag, ISBN 3-910098-00-2
Gorges, Arbeiten mit der M1 Workstation, GC Carstensen Verlag, ISBN 3-9802026-1-5
Gorges, Das K1 Handbuch, GC Carstensen Verlag, ISBN 3-9802026-2-3
Gorges, Das K4 Handbuch, GC Carstensen Verlag, ISBN 3-9802026-4-X
Gorges, Das 01/W Handbuch, GC Carstensen Verlag, ISBN 3-910098-03-7
Waehneldt, Das große Creator/Notator Handbuch, GC Carstensen Verlag, ISBN 3-9802026-7-4

Computer:
Gohlke, Hügel, Das große Apple Macintosh Buch, Data Becker ISBN 3-89011-360-5
Klemme, Der Atari ST (nicht nur) für Musiker, GC Carstensen Verlag, ISBN 3-9802026-9-0
Kaltenbach ..., Das große Computerlexikon, Fischer Logo, ISBN 3-596-10219-7

Studio:
Zaza, Audio Design, Prentice-Hall, ISBN 0-13-050733
Handbuch der Tonstudiotechnik, Saur Verlag, ISBN 3-598-10199-6
Webers, Tonstudiotechnik, Franzis Verlag, ISBN 3-7723-5524-2
Henle, Das Tonstudio-Handbuch, GC Carstensen Verlag, ISBN 3-9802026-5-8
Schünke, Personal Computer, Compact Verlag, ISBN 3-8174-3141-4

Nachwort

Ich möchte zum Abschluß all denen danken, die zu diesem Lexikon beigetragen haben:
- Matthias Becker für Fotos und Ratschläge zum Thema „...von gestern",
- Allen Firmen, die Bildmaterial beigesteuert haben,
- Claudius Brüse, Andreas Burghardt, Hubert Henle, Hubertus Maaß, Reinhard Schmitz und Johannes Waehneldt für kompetenten Rat,
- Wolfgang Klemme, Jörg Wendt, Anja Graßhoff und Ulrich Schwaderlap für Literaturtips.

Stichwortverzeichnis

1 V/Oktave-Prinzip
1-Bit-Wandler
1040 ST
19"-Norm
68000er
80X86er
A.I.
A-DAM
A/D
A/D-Wandler
AAA
AAD
AB-Stereophonie
Abmischung
Abschirmung
Abschwächer
Absorber
Abspielliste
Absturz
Abtastauflösung
Abtasten
Abtasten und Halten
Abtastfrequenz
Abtastrate
Abtasttheorem
Abwärtskompatibel
AC
AC-Hum
Accent
Access
Accessory
Accompaniment
ACK
Acknowledge
ACSI
Active Sensing
Adapter
Adaptive Groove Design
Adaptive-Delta-Modulation
ADC
ADAT
ADD
Additive Synthese
ADM
Adreßbus
Adresse

ADS
ADSR
Advanced Frequency
 Modulation
AES
AES/EBU-Interface
AFM
Aftertouch
AI-Synthese
AIFF
Akkordeon-to-MIDI
Aktivbox
Aktiver Dump
Aktivieren
Akustik
Akustikkoppler
Alertbox
Algorithmische
 Improvisation
Algorithmische
 Komposition
Algorithmus
Aliasing
All-Notes-Off
Allgemeine Systemnach-
 richten
Alpha-Dial
Alphanumerisch
Altered
Alternate-Loop
Alternate-Taste
ALU
AM
American Standard Code for
 Information Interchange
Amiga
Amount
Amplifier
Amplitude
Amplitude Envelope
Amplitudenauflösung
Amplitudenhüllkurve
Amplitudenmodulation
Amplitudenvibrato
Analog
Analog-Delay
Analog/Digital-Wandler

Analoge Ebene
Analoger Sequenzer
Analoge Synthese
Analoger Synthesizer
Analogsequenzer
Analytic Quantize
Analyzer
Anfassen
Animation
Anklicken
Anpassung
Anschlagdynamik
ANSI
Ansprechschwelle
Anti-Aliasing-Filter
Anwenderprogramm
Anwendung
Appendix
Apple Computer
Applikation
Arbeitsspeicher
ARP
Arpeggiator
Arranger
Artificial Intelligence
Artikulations-Synthesizer
ASCII
Assembler
Assign
AT
Atari
Atari Falcon
Atari ST
Attack
Attack-Time
Attack-Sample
Attack-Velocity
Attenuator
Attribut
Audio-Bus
Audio-Interchange-File-
 Format
Audio-Output
Audio-Schnittstelle
Audio-Server
Audio-Trigger
Audio-Wandler

Anhang 312

Audio-Workstation
Audioanschlüsse
Audiodaten
AudioFrame
Audiooszillator
Audioprozessor
Audiosignal
Auflösung
Aufnahmekopf
Aufnahmeraum
Aufwärtskompatibel
Aural Exciter
Ausgang
Ausgangsleistung
Ausgangswandler
Ausleserate
Ausspielweg
Aussteuerung
Aussteuerungsinstrumente
Aussteuerungsreserve
Auswahlleiste
Auto-Accompaniment
Auto-Chord
Auto-Sampling
Auto-Tune
Autoboot
Autocorrection
Autodrop
Autokorrektur
Autolocator
Autoloop
Autopark-Funktion
Autorensystem
Aux
Auxiliary Send
Averager
AWM-Synthese

Back-and-Forth Loop
Backspace
Backup
Backward-Loop
Bändchenmikrofon
Balance
Balanced
Band
Band-Reject Filter
Bandbreite
Bandgeschwindigkeit

Bandlauf
Bandmanual
Bandmaschine
Bandmaschinen-Prinzip
Bandpaßfilter
Bandschleife
Bandsperrfilter
Bandwidth
Bank-Manager
Bankloader
Bar
BASIC
Basic Channel
Basic Note
Basic Tracks
Basisbreite
Bass Cut
Baß-Synthesizer
Baßpedal
Baud
Baud-Rate
BC
Beam
Beats per Minute
Bedieneroberfläche
Begleitautomat
Begrenzer
Belastbarkeit
Belichten
Bender Range
Benutzerfreundlichkeit
Benutzeroberfläche
Beta-Version
Betacam
Betriebssystem
Beugung
Beziérkurve
Bias
Bildfrequenz
Bildschirm
Bildschirmauflösung
Bildschirmnotation
Bildschirmschoner
Binär
Binärsystem
Binary Code
Binary Digit
Binaural
Binaurales Aufnahmever-

fahren
Birotron
Bit
Bitmap
Bitstream-Converter
Blank
Blaswandler
Blitter
Blockschaltbild
Board
Bobby
Booten
Bootsektor
bpm
bps
Break
Break-Point
Breath-Controller
Brumm
Brummschleife
Buchla
Buffer
Bulk Dump
Bus
Busy
Busy Bee
Button
Bypass
Byte

C
c:m
C-64
C-Mix
Cache
Cancel
Capstan
Capture Quantize
Card
Cardioid
Carrier
Carrier to Modulator
Cartridge
Cassetten-Interface
CAV
CCIR
CD
CD-I
CD-Player

Anhang

CD-Qualität
CD-R
CD-Recorder
CD-ROM
Cent
Central-Processing-Unit
Centronics
Chain
Channel
Channel-Filter
Channel-Messages
Channel-Mode-Messages
Channel-Pressure
Channel-Voice-Messages
Checksum
Checksum Error
Chinch
Chip
Chord
Chorus
Chromatic Tuner
Cinch
CIRC
CISC
Clavinet
Clean
Clear
Clef
Click-Track
Clipboard
Clipping
Clock
Clock-Rate
Close
Closed Loop
Clr Home
CLV
Coarse
Codierung
Coil
Combfilter
Combine
Combo-Orgel
Command
Commodore Amiga
Commodore C 64
Compact-Disc
Compander
Compare

Compiler
Compressor
Computer
Computerbildschirm
Computermischpult
Computer-Monitor
Computermusik
Computerprogramm
Computersoftware
Computersystem
Computervirus
Condenser Microphone
Conductor-Track
Constant Pitch
Consumer-Version
Continue
Continuous Controller
Contour
Contracussion
Control
Control-Change
Control-Voltage
Controller
Controller-Adresse
Controller-Reset
Controller-Tabelle
Controllernummer
Conversion
Converter
Coprozessor
Copy
Cord
Count In
Counter
Cowbell
cps
CPU
CRC
Create
Crescendo
Cross Interleaved Reed-
 Solomon Code
Cross-Modulation
Cross-Talk
Crossfade
Crossfade Loop
Cue
Cue-List
Cue-Sheet

Cueing
Current
Cursor
Cursortasten
Cut
Cut & Paste
Cut/Copy/Paste
Cutoff-Frequenz
Cuttern
CV
Cycle
Cycle-Overdub
Cycle-Record
Cyclic Redundancy Check
Cymbal

D/A
D/A-Board
D/A-Wandler
DAC
Dämpfung
Daisy-Chain
Damper
Damping
Darstellungsquantisierung
DASH
DAT
DAT-Recorder
Data-Glove
Data-Packet
Data-Reduction
Data-Suit
Datei
Datenbank
Datenbyte
Datenfernübertragung
Datenfilter
Datenkompression
Datenrate
Datenreduktion
Datenverwaltung
Datenverzerrung
Dauertonleistung
dB
dBm
dbx
DC
DCA
DCC

Anhang

DCF
DCM
DCO
DCW
DD
DDD
De-Esser
Decay
Decay-Time
Decodierung
Decrement
Deemphasis
Default-Setting
Deglitcher
Delay
Delete
Delta-Modulation
Delta-Sigma-Modulation
Demo
Denominator
Depth
Dequantize
Desk Accessory
Desktop
Desktop Publishing
Desktop-Notation
Destination
Destruktives Editieren
Detune
Device
Device-Number
Dezibel
DFT
DFÜ
DI-Box
Dialogbox
Diffusschall
Digit
Digital
Digital Audio Stationary Head
Digital Cascade
Digital-Delay
Digital-Piano
Digital/Analog-Wandler
Digitale Audioschnittstelle
Digitale Audiotechnik
Digitale Aufzeichnung
Digitale Bandmaschine

Digitale Ebene
Digitale Klangsynthese
Digitale Orgel
Digitaler Synthesizer
Digitales Filter
Digitalisierung
Digitally
Digitaltechnik
Digitizer
DIN
DIN-Anschluß
Diode
Diodenkabel
DIP-Schalter
Direct
Direct Current
Direct-Injection-Box
Direct-Memory Access
Direct-to-Disc-Recording
Directory
Direktschall
Disc
Disk
Disk-Drive
Diskette
Diskettenlaufwerk
Diskettenoperationen
Disklavier
Diskret
Diskrete Fouriertrans-
  formation
Display
Distortion
Dithering
DMA
Dolby
Dolby Surround-Sound
Dongle
Doppelklick
Doppler-Effekt
DOS
Dot
Double-Mode
Doubling
Down
Download
Download-Font
Downloader
dpi

Draggen
Draw
Dreieckwelle
Drive
Driver
Drop
Drop-Frame
Drop-Out
Drucker
Druckeranpassung
Druckerport
Druckertreiber
Drums
Drum-Editor
Drum-Machine
Drum-Map
Drum-Pad
Drum-Recording
Drum-Synthesizer
Drum-to-MIDI-Converter
Drumcomputer
Drumkit
DSP
DTP
Dual-Mode
Dub Record
Ducker
Dump
Dump-Header
Dump-Request
Dump-Utility
Duophon
DVA
DX7
Dyaxis
Dynamic Response
Dynamic-Voice-Allocation
Dynamik
Dynamikbereich
Dynamikprozessor
Dynamikzeichen
Dynamische Mikrofone
Dynamische Stimmenzu-
  ordnung

E-Orgel
E-Piano
E-PROM
Early Reflections

Anhang

Earphone
EBU
Echo
Echtzeit
Echtzeit-Notation
Echtzeitsystem
Echtzeituhr
Eckfrequenz
Edit-Buffer
Edit-Mode
Edit-Page
Edit-Puffer
Edit-Recall
Editieren
Editor
Editorsoftware
Effektprozessor
Effect Return
Effektgerät
EG
Eigenresonanz
Eigenschwingung
Eimerkettenspeicher
Einfügemarke
Eingabetaste
Eingangswandler
Einlocken
Einmessen
Einschleifpunkt
Einschwingvorgang
Einschwingzeit
Einstreuungen
Einzelausgänge
Einzeltasten-Aftertouch
ELA-Anlage
Electric Grand Piano
Elektret-Kondensator-
  mikrofon
Elektrische Schwingungen
Elektrisches Piano
Elektroakustik
Elektroakustische Wandler
Elektrodynamische Laut-
  sprecher
Elektrodynamische Mikro-
  fone
Elektromagnetische
  Wandler
Elektronische Musik

Elektronische Orgel
Elongation
Emphasis
Emulator
Encoder/Decoder-System
Ending
Endlosband
Endlosschleife
Endstufe
Enhancer
Ensemble-Effekt
Enter-Taste
Entmagnetisierung
Entmagnetisierungsdrossel
Entstörung
Entzerrer
ENV
Envelope
Envelope-Generator
EOX
EPROM
EQ
Equalizer
Equipment
Erase
Erase-Head
Erdung
Error
Erweiterungsbus
Erweiterungskarte
Escape-Sequenz
Event
Event Editor
Exciter
Exit
Expander
Expander-Controller
Expansion Board
Expansion-Card
Expansion-Slot
Exportieren
Expression
Extension
External Out
Externe Synchronisation

Factory-Preset
Fade
Fade-In/Out:

Fader
Fader-Automation
Fairlight
Falcon
Farbiges Rauschen
Farbmonitor
Faser
Fast Forward
Fast-Fourier-Transformation
FAT
FC
FD
Features
Feedback
Feinstimmung
Fender-Rhodes
Fenstertechnik
Festfilter
Festplatte
Festspeicher
FFT
FIFO
File
File-Allocation-Table
File-Name
Fill In
Filmvertonung
Filter
Filtercharakteristik
Filterfrequenz
Filterhüllkurve
Filterresonanz
Finder
Fine-Tune
Fingered-Portamento
Firmware
Fixed-Key
Fixed-Velocity
Flachbahnregler
Flag
Flanger
Flankensteilheit
Flash-ROM
Flat
Fließkommaprozessor
Floppy-Disk
Flüchtiger Speicher
Flüssigkristall-Anzeige
FM

Anhang

FM-Synthese
FM-Synthesizer
FM-Transmitter
Foldback
Foldover
Font
Foot-Control
Foot-Controller
Foot-Pedal
Foot-Switch
Formant
Formant-Synthese
Formantfilter
Formatieren
Forte-Pedal
Forward-Loop
Fourieranalyse
Fourierspektrum
Fouriersynthese
Fouriertransformation
FPU
Frame
Frame Grabbing
Frame-Rate
Freeware
Freeze
Fremdspannungsabstand
Frequency
Frequency Domain
Frequency Response
Frequency Shift Keying
Frequenz
Frequenz-Ebene
Frequenzfaktor
Frequenzgang
Frequenzhub
Frequenzhüllkurve
Frequenzmodulation
Frequenzspektrum
Frequenzteiler
Frequenzvibrato
Frequenzzähler
Front Panel
FSK
Function
Fuse
Fußlage
Fußpedal
Fußschalter

Fußschweller
Fuzz

Gain
Gain-Reduction
Gate
Gate-Time
Gated Reverb
GB
GDOS
Gehörbildungsprogramm
Gehörrichtige Lautstärke-
   regelung
GEM
General MIDI
Generator
Generic Editor
Generieren
Geräuschspannungsabstand
Gesamtstimmung
Gesangsanlage
Gesockelt
Gigahertz
Gitarrensynthesizer
Gleichlaufschwankungen
Glide
Glissando
Global
GND
Granular-Synthese
Graphik-Display
Graphiktablett
Graphischer Equalizer
Graustufen
Graustufenmonitor
Grenzflächenmikrofon
Grenzfrequenz
Grid-Editor
Groove-Quantisierung
Großbildschirm
Ground
Grouping
Grundfrequenz
Grundton
Guitar-Chord
Guitar-to-MIDI-Converter
Güte

Hall

Hallgerät
Hallplatte
Hallraum
Hallspirale
Halteglied
Hammond-Orgel
Handshake
Hardcopy
Harddisk
Harddisk-Recording
Hardware
Hardware-Emulator
Hardware-Kopierschutz
Hardware-Sequenzer
Harmonische
Harmonizer
Harmony-on-Chord
Hash
Hauptspeicher
HD
Headcrash
Header
Headphone
Heimstudiotechnik
Hertz
Hex
Hexadezimalsystem
HF
Hi
Hi-End
HiFi
HiFi-Videorecorder
High Pass
High-Density
Highband
Hilfsweg
Hinterbandkontrolle
Hintergrundprogramm
Hochpaßfilter
Hochsprache
Höchstwertiges Bit/Byte
Hörbereich
Hörereignis
Hörschwelle
Hochtöner
Hold
Hold-Time
Home-Keyboard
Homecomputer

Homerecording	Association	Keyboarder
Hot Key	Interpolation	Keyboardzone
Hotline	Interrupt	Keygroup
HP	Intervall	kHz
Hüllkurve	Invert	KI
Hüllkurvengenerator	IRCAM	KI-Musik
Hüllkurvengraphik	ISDN	Kilobyte
Hum	Iteration	Kilohertz
Humanize	Iterative Quantize	Kippschwingungen
Hyperschall		Kit
Hz	**J**ack	Klang
Hz/Volt-Prinzip	Jitter	Klanganalyse
	JMSC	Klangbild
I/O	Join	Klangdaten
IBM	Joystick	Klangdatenliste
IBM-kompatibel	Jump-Funktion	Klangerzeuger
IC	Junction	Klangerzeugung
Icon		Klangfarbe
ID	**K**abinett	Klangformung
IMA	Kalibrierung	Klanggemisch
Impedanz	Kaltstart	Klangparameter
Implementation-Chart	Kammfilter	Klangprogramm
Impuls	Kanal	Klangregelung
Impulsverhalten	Kanalfader	Klangspektrum
In	Kanalfilter	Klangsynthese
Increment	Kanalnachricht	Klaviatur
Increment-Geber	Kanalregler	Klinke
Indicator	Karplus-Strong-Synthese	Klirrfaktor
Infraschall	Kathedraleffekt	Knee-Lever
Initialize	kB	Koaxialkabel
Inkompatibel	Keepex	Kombikopf
Inline-Pult	Kettenschaltung	Kompander
Input	Key	Kompatibel
Input Monitor	Key-Click	Kompression
Input/Output	Key-Command	Kompressor
Insert	Key-Crossfade	Kondensatormikrofon
Instrument	Key-Expander	Konsole
Integrierte Schaltung	Key-Follow	Kontaktbildschirm
Integrierte Systeme	Key-Macro	Kontaktmikrofon
Intensität	Key-Pressure	Kontrollrad
Intensitätsstereophonie	Key-Scaling	Kontrollspannung
Interaktion	Key-Shift	Konverter
Interaktive Komposition	Key-Split	Kopfhörer
Interface	Key-Window	Kopiereffekt
Interferenz	Keyboard	Kopierschutz
Interferenzempfänger	Keyboard-Mischpult	Kopierschutz-Key
Intermodulationsfaktor	Keyboard-Split	Korrelationsgradmesser
Internal (Memory)	Keyboard-Tracking	Kreuzmodulation
International MIDI	Keyboard-Voltage	Kreuzschienenfeld

Anhang

Kunstkopf-Stereophonie
Künstliche Intelligenz
Kurven gleicher Lautstärke
LA-Synthese
Label
LAN
Laptop
Laser
Laserabtastung
Laserdrucker
Laserstrahl
Laufwerk
Laufzeitstereophonie
Laufzeitunterschied
Lautsprecher
Lautsprecherbox
Lautstärke
Lautstärkenhüllkurve
Lautstärkepedal
Lautstärkeverlauf
Lautstärkewahrnehmung
Layer
Layout
LC-Display
LCD
Lead-Synthesizer
LED
Leistungsverstärker
Length
Length Quantize
Lernsoftware
Lese-/Schreibkopf
Leslie
Leuchtdiode
Level
Level-Scaling
Lever
LFO
LFO-Speed
Librarian
Library
Lichtgriffel
Lichttonverfahren
Lichtwellenleiter
Light Pen
Limiter
Line
Linear Arithmetic Synthesis

Linear Prediction
Linear Predictive Coding
Lineare Verzerrungen
Listing
Lo
Load
Load While Play
Load-Error
Local Area Network
Locator
Lock
Löschdrossel
Löschkopf
Longitudinal Time Code
Loop
Loop Until Release
Loop-Crossfade
Loop-Find
Loop-Länge
Loop-Modus
Loop-Points
Loop-Punkte
Loop-Tuning
Loopen
Loslaßdynamik
Loudness
Loudness-Contour
Loudspeaker
Low Frequency Oscillator
Low-Cut
Lowband
Lower
Lowpass-Filter
LP
LPC
LSB
LSI
LTC
Lyricon

M*ROS
M-S-Mikrophonverfahren
M2
MacinTalk
Macintosh
Macintosh MIDI-Manager
Macro
MADI
Magerbit-Wandler

Magnetband
Magnetbandgerät
Magneto-optische Speicher
Mailbox
Main-Page
Maintenance
Makro
Manchester-Bi-Phase-
   Modulation
Mandolineneffekt
Manual
Manual Bass/Drums
Manual Sync
Map
Mapping
Margin
Maschinensprache
Maskierungen
Mass-Storage
Masse
Massenspeicher
Master
Master-Tune
Masterband
Masterfader
Masterkeyboard
Masterkeyboard-Controller
Mastermaschine
Mastersektion
Mastertrack
Matrix-Editor
Matrixdrucker
Maus
Mausklick
Mauspfeil
Mauszeiger
MAX
MAZ
MB
MCL
Measure
MediaLink
Mega ST
Megabyte
Megahertz
Mehrspuraufnahme
Mehrspurmaschine
MEL-2
Mellotron

Anhang

Melody Intelligence
Memory
Memory-Card
Memory-Protect
Menü
Menu-Bar
Menüleiste
Menüpunkt
Merge
Message
Metronom
MG
MHz
Mic-Input
Mickey-Mouse-Effekt
Micro Processor
Microtuning
MIDI
MIDI-/FM-Trnsmitter
MIDI-Anwendung
MIDI-Befehl
MIDI-Betriebsart
MIDI-Buchse
MIDI-Byte
MIDI-Channel
MIDI-Clock
MIDI-Controller
MIDI-Converter
MIDI-Datenmfilter
MIDI-Datenformat
MIDI-Delay
MIDI-Disk
MIDI-Drone
MIDI-Dump
MIDI-Echo
MIDI-Empfänger
MIDI-Equipment
MIDI-Event
MIDI-Expander
MIDI-Feedback
MIDI-File-Standard
MIDI-Filter
MIDI-Gitarre
MIDI-ID-Number
MIDI-Implementation
MIDI-Implementation-Chart
MIDI-Implementations-
  tabelle
MIDI-In

MIDI-Interface
MIDI-Kabel
MIDI-Kanal
MIDI-Keyboard
MIDI-Klaviatur
MIDI-Klavier
MIDI-Kreis
MIDI-Library
MIDI-Light-Controller
MIDI-Machine-Control
MIDI-Manager
MIDI-Merge
MIDI-Metronom
MIDI-Mixer
MIDI-Mode
MIDI-Monitor
MIDI-Nachricht
MIDI-Note
MIDI-Note-Off
MIDI-Note-On
MIDI-Out
MIDI-Pads
MIDI-Patchbay
MIDI-Peripherie
MIDI-Piano
MIDI-Pre-Delay
MIDI-Programm
MIDI-Prozessor
MIDI-Recorder
MIDI-Recording
MIDI-Sample-Dump-
  Standard
MIDI-Saxophon
MIDI-Schnittstelle
MIDI-Sender
MIDI-Sequenzer
MIDI-Software
MIDI-Song
MIDI-Spezifikation
MIDI-Splitbox
MIDI-Streichinstrumente
MIDI-Studio
MIDI-Synchronisation
MIDI-Synthesizer
MIDI-System
MIDI-Thru
MIDI-Timecode
MIDI-to-CV-Converter
MIDI-Treiber

MIDI-Workstation
Midrange
Mikrocomputer
Mikrocontroller
Mikrofon
Mikrofonverstärker
Mikroprozessor
Mini-Disk
Minimoog
mips
Mischer
Mischpult
Mischpult-Automatisation
Mischpultkanal
Mittelwert-Filter
Mix
Mixdown
Mixed-Media-CD
Mixer
Mixing Console
Mixturtrautonium
MMA
MO-Laufwerk
MOD
Mod-Wheel
Mode
Mode-Befehle
Modem
Modifier
Modul
Modular
Modular-Synthesizer
Modulation
Modulation-Wheel
Modulationsgenerator
Modulationsindex
Modulationsmatrix
Modulationsquelle
Modulationsrad
Modulator
Modulsystem
Modulsynthesizer
Monaural
Monitor
Monitormix
Monitormodul
Monitorweg
Mono
Mono-Mode

Monochrom-Monitor
Monokompatibilität
Monophon
Moog
Mouse
Mousepad
Movieola
Moving Coil
Moving Fader
ms
MS-DOS
MS-DOS-kompatibel
MS-Mikrofonverfahren
MSB
MTC
Multi
Multi-Mode
Multi-Setup
Multi-TOS
Multichannel Audio Digital Interface
Multicore
Multieffektgerät
Multieffektprozessor
Multimedia
Multiple Trigger
Multiplexer
Multisample
Multisession
Multisync-Monitor
Multitasking
Multitimbral
Multitrack
Multitrack-Recorder
Music-Workstation
Musical Instrument Digital Interface
Musikcomputer
Musikleistung
Musique concrete
Musterabgleich
Mute-Automation
Mute
MW

Nachhall
Nachhallplatte
Nachhallspirale
Nachhallzeit

Nachklingphase
Nachklingzeit
Nachsynchronisation
Nadeldrucker
Nadeltonverfahren
Nahbesprechungseffekt
Nahfeld-Monitore
NAK
Near-Field-Monitor
NED Synclavier
Nennbelastbarkeit
Nennleistung
Netzbrumm
Netzfrequenz
Netzteil
Netzwerk
NeXT
NF
NF-Generator
Nibble
Nichtdestruktives Editieren
Nichtflüchtiger Speicher
Nichtlineare Verzerrungen
Nichtperiodische Schwingung
Niederfrequenzoszillator
Niederwertiges Bit/Byte
Nierencharakteristik
Noise
Noise-Gate
Noise-Generator
Noise-Limiter
Noise-Reduction
Non-Registered-Parameter-Number
Nondestructive Editing
Nonlinear Distortion
Normalize
Notationssoftware
Notch-Filter
Note-Event
Note-Number
Note-Off
Note-On
Note-On-Quantisierung
Note-Priority
Note-Separator
Noten-Editor
Notendrucksoftware

Noteneingabe
Notenhänger
Notennummer
Novatron
NR
NRPN
NTSC
Nulldurchgang
Numerator
Nur-Lese-Speicher
Nutzdynamik
Nutzmodulation
Nyquist-Theorem

Obermanual
Oberton
Obertonreihe
Obertonspektrum
OCR
Octave
Octaver
OD
Off
Offenes Betriebssystem
Oktalsystem
Oktavfilter
Oktavlage
OM
Omni-Mode
On
On-Board
One Shot
One-Touch-Play
Online-Help
Open-Loop
Open-Reel-Recorder
Operating System
Operator
Optical Disk
Optimize
Optische Speicher
Optokoppler
Orchestron
Organ
Organ-to-MIDI
Orgel
Orgelexpander
Original-Key
OS

Anhang

Oscillation	Patchcord	Pilotton
Oszillator	Path	Pin
Oszillogramm	Pattern	Ping-Pong-Verfahren
Oszillograph	Pattern-Matching	Pink Noise
Out	Pause	Pitch
Output	PC	Pitch-EG
Output-Filter	PCM	Pitch-Envelope
Overall-Pressure	PD	Pitch-Follower
Overdrive	PD-Synthese	Pitch-Rad
Overdub	Peak	Pitch-Shifter
Overflow	Peak-Entzerrer	Pitch-to-MIDI-Converter
Overhead-Microphone	Peak-Hold	Pitch-to-Voltage-Converter
Overload	Peak-Meter	Pitch-Wheel
Oversampling	Pedal-Switch	Pitchbending
Overtone	Pedale	Pits
Overwrite	Percussion	Pixel
Owners Manual	Percussion-Synthesizer	Pixelgraphik
µP	Performance	Platine
	Periode	Plattenhall
PA	Periodische Schwingung	Play-List
Packen	Peripheral Device	Playback
Pad	Peripheriegerät	PLM
Page	Perkussion	Plotter
Page-Preview	Perkussiv	Poly-Mode
PAL	Personal Computer	Poly-Pressure
PAM	Pfad	Polyphon
Pan	PFL	Polyphonic Key-Pressure
Pan-Pot	PFM	Polyphonie
Panel	Phantom-Schallquelle	Pop-up-Menü
Panic-Function	Ühantomspannung	Port
Panik-Taster	Phantomspeisung	Portable
Panorama	Phase	Portable Keyboard
Papierkorb	Phase-Distortion-Synthese	Portamento
Parallel	Phasenauslöschung	Positional-Crossfade
Parallele Schnittstelle	Phase-Shifter	Post-Fader
Parameter	Phasenmodulation	Post-Production
Parametrische Klang-	Phasenverschiebung	PostScript
regelung	Phasenvibrato	Potentiometer
Parametrischer Equalizer	Phaser	Poti
Parken	Phasing	Power
Part	Phones	Power-Amplifier
Partialschwingung	Photodiode	Power-Module
Partition	Physical Modelling	Power-Supply
Pascal	Physiologische Lautstärke-	ppq
Passiver Dump	regelung	Präsenz
Paste	Piano-Modul	Pre-Delay
Patch	Piano-Pedal	Pre-Fader
Patch-Panel	Pick-up	Pre-Trigger
Patchbay	Piezo-Effekt	Preamplifier

Preemphasis
Preferences
Presampling
Presence
Preset
Preset-Synthesizer
Pressure
Pressure-Zone-Microphone
Print
Printer
Prioritätengesteuertes
 Multitasking
Priority
Processor
ProDigi
Program
Program-Change
Programm
Programmable
Programmable Drawbars
Programmabsturz
Programmer
Programmwechsel
PROM
Protection-Circuit
Prozessor
Prozessortakt
Prüfsumme
PS
Psychoakustik
PU
Public-Domain-Software
Puffer
Pull-Down-Menü
Pulsamplitudenmodulation
Pulsbreite
Pulsbreitenmodulation
Pulse
Pulse-Amplitude-
 Modulation
Pulse-Code-Modulation
Pulse-Width
Pulsewidth-Modulation
Pulslängenmodulation
Pulsweite
Pulsweitenmodulation
Pulswelle
Pult
Punch-In/Punch-Out

Push
PWM
PZM

Q-Faktor
Quadrophonie
Quantisierung
Quantisierungsfehler
Quanitisierungsraster
Quantisierungsrauschen
Quantisierungsverfahren
Quantize
Quarter-Note
Quasistationärer Klangab-
 schnitt
Quit

R-DAT
Rack
Radiergummi
Räumliches Hören
RAM
RAM-Disk
Ramp
Random
Random-Access-Memory
Random-Generator
Random-Pitch
Random-Voltage
Random-Wave
Range
Rate
Rate-Scaling
Ratio
Raubkopie
Raumsimulator
Rauschen
Rauschgenerator
Rauschunterdrückung
Rauschunterdrückungssystem
RC-Glied
RCA-Verbindung
Read
Read Only Memory
Realtime
Realtime-Analyzer
Realtime-Recording
Rear
Recall

Receive
Receive-Channel
Receiver
Rechner
Rechteck
Rechteckwelle
Recognized
Record
Recorder
Recording
Recording-Software
Recover
Reed (Instrument)
Reel
Reel-Rocking
Refresh
Regelverstärker
Regeneration
Regieraum
Register
Registered-Parameter-
 Number
Regler
Rehearsal
Reine Stimmung
Reiner Ton
Rekonstruktionsfilter
Release
Release-Loop
Release-Time
Release-Velocity
Remarks
Remix
Remote-Control
Remote-Keyboard
Repeat
Repro-Kopf
Request
Resampling
Reset
Reset-All-Controllers
Reset-fest
Resolution
Resonance
Resonanz
Resonanzfrequenz
Resonator
Resource-Datei
Response

Anhang

Rest	RX	Schmerzgrenze
Rest Correction		Schnittstelle
Resynthese	S&H	Schreib-/Lese-Kopf
Return	S-DAT	Schreibschutz
Return-Taste	S-VHS	Schwebung
Return-to-Zero	S/H	Schwebungseffekt
Reverb	S/PDIF-Interface	Schweller
Reverse-Loop	Sägezahn	Schwellpedal
Reverse-Reverb	Saitenwandler	Schwellwert
Revert	SAM 8905	Schwingung
Rewind	Sample	Schwingungsdauer
RGB	Sample & Hold	Schwingungsdurchgang
Rhodes	Sample-Ebene	Schwingungsform
Rhythm-Stick	Sample-Editorsoftware	SCMS
Rhythmusgerät	Sample-Input	Score
Ribbon-Controller	Sample-Playback-Rate	Score-Editor
Richtcharakteristik	Sample-Player	Scorewriter
Ride Cymbal	Sample-Rate	Scratching
Rig	Sample-Rate-Conversion	Screen
Rimshot	Sampler	Screen-Recording
Ringmodulation	Sampling	Scrollbar
RISC	Sampling Grand	Scrollen
RM	Sampling-CD	SCSI
RMS	Sampling-Frequenz	SCSI-ID
Robinson-Dadson-Kurven	Sampling-Rate	SDIF-2
Roll	Satzbelichter	SDS
Roll-Bar	Save	Search
Rollbalken	Saw	Section
ROM	Sawtooth	Seitenbänder
ROM-Port	Scale	Seitenbeschreibungssprache
ROM-Sample-Player	Scanner	Selbstoszillation
ROM-Sample-Synthese	SCART-Anschluß	Select
ROM-Sounds	Schall	Semiconductor
Room	Schallaufzeichnung	Send
Rosa Rauschen	Schalldämmung	Sender
Rotary Head Digital Audio	Schalldruck	Sensitivity
Tape	Schallfeld	Sensorbildschirm
Rotary-Effect	Schallgeschwindigkeit	Sequencer
Rotationskabinett	Schallintensität	Sequential Circuits
Rough-Mix	Schallpegel	Sequenzer
Routing	Schallquelle	Sequenzer-Software
RPN	Schallschwingung	Sequenzerprogramm
RS-232	Schallspeicherung	Sequenzersong
RTZ	Schallwahrnehmung	Sequenzerspur
Rubberband	Schallwandler	Serial Interface
Rückkopplung	Schallwelle	Seriell
Rückwärts-Hall	Schaltung, elektronische	Server
Rundungsfehler	Schirm	Setup
Running Status	Schlagmikrofon	Shannon-Theorem

Anhang

Shape
Shareware
Shelving-Entzerrer
Shift-Taste
Shortcut
Shuttle-Funktion
Sicherheitskopie
Signal-Routing
Signal-to-Noise-Ratio
Signalprozessor
Signature
SIMM
Simmons-Drums
Simultanverdeckung
Sine-Wave
Single
Single Finger
Single-Ended-Noise-
  Reduction
Single-Trigger
Sinus
Sinus-Sound
Sinusleistung
Schwingung
Sinuston
Sinuswelle
Size
Skip
Slave
Slew-Limiter
Slew-Rate
Slider
Slope
Slot
Slur
Small Computer System
  Interface
SMDL
Smoothing
SMPTE
SMPTE-Datenformat
SMPTE-Offset
SMPTE-Schnittstelle
SMPTE-Spur
Synchronisation
Snapshot
Softlink
Softsynth
Software

Software-Kopierschutz
Software-Sequenzer
Solo-Funktion
Solo-in-Place
Sondertasten
Song-Position-Pointer
Song-Select
Sonogramm
Sony/Philips Digital
  Interface
Sostenuto-Pedal
Sound
Sound Designer
Sound-Editor
Sound-Library
Sound-Manager
Sound-Sampler
Sound-Synthesis
Soundchip
Sounddaten
Soundfile
Soundgenerator
Soundlibrary
Soundtrack
Soundwechsel
Source
Space-Taste
Spannungssteuerung
Speaker
Spectral-Synthesis-System
Spectrum-Analyzer
Spectrum-Synthese
Speech
Speech-Synthesis
Speed
Speicher
Speicherauszug
Speichererweiterung
Speicherkapazität
Speicherplatte
Spektralanalyse
Spektrogramm
Spektrum
Spektrum-Analyzer
Sperrpaßfilter
Spielhilfen
Spiralhall
Splice
Split

Split-Point
Split-Pult
Splitpunkt
Splitten
SPP
Sprachanalyse
Spracherkennung
Sprachsynthese
Square-Wave
Stacking
Staff
Stage-Box
Stand Alone
Standard Music Document
  Language
Standard-MIDI-File
Start
Start-Bit
Stationary Head Digital
  Audio Tape
Statusbyte
Stave
Steckfeld
Steckplatz
Stem
Step-Recording
Stereo
Stereomikrofon
Stereosampling
Stereosichtgerät
Sternschaltung
Steuerspannung
Steuerzeichen
Stimme
Stimmenzahl
Stimmenzuordnung
Stimmgerät
Stimmung
Störspannungsabstand
Stop
Stop-Bit
Storage
Store
Streamer
String
Strings
Strom, elektrischer
Studio
Studiosynthesizer

Anhang

Stummelpedal
Style
Subgroup
Subgruppe
Suboszillator
Substatus
Subtraktive Synthese
Suchattribut
Suchlauf
Summe
Surround-Sound
Sustain
Sustain-Level
Sustain-Loop
Sustain-Pedal
Swap
Sweep-Effekt
Sweep-EQ
Swing
Switch
Switch-Box
Switch-Controller
Symmetrierung
Symmetrisch(e Leitung)
Sync
Sync-Delay
Sync-Kopf
Sync-Referenz
Sync-to-Tape
Synchron-Signal
Synchronisation
Synchronisationsreferenz
Synchronizer
Synclavier
SynthAxe
Syntheseverfahren
Synthese-Software
Synthesizer
Synthesizerstimme
Synthie
Synthophone
System-Common-Messages
System-Exclusive-Messages
System-Crash
System-Messages
System-Realtime-Messages
System-Reset
Systemexklusive Nach-
  richten

Systemnachrichten

Tabellenkalkulation
Table
Tachoscheibe
Taktrate
Talkback
Tap-Count-In
Tape
Tape-Echo
Tape-Return
Tape-Streamer
Tape-Sync
Taper
Task
Tastatur
Tastaturkommando
Tastaturzonen
Tastenkombination
Tastverhältnis
Tauchspulenmikrofon
Technichord
Teilton
Teiltonspektrum
Telharmonium
Temperierte Stimmung
Tempo
Tempo-Interpreter
Tempo-Map
Tempo-Recording
Terminal
Terminalsoftware
Textfont
Textverarbeitungssoftware
Theremin
Thermodrucker
Threshold
Thru-Box
Thru-Funktion
Tick
Tie
Tiefpaßfilter
Tieftöner
TIFF
Timbre
Time
Time-Correction
Time-Domain
Time-Key-Follow

Time-Scaling
Time-Signature
Time-Slice-Synthese
Time-Stretching
Timecode
Timecode-Synchronizer
Timer
Timing
Tintenstrahldrucker
Ton
Tonabnehmer
Tonaderspeisung
Tonband
Tonbandmaschine
Tone
Tone-Wheel
Toner
Tonerzeugung
Tongenerator
Tonhalte-Pedal
Tonhöhe
Tonkopf
Tonstudio
Tonstudiotechnik
Tonträger
Tool
Toolbox
TOS
Touch-Control
Touch-Screen
Touch-Sensitive
Track
Track Bouncing
Track Delay
Track Muting
Trackball
Träger
Trafo
Transfer
Transient-Response
Transients
Transistor
Transmit
Transmit-Channel
Transmitted
Transportfunktionen
Transpose
Transposition
Trautonium

Anhang

Treble
Tremolo
Tri
Triangle
Trigger
Trim
Trim-Potentiometer
Trimmer
Trittschall
Trouble-Shooting
True-Voice
Truncate
TTL-Pegel
Tube Distortion
Tufnel-Theorem
Tune
Tune-Request
Turbosynth
TVA
TVF
Tweeter
TX
Typenraddrucker

U-matic
UART
Überabtastung
Überlauf
Überspielkabel
Übersprechen
Übersteuerung
Übersteuerungsreserve
Übertragungsprotokoll
Ultraschall
UM
Umsetzer
Unbalanced
Undo
Unisono
Universal-Dump-Utility
Universal-System-
 Exclusive-Messages
Universeller Editor
UNIX
Unlock
Unsymmetrisch(e Leitung)
Untermanual
Unterrichtsprogramme
Unvoiced

Up
Upbeat
Update
Upgrade
Upload
Upper
User-Interface
User-Manual
Utilities

Variations
Variophon
Varispeed
VC
VCA
VCF
VCO
Vector-Synthese
Velocity
Velocity-Crossfade
Velocity-Kurve
Velocity-Switch
Velocity-Window
Velocity-Zone
Verdeckungseffekt
Verstärker
Vertical-Interval-Time-
 Code
Vertikale Auflösung
Very Large Scale Integra-
 tion
Verzerrer
Verzerrungen
Verzögerer
Verzögerungseffekt
Verzögerungszeit
VHS
Vibrato
Video
Video 8
Video-RAM
VideoHarp
Videorecorder
Videovertonung
Vierspur-Recorder
Virenschutzprogramm
Virtual Keyboard
Virtual Reality
Virtuelle Spur

Virtuelle Tastatur
Virus
VITC
Vocoder
Voice
Voice-Box
Voice-Memory
Voice-Separation
Voice-Stealing
Voiced
Voicetracker
Vollaussteuerung
Vollpedal
Volt/Octave-Characteristic
Voltage
Voltage-Control
Voltage-Controlled-
 Amplifier
Voltage-Controlled-Filter
Voltage-Controlled-
 Oscillator
Volume
Volume-Pedal
Vorbandkontrolle
Vorlaufband
Vorverstärker
VU-Meter

Wah-Wah
Walking-Bass
Wandler
Warmstart
Wave
Wave-Drawing
Wave-Table
Waveform
Waveguide-Filter-
 Simulation
Waveshaping
Wavetable
Wavetable-Synthese
Wechselplatte
Weißes Rauschen
Welle
Wellenform
Wellenform-Synthese
Wellenlänge
Wellentabelle
Werkssounds

Wheel	Write	Zeichenprogramm
White Noise	Write-Protect	Zeichensatz
Wickelkern	Wurlitzer-Piano	Zeit-Ebene
Widerstand	WYSIWYG	Zeitkompression
Width		Zeitscheibe
Wiedergabekopf	X-Y-Controller	Zentraleinheit
Winchester-Platte	X-Y-Mikrofonverfahren	Zero-Crossing
Wind-Controller	XLR	Zero-Loop-Bandtransport
Window	XMIT	Zoom
Windows	XT	Zufallsfunktion
Woofer		Zufallssound
Word	Yamaha Digital Audio	Zufallsspannung
Word-Processor	Interface	Zufallswellenform
Workstation	Yamaha DX7	Zugriegel
WORM		Zweierkomplement
Wortbreite	Zehnertastatur	Zwischenablage

Weitere Praxisbücher

Das Tonstudio-Handbuch
Hubert Henle

Das Buch schließt die Lücke zwischen dem Grundwissen über Akustik und Meßtechnik und der praxisorientierten Analyse des Equipments und dessen Anwendungen. Zum Themenkreis gehören die Analyse von Schwingungen und Schall, sowie Einsatz und Auswahlkriterien für Mikrofone, Mischpulte, die Signalbearbeitung, die Schallspeicherung, Monitor-Lautsprecher, Synchronisation uvm.
ISBN 3-9802026-5-8   345 Seiten, DIN A5, 1990, 3. aktualisierte Aufl.

Das große Sampler Praxisbuch
Peter Gorges

Ein Sampler ist ein Werkzeug, kein Zauberkasten. Erfolg beim Sampling hängt davon ab, wie gut man mit seinen Funktionen und dem Klangmaterial umgehen kann. Dieses Buch bietet eine Fülle an Grundwissen, Erfahrungen und Praxistips. Es läßt sich auf alle verbreiteten Modelle anwenden und beschreibt die Sampling-Funktionen, die Multisampling-Ebene uvm. Eine Diskette mit Sample-Material unterstützt den Text.
ISBN 3-910098-00-2   304 Seiten, DIN A5, 1991

für Einsteiger und Profis

Keyboards, MIDI, Homerecording
Peter Gorges / Alex Merck
Dieses Buch bietet die bisher einzige Publikation über das gesamte Gebiet der elektronischen Musikproduktion. Neben umfassenden Grundkenntnissen über Klangsynthese, Sampling, MIDI, Sequencing ud Studiotechnik werden die Auswahl des Equipments und dessen Anwendungen beschrieben und durch praktische Tips und Checklisten ergänzt. Beiträge von Robert Moog, Dr. Gerhard Lengeling, Ralf Kleinermanns u.a.
ISBN 3-9802026-3-1   515 Seiten, DIN A5, 1990, 3. aktualisierte Aufl.

Arrangieren mit dem Computer
Alex Merck
Ziel dieses Buches ist es, Musiker, die mit elektronischen Instrumenten arbeiten, dazu zu verhelfen, musikalischere Arrangements und Sequenzen zu erstellen. Dazu vermittelt es Grundkenntnisse zur Harmonielehre und Arrangiertechnik. So werden die wichtigsten Musikinstrumente vorgestellt und Tips zu ihrer Imitation gegeben, die Arbeit mit Sequenzern und die Integration akustischer Instrumente beschrieben.
ISBN 3-910098-01-0   285 Seiten, DIN A5, 1992, 2. Aufl.

Weitere Praxisbücher

Das große 01/W Praxisbuch
Peter Gorges
Die 01/W Workstation setzt den Erfolg des Vorgängers, der M1, mit erweiterten Möglichkeiten fort. Mit diesem Anwenderbuch lernen Sie schnell und ohne Umwege, das Beste aus der 01/W herauszuholen. Jede Funktion wird leichtverständlich und parxisorientiert erklärt. Auf der beiliegenden Xample-Diskette finden Sie eine Soundbank im GM-Standard plus eine Fülle von Beispielen und Experimenten.
ISBN 3-910098-03-7   240 Seiten, DIN A4, 1993

Arbeiten mit der M1 Workstation
Peter Gorges
Das Handbuch verbindet das Basiswissen mit einer leicht verständlichen, systematischen Einführung in die Arbeit mit der M1. Nach der Lektüre der "Basic"-Sektion kann der Anwender mit allen Komponenten der Workstation umgehen. Mit dem "Advanced"-Teil steigt er in Themen wie Soundprogrammierung, Sequencing, MIDI und den Umgang mit den Effekten ein.
ISBN 3-9802026-1-5   120 Seiten, DIN A4, 1988, 4. Aufl.

für Einsteiger und Profis

Das große Cubase Handbuch
Udo Weyers
Dieses Anwenderbuch führt Sie detailliert und umfassend an Cubase heran. Zu den Schwerpunkten gehören der Umgang mit den zahlreichen Editoren, Quantisierung, Synchronisation, die zuladbaren Module sowie Notation und Seitenlayout. Leichtverständliche Beispiele und viele anschauliche Übungen erläutern dabei auch komplizierte Zusammenhänge. Für die ST- und Mac-, aber auch die PC-Version.
ISBN 3-9802026-8-2   424 Seiten, DIN A4, 1992

Das große Creator/Notator Handbuch
Johannes Waehneldt
Creator und Notator der Firma Emagic gehören zu den erfolgreichsten Musiksoftware-Programmen. Beginnend mit einer sehr ausführlichen Grundlagen-Beschreibung gibt dieses umfassende Buch dem Einsteiger ergebnisorientierte Arbeitshilfen an die Hand und erschließt dem versierten Anwender neue, kreative Bereiche. Die aktuelle Version ist 3.1.
ISBN 3-9802026-7-4   352 Seiten, DIN A4, 1990, 3. Aufl.

Weitere Praxisbücher

Der Atari ST (nicht nur) für Musiker
Wolfgang Klemme
Diese Handbuch führt den Leser in den praxisorientierten Umgang mit dem Atari ST/STE-Computer ein. Anhand vieler Übungen und ausführlicher Erklärungen wird er schnell mit dem Computer vertraut. Erläuterungen zu Massenspeichern, Druckern und Software vermitteln ein breites Grundlagenwissen. Eine Diskette enthält ein Lernprogramm mit Übungen.
ISBN 3-9802026-9-0   144 Seiten, DIN A4, 1991

Das komplette DX7 Handbuch
Peter Gorges
Das Handbuch für alle DX7/II-Modelle mit sechs Operatoren, auch TX- und TF-Versionen. Das Buch erklärt die FM-Klangsynthese und alle Funktionen und Parameter. Im Vordergrund steht die praktische Arbeit mit Klängen. Schritt für Schritt baut der Autor Sounds auf, verrät nützliche Programmiertricks und gibt dem Benutzer Hilfestellungen an die Hand.
ISBN 3-9802026-0-7   253 Seiten, DIN A5, 1988, 2. Aufl.

für Einsteiger und Profis

Das K4 Handbuch
Peter Gorges
Dieses Buch führt den Benutzer schnell und gründlich in den praktischen Umgang mit dem K4/r ein. Darüber hinaus vermittelt es alles Wissenswerte (MIDI, Sequncing etc.) rund um den K4, gibt Zusatzinformationen und zeigt auch komplexe Anwendungsmöglichkeiten. Es verschafft dem Anwender einen erschöpfenden Überblick über Features und Programmierschritte.
ISBN 3-9802026-4-X   144 Seiten, DIN A4, 1989

Das K1 Handbuch
Peter Gorges
Das Buch berücksichtigt das Basismodell K1 und die Versionen K1m, K1r und K1II. Es geht auf die VM-Synthese ein, erklärt alle Funktionen und Parameter und zeigt, wie man Single- und Multi-Patches programmiert. Dazu werden weiterführende Anwendungen, MIDI, Sequencing und Editor-Software aufgezeigt. Experimente, Übungen und Soundbeispiele runden dieses Handbuch ab.
ISBN 3-9802026-2-3   115 Seiten, DIN A4, 1989, 2. Aufl.